UTB 3274

Eine Arbeitsgemeinschaft der Verlage

Böhlau Verlag · Köln · Weimar · Wien
Verlag Barbara Budrich · Opladen · Farmington Hills
facultas.wuv · Wien
Wilhelm Fink · München
A. Francke Verlag · Tübingen und Basel
Haupt Verlag · Bern · Stuttgart · Wien
Julius Klinkhardt Verlagsbuchhandlung · Bad Heilbrunn
Lucius & Lucius Verlagsgesellschaft · Stuttgart
Mohr Siebeck · Tübingen
Orell Füssli Verlag · Zürich
Ernst Reinhardt Verlag · München · Basel
Ferdinand Schöningh · Paderborn · München · Wien · Zürich
Eugen Ulmer Verlag · Stuttgart
UVK Verlagsgesellschaft · Konstanz
Vandenhoeck & Ruprecht · Göttingen
vdf Hochschulverlag AG an der ETH Zürich

Prof. Dr. Joachim Kahlert, geboren 1954, ist seit 1998 Professor für Grundschulpädagogik und Didaktik an der Ludwig-Maximilians-Universität München, unter anderem mit dem Schwerpunkt Didaktik des Sachunterrichts.

DER SACHUNTERRICHT UND SEINE DIDAKTIK

Joachim Kahlert

3., aktualisierte Auflage

VERLAG
JULIUS KLINKHARDT
BAD HEILBRUNN • 2009

Die Deutsche Bibliothek – CIP-Einheitsaufnahme
Die Deutsche Nationalbibliothek verzeichnet diese Publikation in der
Deutschen Nationalbibliografie; detaillierte bibliografische Daten sind
im Internet über http://dnb.d-nb.de abrufbar.
ISBN 978-3-7815-1704-2 (Klinkhardt)
ISBN 978-3-8252-3274-0 (UTB)

2009.9.Ik. © by Julius Klinkhardt.
Das Werk ist einschließlich aller seiner Teile urheberrechtlich geschützt.
Jede Verwertung außerhalb der engen Grenzen des Urheberrechtsgesetzes ist
ohne Zustimmung des Verlages unzulässig und strafbar. Das gilt insbesondere für
Vervielfältigungen, Übersetzungen, Mikroverfilmungen und die Einspeicherung
und Verarbeitung in elektronischen Systemen.

Foto auf Umschlagseite 1: © Dirk Krüll, Düsseldorf
Einbandgestaltung: Atelier Reichert, Stuttgart

Druck und Bindung: Friedrich Pustet, Regensburg.
Printed in Germany 2009.
Gedruckt auf chlorfrei gebleichtem alterungsbeständigem Papier.

UTB-Bestellnummer: 978-3-8252-3274-0

Inhaltsverzeichnis

Vorwort 9

1 Ansprüche an den Sachunterricht 11
   1.1 Die Umwelt als Gegebenheit und Vorstellung 13
   1.2 Sachunterricht als vielseitiges Fach 15
   1.3 Ein verbreitetes Leitbild – Umwelt erschließen helfen 17
   1.4 Annäherungen an den Begriff *Erschließen* 23
   1.5 Bildung als übergeordnetes Ziel –
       eine Definition des Sachunterrichts 28
   1.6 Zum Aufbau des Buches 31

2 Vom Kind ausgehen … 36
   2.1 Die anthropologische Perspektive 42
       2.1.1 Menschenbilder begleiten auch den Sachunterricht 42
       2.1.2 Anthropologische Orientierungen 46
       2.1.3 Sachlichkeit als anthropologisch begründbarer Anspruch 52
   2.2 Die entwicklungsorientierte Perspektive 53
       2.2.1 Entwicklung als Balance zwischen
            vorgefundener und gewählter Umwelt 53
       2.2.2 Integration und Differenzierung von Umweltwahrnehmungen . 56
       2.2.3 Über Anschauung hinauskommen 61
            a) Phänomistische Orientierungen 61
            b) Anschauungsnahe Konstrukte 64
            c) Analogie und Anschauung 65
            d) Auf dem Weg zu reflexiven Wirklichkeitskonstrukten 68
       2.2.4 Zu sachlichen Vorstellungen vordringen 70
       2.2.5 Zur Wahrnehmung sozialer Beziehungen 71
       2.2.6 Der Wandel des Selbstkonzepts 75
   2.3 Die sozio-kulturell orientierte Perspektive 76
       2.3.1 Zum Stellenwert einer sozio-kulturell orientierten Perspektive .. 76
       2.3.2 Ausgewählte Merkmale heutiger Kindheit 80
       2.3.3 Differenzierungen nötig 83
   2.4 Schlussfolgerungen für den Sachunterricht 86

3 … zur Sache kommen 92
   3.1 Mit Vorstellungen über die Umwelt Sinn schaffen 93
   3.2 Unterwegs zunächst in eigener Sache 96
       3.2.1 Anpassung durch Konstruktion 97

3.2.2 „Alle Sinne" konstruieren 98
3.2.3 Aktivität, Handeln und Lernen 103
    a) Handlung als zielgeleitete Tätigkeit 103
    b) Lernen als Erweiterung von Handlungsmöglichkeiten 104
    c) Wissen als Vermögen zum Handeln 106
    d) Unverzichtbar bleiben Hoffnung, Vertrauen und Anstand 107
3.3 Annäherung an Sachlichkeit 108
   3.3.1 Orientierungsgrenzen von Alltagsvorstellungen 109
   3.3.2 Geteilte Erfahrungen halten die Gesellschaft zusammen 111
   3.3.3 Wissen als Verständigungsbasis 113
   3.3.4 Zum Verhältnis von Wissen und Können 118
3.4 Wissen verstehen 121
   3.4.1 Zum Anspruch Verstehen zu fördern 122
   3.4.2 Verstehen als Auslegung 125
   3.4.3 Über den Zusammenhang von
        Verstehen und Wissenschaftlichkeit 126
    a) Sicherheit gewinnen durch Verstehen 126
    b) Zum Verstehen naturwissenschaftlicher Inhalte 128
    c) Zum Verstehen sozialwissenschaftlicher Inhalte 130
   3.4.4 Sachlichkeit – Erfahrungen teilen 133
3.5 Sachunterricht – ein Kerncurriculum für Demokratie und Kultur 135
   3.5.1 Lernen außerhalb der Schule 135
   3.5.2 Besonderheiten des Lernens im Sachunterricht
        als schulische Veranstaltung 138
   3.5.3 Sachunterricht als arrangierte Umweltbeziehungen 139

**4 Zwischen Heimatkunde und Fachsystematik –
konzeptionelle Orientierungen für den Sachunterricht** 151

4.1 Zum Begriff Konzeption 153
4.2 Frühe heimatkundliche Ansätze 156
   4.2.1 Zur Entwicklung der Anschauungsorientierung 156
   4.2.2 Anschaulich die Welt erschließen –
        ein Kerngedanke der Heimatkunde 159
   4.2.3 In engen Verhältnissen verstrickt –
        über Risiken der Heimatkunde 163
4.3 Fachliche Systematik – eine Alternative? 167
   4.3.1 Hoffnung auf Wissenschaftlichkeit 168
   4.3.2 Ausgewählte Konzeptionen 170
    a) Der strukturorientierte Ansatz 170
    b) Der verfahrensorientierte Ansatz 172

4.3.3 Ein formalisiertes Verständnis von Wissenschaftlichkeit –
über Risiken der Orientierung an Fachsystematik 173
4.4 Umweltanforderungen bewältigen – offenere Konzeptionen 177
    4.4.1 Beispiele mit naturwissenschaftlichem Schwerpunkt 177
    4.4.2 Beispiele mit sozialwissenschaftlichem Schwerpunkt 179
        a) Der situationsbezogene Ansatz 179
        b) Soziale Kompetenzen fördern 179
        c) Der Mehrperspektivische Unterricht 180
    4.4.3 Aneignungsorientierte Konzeptionen 183
        a) Zur Handlungsorientierung 183
        b) Zur Erfahrungsorientierung 185
        c) Zur Problemorientierung 186
    4.4.4 Verlust inhaltlicher Qualität –
über Risiken offener Konzeptionen 188
4.5 Rückbesinnung auf die Inhalte –
eine Konsequenz aus der Sachunterrichtsforschung 190
    4.5.1 Fachliche Qualität und Lernerfolg 190
    4.5.2 Eine Entwicklung mit Perspektiven:
der Conceptual-Change-Ansatz 193
    4.5.3 Unterrichtspraktikabilität –
ein wichtiges Merkmal für Konzeptionen 195

5 Sachunterricht planen und durchführen – didaktische Netze knüpfen 200

5.1 Zur didaktisch-methodischen Gestaltung von Sachunterricht 203
    5.1.1 Professioneller Anspruch: didaktische Begründungen 203
    5.1.2 Themen des Unterrichts gewinnen 204
    5.1.3 Methoden für den Sachunterricht 206
        a) Der Sachbegegnung Dramaturgie geben –
Unterricht strukturieren 208
        b) Die Sachbegegnung gestalten –
tätigkeitsbezogene Arrangements 210
5.2 Kindern und Sachen gerecht werden –
zur Konzeption der didaktischen Netze 216
    5.2.1 Anschlussfähig für Erfahrungen … 217
    5.2.2 … und für das Potential von Fachkulturen 220
    5.2.3 Kompetenzen fördern im Spannungsfeld von Erfahrungs-
und Fachbezug 222
    5.2.4 Zwei Anwendungsbeispiele 233
5.3 Das didaktische Netz – Einwände und Chancen 238

5.4 Beispiele für Unterrichtsvorhaben 240
       5.4.1 Der Stellenwert didaktischer Netze
             für die Planung von Sachunterricht 240
       5.4.2 Vom didaktischen Netz zu Lernschwerpunkten 242
       5.4.3 Beispiele für offene Lernarrangements 245
       5.4.4 Beispiel für eine detailliert geplante Unterrichtsstunde 248

6 Sachunterricht analysieren 261

   6.1 Feinabstimmung zwischen Lehren und Lernen 261
   6.2 Eine professionelle Herausforderung –
       eigenes Handeln beobachten 263
   6.3 Beobachtungs- und Reflexionshilfen 266
   6.4 Schlussbemerkung: eine Haltung der
       Achtsamkeit einnehmen und fördern 272

Literaturverzeichnis 275

Anhang 299

Sachregister 301

Vorwort zur 3. Auflage

Der Anspruch, die Didaktik des Sachunterrichts systematisch und theorieorientiert aufzubereiten, machte es erforderlich, für die nun vorliegende dritte Auflage neue Beiträge zur didaktischen Theoriebildung und neue empirische Befunde zum Lehren und Lernen im Sachunterricht einzuarbeiten sowie Anforderungen an einen kompetenzorientierten Unterricht zu berücksichtigen. Ines Alker danke ich für die Unterstützung bei der Recherche, Marianne Ebner für ihre Geduld beim Erfassen der Diktate. Besonders danken möchte ich den vielen Studierenden, einzelnen Fachkollegen und -kolleginnen und vor allem auch Lehrerinnen und Lehrern, die an Fortbildungsveranstaltungen teilgenommen haben. Aus den Gesprächen und Diskussionen konnte ich viele Anregungen für die Didaktik des Sachunterrichts mitnehmen.

München, im September 2009

Vorwort zur 1. Auflage

Der Bildungsauftrag des Sachunterrichts umfasst sowohl natur- als auch sozialwissenschaftliche Wissensgebiete. Seine Ziele und Aufgaben schaffen Bezüge zur pädagogischen, psychologischen, soziologischen, philosophischen und anthropologischen Forschung. Und die Fülle konzeptioneller Ansätze bietet unterschiedliche Anschlussmöglichkeiten für die Gestaltung und Reflexion von Unterricht.
Der vorliegende Band versucht, sich systematisch an eine didaktische Konzeption für dieses anspruchsvolle Grundschulfach anzunähern.
Das Buch wendet sich an Studierende des Faches mit dem Ziel, ein komplexes Studiengebiet systematisch zugänglich und theorieorientiert überschaubar zu machen. Es möchte aber auch Lehramtsanwärterinnen und -anwärtern in der zweiten Ausbildungsphase sowie Lehrerinnen und Lehrern Entscheidungs- und Reflexionshilfen bieten und einen Beitrag zur didaktischen Entwicklung und zur Theoriebildung im Sachunterricht leisten.
Jedes Kapitel beginnt mit einem einleitenden Überblick über den Inhalt und endet mit einer kurzen Zusammenfassung. Außerdem finden sich am Schluss der Kapitel Anregungen für die Weiterarbeit im Selbststudium oder mit anderen zusammen, zum Beispiel an der Hochschule, in Studienseminaren oder auch in der Lehrerfortbildung. Leserinnen und Leser, die einzelne Aspekte vertiefen möchten, finden dort auch Hinweise auf weitere Literatur.

Die Arbeit an diesem Buch hat länger gedauert als ursprünglich geplant. Die Herausgeber, Rainer Rabenstein und Günther Schorch, haben, immer verständnisvoll, an gegebene Terminversprechen erinnert und mit präzisen Rückmeldungen geholfen, die Darstellung zu straffen. Ihnen sowie dem Verleger, Andreas Klinkhardt, sei für Geduld gedankt.

Diskussionen mit Studierenden und mit Kolleginnen und Kollegen haben mir zu mancher Einsicht verholfen. Ihnen allen schulde ich neben Dank die Hoffnung, dass ich die erhaltenen Anregungen sinnvoll umsetzen konnte.

Ohne die Unterstützung durch Janine Mühlenfeld, Bielefeld, sowie Marianne Ebner, Eva Ostermayer und Patricia Uhlig, München, hätte ich bei der Recherche und Verwaltung der Literatur den Überblick verloren. Maria Schmidt half mir beim Korrekturlesen.

Was meine Frau, Catherine Reby, und meine Töchter, Michèle und Elaine, beigetragen haben, können alle ermessen, die täglich versuchen, die Konkurrenz heterogener Lebensziele zu bewältigen. Akzeptiert ihr die Widmung als bescheidenen Ausgleich?

München, im Januar 2002

1 Ansprüche an den Sachunterricht

„Unsere Fehler fangen früher an
als die theoretisch systematische Reflexion,
ebenso unsere Erfolge."
Langeveld 1982, 82

> **Dies kommt zur Sprache …**
> Sachunterricht hat unter anderem den Anspruch, Kinder beim Erschließen ihrer Umwelt zu unterstützen. Zunächst wird dargelegt, dass Kinder auch ohne Sachunterricht Vorstellungen über ihre Umwelt aufbauen. Diese Vorstellungen sind zum Teil förderlich für ihre eigene Entwicklung und für ihr Zusammenleben mit anderen, zum Teil jedoch korrektur- und erweiterungsbedürftig.
> Mit Bezug auf übergreifende Bildungsansprüche lässt sich begründen, warum die Unterstützung beim Erschließen von Umwelt ein tragfähiges Leitbild für den Sachunterricht sein könnte, das jedoch interpretiert werden muss. Das Kapitel schließt mit einem Überblick über den Aufbau des vorliegenden Buches ab.

Wenn Kinder in die Grundschule kommen, haben sie schon einige Jahre lang Vorstellungen über ihre Umwelt aufgebaut. Sie kennen eine Anzahl von Tieren und Pflanzen, wissen etwas über Indianer und Dinosaurier, haben zum Teil bereits gelernt, die Uhr zu lesen und sicherlich schon längst erfahren, dass die Zeit manchmal sehr schnell vergeht und manchmal endlos lange dauert.
Manches von dem, was andere ihnen erzählen, hat sie erstaunt.
Aus Gestein soll der Mond bestehen? Von alleine würde er gar nicht leuchten? Die Erde ist eine Kugel? Da müsse man doch an einigen Stellen mit dem Kopf nach unten stehen. Und der Regen ist Wasser, das schon einmal auf der Erde war? Naja…
Ob man so etwas glauben kann? Jedenfalls ist es schwierig, sich das alles vorzustellen. Die Großen können das aber offenbar, denn meistens hört man so etwas von denen. Dann muss es wohl auch stimmen – obwohl…
Andere Gegebenheiten, die bei näherer Betrachtung ebenfalls Fragen aufwerfen könnten, werden eher selbstverständlich, ohne besonderes Interesse hingenommen.
Wasser, das jederzeit frisch und rein zur Verfügung steht, Wärme und Licht auf Knopfdruck, ein Telefongespräch mit der Großmutter, die weit weg wohnt. Ist man

krank, geht man zum Arzt. Wenn es brennen würde, käme die Feuerwehr. Gibt es im Hause nicht mehr genügend Milch, Obst und Gemüse, kauft man neue Lebensmittel im Geschäft.

Wie und warum dies alles in der Regel reibungslos abläuft, dürften Kinder von sich aus eher selten fragen. Wissen werden sie so gut wie nichts darüber. Auf den ersten Blick ist das auch nicht nötig.

Schließlich kann man auch den Fernseher, den Computer und den Kassettenrecorder benutzen, ohne zu wissen, wie die Geräte arbeiten. Allenfalls dann, wenn die vertrauten Vorgänge gestört sind, kommen Fragen auf.

Auch über die Art und Weise, wie Menschen miteinander umgehen, haben Grundschulkinder bereits einiges erfahren. Mitunter haben sie deutliche Vorstellungen darüber ausgebildet.

So können sie zum Beispiel beschreiben, wie man Weihnachten und wie man einen Geburtstag feiern sollte. Sie sind über einige Unterschiede zwischen Männern und Frauen im Bilde, unterscheiden Freunde von anderen Kindern und kennen sich mit einer Reihe von Regeln für das Zusammenleben aus. Lügen darf man eigentlich nicht; gerecht soll es zugehen; wer zu viel Lärm macht, stört andere.

Viele Kinder haben auch schon beobachtet, dass man woanders nicht so lebt, wie die eigene Familie zu Hause. Einige Kinder wachsen ohne Vater auf, um andere kümmert sich tagsüber die Großmutter; manche waren schon in fremden Ländern, andere sind noch nie verreist.

Vorerst mag diese impressionistische Annäherung an *Erfahrungen von Kindern mit ihrer Umwelt* ausreichen, um anschaulich zu machen, dass Kinder bereits vor dem Eintritt in die Grundschule vielfältige und komplexe *Vorstellungen über ihre Umwelt* erworben haben.

Unter Umwelt wird in der Regel alles das verstanden, was in Gegenwart oder Zukunft unmittelbar oder vermittelt vom Kind wahrgenommen wird oder werden könnte, aber dem Kind selbst nicht zugehörig ist und ihm nicht zugerechnet wird. Nicht der Umwelt, sondern dem Kind selbst werden körperliche Eigenschaften, Bedürfnisse, Interessen, charakterliche Eigenarten, persönliches Wissen, eigene Fähigkeiten und Gefühle zugeschrieben.

Zur Umwelt wiederum zählen nicht nur die vom Kind jeweils aktuell wahrnehmbaren Bedingungen und Gegebenheiten außerhalb seiner Selbst. Eine Vierjährige, zum Beispiel, mag noch nie etwas von Kfz-Steuern, Mietverträgen, Ozonschicht oder Chlorophyll gehört haben, nichts darüber wissen und vorerst auch nichts davon wahrnehmen. Dennoch wird man kaum bestreiten können, dass all dies und noch viel mehr, von dem das Kind nicht einmal etwas ahnt, zur Umwelt des Kindes gehört, zum Teil Bedeutung für sein Leben hat (Ozonschicht, Mietverträge), haben kann oder haben wird.

1.1 Die Umwelt als Gegebenheit und Vorstellung

Das Kind selbst hat im Grundschulalter die *Basisunterscheidung* zwischen „Sich" und Umwelt bereits erworben. Es macht einen Unterschied zwischen dem eigenen Ich und allem anderen, was sonst noch existiert, was man wahrnimmt oder was man sich einfach nur vorstellen kann. Diese Unterscheidung ist nach heutigem Wissensstand über die frühkindliche Entwicklung nicht angeboren, sondern erlernt (vgl. Teil 2.2). Sie ist Voraussetzung für ein elementares Bewusstsein von sich als ein *Selbst, das man ist*, und von einer davon unterscheidbaren *Welt, mit und in der man zurechtkommen muss.*
Was bedeutet es, mit und in der Welt zurechtzukommen?
Zunächst meint dies vor allem, in ihr zu überleben.
In den ersten Monaten und Jahren seines Daseins ist das Kind dabei auf fremde Hilfe angewiesen. Nach und nach erwirbt es Fähigkeiten und Vorstellungen, die Spielräume und neue Ansprüche an die Qualität des eigenen Lebens schaffen. Es wird zunehmend selbständig, ist weniger angewiesen auf andere und kann sein Handeln und Verhalten immer mehr an eigenen Vorstellungen darüber ausrichten, was für sich selbst und für andere sinnvoll, anstrebenswert oder wenigstens akzeptabel ist. Mehr und mehr wird so das bloße Überleben zu einem gestalteten Leben.
Wie jemand Gestaltungsspielräume nutzt, entdeckt, schafft, wieweit man für das eigene Handeln Verantwortung übernimmt oder zugewiesen bekommt, welche Ansprüche man an sein eigenes Leben stellt, wird sowohl von den sich entwickelnden persönlichen Fähigkeiten und Interessen beeinflusst als auch von den jeweils vorgefundenen Bedingungen des Handelns. Zu diesen gehören natürliche Gegebenheiten ebenso wie materielle Ressourcen, vorherrschende Normen und Werte, kulturelle Gewohnheiten und vieles mehr.
Weil moderne Gesellschaften große Spielräume zur Lebensgestaltung bieten, lässt sich die oben gestellte Frage, was Zurechtkommen in und mit der Umwelt bedeutet, im Grunde nur am Einzelfall entscheiden. Allgemein gilt aber wohl die Zuschreibung, jemand komme mit und in der Welt zurecht, wenn er oder sie den Eindruck hat und/ oder hinterlässt, sowohl eigenen Wünschen, Interessen und Bedürfnissen als auch Erwartungen anderer hinreichend gerecht zu werden.
Begleitet wird die tätige Auseinandersetzung mit der Umwelt von Vorstellungen, die man sich über die Umwelt, über sich selbst und über die eigenen Beziehungen zur Umwelt macht. Solche Vorstellungen werden zum Teil in die Tätigkeiten eingebracht, zum Teil durch sie erworben oder verändert.
Kinder erwerben ihre Vorstellungen dabei manchmal durch gezielte Anregungen anderer, oft jedoch ganz ohne solche pädagogischen Einflussnahmen.
Inhaltlich beziehen sich diese Vorstellungen auf Gegenstände, Tiere und Pflanzen, auf Phänomene und Ereignisse der unbelebten Natur, auf technische Konstrukte,

auf Gegenwart und Zukunft, auf soziale Gegebenheiten und Vorgänge wie Familien, Berufe, Tausch, Streit, Versöhnung, Verbote, Pflichten und Rechte.
Damit einher geht die Entwicklung von Vorstellungen über die *Qualität* der Beziehungen, die man selbst zur Umwelt hat oder einnimmt. So formen sich unter anderem Vorstellungen darüber aus, wie und was man selber sein oder werden möchte, wie man Ziele erreichen kann, wie weit die Möglichkeiten und Folgen des eigenen Handelns reichen und ob sich der Aufwand, ein Ziel zu verfolgen, überhaupt lohnt.
Manche der in den ersten Lebensjahren erworbenen Vorstellungen erweisen sich auch für Kinder im Grundschulalter schon als recht zuverlässig. Niemand widerspricht ihnen; Aktivitäten, die von diesen Vorstellungen begleitet werden, führen zum gewünschten Ziel. Das Kind kommt zurecht, jedenfalls hat es den Eindruck. Erwachsene sagen dann, es hat schon einiges gelernt, es verfügt über angemessene Vorstellungen und ist in der Lage, entsprechend zu handeln.
Andere Vorstellungen sind weniger erfolgreich. Dann offenbart die Umwelt ihre Widerständigkeit.
Der aus Stöckchen und Pappe gebaute Flieger hat doch extra große Flügel, stürzt aber jedes Mal sofort ab, wenn man ihn wirft.
Nicht nur im Umgang mit Gegenständen gelingt dem Kind vieles nicht so, wie es sich das gedacht hat. Auch die anderen Menschen verhalten sich häufig ganz anders, als das Kind möchte. So mag es zum Beispiel fest davon überzeugt sein, unbedingt neue Turnschuhe zu brauchen, nämlich die, die auch die Freundinnen tragen. Aber die Eltern wollen das nicht einsehen.
Hin und wieder geschieht etwas, mit dem das Kind nicht gerechnet hat, manche Vorstellungen passen nicht zusammen. Leichte Dinge schwimmen, schwere gehen unter. Aber warum nur schwimmt das riesige Schiff, der kleine, flache Stein jedoch nicht?
Wieder andere Vorstellungen passen zumindest eine Zeit lang gut, um sich hinreichend klar zu machen, was um einen herum geschieht.
Es regnet, weil die Pflanzen Blumen brauchen. Der Nachbar schimpft viel, er ist wohl ein böser Mensch. Die Sonne legt sich abends schlafen und wacht morgens auf. Wenn kein Geld mehr da ist, geht man zur Bank und holt sich etwas. – Am Vertrauten lässt sich festhalten, so lange es nicht ausreichend stark in Frage gestellt wird, zum Beispiel durch Erfahrungen, die nicht mehr den Vorstellungen entsprechen, oder auch durch Zweifel, die jemand sät, den man für glaubwürdig hält.
Mitunter beharren (nicht nur) Kinder auf ihren einmal erworbenen Vorstellungen, auch wenn Vorkommnisse oder Feststellungen anderer ihnen widersprechen. In vielen Situationen hat dieses Festhalten an „alten" Vorstellungen kaum Auswirkungen. Aber manchmal gelingt etwas nicht so, wie man möchte. Will man nicht dauerhaft ohne erwünschten Erfolg bleiben, müssen sich die offenbar unzureichenden Vorstellungen ändern. Dann lernt man.

Die sich dabei herausbildenden neuen Vorstellungen über die Umwelt, über sich selbst und über die eigenen Beziehungen zur Umwelt können Handlungssicherheit geben und Gestaltungsspielräume öffnen. Aber die Auffassung, Lernen an sich fördere bereits Autonomie und Handlungssicherheit, würde zu kurz greifen.
Wenn bei der Bewältigung aktueller Anforderungen zu sehr mit gelernt wird, Umweltbedingungen als Gegebenheiten zu sehen, die man hinnehmen müsse, dann leidet die Entwicklung der eigenen Persönlichkeit. Dominiert dagegen der Entwurf der Welt als Wille ohne angemessene Vorstellung, dann besteht die Gefahr, die soziale und materielle Umwelt übermäßig zu beanspruchen. Dann werden zum Beispiel Geduld, Zuwendung und Kooperationsbereitschaft anderer Menschen strapaziert und materielle Gegebenheiten durch unsachliche Behandlung beschädigt oder gar zerstört. Es kommt also nicht nur darauf an zu lernen, mit den jeweils aktuellen Anforderungen der Gegenwart zurechtzukommen. Wünschenswert ist es, dabei so zu lernen, dass auch zukünftige Anforderungen produktiv bewältigt werden können.
Der Aufbau von Vorstellungen über die Umwelt beginnt mit der Geburt, vielleicht über Schall- und Tasteindrücke noch davor, in jedem Fall jedoch noch ehe die Objekte der Umwelt, die eigenen Beziehungen zu den Objekten und die Beziehungen zwischen den Objekten mit Begriffen belegt und der bewussten Verarbeitung zugänglich werden (vgl. Vollmer 1990, 72 ff., 104 ff.).
So bauen Kinder teils aus Neugier, teils notgedrungen unablässig an ihren Vorstellungen von der Welt, um sich in den „Netzwerken der Handlungsverflechtungen" (Joas 1992, 343) zu orientieren. In denen sind sie verstrickt, lange bevor sie Teile davon bewusst wahrnehmen, geschweige denn reflektieren können.
Und dann kommen sie in die Schule. Dort wird vieles von dem, womit sich die Kinder schon einmal mehr oder weniger intensiv beschäftigt haben, zum Gegenstand von Unterricht, von Sach-Unterricht.

1.2 Sachunterricht als vielseitiges Fach

Das Fach, das die Umwelt der Kinder zum Unterrichtsinhalt macht, trägt nicht in allen Ländern Deutschlands den gleichen Namen.
In Brandenburg, Bremen, Hamburg, Hessen, Mecklenburg-Vorpommern, Niedersachsen, Nordrhein-Westfalen, Berlin, Sachsen, Sachsen-Anhalt, im Saarland und in Rheinland-Pfalz heißt es „Sachunterricht". „Heimat- und Sachkunde" wird es in Thüringen, „Heimat- und Sachunterricht" in Bayern und Schleswig-Holstein genannt. In Baden-Württemberg wird „Mensch, Natur und Kultur" unterrichtet.
Auch die Aufteilung der Unterrichtsinhalte folgt unterschiedlichen Systematiken. So sind die Inhalte in Bremen, Hessen, Schleswig-Holstein und Hamburg zu „Lernfeldern" zusammengefasst. In Mecklenburg-Vorpommern, Berlin und Brandenburg sind die Inhalte nach „Themenfeldern" geordnet, im Saarland und in Sachsen-Anhalt nach „Bereichen" und in Rheinland-Pfalz nach „Erfahrungsbereichen"

und „Perspektiven". Thüringen und Sachsen fassen die Inhalte in „Lernbereiche" und Nordrhein-Westfalen in „Bereiche" zusammen. Der niedersächsische Lehrplan ordnet die Inhalte nach „fachlichen Perspektiven". In Baden-Württemberg unterscheidet man „Bereiche und Kompetenzfelder" und Bayern nutzt eine Matrix aus „Themenbereichen" und „Lernfeldern".
Ebenso vielfältig sind die Inhalte, die in dem Fach bearbeitet werden sollen. Um nur einige Beispiele zu nennen:
- Im Teilrahmenplan Sachunterricht von Rheinland-Pfalz werden die Erfahrungsbereiche „natürliche Phänomene und Gegebenheiten", „Ich und andere", „bebaute und gestaltete Umwelt", „Umgebungen erkunden und gestalten" und „Vergangenheit, Gegenwart, Zukunft" genannt. Im letztgenannten Erfahrungsbereich sollen die Kinder beispielsweise lernen „zeitliche Strukturen im Alltag" zu unterscheiden und „gegenwärtige Lebensumstände auch als Folge von früheren Entwicklungen, Handlungsweisen, Erfindungen, Entdeckungen [zu] erkennen" (vgl. Ministerium für Bildung, Frauen und Jugend 2006, 20-29)[1].
- Der Lehrplan in Sachsen bestimmt, dass die Schüler der Klasse 3 im Lernbereich „Mein Körper und meine Gesundheit" etwas über die „Bedeutung der Sinnesorgane" erfahren und befähigt werden sollen, dieses Wissen zur „Gesunderhaltung auf Verhaltensweisen" zu übertragen. Im Lernbereich „Begegnungen mit Pflanzen und Tieren" geht es unter anderem um das Kennenlernen des „Anbaus von Getreide und Kartoffel sowie deren Verwendung als Grundnahrungsmittel". Ebenso soll ein Einblick in den Lebensraum „Wiese" gewonnen werden (vgl. Sächsisches Staatsministerium für Kultus 2004, 16f.).
- In Nordrhein-Westfalen sieht der Sachunterrichtslehrplan die Bereiche „Natur und Leben", „Technik und Arbeitswelt", „Raum, Umwelt und Mobilität", „Mensch und Gemeinschaft" sowie „Zeit und Kultur" vor. So erlernen die Schülerinnen und Schüler unter anderem die Nutzung und den Umgang mit Ressourcen, Regeln des Zusammenlebens, die Wirkungsweise einfacher Maschinen und die Entwicklung von Tieren und Pflanzen (vgl. Ministerium für Schule und Weiterbildung des Landes Nordrhein-Westfalen 2008, 41-50).
- In Mecklenburg-Vorpommern, Berlin und Brandenburg sollen Schülerinnen und Schüler der 3. und 4. Jahrgangsstufe im Themenfeld „Räume entdecken" unter anderem „Zusammenhänge regionaltypischer Natur- und Sozialfaktoren erläutern". Des Weiteren sollen sie lernen Pläne und Karten zu lesen und zu interpretieren sowie „Merkmale eines Raumes [zu] erkunden, [zu] beschreiben und [zu] dokumentieren" (vgl. Senatsverwaltung für Bildung, Jugend und Sport Berlin; Ministerium für Bildung, Jugend und Sport Brandenburg; Ministerium für Bildung, Wissenschaft und Kultur des Landes Mecklenburg-Vorpommern 2004, 42).
- Bayerische Schülerinnen und Schüler untersuchen laut Lehrplan im 3. Schuljahr unter anderem die Ausbreitung des Schalls, erkunden Berufe und bekommen

einen Überblick über wichtige Ereignisse in der Ortsgeschichte (vgl. Bayerisches Staatsministerium 2000, 193 ff.).
Die knappe und willkürlich zusammengestellte Auswahl soll lediglich die Fülle der vom Sachunterricht erwarteten Inhalte andeuten. Diese umfassen nicht nur unter Berücksichtigung der Lehrpläne aller Bundesländer eine ansehnliche Bandbreite. Auch innerhalb der einzelnen Lehrpläne trifft man auf vielfältige Sach- und Wissensgebiete, die im Sachunterricht aufgegriffen werden. Lässt sich angesichts dieser Vielfalt von Sachgebieten, Ansprüchen und Inhalten, eine Zielsetzung erkennen, die den verschiedenen Konzeptionen, Entwürfen und Lehrplänen gemeinsam ist?

1.3 Ein verbreitetes Leitbild – Umwelt erschließen helfen

Angesichts der vielfältigen Ansprüche an den Sachunterricht stellt sich die Frage, ob sich eine grundlegende und übergreifende Zielsetzung, also eine Art Leitbild, für das Fach erkennen lässt. Leitbilder veranschaulichen gemeinsam teilbare Orientierungen, die oft unter der Vielfalt konkreter Ideen, Vorschläge und Begründungen verborgen bleiben.
Die Orientierung an einem gemeinsam geteilten Leitbild kann dafür sorgen, dass die Problemwahrnehmung und das Denken von Experten aus unterschiedlichen Fachrichtungen (z. B. Fachdidaktiker, Pädagogen) und Berufsfeldern (Lehrer, Wissenschaftler, Bildungspolitiker) aufeinander bezogen werden (vgl. Marz 1993, 8 ff.). Kommunikation bekommt eine Richtung. Die erfahrungs- und wissensbedingte Vielfalt von Problemwahrnehmungen und Lösungsvorstellungen kann sich auf eine gemeinsam geteilte Entwicklungsperspektive konzentrieren, zum Beispiel, um die Erwartungen an den Sachunterricht zu klären.
Analysiert man Lehrpläne und Veröffentlichungen zum Sachunterricht der letzten Jahrzehnte, dann lässt sich bei aller Unterschiedlichkeit im Konkreten ein Anspruch an den Sachunterricht erkennen, der immer wieder formuliert wird und über den Einvernehmlichkeit zu herrschen scheint.
So heißt es z.B. in den Richtlinien des Landes Nordrhein-Westfalen: „Aufgabe des Sachunterrichts in der Grundschule ist es, die Schülerinnen und Schüler bei der Entwicklung von Kompetenzen zu unterstützen, die sie benötigen, um sich in ihrer Lebensumwelt zurecht zu finden, sie zu erschließen, sie zu verstehen und sie verantwortungsbewusst mitzugestalten." (Ministerium für Schule und Weiterbildung des Landes Nordrhein-Westfalen 2008, 39)[2].
Ähnliche Anforderungen findet man in den zurzeit gültigen Richtlinien und Lehrplänen aller anderen Länder (vgl. Ergänzung 1, 19 ff.), in den entsprechenden Bestimmungen für das Fach Heimatkunde in den fünfziger Jahren (vgl. Beck & Claussen 1976, 23 f.) sowie in den reformierten Lehrplänen, die in den siebziger Jahren für das Fach Sachunterricht in Kraft getreten sind (vgl. Bolscho 1978, 133; Schorch 1981, 149 ff.; Soostmeyer 1998, 183 ff.).

Auch die Schulfächer im Ausland, die am ehesten als Entsprechung zum Sachunterricht angesehen werden können, haben den Anspruch, das Fach solle Kindern helfen, Anforderungen des modernen Lebens zu bewältigen.
- So ist zum Beispiel das seit 1994 in Dänemark als „Natur/ teknik" bezeichnete Fach mit der Erwartung verbunden, auf die Anforderungen des Berufslebens sowie auf die Teilnahme an demokratischen Entscheidungsprozessen vorzubereiten (vgl. Sorensen 1996, 56).
- Das Fach „Lebenskunde" in Japan soll unter anderem Hilfen bei der Bewältigung der Lebenswirklichkeit geben (vgl. Harada 2007).
- Mit einer ähnlichen Ausrichtung wird die Weiterentwicklung der traditionell eher an fachlichen Bezugswissenschaften orientierten Lernbereiche „(natural) science" und „social studies" in England, in den USA und in Kanada betrieben (vgl. Cogan & Derricot 1996; National Research Council 1996; Olson & Loucks-Morsley 2000) sowie des Aufgabenbereichs „Orientierungsunterricht Mensch & Welt" (Oriëntatie op mens & wereld) in den Niederlanden (vgl. Greven & Letschert 2004), des „Sach- und Sozialunterrichts" in der Schweiz (vgl. Adamina 2004), des „Sachunterrichts" in Österreich (vgl. Pehofer 2005), der entsprechenden Lernbereiche in Italien (vgl. Stoltenberg 2004) und der Lernbereiche „Découverte du monde" und „Education civique" in der ersten und „Histoire/ Géographie", „Education civique" und „Sciences et technologie" in der zweiten Stufe der französischen Primarschule (vgl. Goldstein 1995, 124–129; Morandi 2000, 110 ff.).

Auch in der früheren DDR wurde mit dem „Schulgartenunterricht" angestrebt, Schülerinnen und Schüler zu befähigen, sich an der Gestaltung von Umwelt und Gesellschaft zu beteiligen (vgl. Wittkowske 1996, 110)[2].

Der Anspruch, Sachunterricht solle das Kind beim Erschließen der Umwelt unterstützen, findet sich nicht nur in Lehrplänen; seit Jahrzehnten begleitet er auch die fachdidaktische Diskussion.
- Im Sachunterricht sei die „Fähigkeit zur Welterschließung anzubahnen" (Einsiedler 1975, 10).
- Das Fach befasse sich „vorrangig mit der Erschließung der Umwelt" (Aust 1975; vgl. auch Meier 1973, 229), ihrer „gedanklichen Erschließung" (Schmidt 1972, 43) oder mit der „gegenstandsgerechten Sacherschließung" (Katzenberger 1975 b, 492).
- Es solle zur „Umwelterhellung" und „Umwelterschließung" (Neuhaus 1974, 227) beitragen oder dafür sorgen, dass „die Kinder sich die Welt erschließen und ihre Erkenntnisse darstellen können" (Faust-Siehl u. a. 1996, 70).

Zur Umwelterschließung beitragen – ein Leitbild in den Lehrplänen*	
Baden-Württemberg	Im Unterricht des Fächerverbundes Mensch, Natur und Kultur „werden die Schülerinnen und Schüler bei der Erschließung ihres natürlichen und kulturellen Umfeldes unterstützt." (S. 96)
Bayern	„Der Bildungs- und Erziehungsauftrag der Grundschule umfasst die Aufgabe, Kindern die Welt, in der sie leben, d.h. die natürlichen, kulturellen und sozialen Gegebenheiten und die sie umgebende Sachwelt zu erschließen." (S. 39)
Berlin	„Der Sachunterricht ermöglicht den Schülerinnen und Schülern in den Jahrgangsstufen 1 bis 4 zunehmend, sich ihre Umwelt selbstständig zu erschließen, sich darin zurecht zu finden und sich aktiv an ihrer Veränderung zu beteiligen" (S. 17)
Brandenburg	wie Berlin
Bremen	„Grundlegender Bildungs- und Erziehungsauftrag des Sachunterrichts ist die Begleitung der Lernentwicklung der Kinder bei ihren bedeutsamen Fragen (...). Der Sachunterricht unterstützt die Kinder dabei, sich die Welt mit ihren natürlichen, technischen, sozialen und gesellschaftlichen Gegebenheiten selbstständig zu erschließen. (...) Die Zielsetzung des Sachunterrichts orientieren sich an fünf Perspektiven, die den Schülerinnen und Schülern ermöglichen, sich die Welt zu erschließen." (S. 4)
Hamburg	„Der Sachunterricht ermöglicht den Schülerinnen und Schülern, sich die Welt, in der sie leben, die natürlichen, technischen, sozialen und gesellschaftlichen Gegebenheiten, zunehmend selbstständig zu erschließen." (Rahmenplan Sachunterricht 2004, S. 5) „Der Sachunterricht ermöglicht den Schülerinnen und Schülern, sich die Welt, in der Sie leben, zunehmend selbstständig zu erschließen. Sie eignen sich in diesem Fach grundlegendes Wissen über die Menschen und ihr Leben, über die belebte und unbelebte Natur und über die sie umgebende Kultur an." (Arbeitsfassung vom 07.07.2008, Rahmenplan Sachunterricht, S. 5)
Hessen	„Der Sachunterricht gestaltet und erschließt die Lernumwelt." (B3, S. 121)

Mecklenburg-Vorpommern	wie Berlin
Niedersachsen	„Das Fach Sachunterricht leistet einen wesentlichen Beitrag zu den im Grundsatzerlass formulierten fachübergreifenden Aufgaben und vermittelt grundlegendes Wissen für das gegenwärtige und zukünftige Leben der Schülerinnen und Schüler. Es unterstützt sie darin, sich Sachkenntnisse über die natürliche, technische, politisch, sozial und kulturell gestaltete Welt anzueignen und befähigt sie, sich ihre Lebenswelt zunehmend selbstständig zu erschließen, sich in ihr zu orientieren und sie mit zu gestalten." (S. 7)
Nordrhein-Westfalen	„Aufgabe des Sachunterrichts in der Grundschule ist es, die Schülerinnen und Schüler bei der Entwicklung von Kompetenzen zu unterstützen, die sie benötigen, um sich in ihrer Lebenswelt zurechtzufinden, sie zu erschließen, sie zu verstehen und sie verantwortungsbewusst mit zu gestalten." (S. 39)
Rheinland-Pfalz	Der Sachunterricht „thematisiert Fragestellungen aus der Begegnung mit Natur, Arbeit, Technik, Gesellschaft, Raum, Zeit, dem eigenen Körper, der Gesundheit und dem kulturellen Leben. Er bietet Anlässe zum Staunen, Erkunden, Forschen, Entdecken, zum Verändern und Gestalten." (S. 6)
Saarland	„Schülerinnen und Schüler verstehen zunehmend Inhalte und erkennen Zusammenhänge bzw. Strukturen in den verschiedenen Wissensgebieten. Dabei lernen sie, sich Informationen zu erschließen und Wichtiges von Nebensächlichem zu unterscheiden." (S. 4)
Sachsen	„Der Sachunterricht unterstützt die Schüler, ihr Leben und die Welt erschließen, verstehen und gestalten zu können." (S. 2)
Sachsen-Anhalt	„Der Sachunterricht in der Grundschule hat die Aufgabe, die Schülerinnen und Schüler beim aktiven Wahrnehmen und Zurechtfinden in der Umwelt zu unterstützen sowie das Verständnis für vielfältige Zusammenhänge herauszubilden. Das Erschließen und Mitgestalten der sozialen, natürlichen, technischen und durch Medien konstruierten Welt erfolgt bildungswirksam und orientiert sich zugleich an Erfahrungen und Interessen der kindlichen Lebenswelt." (S. 5)

Schleswig-Holstein	„Der Heimat- und Sachunterricht leitet die Schülerinnen und Schüler an, sich mit der sozialen, kulturellen, technischen und natürlichen Umwelt auseinanderzusetzen. Es geht dabei immer um eine wechselseitige Erschließung von Kind und Sache." (S. 93)
Thüringen	„*Hauptgegenstand* des Faches ist die Lebenswelt der Schüler. Hauptanliegen sind demzufolge das Erleben, Erfahren sowie das Erschließen und Mitgestalten der Lebenswirklichkeit durch die Schüler. Ziel der Auseinandersetzung mit heimat- und sachkundlichen Inhalten ist es, die Schüler zu befähigen, ihre gegenwärtige und künftige Lebenswirklichkeit zu bewältigen sowie ein tragendes und entwicklungsoffenes Fundament für weiterführendes Lernen zu schaffen." (S. 65)

* Ausführliche Quellenangabe siehe Anhang, S. 299f.

Ergänzung 1

– Sachunterricht solle die „Erschließung der kindlichen Nahwelt" (Salzmann 1982, 48) oder eine „kindgemäße Erschließung der Welt" ermöglichen (Schneider 1993, 47) und habe als Aufgabe, zur „Erschließung der eigenen Lebenswirklichkeit"(Rabenstein 1985, 21) oder „der Wirklichkeit" (Duncker 1994, 39) beizutragen.
– Es diene dazu, dem Kind „neue Horizonte zu erschließen" (Einsiedler 1994, 41) und habe „die Möglichkeit, kindliche Lebenswirklichkeit hochgradig differenzierend zu erschließen" (Gesellschaft für Didaktik des Sachunterrichts 1999, 19).
– Seine „spezielle Aufgabe" sei „die klärende Erschließung der von den Kindern erfahrbaren sozialen, physischen und technischen Welt unter realwissenschaftlichem (sozial- und naturwissenschaftlichem) Bezug" (Köhnlein 1996a, 10; vgl. auch Duismann & Plickat 1999, 197; Marquardt-Mau 1996, 69).
– Das Fach müsse „systemisch die Zusammenhänge erschließen" (Kaiser 1998, 151).
– Wenn Neuerungen, wie die Nutzung von Lernprogrammen auf dem Computer, „als Instrumente der Wirklichkeitserschließung" (Soostmeyer 1995, 33) vorgestellt werden, dann unterstreicht das den breiten Konsens, den das Leitbild des „Erschließens" genießt.
– Im Perspektivrahmen Sachunterricht, der von der Gesellschaft für Didaktik des Sachunterrichts erarbeitet wurde und der in der Fachwelt breite Zustimmung gefunden hat, heißt es ebenfalls, Sachunterricht habe die Aufgabe, „Schülerinnen und Schüler darin zu unterstützen, sich die natürliche, soziale und technisch

gestaltete Umwelt bildungswirksam zu erschließen und dabei auch Grundlagen für den Sachunterricht an weiterführenden Schulen zu legen." (Gesellschaft für Didaktik des Sachunterrichts 2002, 2).
Der aufmerksamen Leserin bzw. dem Leser dürfte aufgefallen sein, dass zwar die Vorstellung vom „Erschließen" verbreitet ist, aber keine gemeinsame Auffassung darüber besteht, was der Sachunterricht erschließen soll.
Mal ist es die „Umwelt" des Kindes, mal seine „Nahwelt", mal die „Lernwelt", dann wieder die „Lebenswirklichkeit", die „Alltagswirklichkeit", dann sind es „neue Horizonte" oder die „erfahrbare Welt".
Diese Vielfalt von Begriffen spiegelt nicht nur den Variantenreichtum der Fachsprache wider. An späterer Stelle soll gezeigt werden, dass sich mit den unterschiedlichen Begriffen auch verschiedene Vorstellungen über die Auswahl von Inhalten und Themen rechtfertigen lassen, die als bedeutsam für das im Sachunterricht lernende Kind angesehen werden (vgl. Kapitel 4).
Bevor diese nähere Klärung erfolgt, wird in diesem Buch vorerst der Begriff *Umwelt* verwendet, um den Gegenstand sprachlich zu erfassen, bei dessen Erschließung Sachunterricht das Kind unterstützen soll. Im Vergleich zu allen anderen verbreiteten Begriffen wie Lebenswelt, Alltagswirklichkeit und ähnlichem ist der Umweltbegriff mit den geringsten theoretischen Voraussetzungen und Vorab-Festlegungen für die Reflexion von Aufgaben des Sachunterrichts belastet.
Die Differenz zwischen Kind und Umwelt kann im Sinne der erkenntnistheoretischen Überlegungen Niklas Luhmanns, nach der jede Beobachtung eine Leitunterscheidung voraussetzt (vgl. Luhmann 1997 a, 60 ff.), als eine elementare, nicht hintergehbare Unterscheidung angesehen werden (vgl. schon Schopenhauer 1859/1991, 31 ff.).
Wer zu begründen versucht, wer, was, wann und wie im Sachunterricht lernen soll, muss wenigstens voraussetzen, dass es lernende Organismen, in diesem Fall Kinder, gibt, die in der Lage sind, ihre Identität durch spezifische Austauschvorgänge mit ihrer Umwelt zu erhalten.
Im Gegensatz zu allen anderen Begriffen, die benutzt werden, um Aufgaben und Ziele des Sachunterrichts zu formulieren (Lebenswelt, Alltagswelt usw.), nimmt der Umweltbegriff damit nicht unnötig viel vorweg. „Umwelt" ist nötig, um überhaupt einen unterscheidbaren lernenden Organismus vorstellen und benennen zu können. Ob man diesen unspezifischen Kind-Umwelt-Bezug als Kind-Lebenswelt, Kind-Alltagswirklichkeit, Kind-Nahwelt etc. konkretisiert, hängt unter anderem von erkenntnistheoretischen, lerntheoretischen und gesellschaftstheoretischen Überlegungen ab und sollte deshalb im Rahmen wissenschaftlicher Argumentation nicht ohne entsprechende Erörterungen entschieden werden.[3]
Obwohl das, was der Sachunterricht erschließen soll, vielfältig und damit unscharf kommuniziert wird, weisen die mit dem „Erschließen" verknüpften Erwartungen einen gemeinsamen Anspruch auf.

Sie drücken die Anforderung aus, Sachunterricht möge den lernenden Kindern mehr bieten, als abfragbares Wissen über Lebewesen, Dinge und Sachverhalte. Zudem ist „Erschließen" mit der Aktivität eines in seiner Umwelt tätigen Subjekts verbunden, das Zwecke verfolgt und Mittel nutzt, diese Zwecke zu erreichen.
Damit ist „Erschließen", um an eine Unterscheidung von Hans Aebli (1980, 19) anzuknüpfen, nicht bloßes Verhalten, zu dem man sowohl willkürliche als auch unwillkürliche Reaktionen, wie Zusammenzucken bei einem Schreck oder das quasi unbewusste Einnehmen einer Verlegenheitshaltung bei einer unangenehmen Begegnung zählt. Vielmehr hat Erschließen den Charakter des Tuns als „absichtsvolles, zielgeleitetes Verhalten" (ebd.).[4]
So konkretisierte zum Beispiel bereits Jakob Muth auf dem Frankfurter Grundschulkongress im Jahre 1969 die Aufgabe des Sachunterrichts, die Umwelt des Kindes „zielgerichtet" zu erschließen, als Hilfe für „bewusstes Auffassen von Erscheinungen und Vorgängen in der Natur, im Zusammenleben der Menschen früher und heute, in der Wirtschaft, der Arbeit und Technik, in dem vom Menschen gestalteten Raum und in der Hygiene als der Beziehung zum eigenen Körper und als Ausdruck gesunder Lebensführung durch das Kind." (Muth 1970, 48)
Obwohl das Leitbild „Erschließen von Umwelt" noch nicht hinreichend spezifiziert ist, kommt ihm für die fachdidaktische Kommunikation somit eine wichtige Funktion zu.
Zum einen ist es, bei aller Offenheit im Detail, deutlich genug, um erwünschte von nicht erwünschten Entwicklungen des Sachunterrichts als Schulfach zu unterscheiden. Zum anderen findet dieses Leitbild, gerade wegen seiner Offenheit, die nicht Beliebigkeit, sondern fachdidaktischen Klärungsbedarf signalisiert, breiten Konsens. Es bietet somit einen Ausgangspunkt für den Versuch, Problemstellungen und Zusammenhänge, mit denen sich die Sachunterrichtsdidaktik beschäftigt, systematisch zu entfalten, ohne zu viele Theorieentscheidungen zu implizieren, das heißt, eigentlich erforderliche Begründungen stillschweigend vorauszusetzen.
Aber was bedeutet es, sich etwas zu erschließen?

1.4 Annäherungen an den Begriff *Erschließen*

In der fachdidaktischen Kommunikation über den Sachunterricht gibt es darüber keine einheitliche Vorstellung.
Schauen wir daher zunächst einmal, wie der Begriff außerhalb der Fachdidaktik verwendet wird.
Im Bedeutungswörterbuch des Bibliographischen Instituts Mannheim werden dem Begriff „Erschließen" die Bedeutungen „zugänglich machen" (im Sinne neuer Gebiete), „nutzbar machen" (im Sinne der Entfaltung neuer Möglichkeiten), „verständlich werden" (im Sinne von Verstehen von etwas bereits Vorhandenem) und

„durch logischen Schluss ermitteln" (im Sinne des Zurückführens von Neuem auf Bekanntes) zugeschrieben (vgl. Drosdowski u. a. 1970, 224).
Die Bedeutung, etwas bisher Verschlossenes, noch nicht Genutztes verfügbar zu machen, findet sich auch im Deutschen Wörterbuch von 1862 (vgl. Grimm & Grimm 1862, 966).
Der Philosoph Martin Heidegger versteht unter Erschließen die „Grundverfassung des In-der-Welt-Seins" (Heidegger 1927, hier nach 1957, 144). Dabei meint Erschließen für ihn nicht „so etwas wie indirekt durch einen Schluss gewinnen", sondern das Eröffnen neuer Möglichkeiten (ebd., 75 ff.).
Dieses Verständnis kommt auch in den frühen bildungstheoretischen Schriften Wolfgang Klafkis zum Ausdruck. Indem sich Lernende neue Einsichten und Kenntnisse über die Wirklichkeit erschließen, eröffnen sich gleichzeitig neue Möglichkeiten für Erfahrung, Handeln und Erkennen (vgl. Klafki 1959, 43 f.).
In der sachunterrichtsdidaktischen Kommunikation trifft man auf teils ergänzende, teils konkretisierende Bedeutungen:
– Erschließen sei mit einer Hinführung zum „beginnenden Verstehen" als auch mit der Schaffung von „tragfähigen Grundlagen… für verantwortliches Handeln" (vgl. Köhnlein 1996 a, 10) verbunden.
– Auch einen Sachverhalt erklären zu können, ihn also auf bekanntes und gesichertes Wissen zurückzuführen, „Zusammenhangswissen aufzubauen" sowie „einen positiven Bezug zu einem Gegenstandsbereich anbahnen, das Engagement für sachbezogenes Fragen und Untersuchen anregen" (Einsiedler 1994 a, 40), wird zum Erschließen gerechnet.
– Ferner umschließt die Verwendung des Begriffs sowohl die Befähigung, Lebenssituationen „besser zu durchschauen, zu verstehen und zu meistern" (Rabenstein 1985, 13) als auch „eine Anbahnung fachlicher Weltsicht" (ebd).
– Für Duncker findet Erschließen der Wirklichkeit „durch die Entfaltung von Interessen, durch Ausbildung von Anschauungskraft, durch Stärkung des Urteilsvermögens und durch eine Erziehung zur Handlungsfähigkeit" (Duncker 1994, 39) statt.
Der Schulausschuss der Ständigen Konferenz der Kultusminister der Länder konkretisierte 1980 die Anforderung, „dem Schüler Hilfen bei der Erschließung seiner Lebenswirklichkeit zu geben" (Ständige Konferenz der Kultusminister der Länder 1980, 2) mit einem breiten Spektrum an Zielen, die vom Vermitteln grundlegender Kenntnisse und Fertigkeiten über die Anbahnung von Verhaltensweisen für einen angemessenen Umgang mit der Umwelt bis zur Weckung von Interessen reichte (vgl. Ergänzung 2).

> **Ständige Konferenz der Kultusminister der Länder 1980**
> „Eine zentrale Aufgabe des Sachunterrichts besteht in der Hilfe, die er dem Schüler bei der Erschließung seiner Lebenswirklichkeit gibt. Im Rahmen des Erziehungs- und Bildungsauftrages der Grundschule leistet der Sachunterricht einen spezifischen Beitrag, indem er u. a. folgende allgemeine Ziele anstrebt:
> - Vermittlung grundlegender Kenntnisse und Einsichten;
> - Aufbau erstrebenswerter Haltungen und Einstellungen;
> - Entwicklung von Fähigkeiten, Fertigkeiten und Arbeitstechniken, die es dem Schüler schließlich ermöglichen, sich selbständig einen neuen Sachverhalt zu erschließen;
> - Weckung und Erhaltung von Interessen und Motivationen für die Erschließung von Sachverhalten und Problemen in der Umwelt, wie die Erhaltung eines allgemeinen Neugierverhaltens, Schaffung eines Interesses für den weiterführenden Fachunterricht, Förderung individueller Neigungen etc.;
> - Anbahnung von Verhaltensdispositionen und Verhaltensweisen wie Förderung des Sozialverhaltens, Führung zu einem angemessenen Umgang mit Pflanzen, Tieren und Materialien etc.;
> - Weckung von Interesse für Natur und Kultur der Heimat und Anbahnung von Verständnis für die Verbindung des heimatlichen Raums mit der Welt."
>
> (Ständige Konferenz der Kultusminister der Länder 1980, 2)

Ergänzung 2

Schließlich werden in einem Positionspapier der „Gesellschaft für Didaktik des Sachunterrichts" (GDSU) außerdem unter anderem neben der „Entwicklung von Interessen" auch die „Kultivierung von Lernfähigkeit" und die „Erarbeitung von Zugangsweisen" (GDSU 1999, 19) genannt. Der einige Jahre später erschienene „Perspektivrahmen Sachunterricht" ergänzt diese Teilaspekte noch um die Unterstützung bei der Erschließung „kulturell bedeutsamen Wissens" und um die Förderung der „kritischen Reflexion von Wissen" (vgl. Gesellschaft für Didaktik des Sachunterrichts 2002, 2).

Versucht man, die unterschiedlichen Anforderungen, die mit dem Erschließen verbunden werden, zu systematisieren, dann lassen sich folgende Ansprüche unterscheiden:
- *Über Bestehendes aufklären – Verstehen unterstützen*: Dieser Anspruch zielt darauf, das Kind möge durch Sachunterricht die Umwelt, in der es aufwächst, angemessener verstehen. Das bedeutet, dass es die für sich selbst neuen, unbekannten, irritierenden Wahrnehmungen und Erfahrungen auf Bekanntes, Vertrautes, Gesichertes zurückführen kann. Unterstützung beim Erschließen erfordert, dass Sachunterricht den kindlichen Wahrnehmungs- und Verarbeitungsformen

Raum gibt und aktuell empfundene Interessen, Probleme, Sichtweisen berücksichtigt. Das Kind nutzt und entwickelt im Sachunterricht dazu Vorstellungen, die zumindest in Richtung intersubjektiv nachvollziehbarer Interpretationen gehen und bewährtem Wissen nicht widersprechen (vgl. dazu in diesem Buch besonders Kapitel 3.4, 121 ff.).

— *Für Neues öffnen – Interessen entwickeln*: Diesem Anspruch liegt das Verständnis zugrunde, Sachunterricht habe auch auf Aspekte, Gesichtspunkte, Inhalte, Probleme aufmerksam zu machen, die im Alltagsleben außerhalb der Schule nicht so ohne weiteres in den Horizont der Kinder rücken. Damit hat Sachunterricht eine zeigende, hinweisende, herantragende Funktion. Er beschränkt sich nicht darauf, vorhandene Interessen der Kinder aufzugreifen, sondern hat auch die Aufgabe, die Schülerinnen und Schüler für den Erwerb von Kenntnissen und Fähigkeiten zu interessieren (vgl. dazu in diesem Buch besonders Kapitel 3.5, 135 ff.).

— *Sinnvolle Zugangsweisen zu Wissen und Können aufbauen – Sachlichkeit fördern*: Das Kind soll zunehmend in die Lage versetzt werden, ohne fremde Anleitung und Hilfe Wissen zu erwerben und sein Können zu entwickeln. Weil die Fülle möglicherweise relevanten Wissens und möglicherweise interessanter neuer Einsichten auch nicht ansatzweise erschöpfend zu behandeln ist und zudem ohnehin ständig wächst, muss Sachunterricht Kindern geeignete Methoden und Arbeitsformen anbieten. Mit der Entwicklung methodischer Kompetenzen, um eigenständig Wissen zu erwerben, zu ordnen, zu prüfen, darzustellen und anzuwenden, wird eine Haltung der Sachlichkeit gefördert. Sachlichkeit bedeutet, sich mit seiner natürlichen und sozialen Umwelt überlegt, umsichtig, um Verständigung mit anderen bemüht, aber auch hartnäckig und zielgerichtet fragend auseinander zu setzen (vgl. dazu in diesem Buch besonders Kapitel 3.3, 108 ff, und Kapitel 3.4.4, 133 ff).

— *Zum Handeln und Lernen ermutigen – Kompetenzerfahrung ermöglichen*: Die Umwelt des Einzelnen ist nicht nur etwas Vorgegebenes, dessen Angebote und Anforderungen man sich nach und nach und auswählend erschließt. Sie kann vom Einzelnen auch mitgestaltet werden. Daher bedeutet Umwelt erschließen nicht nur, in ihr subjektiv Neues zu entdecken und mit ihren Anforderungen zurechtzukommen. Vielmehr gehört auch dazu, die Umwelt nach Maßgabe eigener Ziele, Vorstellungen und Fähigkeiten mit gestalten zu können. Dafür benötigen Kinder nicht nur Fakten- und Sachwissen sowie methodische Fertigkeiten und Fähigkeiten. Hinzu kommen sollte die ermutigende Erfahrung, dass Lernen im Sachunterricht tatsächlich dabei hilft, eigene Absichten umzusetzen und attraktive Ziele zu erreichen. Außerdem trägt die Erfahrung von Kompetenz dazu bei, die motivationalen Grundlagen für schulisches Lernen zu schaffen und zu sichern (vgl. dazu in diesem Buch besonders Kapitel 3.2, 96 ff.).

Diese vier Ansprüche lassen sich weder unabhängig voneinander umsetzen, noch sind sie immer gleichsinnig zu realisieren.

- Ermutigung zum Handeln ohne Öffnung für neue Einsichten kann zu überzogenen Ansprüchen an die Umwelt ohne Bemühen um Verständnis von Interessen anderer oder der Berücksichtigung von Folgen des Handelns für andere führen.
- Umgekehrt würde die Aufklärung über Bestehendes bloße Anpassung begünstigen, wenn sie nicht auch mit Ermutigungen zum Handeln und zum Erproben anderer Vorstellungen begleitet wäre.
- Die Einübungen von Arbeitstechniken bliebe eine leere Schematisierung von Verhalten, wenn nicht die Öffnung für Neues ein motivierendes Interesse zur Bearbeitung des Neuen mit sich bringen würde.
- Und die Öffnung für Neues würde rasch in ein Überangebot von Beliebigkeiten ausarten, wenn sie nicht an vertrautes Wissen und daraus resultierende Fragen anknüpfen könnte.

Aufklärung über Bestehendes, Öffnung für Neues, Aufbau von Zugangsweisen, Ermutigung zum Handeln stellen somit Qualitätskriterien dar, an denen sich der Anspruch des Sachunterrichts, Unterstützung beim Erschließen von Umwelt zu leisten, messen lassen muss.

Diese Kriterien lassen sich nicht immer zugleich und gewiss nicht mit jedem Unterrichtsinhalt und in jeder Stunde erfüllen.

Aber sicherlich gilt umgekehrt, dass Sachunterricht, der dauerhaft diesen Kriterien nicht entspricht, auch dem Leitbild nicht gerecht wird, zur Erschließung der Umwelt des Kindes beizutragen.

Die Kriterien selbst wiederum verweisen auf weitere, grundlegendere Überlegungen.

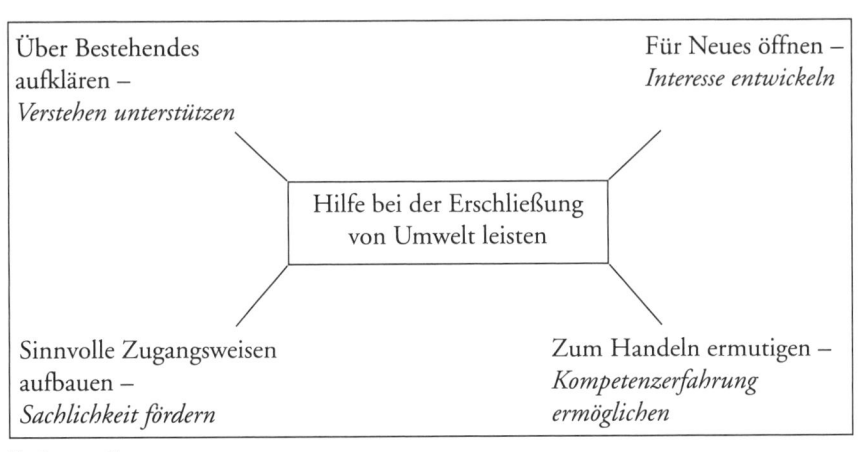

```
Über Bestehendes                          Für Neues öffnen –
aufklären –                               Interesse entwickeln
Verstehen unterstützen

                ┌─────────────────────┐
                │ Hilfe bei der Erschließung │
                │   von Umwelt leisten       │
                └─────────────────────┘

Sinnvolle Zugangsweisen                   Zum Handeln ermutigen –
aufbauen –                                Kompetenzerfahrung
Sachlichkeit fördern                      ermöglichen
```

Ergänzung 3

Um zu beurteilen, ob etwas nützlich für den Einzelnen und für sein Zusammenleben mit anderen ist, sind Vorstellungen über die gewünschte Entwicklung des Einzelnen und seiner Fähigkeiten zum Zusammenleben mit anderen nötig.
Pädagogisch konkretisieren sich diese Vorstellungen im Bildungsbegriff. Zurecht wird daher hervorgehoben, der Sachunterricht „braucht den Bildungsbegriff als Kristallisationspunkt" (vgl. Einsiedler 1997, 157).

1.5 Bildung als übergeordnetes Ziel – eine Definition des Sachunterrichts

Bildung kann verstanden werden als „Erwerb eines Systems moralisch erwünschter Einstellungen durch die Vermittlung und Aneignung von Wissen derart, dass Menschen im Bezugssystem ihrer geschichtlich-gesellschaftlichen Welt wählend, wertend und stellungnehmend ihren Standort definieren, Persönlichkeitsprofil bekommen und Lebens- und Handlungsorientierung gewinnen" (Kößler 1997a, 113).
In diesem Sinne ist Bildung nicht nur ein Qualitätsmerkmal der einzelnen Persönlichkeit, sondern auch der Beziehungen, die zur Umwelt eingenommen werden.
Von seiner Bildung hängt es ab, wie sich ein Mensch die Umwelt erschließt, welches Wissen dabei eingebracht wird, wieweit man bereit ist, Neues zu erproben und eigene Vorstellungen und Ideen auch gegen den Widerstand oder gegen die Gewohnheiten des Vorgefundenen einzubringen.
Auch der Umgang mit eigenem und fremdem Wissen ist Ausdruck von Bildung. Jeder Mensch verwendet in seiner Beziehung zur Umwelt Wissen. Unangenehm wirkt jemand, der sich dabei wichtig macht, den Bescheidwisser gibt, belehrt, total von der Gewissheit seines Wissens überzeugt ist. „Nur die Narren sind frei von Ungewissheit und Schwankung" (Montaigne 1580/1992, 188). Bildung ist darum mehr als bloßes Wissen. Wer gebildet ist, achtet darauf, ob dieses Wissen sich auch in den Sichtweisen anderer bewährt, ob es stabil ist, belastbar, nicht nur von den Zufällen des persönlichen Horizonts abhängig, sondern auch von dem Bemühen, anderes Wissen zu berücksichtigen, ob es bruchstückhaft kommuniziert wird oder im Bemühen um Zusammenhänge.
Bildung beeinflusst auch die Qualität des Engagements, mit dem sich jemand auf seine Umwelt einlässt. Erfolgt die Auseinandersetzung mit der Umwelt gezielt, engagiert, mit Hingabe und einer vernehmenden Haltung zum Gegenstand, oder hat der Austausch mit der Umwelt eher den Charakter des Erledigens, des Abarbeitens? Ist man eher an der Veränderung von Dingen und Gegebenheiten in der Umwelt interessiert, oder sucht man Orientierungswissen, also neue Beziehungen zu den Gegenständen der Umwelt – auch dies ist eine Frage der Bildung (vgl. Kößler 1997a, 110 ff.).
Schließlich entscheidet Bildung mit darüber, mit welchen Auswirkungen jemand für andere von seinem Wissen und seinem Können Gebrauch macht. Berücksichtigt man andere Interessen, hat man nur die eigenen Ziele im Sinn oder ist man

bereit, sich auch an Zielen anderer zu orientieren? Wie weit richtet man sein Handeln an allgemein akzeptierbaren Werthaltungen aus, also an dem, was moralisch als erwünscht gilt?
Mit dem zuletzt genannten Kriterium ist nicht gemeint, die jeweils herrschende Moral als Vorbild zu nehmen. Entscheidend ist nicht die Anpassung an Moralstandards, die als kommunizierte Standards in der Regel nicht von Partialinteressen derer frei sind, die sie kommunizieren (vgl. dazu Popper 1980, 341 ff.). Gemeint ist die Orientierung des Handelns über den unmittelbaren funktionalen Zweck hinaus. Nicht allein der Erfolg beim Verfolgen von Zielen soll Qualitätskriterium bei der Beurteilung eigenen Handelns sein, sondern auch die Fähigkeit, die Ziele und Handlungen vor dem Hintergrund von Anforderungen zu beurteilen und zu rechtfertigen, die das Zusammenleben mit anderen wenigstens erträglich machen.
Die dem Sachunterricht übergeordnete Orientierung an Bildungsvorstellungen kann sich daher nicht damit begnügen, bloße Hilfen bei der Erschließung von Umwelt zu geben. Mit dem Erschließen von Umwelt sind Menschen immer beschäftigt. Es ist ihre Art des Seins.
Wer darauf Einfluss nehmen will, zum Beispiel mit Hilfe des Sachunterrichts, bringt dabei Vorstellungen über die Qualität dieses Erschließens ins Spiel, auch dann, wenn man lediglich „Hilfen" für die möglichst eigenständige Entwicklung geben möchte. Wie man diese Hilfe ansetzt, was man unterstützt, was einem als problematische, vielleicht korrekturbedürftige Entwicklung auffällt, hängt unter anderem von Vorstellungen darüber ab, was für den Einzelnen und für sein Zusammenleben mit anderen nützlich, hilfreich und anstrebenswert ist.
Jede pädagogische Intervention, also jede Einwirkung auf einen Menschen mit der Absicht, eine dauerhaft wirksam bleibende Veränderung aufzubauen oder wenigstens anzubahnen, ist mit Vorstellungen über wünschenswerte Entwicklungen des Einzelnen in seiner Beziehung zur Umwelt verbunden.
Diese Vorstellungen verweisen wiederum auf die Qualität des Zusammenlebens mit anderen. Daher ist auch zu fragen, wie „wünschen wir uns die künftige Gesellschaft, und welche Lernprozesse sind im Hinblick auf ihre Entwicklung erforderlich." (Köhnlein 1988, 524).
Unter Bezugnahme auf das übergeordnete Leitziel Bildung, der das Erschließen von Umweltbeziehungen förderlich sein soll, lassen sich die in Ergänzung 3 zusammengefassten Anforderungen konkretisieren:
Sachunterricht sollte das Kind dabei unterstützen
– zu verstehen, was es an Bedeutsamem für sich und für sein Zusammenleben mit anderen in seiner Umwelt vorfindet und was sich dort ereignet (über Bestehendes aufklären),
– Herausforderungen der Umwelt so zu bewältigen, dass es seine Selbständigkeit und seine Persönlichkeit weiterentwickeln kann (für Neues öffnen),
– produktiv gestaltend auf die Umwelt einzuwirken, um eigene Ideen und Vor-

stellungen mit angemessener Verantwortung umzusetzen (zum Handeln ermutigen),
- Fragen und Probleme systematisch zu bearbeiten und dabei Informationen angemessen zu prüfen, zu gewichten, zu beschaffen, zu ordnen und für Antworten und Problemlösungen zu nutzen (sinnvolle Zugangsweisen aufbauen).

Sachunterricht als didaktisch angemessen begründbare, bildende Unterstützung bei der immer schon stattfindenden Erschließung von Umwelt – so könnte vorerst das Leitziel zusammengefasst werden, das dem vorliegenden Buch zugrunde liegt. In einer sich immer weiter ausdifferenzierenden Gesellschaft mit vielfältigen Erfahrungen und Lebensentwürfen kommt dem Sachunterricht mit seinen verschiedenen Lernbereichen die Funktion eines elementaren Kerncurriculums für Demokratie und Kultur zu (vgl. Kapitel 3.5, S. 135 ff.).

> Damit lässt sich Sachunterricht als der Lernbereich der Grundschule bezeichnen, der Kinder dabei unterstützen soll
> - sich sachgemäßes Wissen über die soziale, natürliche und technisch gestaltete Umwelt anzueignen;
> - sinnvolle und bewährte Zugangsweisen, Methoden und Arbeitsformen zu erwerben, um dieses Wissen zunehmend selbstständig aufzubauen, zu prüfen und anwenden zu können;
> - sich unter Berücksichtigung dieses Wissens und Könnens in der modernen Gesellschaft zunehmend selbstständig und verantwortlich zu orientieren, das heißt, in gegenwärtigen und zukünftigen Lebenssituationen kompetent zu urteilen und zu handeln – verständig in der Sache und verantwortungsvoll in der Wahl von Zielen und Mitteln;
> - anschlussfähige Grundlagen für den Unterricht in weiterführenden Sachfächern bzw. Lernbereichen im schulischen Bildungsgang aufzubauen.

Um diesen Aufgaben gerecht werden zu können ist es erforderlich, Sachunterricht als eigenständigen Lernbereich in der Grundschule zu verstehen. Er lässt sich durch Einführung einiger Sachfächer aus den weiterführenden Schulen in die Grundschule pädagogisch nicht sinnvoll ersetzen. Schon allein die Frage, ob es wichtiger ist, in der Grundschule elementare Geschichtskenntnisse, grundlegende Einsichten aus den Naturwissenschaften, ökonomisches Grundwissen, soziologische Kenntnisse oder philosophische Grundorientierungen zu erwerben, kann man nicht aus der isolierten Perspektive einzelner Fachzugänge beantworten. Sicherlich können Vertreter dieser Fächer viele gute Gründe dafür anführen, warum man schon in den ersten Schuljahren Grundlagen ausgerechnet für das eigene Schulfach legen sollte. Aber gerade dann, wenn viele starke Bildungsangebote miteinander konkurrieren, ist eine übergreifende Orientierung nötig. Dafür ist die Didaktik des Sachunterrichts zuständig und unverzichtbar.

1.6 Zum Aufbau des Buches

Wie gezeigt wurde, erschließen sich Kinder auch ohne Sachunterricht ihre Umwelt. Dabei entwickeln sie Vorstellungen über sich, über Gegebenheiten und Sachverhalte aus der Umwelt und über Beziehungen zwischen den Objekten ihre Vorstellungen. Die Vorstellungen sind zum Teil Resultat, dann aber auch wieder Anlass und Bedingungen für die weitere Auseinandersetzung mit der Umwelt. Daher ist es durchaus treffend festzustellen:
„Das Weltbild der Kinder wird zum Gegenstand des Sachunterrichts" (Schreier 1980, 428).
Im Sachunterricht werden die Kinder einige ihrer Vorstellungen über ihre Umwelt korrigieren und manches lernen, was neu für sie ist, wie das Lesen und Anfertigen von Karten, Zusammenhänge zwischen Wachstum und Pflege von Pflanzen oder den bewussten und systematischen Vergleich zwischen verschiedenen Medien.
Mitunter erweisen sich die mitgebrachten Vorstellungen jedoch als hartnäckig. Die Lernangebote des Unterrichts scheinen kaum zu wirken. Dann entsteht der Eindruck, man lerne lediglich das, was andere, also die Lehrerin oder der Lehrer, hören wollen. Verstanden hat man dann nichts. Mit dem angebotenen Wissen wird man später kaum etwas anfangen können.
Sachunterricht, der zum Erschließen von Umweltbeziehungen beitragen möchte, muss daher die Herausforderung bewältigen, seine Inhalte aus dem Vorstellungs- und Erfahrungsbereich der Kinder zu beziehen, ohne in diesen Vorstellungswelten zu verbleiben.
Dafür wiederum benötigt man begründete Auffassungen darüber, welche Vorstellungen nützlich, sinnvoll und angemessen sind, um dem Einzelnen eine Entwicklung zu ermöglichen, die seine Persönlichkeit entfaltet und dem Zusammenleben mit anderen dienlich ist.
Daher ist die Auswahl und Aufbereitung von Inhalten des Sachunterrichts immer auch von grundlegenden Vorstellungen begleitet, mit welchen Zielen unterrichtet und erzogen werden soll.
In solche Zielsetzungen, die zum Teil bewusst, zum Teil auch unbewusst von Lehrerinnen und Lehrern verfolgt werden, fließen verschiedene Aspekte ein (vgl. Ergänzung 4, Teil a, 32): Fachliche Anforderungen der Sach- und Wissensgebiete, die die Inhalte des Sachunterrichts berühren; Auffassungen über die Gesellschaft, mit der die Kinder heute und in Zukunft zurechtkommen müssen; Vorstellungen über erwünschte gesellschaftliche Entwicklungen.
In einer pluralistischen Gesellschaft konkurrieren unterschiedliche Interessen und Werthaltungen, die wiederum in Rahmenpläne und Richtlinien Eingang finden. Zum Teil drücken sie sich auch darin aus, wie die unterrichtenden Lehrerinnen und Lehrer Schwerpunkte setzen, Erläuterungen geben, Inhalte präsentieren.

Neben diesen Zielentscheidungen orientiert sich Sachunterricht auch an möglichst zuverlässigen Vorstellungen darüber, wie Kinder als Lernende ihre Umwelt erfahren, was sie schon wissen, wofür sie sich interessieren, wie sie sich ihre Eindrücke von der Welt erklären. Sozialisationstheorien, Lern- und Entwicklungstheorien, Wissenschaftstheorien und Analysen der Umwelt von Kindern können Auskunft darüber geben, wie Kinder solche Kenntnisse und Dispositionen erwerben und was sie unter den jeweils vorzufindenden gesellschaftlichen Gegebenheiten vermutlich besonders interessiert und betrifft (vgl. Ergänzung 4, Teil b).

Die Urteile in beiden Aufgabenfeldern, also die Klärung von Zielen (4 a) und die Beurteilung von Lernvoraussetzungen (4 b), beeinflussen die methodischen und didaktischen Konsequenzen, die für die Gestaltung von Unterricht gezogen werden. Dabei helfen Prinzipien und Verfahren zur Auswahl und Strukturierung von Inhalten, die zusammen mit methodischen Entscheidungen schließlich zum konkreten Unterricht führen (vgl. Ergänzung 4).

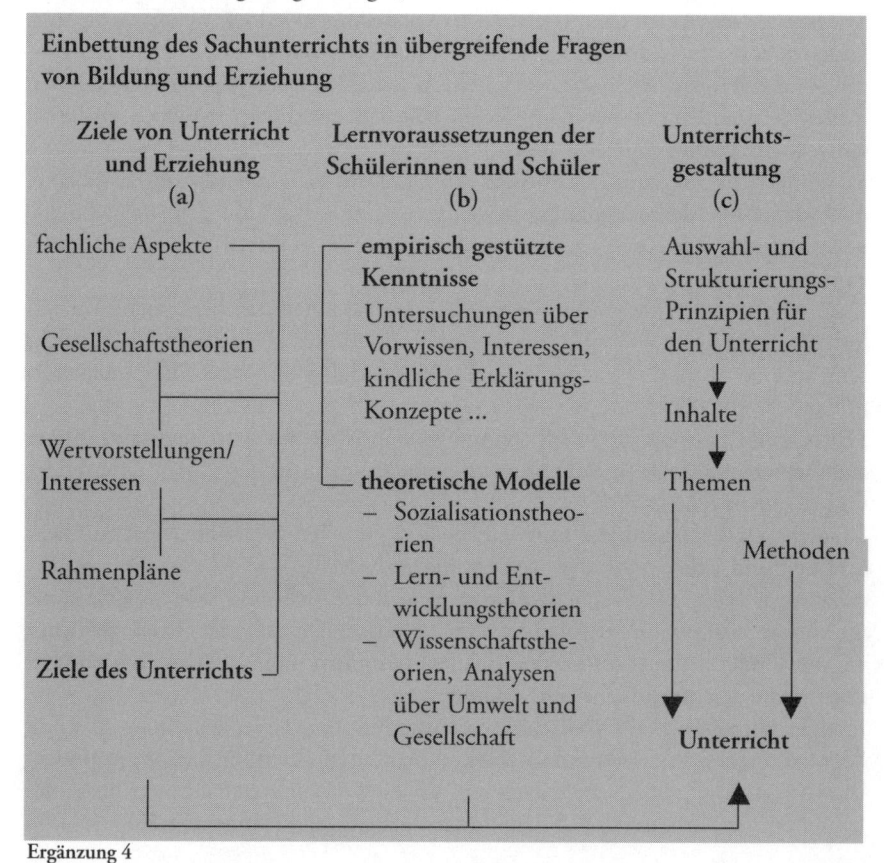

Einbettung des Sachunterrichts in übergreifende Fragen von Bildung und Erziehung

Ziele von Unterricht und Erziehung (a)	Lernvoraussetzungen der Schülerinnen und Schüler (b)	Unterrichtsgestaltung (c)
fachliche Aspekte	**empirisch gestützte Kenntnisse** Untersuchungen über Vorwissen, Interessen, kindliche Erklärungs-Konzepte ...	Auswahl- und Strukturierungs-Prinzipien für den Unterricht
Gesellschaftstheorien		↓
		Inhalte
Wertvorstellungen/ Interessen	**theoretische Modelle** – Sozialisationstheorien	Themen
Rahmenpläne	– Lern- und Entwicklungstheorien	Methoden
Ziele des Unterrichts	– Wissenschaftstheorien, Analysen über Umwelt und Gesellschaft	↓ ↓ **Unterricht**

Ergänzung 4

Alle drei Aufgabenfelder erfordern es, sich mit komplexen Fragen zu beschäftigen, viele Probleme zu berücksichtigen und sinnvoll begründete Entscheidungen zu fällen.

Zum professionellen Handeln von Lehrerinnen und Lehrern des Sachunterrichts und zur Vorbereitung dieses Handelns im Rahmen des Studiums gehört es, diese Entscheidungssituationen zu erkennen, sie fachlich angemessen zu bewältigen und zu vertreten. Das vorliegende Buch möchte Sie dabei unterstützen.

Zunächst wird zu klären versucht, wie Kinder sich in ihrer Umwelt orientieren. Dabei werden verschiedene Zugänge zu den Lernvoraussetzungen, die für Sachunterricht bedeutsam sind, dargelegt und diskutiert sowie erste Konsequenzen für die Gestaltung von Unterricht gezogen (Kapitel 2).

Das sich anschließende Kapitel 3 geht der Frage nach, wie man von mehr oder weniger beliebigen Vorstellungen über die Umwelt zu Vorstellungen kommen kann, die sich als zuverlässig und gesichert erweisen und deshalb im Sachunterricht angestrebt werden sollten. Dabei wird mit Bezug auf lern-, wissens- und kommunikationstheoretisch orientierte Überlegungen dargelegt, was unter dem Anspruch auf Sachlichkeit zu verstehen ist, mit dem Sachunterricht den Schülerinnen und Schülern verlässliche Orientierungen beim Erschließen der Umwelt bieten soll.

Im Anschluss daran widmet sich Kapitel 4 verschiedenen didaktischen Konzeptionen und Entwürfen für den Sachunterricht. Sie werden vorgestellt und auf der Basis der zuvor geschaffenen Grundlagen im Hinblick auf ihre besonderen Leistungen und auf ihre Grenzen analysiert.

Das anschließende Kapitel 5 stellt ein Modell vor, das sowohl den kindlichen Umweltorientierungen als auch den Anforderungen der Sache gerecht werden will. Das Modell wird begründet, diskutiert und an verschiedenen Anwendungsbeispielen veranschaulicht. Dabei wird auch auf den Beitrag des Sachunterrichts für die Entwicklung von Kompetenzen der Kinder eingegangen.

Schließlich wird in Kapitel 6 gezeigt, dass trotz aller Sorgfalt bei der Begründung und Vorbereitung von Unterricht Sachunterricht erst dann professionellen Ansprüchen an den Lehrerberuf entspricht, wenn auch der bereits gehaltene eigene Unterricht analysiert wird.

Am Ende der einzelnen Kapitel finden Sie Anregungen zur Anwendung und Sicherung der Lernergebnisse und Hinweise auf ausgewählte Literatur, die sich zur weiteren Beschäftigung mit einzelnen Fragen eignet.

Wer solche Anregungen gibt, trifft – notgedrungen – aus der Vielzahl hervorragender Bücher und Aufsätze eine Auswahl. Diese ist nicht frei von Unzulänglichkeiten desjenigen, der diese Auswahl vornimmt. Leicht hat man das eine oder andere übersehen oder dessen Reichweite noch nicht erfasst. Für Anregungen, dies beim nächsten Mal besser zu machen, ist der Autor dankbar.

In diesem Kapitel ging es darum ...
... das Anliegen des Sachunterrichts zu erläutern und den Aufbau dieses Buches zu begründen.
Der Anspruch des Sachunterrichts, Schülerinnen und Schüler bei der Erschließung ihrer Umwelt zu unterstützen, erwies sich dabei als geeignetes Leitbild für dieses Unterrichtsfach. Die Vielzahl von Aufgaben und Inhalten, die dem Sachunterricht zugeschrieben werden, lassen sich mit diesem Leitbild erfassen. Es lässt sich in allen Lehrplänen nachweisen und zieht sich durch die fachdidaktische Theoriebildung der letzten Jahrzehnte. Allerdings ist es interpretationsbedürftig.
Ein erster Schritt zur Spezifizierung der Aufgaben, die mit diesem Leitbild verbunden sind, führte zur Formulierung von vier allgemeinen Zielen des Sachunterrichts: über Bestehendes aufklären, für Neues öffnen, sinnvolle Zugangsweisen zur Umwelt aufbauen und zum Handeln in der Umwelt ermutigen.
Um diese Ziele angemessen umsetzen zu können, sind begründete Vorstellungen über die gewünschte Entwicklung des Einzelnen und über sein Zusammenleben mit anderen nötig. Solche Vorstellungen werden in pädagogischen Zusammenhängen als Bildungsansprüche diskutiert.
Allerdings wird Sachunterricht nur dann die Vorstellungen der Kinder über ihre Umwelt bildungsbedeutsam mitentwickeln können, wenn er sich an den Wahrnehmungs- und Verarbeitungsweisen sowie an den Erfahrungen orientiert, die im Grundschulalter wahrscheinlich sind. Die Absicht, vom Kind auszugehen, reicht dafür nicht. Benötigt wird zuverlässiges Wissen über die für den Sachunterricht bedeutsamen Lernvoraussetzungen von Kindern. Das folgende Kapitel möchte dazu beitragen, solches Wissen zu erwerben.

So könnten Sie Ihre Lernergebnisse anwenden und sichern:
1. *Begründen Sie, warum „Unterstützung beim Erschließen von Umwelt" sich als Leitbild für die Anforderungen an den Sachunterricht eignet.*
2. *Sie sollten angeben können, mit welchen unterschiedlichen Bezeichnungen das Fach in den Lehrplänen benannt wird.*
3. *Vergleichen Sie die auf S. 27 konkretisierten Ansprüche an den Sachunterricht mit dem Katalog der Kultusministerkonferenz (Ergänzung 2, S. 25). Lassen sich die im Katalog erwähnten Ziele und Anforderungen diesen Ansprüchen zuordnen? Gehen sie zum Teil darüber hinaus?*
4. *Suchen Sie sich aus der Vielzahl von Praxisvorschlägen für den Sachunterricht, die Sie in Grundschulzeitschriften wie Grundschule, Praxis Grundschule, Sache Wort Zahl, Grundschulunterricht und Grundschulmagazin finden, ein Beispiel heraus. Prüfen Sie, ob dieser Vorschlag den auf Seite 27, Ergänzung 3, dargelegten Kriterien gerecht wird. Begründen Sie bitte Ihr Urteil.*

5. *Sie sollten die Aussage von Wolfgang Einsiedler, Sachunterricht brauche den Bildungsbegriff als Kristallisationspunkt (siehe hier, S. 28), nun eigenständig erläutern können.*

Wenn Sie an einzelnen Fragen weiterarbeiten möchten ...
Die grundlegende Bedeutung von „Vorstellungen" über die Umwelt für die Lebensgestaltung ist philosophisch bei Schopenhauer 1859/ 1991, 31–142, ausgearbeitet. Unter Berücksichtigung systemtheoretischer Überlegungen diskutiert die Bedeutung von Vorstellungen für das Erschließen der Umwelt Vollmer 1990, 57 ff. Die Leitunterscheidung von (erkennendem) System (wie dem in seiner Umwelt handelnden Kind) und der Umwelt wird bei Luhmann 1985, 242–285, entfaltet.

Über die Zumutungen und Chancen der Komplexität von Handlungsverflechtungen, in die jeder Einzelne in der modernen Gesellschaft verstrickt ist, erfährt man viel bei Joas 1992.

Einen Einstieg in die Herausforderungen des Sachunterrichts, der Kinder beim Erschließen von Wirklichkeit unterstützen möchte, bietet der Aufsatz von Köhnlein 2000 b.

Zur Bedeutung des methodisch angeleiteten Erschließens siehe Giest 2007, zur Entwicklung des Verstehens auch Nießeler 2007, zur Entwicklung von Interessen Hartinger 2007b.

Nähere Informationen zu den Ansprüchen und dem Aufbau des Sachunterrichts im Ausland, geschrieben von verschiedenen Spezialisten, finden sich in Kahlert u.a. (2007), Teil 2.5, 281 ff.

Anmerkungen
1 Die Quellenangaben für sämtliche Lehrpläne und Richtlinien, die in diesem Buch zitiert werden, finden sich im Anhang, S. 299–300.
2 Mit diesem Hinweis soll gezeigt werden, dass auch in der ehemaligen DDR die Erschließung von Umwelt als ein Leitbild kommuniziert wurde. Dass mit der anderen Gesellschaftsordnung auch ein anderes Verständnis von individuellen Entwicklungs- und Entfaltungsmöglichkeiten verbunden war und sich dieses Leitbild daher auch anders als in demokratisch verfaßten Ländern konkretisierte, kann hier nur erwähnt, nicht diskutiert werden.
3 Dass allein schon der Begriff „Lebenswirklichkeit" mit verschiedenen Vorstellungen von der Umwelt kommuniziert wird, zeigt Hopf 1993b. Das Bemühen, bei der Entwicklung von Aufgaben und Zielen des Sachunterrichts nicht unnötig viele implizite Theorieentscheidungen vorweg zu nehmen, verlangt an dieser Stelle den erkenntnistheoretischen Hinweis, dass dieses auch für die andere Seite der Leitdifferenz, also für die Vorstellung vom lernenden Kind gilt. Wie zu zeigen sein wird, ist „Kind" eine hochgradig voraussetzungsvolle Interpretation eines lernenden Organismus (vgl. Kapitel 2).
4 Die weitere Differenzierung Aeblis zwischen Tun als absichtsvolles Verhalten und „Handeln" als „die Bereiche des Tuns mit hohem Grad an Bewußtheit und der Zielgeleitetheit, auch im Einzelnen" (Aebli 1980, 20), soll hier nicht weiter übernommen werden, da dies Kriterien voraussetzen würde, den Grad an Bewußtheit zu bestimmen, der erreicht werden muss, um statt von Tun bereits von Handlung zu sprechen. Entscheidend ist, dass die Intentionalität mit verschiedenen Abstufungen von Bewusstsein gekoppelt ist. Erschließen bedeutet dann nicht nur, sich immer mehr Tätigkeitsfelder zu eröffnen, sondern das eigene Tun auch immer besser zu verstehen (vgl. 3.2, S. 96 ff.).

2 Vom Kind ausgehen …

> *„Wir bieten dem Kind eine Welt; dem Kind*
> *bietet sich eine Welt."*
> (Langeveld 1982, 78)

> **Dies kommt zur Sprache …**
> Einige Beispiele aus der Schulpraxis veranschaulichen zunächst, warum es für die praktische Gestaltung und für die theoretische Absicherung von Sachunterricht nützlich ist, sich möglichst zuverlässige Vorstellungen über Lernvoraussetzungen von Kindern zu machen. Solche Vorstellungen erfassen Kinder nicht, wie sie „wirklich sind", sondern wie sie im Lichte der jeweils gewählten Betrachtungsweise erscheinen. Der in der Sachunterrichtsdidaktik verbreitete Anspruch, vom Kind und seinen Bedürfnissen, Interessen und Wahrnehmungen auszugehen, setzt deshalb einen bewussten Umgang mit Perspektiven beim Blick auf Kinder voraus. Begründet wird, warum es für den Sachunterricht sinnvoll ist, Lernvoraussetzungen unter einer anthropologischen, einer entwicklungsorientierten und einer sozio-kulturellen Perspektive zu betrachten. Dargelegt und diskutiert werden die jeweiligen spezifischen Leistungen und Grenzen dieser Blickrichtungen auf Kinder.

Wer Kindern im Sachunterricht bei der Erschließung ihrer Umwelt Hilfe leisten möchte, benötigt hinreichend zuverlässige Vorstellungen darüber, wie Kinder ihre Umwelt wahrnehmen, was sie davon wahrnehmen und welche Art von Schlüssen sie aus ihren Wahrnehmungen ziehen.

Ohne solche Überlegungen und Abwägungen könnte es einem ergehen, wie dem jungen Referendar, dessen Unterrichtsversuch im Rahmen einer Praktikumsbetreuung beobachtet wurde:

> **Wenn auf dem Wege in die Physik He-Man lauert**
>
> In der Unterrichtsstunde eines Referendars im dritten Schuljahr ging es um „heiß" und „kalt". Die Schüler sollten erfahren, dass verschiedene Materialien Wärme unterschiedlich gut leiten.
> Als Stundeneinstieg hatte sich der junge Kollege ein kleines Experiment ausgedacht. Ein Kind bekam einen Metallstab in die Hand, ein anderes Kind einen

> Glasstab. Beide sollten das andere Ende des Stabes in die Flamme eines Gasbrenners halten. Dabei hatte der Lehrer sich Folgendes gedacht: Das Kind mit dem Metallstab, der Wärme gut leitet, wird eher loslassen als das Kind mit dem Glasstab. So gäbe es für die Schülerinnen und Schüler einen Anlass, sich Gedanken über heiß und kalt und über die Ausbreitung von Wärme zu machen.
> Aber der junge Kollege hatte den Glasstab einem Mädchen in die Hand gedrückt und den Metallstab einem Jungen. Das Mädchen mit ihrem Glasstab in der Hand, hatte erwartungsgemäß keine Schwierigkeit, das andere Ende des Stabes lange in die Flamme zu halten. Glas leitet Wärme schlecht.
> Der Junge dagegen bekam plötzlich ganz andere Probleme als geplant: Statt, wie vorgesehen, den heißer werdenden Metallstab flugs fallen zu lassen, wurde für ihn die Unterscheidung von heiß und kalt zu einem Härtetest für seine Identität als werdender Mann. Er mochte nicht loslassen, denn, so offenbar seine Situationswahrnehmung, die anderen würden das so verstehen, dass er weniger aushalten könne als ein Mädchen. „He-Man", damals eine Symbolfigur für Männlichkeit, behält die Sache im Griff.
> Der Lehrer musste den Stundeneinstieg abbrechen, der Junge hatte sich trotzdem die Handfläche leicht gerötet und die Klasse interessierte sich mehr für die Spuren auf der Hand des Jungen als für die Wärmeleitfähigkeit von Metall und Glas.

In der oben beschriebenen Unterrichtsszene treffen unterschiedliche Vorstellungen des Lehrers und des Schülers über die Situation, in der sie beide und die übrigen Kinder der Klasse involviert sind, aufeinander.
Während der Lehrer im Stundeneinstieg nur ein motivierendes Demonstrationsexperiment sah, das die Aufmerksamkeit der Schüler auf die Wärmeleitfähigkeit von Materialien lenken sollte, sah der Junge plötzlich seine Selbstdefinition von Männlichkeit gefährdet.
Orientiert man sich an dem Wissen, was wir heute über die Wahrnehmung von Geschlechtsunterschieden haben, dann können wir davon ausgehen, dass der Junge bereits vor einigen Jahren zwei Geschlechter zu unterscheiden gelernt hat. Man nimmt heute an, dass diese Unterscheidung bereits von Kindern im zweiten, dritten Lebensjahr geleistet wird. Sie beginnen dann, sich einem Geschlecht zuzuordnen und wählen aus der Umwelt mehr und mehr jene Informationen und Anregungen aus, die – aus ihrer Sicht – zu ihrem Geschlecht „passen" (vgl. Oerter 1995a, 272ff.).
Der Weg vom Kind zum Jungen oder zum Mädchen wird dabei von zahllosen Einflüssen und Hinweisen begleitet.
Lange bevor Geschlechtsrollen zum Gegenstand des Unterrichts werden, beobachten Kinder, dass es Tätigkeiten gibt, die eher Männer als Frauen ausüben. Eltern und Verwandte schenken Mädchen oft anderes Spielzeug und andere Kleidung als

den Jungen. Und wie oft mag ein Kind von Bezugspersonen und in der Öffentlichkeit schon gehört haben, was von Jungen und Mädchen erwartet wird: „Die Kleine ist aber wieder nett zurecht gemacht." „Na, so ein tapferer junger Mann."
In einem dichten sozialen Gewebe aus Vorbildern, Belohnungen und Ermahnungen, aus Erwartungen und Interpretationen vollzieht das Kind einen „Sortierungsvorgang" (Goffman 1994, 109), bei dem es immer deutlicher heraus- *und hineinliest*, auf was es offenbar ankommt, wenn man ein Mädchen oder ein Junge ist.
Die historisch und kulturell variierende *soziale Inszenierung eines angeborenen Unterschieds* bringt damit laufend jene Merkmale und Vorstellungen hervor, die den biologischen Unterschied zwischen Mann und Frau sozial bedeutsam werden lassen: als Unterschied, an dem sich Erwartungen, Chancen, Möglichkeiten und Grenzen trennen. „Von Anfang an werden die der männlichen und die der weiblichen Klasse zugeordneten Personen unterschiedlich behandelt; sie machen verschiedene Erfahrungen, dürfen andere Erwartungen stellen und müssen andere erfüllen" (ebd.).
Diese erworbenen Vorstellungen mögen bei dem Jungen in der oben wiedergegebenen Unterrichtsszene dazu geführt haben zu glauben, sein Ansehen bei den anderen Kindern könnte leiden, wenn er den heißer werdenden Stab loslassen würde, ehe das Mädchen aufgibt.
Man mag diese Vorstellungen für ein Relikt falscher Männlichkeitsansprüche halten, doch das ändert nichts daran, dass sie wirken und die Wahrnehmung und das Handeln dieses Kindes beeinflussen.
Lehrerinnen und Lehrer bleiben mit ihren Lernangeboten im Sachunterricht erfolglos, wenn sie in der alltäglichen Unterrichtspraxis zu wenig berücksichtigen, wie Schülerinnen und Schüler erleben, sehen, beurteilen und handeln.
Der Erwerb neuen Wissens wird nicht nur von dem bereits erworbenen Wissen beeinflusst, sondern auch von Vorstellungen, die dem Einzelnen wie Wissen vorkommen. Konkret, in der oben beschriebenen Szene, hatte der Lehrer bei seiner Unterrichtsplanung eine wichtige mögliche Situationswahrnehmung des Schülers völlig außer Acht gelassen. Und so scheiterte bereits die vergleichsweise bescheidene Absicht, die Aufmerksamkeit von Schülerinnen und Schülern auf die Wärmeleitfähigkeit von Stoffen zu richten, an unterschiedlichen Interpretationen der Wirklichkeit. – Und dabei sollte der Sachunterricht doch helfen, diese zu erschließen ...
Ein zweites Beispiel aus der Schulpraxis soll weiter veranschaulichen, wie fragil pädagogische Kommunikation sein kann und wie leicht sie misslingt, wenn sie nicht von umsichtiger Interpretation des Schülerverhaltens begleitet wird.

> **Und wenn das Kind schon weiter ist …?**
>
> Die 2. Klasse kehrt vom vorweihnachtlichen Besuch beim Puppentheater zurück. Während der Busfahrt fragt die Lehrerin einige Schülerinnen und Schüler, wie ihnen das Theaterstück gefallen habe. Die Palette der knappen Antworten reicht von „gut" und „geht" über „na ja, so …" bis zum eindeutigen „blöd".
> Als die Lehrerin Marie fragt, deren Mutter als Aufsicht mitgekommen ist, wird die Siebenjährige rot, schaut verlegen, antwortet nicht. Lehrerin und Mutter interpretieren dieses Verhalten als besonders auffälligen Ausdruck von Schüchternheit. Die Lehrerin sieht sich in ihrem Urteil bestätigt, Marie sei in ihrem Sozialverhalten noch nicht auf dem zu erwartenden Stand.
> Einige Wochen später, während des Elternsprechtages zum Schulhalbjahr, kommt die Mutter noch einmal auf die Situation zurück.
> Sie habe Marie zu Hause gefragt, warum sie Frau N., der Lehrerin, nicht geantwortet hätte. Darauf habe das Mädchen erklärt, einiges am Theaterstück hätte ihr gefallen, das meiste aber nicht. Weil einige Kinder einfach „blöd" gesagt hätten, Frau N., die Lehrerin, sich aber doch viel Mühe gemacht habe, wollte sie, Marie, ihre Lehrerin nicht noch mehr enttäuschen. Einfach irgendeine Antwort wollte sie aber auch nicht geben. Darum habe sie lieber geschwiegen.

Was auf den ersten Blick wie eine dem Alter nicht mehr angemessene Schüchternheit aussieht, stellt sich bei detaillierter Kenntnis der Situation als Ausdruck eines kognitiven Konflikts heraus, in den das Kind geraten ist.
Die in ihrer Motivationslage und in ihrer Gedankenwelt unterschätzte Marie wird als schüchtern eingestuft. Aber nicht so sehr Schüchternheit, sondern eher die für das Alter anspruchsvollen Überlegungen und Abwägungen über Ehrlichkeit, Anerkennung und Ansprüche an eigene Genauigkeit waren ausschlaggebend für ihr situatives Handeln.
Ohne das klärende Gespräch mit der zufällig anwesenden Mutter wäre die Gefahr groß, dass Marie auch weiter als eher schüchtern behandelt worden wäre und im Umgang mit der Lehrerin wenig Gelegenheit gefunden hätte, in Ruhe ihre komplizierten Gedanken über das, was sie situativ bewegt, vorzubringen. Eine zunächst geringfügig erscheinende und in der Regel kaum auffallende Unzulänglichkeit in der pädagogischen Kommunikation wäre damit eine weitere Weichenstellung für einen Weg geworden, der Marie möglicherweise zu dem machen würde, was die Lehrerin bereits in ihr sah: ein schüchternes und verschlossenes Kind.
Die beiden Szenen aus dem Schulalltag veranschaulichen ein in der pädagogischen Praxis schwierig zu handhabendes Problem, das sich nicht nur in pädagogischen Beziehungen, sondern immer dann stellt, wenn Menschen miteinander kommunizieren.

Wer einem Gegenüber etwas mitzuteilen hat und mit dieser Mitteilung etwas erreichen möchte, ist von Annahmen über den Empfänger der Mitteilung geleitet. So muss man unterstellen, dass der andere hinreichend aufmerksam ist und überhaupt wahrnimmt, was man mitteilt. Ferner wird in der Regel stillschweigend vorausgesetzt, der andere verstehe den gemeinten Sinn der Mitteilung.

Findet Kommunikation mit pädagogischer Absicht statt, dann kommt zumindest noch die Erwartung hinzu, man werde eine angestrebte Wirkung erzeugen wie zum Beispiel Interesse wecken, ein Problem verdeutlichen, den Wissensaufbau fördern, eine Regel einsichtig machen etc.

Als Spezialfall von Kommunikation wird auch die pädagogische Kommunikation von Vorstellungen über den jeweiligen Gegenüber, in diesem Fall also über die Lernenden, begleitet. Von der Zuverlässigkeit des Bildes, das sich Lehrende von den Lernenden machen, hängt es mit ab, wie erfolgreich die pädagogische Kommunikation sein kann. Konkret bezogen auf das Anliegen des Sachunterrichts, Kinder bei der Erschließung ihrer Umwelt zu unterstützen, setzt das voraus, sich an möglichst zuverlässigen Vorstellungen darüber zu orientieren, wie die Lernenden ihre Umwelt bzw. die im Unterricht kommunizierten Gegebenheiten und Sachverhalte wahrnehmen könnten.

Die nahe liegende Schlussfolgerung, man müsse als Lehrende des Sachunterrichts möglichst viel möglichst genau über die Lernenden wissen, wäre allerdings voreilig.

Wer zu viel über einen anderen Bescheid wissen will, um möglichst wirksam die eigenen pädagogischen Absichten umsetzen zu können, läuft Gefahr, indiskret zu werden. Kennen lernen in pädagogischer Absicht kann auch zum Ausforschen und zu einer Art pädagogischem Imperialismus führen.

Die sowohl von Philosophen (vgl. Gadamer 1967, 9) als auch von Soziologen (vgl. Simmel 1906, 158) begründete Aufforderung, sich beim Verstehenwollen des anderen zu begrenzen, verdient gerade dann Beachtung, wenn Sachunterricht die Selbständigkeit der Lernenden fördern soll. Vollständig verstehbar zu sein, hieße, durchschaubar und kalkulierbar zu sein. „Der freie Wille setzt voraus, dass es keine vollständige 'innere' und 'äußere' Klarheit gibt." (Oelkers 1986, 173)

Sich zuverlässige Vorstellungen über die Lernvoraussetzungen von Kindern zu machen, um erfolgreichen Sachunterricht durchführen zu können, bedeutet daher nicht, möglichst viel möglichst genau über die Lernenden wissen zu wollen.

Dieses Streben fördert die Neigung, Kinder mehr als nötig fremdzubestimmen sowie die Illusion, man wisse über sie Bescheid. Gerade im Umgang mit Kindern besteht die Gefahr, Vorstellungen, die man sich über die Kinder macht, für hinreichend zutreffend zu halten (vgl. dazu Luhmann & Schorr 1982b). Dann werden Interpretationen über Kinder benutzt, als wären sie Wissen über Kinder.

„Pädagogen neigen oft dazu, das Handeln eines Lernenden nach ihrer eigenen Logik zu interpretieren, und missachten dabei die Eigenlogik des Handelnden selbst." (Kösel 1999, 25)

Daher ist nicht Gewissheit über Lernvoraussetzungen, sondern Umsicht bei der Interpretation von Lernvoraussetzungen nötig. Nicht möglichst gewiss über die Schüler zu sein, sondern möglichst kontrollierte, geprüfte Vorstellungen über Schüler im pädagogischen Handeln zu berücksichtigen, ist Bedingung für Erfolg im pädagogischen Handeln im Allgemeinen und im Sachunterricht im Besonderen.

Eine Voraussetzung zur Gewinnung kontrollierter, belastbarer und geprüfter Vorstellungen über die Lernvoraussetzungen von Kindern ist die bewusste Einnahme von Perspektiven beim Blick auf Kinder.

Kein Erkenntnisinhalt offenbart sich so „wie er wirklich ist", sondern immer nur im Lichte von Perspektiven, die an das Objekt des Erkenntniswillens herangetragen werden (vgl. Kapitel 3). Das gilt auch für den Blick auf Kinder und deren Lernvoraussetzungen.

In diesem Kapitel, das Kinder als Lernende des Sachunterrichts in den Blick nimmt, werden drei Perspektiven eingenommen: eine anthropologische, eine entwicklungsorientierte und eine sozio-kulturelle Perspektive.

Während die Berücksichtigung sozio-kultureller Bedingungen den Blick auf die für das Lernen bedeutsamen *Umweltbedingungen* von Kindern richtet, rücken die anthropologischen und die entwicklungsorientierten Merkmale eher die *Verarbeitungsweisen* in den Vordergrund, mit denen das Kind Realität wahrnimmt und Wahrnehmungen verknüpft.

Dabei erhellt die *anthropologische Perspektive* grundlegende, allen Menschen prinzipiell gemeinsame Bedingungen für Lernen und Entwicklung. Sie bietet damit eine Grundlage für normativ begründete Bildungs- und Erziehungsziele sowie für normativ begründete Anforderungen an die Gestaltung von Lern- und Entwicklungsumwelten.

Mit dieser bewussten Orientierung auf ein Menschenbild erinnert die anthropologische Perspektive daran, dass pädagogische Praxis sich im Prinzip als eine Folge von Entscheidungen über grundlegende Ziele zu rechtfertigen hat, die mit der Bildung und Erziehung von Kindern angestrebt werden. Sie nimmt damit der pädagogischen Praxis den Schein von Selbstverständlichkeiten.

Dieser Schein lässt immer dann die Verantwortung für pädagogische Entscheidungen verschwimmen, wenn Einflussnahmen auf das Leben eines anderen Menschen mit nicht hinterfragten, quasi-natürlich geltenden Grundsätzen über die Gestaltung des Zusammenlebens und mit Anforderungen, die sich daraus an den Einzelnen ergeben, begründet werden.

Die *entwicklungsorientierte Perspektive* richtet den Blick auf altersspezifisch sinnvoll beschreibbare Entwicklungs- und Lernvoraussetzungen. Damit ist nicht gemeint, dass sich diese Bedingungen als Folge eines bestimmten Alters einstellen. Das Alter ist nicht Ursache für die feststellbaren Lernvoraussetzungen, sondern lediglich ein sinnvoller Bezugspunkt zur „beschreibenden Aufzeichnung" (Montada 1995 a, 23) von Lernvoraussetzungen, mit denen man mit einem zufrieden stellend hohen Grad an Wahrscheinlichkeit in einem bestimmten Alter rechnen kann.

So informiert die entwicklungsorientierte Perspektive zum Beispiel darüber, welches Niveau an Differenzierung und Integration von Umweltwahrnehmungen in einer bestimmten Altersstufe wahrscheinlich ist, mit welchen Gedächtnisleistungen man eigentlich rechnen kann und ab welchem Alter Kinder in der Regel in der Lage sind, die Perspektive eines anderen einzunehmen und im eigenen Handeln zu berücksichtigen.

Schließlich lenkt die *sozio-kulturell orientierte Perspektive* den Blick auf bedeutsame Entwicklungsbedingungen in der Umwelt. Sie informiert über den kulturell geschaffenen Rahmen für Anforderungen, Lernmöglichkeiten, Erfahrungen, Interessen und über die unterschiedlichen Chancen von Kindern, an den gesellschaftlich zur Verfügung stehenden Lern- und Entwicklungsmöglichkeiten teilzuhaben.

Die drei Perspektiven ergänzen sich und können sich gegenseitig kontrollieren.

So kann der sozio-kulturell geschulte Blick der Gefahr entgegenwirken, dass man verbreitete Eigenarten und Merkmale für grundlegende anthropologische Gegebenheiten hält, obwohl sie kulturell erworben sind. Ein Beispiel dafür sind Annahmen über die Bedürfnisse von Menschen oder viele geschlechtsspezifische Zuschreibungen.

Anthropologische Reflexionen wiederum helfen, die Auswirkungen sozio-kultureller Entwicklungen auf Kinder nicht lediglich hinzunehmen, sondern auch vor dem Hintergrund von Menschenbildern zu bewerten. Und schließlich grenzt die entwicklungsorientierte Perspektive die Gefahr ein, an dem Vorstellungs- und Verarbeitungsvermögen der Lernenden vorbei zu planen und zu unterrichten.

2.1 Die anthropologische Perspektive

2.1.1 Menschenbilder begleiten auch den Sachunterricht

Unterricht und Erziehung liegen Vorstellungen über wünschenswerte oder weniger wünschenswerte Entwicklungen zugrunde, die Schülerinnen und Schüler nehmen sollten, sowie über Möglichkeiten, diese Entwicklungen zu fördern bzw. einzudämmen.

In diese Vorstellungen gehen, mehr oder weniger ausdrücklich und bewusst, Bilder vom Menschen mit ein.

„Noch bevor sich vorwissenschaftliche Erziehungserfahrungen in Theorien niederschlagen, gab es Anthropologie und Pädagogik." (Langeveld 1982, 82)

Solche grundlegenden Vorstellungen über das, was Menschen besonders auszeichnet und was für sie wichtig ist, finden sich auch in Begründungen von Zielen, Aufgaben und Methoden des Sachunterrichts wieder.

So wurde zum Beispiel der Bildungswert des Sachunterrichts darin gesehen, dass der Schüler „die Informationen unter dem Aspekt der Grundfragen des Menschen an die Welt in ihrer Bedeutung erkennen lernt und zugleich fähig wird, die Grundfragen in ihrer gegenstandsspezifischen Struktur zu erfassen und selbst zu stellen" (Lubowsky 1967, 132). Dabei kommt die Vorstellung zum Tragen, es gäbe einige im menschlichen Dasein wurzelnde Grundfragen, deren Bearbeitung zur Richtschnur für den Sachunterricht werden müsste.

Als Eduard Spranger 1923 in seinem Vortrag „Der Bildungswert der Heimatkunde" darzulegen versuchte, die Vielfalt des auf verschiedene Gebiete verteilten Wissens ließe sich durch den Bezug auf den Heimatraum verdichten und für den Unterricht konzentrieren, begründete er den Stellenwert der Heimatkunde unter anderem mit der Gebundenheit des Menschen an den Boden. Der Großstädter verelende, weil ihm die „seelisch schützenden Kräfte des Bodens" (Spranger, hier 1962, 21) fehlten. „Der Weg zum Menschtum führt nur über das Volkstum und das Heimatgefühl (ebd., 51).

Viele Beiträge zum Sachunterricht enthalten grundlegende Auffassungen darüber, wie der „Mensch an sich" seiner Umwelt begegnet und wie er sie bewältigt.

Zum Beispiel wird die herausragende Rolle der Sprache für die Erschließung der Umwelt damit begründet, Sprache sei „die Form menschlichen Weltverhaltens. Die Aneignung von Sprache ist die Bedingung der Möglichkeit, als ‚Mensch' in der ‚Welt' zu sein" (Weisgerber 1970, 96).

Andere meinen, „Sachlichkeit und Mitmenschlichkeit zeichnen … den Menschen aus, der sich von Seiendem in Gestalt von Sachen und Mitmenschen in Anspruch nehmen lässt" (Schmidt 1972, 40). In dieser Fähigkeit der interessierten Hinwendung liege ein grundlegendes Interesse an Einsichten über die den Menschen umgebene Umwelt. Dieses Interesse gehe über das reine Nutzbarmachen hinaus und sei darauf gerichtet, das Wesen von Dingen, Pflanzen, Tieren und Mitmenschen zu erkennen und im eigenen Handeln anzuerkennen (ebd.).

In unterschiedlichen Varianten wird Menschen allgemein und Kindern im Besonderen die Fähigkeit und der Antrieb zum Lernen zugeschrieben, sei es als „Explorationslust" (Popp 1994, 65), als „Wissbegierde" (Schreier 1995, 15), als „kindliche Neugier" (Hiller 1994, 27) oder als „Gier des Kindes auf Neues" (Engelhardt 1971, 6).

Mal heißt es eher vorsichtig, für die Sachunterrichtsdidaktik sei zu fragen: „In welchem Maße und in Bezug auf welche Sachverhalte wird den Menschen, speziell den Kindern, Erkenntniswille und Erkenntnisfähigkeit zugeschrieben?" (Köhnlein 1988, 524), mal gelten Kinder bereits „von sich' aus an ihrer Umwelt interessiert. Sie wollen sich dessen vergewissern, was um sie herum existiert und was in ihre Lebensvollzüge hineinwirkt (…). Sie nehmen deshalb Kontakt auf zu anderen Menschen und zu Lebewesen" (Kurowski & Soostmeyer 1986, 31). Angetrieben seien Kinder „von mannigfaltigen Motivationen, durch Bedürfnis nach lebensnotwendiger Orientierung und Bereicherung, nach Leistung, nach Identifikation mit geliebten Menschen, nach Gesellung und Zustimmung, nach Anerkennung und Geltung" (Kopp 1970, 158).

Das auf Erkundung der Umgebung gerichtete Handeln diene dabei nicht nur der unmittelbaren Befriedigung eines biologisch zum Überleben notwendigen Bedürfnisses, sondern dem grundlegenden Bedürfnis, Neues zu erfahren und Bescheid zu wissen.

Aufgaben und Inhalte des Sachunterrichts werden ebenfalls mit grundlegenden Aussagen über den Menschen begründet.

– Die Aufgabe, zur Selbstverwirklichung des Einzelnen beizutragen, findet man unter anderem mit dem „philosophischen Glauben an die Vertrauenswürdigkeit der menschlichen Natur" (Schreier 1994, 50) gerechtfertigt.
– Weil Kinder „unablässig auf der Suche nach einer Ordnung im Bereich des Lebendigen, die sie als gerecht und sinnvoll akzeptieren können" (Schreier 1982, 61) seien, bekämen Kinder starke Anregungen, wenn sie sich im Sachunterricht mit Lebensweisen von Tieren beschäftigen. Die Auffassung, „Grundschulkinder lieben Pflanzen als Teil der Natur", dient als Begründung von Unterrichtsvorhaben (Kaiser 1996 b, 125). Ein Unterrichtsschwerpunkt „Viele Sinne – ein Körper" wird unter anderem mit der Einschätzung gerechtfertigt: „Gerade Kinder ‚begreifen' ihre Umwelt in erster Linie über die konkret sinnliche Erfahrung" (ebd. 149).
– Die dem Sachunterricht zugewiesenen Aufgaben, Interessen der Kinder zu vertiefen und zu entfalten (vgl. Duncker 1992, 70 f.), zum „Abstand von Gewohntem beizutragen" (ebd., 73), das Urteilsvermögen zu kultivieren (ebd., 76 f.) und zur Handlungsfähigkeit der Kinder beizutragen (ebd., 78–80), entstammen einem „anthropologischen Rahmen", im dem „Selbstwerdung des Kindes" und „Individuierung" nur „im Kontext des „Hineinwachsens in die Ordnungen einer Kultur" für möglich gehalten werden (ebd., 70).

Schließlich werden auch Methoden, mit denen Kinder etwas über die Welt lernen, zum Teil mit grundlegenden Aussagen über das kindliche Wesen verknüpft. So heißt es, Kinder würden „unendlich viel und vielerlei durch Nachahmung und Spiel" (Popp 1994, 65) lernen. Der Mensch gelange nur über das Tun „zum wirklichen Verstehen seiner Umwelt" (Eckardt 1974, 115).

Das Interesse der Kinder an befremdenden, beunruhigenden, weil überraschenden Phänomenen gründe auf dem Antrieb, Beunruhigung aufzuheben.

„Dabei ist das Tun und Denken getragen von der Hoffnung, dass man ‚dahinter komme'; das heißt: dass es wieder noch einmal gut gehe, indem das Seltsame ‚verstanden' werden könne. Und zwar in dem Sinne, dass es sich bei näherem Zusehen als ein etwas verkleideter ‚alter Bekannter' erweist oder doch mit einem solchen ‚zusammenhängt', zum mindesten vergleichbar ist." (Wagenschein 1973, 11)

Es heißt, Kinder hätten ein „Bedürfnis nach sinnsuchender Deutung der Sachverhalte" (Bäuml-Roßnagl 1989, 383). Man sollte Phänomene auf das Kind wirken lassen, denn die „Kinder denken, sich selbst überlassen, immer von der Sache aus, ihrer Sache, der Sache, die sie antreibt" (Wagenschein 1973, 11). Zudem würden Kinder „sehr stark aus ihrem Erleben und damit gefühlsbetont reagieren" (Aust 1975, 549), daher sei Lernen umso „nachhaltiger, je enger ein Erlebnisbezug hergestellt werden kann" (ebd. 560). Man betont, die „kindliche Sacherfahrung wird begleitet von Emotionen und Denkprozessen. Die kindliche Sacherkundung ist nicht zu trennen von dem, was Kinder fühlen, von dem, was Kinder denken." (Bäuml-Roßnagl 1991, 41). Und das Konzept des „entdeckenden Lernens" wird unter anderem mit dem „Wunsch nach Wissenserwerb" (Marquardt-Mau 1996, 75) begründet.

Wie diese Beispiele zeigen, werden mit Bezügen auf Menschenbilder methodische und inhaltliche Entscheidungen für den Sachunterricht gestützt. Dabei besteht die Gefahr, dass eine Begründungsdichte angenommen oder auch nur postuliert wird, die bei näherem Hinsehen nicht gegeben ist.

Daher ist es zur Beurteilung von didaktischen Aussagen zum Sachunterricht wichtig, die dabei bemühten *Menschenbilder* nicht als absolut gültige Beschreibungen des Menschen zu verstehen, sondern als *Konstruktionen*. In diese fließen neben sachlich gut begründbaren Feststellungen auch normative Annahmen ein (vgl. von Hentig 1999; Vossenkuhl 1999). Deshalb lassen sich aus Menschenbildern keine Aussagen ableiten, die das Gewicht wissenschaftlich gesicherter Feststellungen beanspruchen können.

Gleichwohl ist es sinnvoll, ja unvermeidbar, auch mit solchen normativen Aussagen zu argumentieren.

Im Gegensatz zu einer als wissenschaftlich gesichert angesehenen Argumentation kann die Geltung solcher Aussagen aber nicht vorausgesetzt werden. Die Aussagen müssen sich vielmehr als sinnvoll oder zustimmungsfähig erweisen (vgl. dazu Oerter 1999).

So mag man zum Beispiel zustimmen, dass bei der kindlichen Umweltbegegnung Emotionalität eine Rolle spielt. Aber ob man daraus die Schlussfolgerung zieht, im Sachunterricht seien emotionshaltige Sachbegegnungen zu ermöglichen oder ob man Unterrichtssituationen gestaltet, die nach und nach einen distanzierten und kontrollierenden Umgang mit der eigenen Emotionalität erreichen, lässt sich mit der grundlegenden Feststellung nicht entscheiden.

Und, um ein anderes Beispiel zu wählen, die Feststellung eines natürlichen Erkenntnistriebes bedeutet im Grunde nur, dass Kinder lernbereit sind. Wie diese Bereitschaft im Sachunterricht gefördert und produktiv genutzt werden kann, bleibt offen.

Um zu beurteilen, welche Schlussfolgerungen für den Sachunterricht sich mit allgemeinen Aussagen über Mensch-Umwelt- bzw. Kind-Umwelt-Beziehungen fundiert begründen lassen – und welche eher nicht – , sollte daher ein Blick auf die Anthropologie geworfen werden. Diese ist eine für pädagogische Theoriebildung traditionell bedeutsame Disziplin, die sich darauf spezialisiert hat, das Spezifische am menschlichen Dasein zu erarbeiten.

2.1.2 Anthropologische Orientierungen

Interesse an den Eigenarten des Menschen zeigen sich bereits in Reiseberichten der Antike, in denen über Lebensgewohnheiten und körperliche Besonderheiten von Menschen fremder Völker berichtet wurde. Diese Schilderungen waren jedoch eher der Neugierde auf „fremdartige" Menschen geschuldet als dem Interesse, durch vergleichende Beobachtung und Auswertung von Lebensgewohnheiten anderer Völker verallgemeinerbare Erkenntnisse über „den Menschen" zu erhalten (vgl. Mühlmann 1956, 210 f.).

Seit etwa dem 16. Jahrhundert wird die Lehre von der „Natur des Menschen" systematisch betrieben (vgl. Schwemmer 1980, 126).

Voraussetzung für die Entwicklung der Anthropologie zu einer Wissenschaft, die auf Erfahrung und systematischer Interpretation von Erfahrung beruht, war die Befreiung des philosophischen Nachdenkens über den Menschen von der theologischen Interpretation des Menschen. Nach dieser würde die wahre Bestimmung des Menschen als Geschöpf Gottes durch Glaube und Offenbarung deutlich, weniger durch Beobachtung und Analyse.

So waren zum Beispiel die Erziehungsvorstellungen des tschechischen Pädagogen Comenius noch von der Grundidee beseelt, als höchste Schöpfung Gottes sei der Mensch dazu bestimmt, an der „vollkommenen Herrlichkeit und Seligkeit auf ewig teil zu haben" (Comenius 1657/ 1954, 28).

Dieses Menschenbild des Comenius führte zu Erziehungsvorstellungen, die eine Einordnung in eine bestehende, das Seelenheil versprechende Ordnung anstreben (vgl. auch Kapitel 4.2).

Ein deutlich anderes Bild vom Menschen liegt der 1684 entworfenen und 1693 erstmals erschienenen pädagogischen Abhandlung des englischen Philosophen John Locke (1632–1704), „Gedanken über Erziehung" (hier 1970) zugrunde. Dort wird argumentiert, die im Prinzip zur Vernunft fähigen Menschen fänden dann zur Tugend und „Vortrefflichkeit", wenn sie lernen, sich die Befriedigung aller Wünsche zu entsagen, die „nicht durch Vernunft gerechtfertigt sind" (Locke 1970, 40 f.).

Dies bedeute nicht, Kinder um jeden Preis so zu behandeln, als seien sie bereits zur Vernunft fähig. Aber ihre Vernunftfähigkeit sei zu fördern. Lehrer und Erzieher müssten verständig genug sein, die dafür notwendige Gratwanderung zwischen emotionaler Zuwendung und Vernunftgebrauch zu meistern (ebd. 40 ff. und 123 f.). „… sooft die Vernunft sprechen will, sollte man ihr Gehör schenken" (ebd., 126).

Wiederum ein anderes Menschenbild liegt den Erziehungsvorstellungen des französischen Moralphilosophen schweizerischer Herkunft, Jean-Jacques Rousseau (1712–1778), zugrunde.

In seinem 1762 erschienenen Werk „Emile oder Über die Erziehung" (hier 1995) geht Rousseau von der Grundannahme aus, von Natur aus sei der Mensch zum Guten angelegt. Diese Naturanlagen des Menschen müssten gegen den verderblichen

Einfluss dessen, was die Gesellschaft hervorgebracht habe, durchgesetzt werden (Rousseau 1995, 12 f., 15 f.).
Von Natur aus würde der Mensch das wollen, was er könne und in dem Maße sein Glück finden, wie er sich selbst genüge (Rousseau 1995, 61 f.; 213). Erst der Einfluss der Gesellschaft würde, sowohl bei Erwachsenen als auch bei den von ihnen erzogenen Kindern, dazu führen, dass sie Bedürfnisse und Gewohnheiten entwickelten, die Menschen von Natur aus nicht hätten und die deshalb die Menschen schwächen würden statt sie zu stärken (ebd., 63–65, 294 f.).
Für Rousseau gibt es kaum etwas „Naturwidrigeres als ein herrschsüchtiges und eigensinniges Kind …" (ebd., 67).
Trotz ihrer inhaltlichen Unterschiedlichkeit ist den Menschenbildern der hier genannten drei Klassiker des pädagogischen Denkens etwas Grundlegendes gemeinsam. Sie stützen sich eher auf philosophische oder theologische Überlegungen, weniger auf möglichst präzise und methodisch nachvollziehbar verallgemeinerte Beobachtungen von Phänomenen des menschlichen Zusammenlebens.
Ein Schritt in Richtung einer Disziplin, die sich um empirische Absicherung von Aussagen über die Menschen bemüht, wurde mit der Gründung anthropologischer Institute und Gesellschaften in der zweiten Hälfte des 19. Jahrhundert getan, zunächst in einigen Ländern Europas, dann auch in den USA und Japan.
So arbeiteten zum Beispiel in der 1870 gegründeten „Deutschen Gesellschaft für Anthropologie, Ethnologie und Urgeschichte" neben Völkerkundlern und Medizinern unter anderem auch Urgeschichtsforscher und Statistiker. Während sich in Deutschland später die Ethnologie und die Geschichtsforschung eher von der Anthropologie abwandte, lebte die Verbindung von Völkerkunde, Geschichtswissenschaft und Kulturforschung, zum Teil unter Beteiligung der Soziologie, in der Kulturanthropologie fort.
Als Cultural Anthropology oder Social Anthropology konnte sich diese Richtung vor allem in den USA weiterentwickeln (vgl. Mühlmann 1956, 213). Das kulturanthropologische Arbeitsfeld reicht von der Erforschung der Lebensgewohnheiten so genannter Naturvölker über Eigenarten des modernen Großstadtmenschen bis hin zur Untersuchung der Verhaltensgewohnheiten von Mitgliedern in speziellen Subkulturen wie jugendliche Straßengangs, Sekten oder ethnische Gemeinschaften (vgl. Gehlen 1961, 8 ff.).
Auch wenn heute die Anthropologie ihre Aussagen unter anderem
– aus philosophischen Überlegungen über den Menschen,
– aus dem Vergleich von Verhaltensgewohnheiten von Menschen in verschiedenen Kulturen und
– aus der möglichst präzisen und nachvollziehbaren Beschreibung von Phänomenen des menschlichen Zusammenlebens
zu gewinnen versucht, so besteht in diesem Wechselspiel zwischen philosophischer Deutung und methodisch mehr oder weniger gut gesicherter Beobachtung

menschlicher Daseinsformen immer die Gefahr, einzelne kulturell geformte Lebensgewohnheiten und Verhaltensweisen in den Rang einer überzeitlich gültigen, quasi-natürlichen Bestimmung des Menschseins zu heben. Damit würde man aber gerade die kulturelle Formung menschlicher Eigenarten übergehen.

„Universell und konstitutiv für die Menschheit ist, dass wir in ein Geflecht zwischenmenschlicher Beziehungen, also in eine soziale Welt hineingeboren werden; universell ist, dass wir alle nach einem Lebensgefühl, einem Gefühl unseres Daseins streben. Die Wege dorthin unterscheiden sich dagegen nach den Kulturen, nach den sozialen Gruppen und den Individuen." (Todorov 1996, 104)

Einige Beispiele mögen veranschaulichen, welche Spekulationen drohen, wenn einzelne Beobachtungen von Menschen zu Aussagen über den Menschen im Allgemeinen erhoben werden:

- Bis in die Fünfzigerjahre des letzten Jahrhunderts war die Ansicht verbreitet, der Mensch sei vor allem als ein Triebwesen zu verstehen. Versuche, Grundtriebe zu bestimmen, führten zur Zusammenstellung von über fünfzig vermeintlich naturgegebenen Antrieben für menschliches Handeln. (vgl. Gehlen 1961, 45)
- Noch verwirrender endeten Bemühungen, auch beim Menschen grundlegende Instinkte zu identifizieren. Bereits im Jahre 1924 kam eine Sichtung der Literatur, die menschliche Aktivitäten auf Instinkte zurückführen wollte, bei mehreren Hundert Autoren auf insgesamt 14 046 unterschiedliche Instinkte, die angeblich das menschliche Verhalten lenken, wenigstens beeinflussen sollten (vgl. Gehlen 1961, 113).
- Eine Übersicht über Menschenbilder in der philosophischen und sozialwissenschaftlichen Literatur nennt 38 verschiedene Modelle für die Spezifizierung des Menschen (vgl. Detzer 1999, 101).

Erhellender als die Versuche, spezifische Eigenarten des Menschseins durch Sammeln, Deuten und Umdeuten dessen zu erfassen, was dem Menschen eigentümlich sei, war der Versuch des Philosophen Max Scheler (1874–1928) zu verstehen, was den Menschen vom Tier unterscheide. Sein 1928 erschienenes Werk „Die Stellung des Menschen im Kosmos" fragt nicht mehr nach dem Menschen an sich, sondern vergleicht ihn mit anderen Lebewesen.

Inspiriert wurde Max Scheler unter anderem von der Umweltlehre des baltischen Zoologen Jakob von Uexküll (1864–1944). Dieser hob in seinem 1909 erstmals erschienenen Werk „Umwelt und Innenwelt der Tiere" hervor, jede Tierart habe ihre spezifische Umwelt, in die das einzelne Wesen durch Funktionskreise eingepasst sei. Uexküll spricht in diesem Zusammenhang auch von der „Ausschnitthaftigkeit" der Tierwelt. Das Tier nehme nur Teile seiner Umwelt als bedeutsam wahr und vor allem, es wisse nichts von dieser Ausschnitthaftigkeit.

Nach Max Scheler sei der wesentliche Unterschied des Menschen zum Tier weder in der Intelligenz, im Gedächtnis noch in der Fähigkeit zum Gebrauch von Werkzeugen oder zur Entscheidung zwischen verschiedenen Alternativen begründet.

Dies alles würde den Menschen nur graduell, aber nicht prinzipiell von hoch entwickelten Tieren unterscheiden.

Der wesentliche Unterschied läge im „Geist", der es dem Menschen ermögliche, Distanz zu seiner Umwelt zu schaffen.
Während das Tier durch Triebe und biologische Bedürftigkeit eng an die Umweltgegebenheiten gekoppelt sei, könnten Menschen die Umwelt zum Gegenstand von Betrachtung machen. Sie sind in der Lage, sich der Umwelt gegenüberzustellen und ein sachliches Verhältnis zu ihr einzunehmen (vgl. Gehlen 1961, 14 f.; Hamann 1982, 37–40).
Diese konzeptionelle Wendung, die den Menschen nicht mehr bezogen auf sich, sondern als ein in einer Umwelt handelndes Wesen analysiert, lässt spezifisch menschliche Fähigkeiten hervortreten, die auch für Überlegungen zum Sachunterricht aufschlussreich sind.
Zwar verfügt auch der Mensch nicht über die Totalität seiner Umwelt. Auch ihm begegnet sie in Ausschnitten. Doch im Gegensatz zu Tieren kann er sich diese Ausschnitthaftigkeit und damit die Begrenztheit seines jeweils eingenommenen Standpunkts und seines Horizonts bewusst machen. Menschen sind zum Zweifel, zur bewussten Infragestellung in der Lage, und zwar sowohl dem gegenüber, was sie vorfinden als auch dem gegenüber, was sie selbst interpretieren und denken.
Während die raum-zeitlichen Gegebenheiten der Gegenwart dem Tier für sein Verhalten wenig Spielraum lassen, können sich Menschen dem unmittelbaren Handlungsdruck der Situation, in der sie verstrickt sind, durch Analyse, Abwägung und Planung entziehen.
Im Gegensatz zum Tier ist die Verarbeitung von Umweltreizen beim Menschen „zeitoffen" (Tenbruck 1978, 76). Er muss nichts sofort tun, sondern kann überlegen und kalkulieren[1]. Und er kann, modern gesprochen, metakognitiv eigene Wahrnehmungen, Schlussfolgerungen und Überlegungen bewusst in Frage stellen. Während zum Beispiel das soziale Verhalten von Tieren (Ameisenstaat, Löwenrudel, Bienenvolk) Ausdruck eines biologisch festgelegten Programms und somit einer prädestinierten Abstimmung auf die Artgenossen ist, sind Menschen als reflexiv planende und interpretierende Wesen in der Lage, Handlungsfolgen zu kalkulieren und Interpretationen der Wahrnehmung anderer zum Kalkül ihrer eigenen Handlungen zu machen.

> „Die Summe der pragmatischen Anthropologie … ist folgende. Der Mensch ist durch seine Vernunft bestimmt, in einer Gesellschaft mit Menschen zu sein und in ihr sich durch Kunst und Wissenschaft zu cultiviren, zu civilisiren und zu moralisiren, wie groß auch sein thierischer Hang sein mag …"
> (Kant, hier 1968, 328 f.).

Dabei beziehen sie Erinnerungen an Vergangenes und Planungen für Zukünftiges ebenso in die Handlungen ein wie situationsferne Gegebenheiten, die zwar zur Gegenwart, aber nicht zu den konkreten äußeren Umständen des Handelns gehören, sondern erst hinzu gedacht, vorgestellt werden müssen.

Mit diesen Möglichkeiten stehen Menschen einer dramatisch offenen Welt gegenüber.

Seine im Vergleich zu Tieren einzigartige Offenheit ermöglicht es dem Menschen, in den unterschiedlichsten Umwelten zu überleben, in der Tundra ebenso wie in Sandwüsten, in den Weiten des Mittleren Westens ebenso wie in den verdichteten Metropolen. Der Soziologe Arnold Gehlen definiert „den Menschen daher als ein handelndes Wesen (…) – oder als voraussehendes oder kulturschaffendes, was alles dasselbe meint" (Gehlen 1961, 49; siehe auch Berger & Luckmann 1980, 51 f.).

Entscheidend sei, dass Menschen sich nicht nur an den jeweils gegenwärtigen Eindrücken orientieren, sondern lernen, sie zu interpretieren, das heißt, ihrer *Umwelt Bedeutung beizumessen*. Weil sie dabei auswählen, Umwelteindrücke mit Bedeutungen belegen und fortwährend Gegenwärtiges im Lichte erworbener und situativ aktualisierter Vorstellungen interpretieren, schlägt Gehlen vor, den Menschen als ein „vorstellendes" Wesen zu begreifen. Der Mensch verhalte sich eher von „den vorausgedachten und entworfenen Umständen her als von den vorgefundenen und ‚wirklichen'" (Gehlen 1961, 53).

Aus dieser Weltoffenheit des Menschen resultieren Möglichkeiten und Zwänge zur sinnhaften und verantwortbaren Selektion von Umwelteindrücken.

„Dieses Wählen-Können – und die Wahl verantworten, so dass die anderen sie hinnehmen oder bejahen –, das könnte dann selbst als das gesuchte Menschenbild ausgegeben werden: die frei entscheidende Persönlichkeit mit dem aufrechten Gang im Bewusstsein ihrer Einmaligkeit und mit dem Recht auf Irrtum, Schwäche, Scheitern" (von Hentig 1999, 146).

Bruno Hamann der verschiedene anthropologische Ansätze mit Blick auf pädagogische Konsequenzen ausgewertet hat, betont ähnlich, der Mensch verfüge über „Ichhaftigkeit" und „Reflexivität", das heißt, er könne Umwelteindrücke denkend bewältigen und dabei ein Bewusstsein eigener Einzigartigkeit aufbauen und zur Wirkung bringen (Hamann 1982, 90).

Die Fülle der im Prinzip verarbeitbaren Eindrücke mache Auswahl und Sinnsetzung nötig. Dies kennzeichne den Menschen als ein freies Wesen, das entscheiden kann, aber auch die Folgen seiner Entscheidungen verantworten müsse. Seine „Interpersonalität" erlaube es dem Menschen, andere Menschen nicht nur als Mittel zum Zweck zu sehen, sondern sie um ihrer selbst willen anzuerkennen. Allerdings vermittle die Leiblichkeit dem Menschen die Erfahrung von Bedürftigkeit; sein Mangel an sicheren Instinkten zur Welterschließung begründet Erziehungsbedürftigkeit (vgl. Hamann 1982, 90 f.).

Von Natur aus auf gezielte Bearbeitung und Gestaltung seiner Umwelt, das heißt auf Kultur, angewiesen, ist der Mensch auswählend und entscheidend im Rahmen der jeweils vorgefundenen Kultur an seiner eigenen Entwicklung beteiligt. „Der Mensch ist Aufgabe, keine Naturtatsache" (Langeveld 1956, 135).

Damit lässt sich das in Kapitel 1 dargelegte Leitziel des Sachunterrichts präzisieren. Statt Unterstützung bei der Erschließung von Umwelt sollte das Leitbild treffender

als Unterstützung bei der Erschließung von *Beziehungen zur Umwelt* benannt werden. Weil es kaum einen Gegenstand gibt, der nicht aus der „Umwelt" des Kindes stammt, setzt der Anspruch, Sachunterricht solle zur Erschließung der Umwelt oder Welt beitragen, einen programmatischen Rahmen, in dem nahezu jeder Inhalt als bedeutsam erklärt werden kann.
An dem Vorschlag, Sachunterricht durch „Welterkundung" zu ersetzen (Faust-Siehl u. a. 1996, 63), lässt sich dies veranschaulichen.
So ist es sicherlich richtig, dass heute „Kinder aus aller Welt" in Grundschulklassen zusammenkommen und über die Medien „von frühester Kindheit an mit Lebensformen und Problemlagen aus aller Welt konfrontiert sind" (ebd., 65). Doch die Forderung nach Umbenennung des Sachunterrichts in „Welterkundung" unter anderem damit zu begründen,

„schon Sechsjährige entschlüsseln heute problemlos die typischen Verlaufsformen eines fernöstlichen Ritterduells, das Procedere einer nordamerikanischen Gerichtsverhandlung oder die Verhaltensstandards im internationalen Rauschgiftgeschäft, die ihnen das Fernsehen täglich neu ins Kinderzimmer sendet" (Faust-Siehl u. a 1996, 65) scheint gewagt.

Sehen wir einmal davon ab, dass nicht einmal das Bundeskriminalamt für sich in Anspruch nehmen dürfte, Verhaltensstandards im Rauschgiftgeschäft zu entschlüsseln, so wird in der oben wiedergegebenen Aussage die Tatsache, dass etwas zur Welt gehört, nicht ausreichend von der spezifischen Qualität einer Beziehung unterschieden, die Kinder zu diesen Gegebenheiten und Vorkommnissen in der Welt haben. Dass etwas in der Welt vorkommt, sagt noch nichts darüber aus, in welcher Beziehung es für Kinder in dieser Welt vorkommt: als interessantes Objekt, als Sensation, als Bedrohung, als unterhaltsame Abwechslung …
Erst Beziehungen machen Sachverhalte und Gegebenheiten in der Welt relevant für den Sachunterricht.
Wie alle Menschen, so bauen auch Kinder ständig am Geflecht ihrer Beziehungen zur Umwelt. Diese Beziehungen sind mehr oder weniger bewusst, mehr oder weniger vielfältig, mehr oder weniger flexibel und mehr oder weniger einengend.
Sachunterricht, der hilft, Beziehungen zur Umwelt zu erschließen, konzentriert sich auf das Ziel, dem Kind zu helfen, diese Beziehungen besser zu erkennen und zu verstehen, neue Beziehungen zu finden und das Geflecht der Beziehungen, das fortwährend ergänzt, erneuert, umgebaut wird, so zu bewältigen, dass die eigene Autonomie wächst ohne die von anderen in unvertretbarem Ausmaß einzuengen.
Im Rahmen von Schule erfüllt Sachunterricht damit eine Aufgabe von anthropologischem Rang. Dies lässt sich mit Überlegungen Martinus Langevelds begründen.

2.1.3 Sachlichkeit als anthropologisch begründbarer Anspruch

Ausgehend von der Kritik, die Anthropologie zeige an der Erforschung des Kindes wenig Interesse, sondern konzentriere sich auf den Menschen im Allgemeinen (vgl. Langeveld 1956, 9 ff.), versucht Martinus Langeveld die grundlegende Bedingung von Kindsein zum Ausgangspunkt seiner Anthropologie des Kindes zu machen.

Das Kind wird als ein auf Erziehung angelegtes und auf Erziehung angewiesenes Wesen gesehen. Kindheit ist dabei keine Vorstufe zum erwachsenen Menschsein, sondern ein Modus des menschlichen Seins (vgl. Langeveld 1956, 7 f.; siehe dazu auch Süssmuth 1968, 15 f., 37).

Der erwachsene Mensch dürfe für das pädagogische Handeln nicht als Leitziel gelten. Vielmehr seien Erwachsene als ehemalige Kinder anzusehen.

Weil der „Mensch als Kind anfängt" (Langeveld 1956, 107), verarbeite er elementare Erfahrungen des Kleinseins, des Größerwerdens, der Hilfsbedürftigkeit, der Anpassung und des Aufbegehrens, des Empfindens von Vertrauen und von Angst. Die Entwicklung des Kindes gehe mit dem Verlust einer quasi-natürlichen (aber trügerischen, JK) Sicherheit einher. Zunächst werde das Kind von seiner Umwelt versorgt, die ihm noch relativ eindeutig ist.

Nach und nach werden die Reaktionen der Umwelt auf das Kind vielfältiger und differenzierter, der Handlungsspielraum für das Kind wächst. Damit wird aus der Gewissheit einer *eher geschlossenen, versorgenden* Umwelt die Unsicherheit einer *offenen* Umwelt.

Um diesen Prozess konstruktiv zu begleiten, müssten Erwachsene dem Kind mit Blick auf das größere Kind begegnen, auch auf die Erwachsenenwelt, aber nur

„ein wenig, denn dieses Wenige richtet das Kind auf das, was es werden muss; und es selber will auch gerne ‚groß' werden. Andererseits verbauen wir den Weg zu vollständiger Erwachsenheit, wenn zu viel vorweggenommen wird" (Langeveld 1968, 71).

Eine besondere Bedeutung komme dabei der Schule zu, die für das Kind gleichsam ein „Stück ‚zweiter Natur'" (ebd., 72) sei.

In der Schule habe es die Chance, Menschenkenntnis und Selbständigkeit zu erweitern. Dort könne das Kind angeleitet lernen, auf Anforderungen unterschiedlich zu reagieren und sich auf die andere Wahrnehmung anderer Menschen einzustellen (ebd., 138 f.; siehe auch S. 16). Dabei erfahre es seine Beziehungen zu anderen und zur gegenständlichen Umwelt „nicht nur persönlich, sondern auch rein sachlich" (Langeveld 1968, 103).

Entgegen einer verbreiteten Auffassung ist es daher nicht als Mangel, sondern als Leistung der Schule anzusehen, dass dort die Auseinandersetzung mit Inhalten und Sachverhalten anders ist als im Leben sonst. Angestrebt werde Distanz zu dem unmittelbaren Erleben und die Anerkennung des Anspruchs der Sache. Es gehe darum, eine „erkennende Beziehung zur Welt" (ebd., 104) aufzubauen. Daher sei die

„Intellektualisierung (…) gewissermaßen *die* Aufgabe der Schule: Sie hat zu lehren, sie hat Tatsachen und Methoden beizubringen, sie hat eine innere Haltung herbeizuführen, die ohne Intellek-tualisierung überhaupt nicht denkbar ist … Meine Welt wird ‚Gegenstand'. Meine Gefühle werden als solche anerkannt. Die Dinge werden Sachen mit ihren sachlichen Eigenschaften, und damit wird das ‚Ringen mit der Sache' allmählich in einem Grade möglich, der es erlaubt, davon zu sprechen, dass das Kind in die Kulturarbeit eintritt" (ebd., 105).

Damit ist ein wichtiger Schritt zur weiteren Präzisierung des Leitbildes für Sachunterricht getan:
Erschließung der Beziehungen zur Umwelt durch Versachlichung.
Die Entwicklungsvoraussetzungen im Grundschulalter bieten dafür gute Fördermöglichkeiten.
Es ist das Alter, in dem gelernt wird, die eigenen Beziehungen zur Umwelt als mögliche unter anderen möglichen zu sehen. Diese Relativierung der eigenen Umweltbeziehungen ist eine unverzichtbare Voraussetzung für die Herausbildung einer Haltung, die im Sachunterricht mit aufgebaut werden soll, die *Haltung der Sachlichkeit* (vgl. Kapitel 3).

2.2 Die entwicklungsorientierte Perspektive

2.2.1 Entwicklung als Balance zwischen vorgefundener und gewählter Umwelt

Wie im vorherigen Abschnitt dargelegt, gehört es zu den grundlegenden Gegebenheiten des Menschseins, die eigene Umwelt auswählend, mit Blick auf Ziele, wahrzunehmen und Mittel zur Verwirklichung von Zielen zu erproben.
Um beurteilen zu können, wie Sachunterricht an die entwicklungsbedingten Voraussetzungen und Leistungen von Kindern fördernd anschließen kann, ist es sinnvoll, auch die vorschulische Entwicklung der Kind-Umwelt-Beziehungen zu betrachten.
Bereits das Kleinkind richtet seine Aufmerksamkeit eine Zeit lang auf etwas Bestimmtes in seiner Umwelt, das heißt, es wählt aus.
Von den vielen Gegenständen, die in seiner Nähe sind, interessiert es sich situativ zum Beispiel vor allem für die drei Klötzchen, die es zu einem stabilen Turm aufeinander zu legen versucht, oder für das tickende runde Ding auf dem Tisch, das es unbedingt anfassen möchte.
Alles andere im Raum ist zwar gegenwärtig, erzwingt aber nicht Aufmerksamkeit. Weil das Kind wählen kann, hat es nicht nur eine gegebene Umwelt, sondern auch eine gewählte Umwelt, in der einige Dinge und Ereignisse eher Aufmerksamkeit und Interesse finden als andere.
Ohne Selektion wären auch schon Kinder angesichts der Vielzahl von Optionen, mit der sie auf wahrgenommene Umwelt reagieren können, handlungsunfähig. Weltoffenheit wird zum Verhängnis, wenn man zu vielen Möglichkeiten nachgehen und zu viele Mittel zur Verwirklichung von Absichten erwägen würde. Man müsste

vor dem Potential der Welt kapitulieren, denn es erginge einem schlimmer als Buridans Esel, den bereits die Wahl zwischen zwei Heuhaufen überforderte.[2]

Selektion bewirkt, dass sich in der Gemengelage aus Umweltwahrnehmungen und Bedürfnissen handlungsleitende Ziele herausbilden können und sich dabei die Vielfalt der potenziell möglichen Umweltbeziehungen situationsspezifisch reduziert.

Zwar beeinflusst die leibliche Bedürftigkeit, die sich zum Beispiel in Hunger und Schmerz ausdrückt, das Selektionsverhalten. Ein hungriges Kind wird sich mit hoher Wahrscheinlichkeit zunächst eher für den Teller mit vertrauten Speisen als für die Klötzchen auf dem Tisch interessieren. Aber prinzipiell bleibt die Möglichkeit der Wahl.

Zwischen empfundener Bedürftigkeit (Hunger) und Umweltgegebenheit (Angebot an Nahrung) besteht keine so enge Kopplung, dass daraus mit Gewissheit eine bestimmte Handlung resultieren muss. Der Nahrungstrieb zwingt nicht zum sofortigen Zugreifen. Man kann sich Zeit nehmen und sich vorerst anderen Dingen der Umwelt zuwenden.

Mit wachsendem Können weitet sich der Möglichkeitsraum für Handlungen und der Spielraum für Entscheidungen aus.

In diesem Zwang zu wählen liegt somit ein Antrieb zur Ausbildung von Vorstellungen über die Umwelt, über das eigene Selbst und über die eigenen Beziehungen zur Umwelt, das heißt zur wertenden, sinngebenden Positionierung in der Welt.

Aus der entwicklungsorientierten Perspektive ist Erschließung von Umweltbeziehungen somit weder allein durch bloßes biologisch-psychisches inneres Reifen des Individuums hinreichend erklärbar noch allein auf die äußeren Umweltbedingungen zurückzuführen. Entscheidend sind vielmehr die Interaktionen, die das Individuum mit seiner Umwelt realisiert (vgl. Hoppe-Graff & Edelstein 1993, 10 f.).

Diese wiederum stehen in Wechselwirkung zu den Fähigkeiten des Individuums, die einerseits durch die Interaktionen mit der Umwelt weiterentwickelt werden, andererseits Voraussetzungen für Interaktionen mit der Umwelt sind.

Was jemand von den potenziell möglichen Umweltbeziehungen realisiert und welche Vorstellungen sich dabei durch Verknüpfung von Erinnerung, Erfahrung, Phantasie und Wahrnehmung herausbilden, ist unter anderem von altersspezifischen Entwicklungsvoraussetzungen abhängig.

Die jeweils erworbenen und herausbildbaren Wirklichkeitsvorstellungen werden zum Beispiel von der Qualität formaler geistiger Operationen, wie Abstraktion, Erinnern, Speichern, Kombinieren, beeinflusst. Auch Wahrnehmungsqualitäten, wie Differenzierung, Aufmerksamkeit, Konzentration spielen eine Rolle, ebenso die Qualität komplexerer Denkoperationen wie der Fähigkeit zum Problemlösen (vgl. dazu Hoppe-Graff & Edelstein 1993; Oswald 1998, 92–94; Schmidt-Denter 1996, 7 f.; Youniss 1994, 67, 144 f.).

Die menschliche Entwicklung lässt sich daher als die Entwicklung eines informationsverarbeitenden Systems (des „Subjekts") verstehen, das *interne* Voraussetzungen, wie bereits vorhandenes Wissen, gesammelte Erfahrungen, Werte und Emotionen, und *externe* Gegebenheiten, wie Umweltreize, aktiv zu *wirkenden* Umweltreizen verarbeitet.

Nach und nach erweitert sich dabei auch das Bewusstsein für eigenes Zutun bei der Wahrnehmung und Verarbeitung von Umwelteindrücken (vgl. Seiler 1993).

Auf einer frühen Stufe der Umweltverarbeitung wird ein Objekt bewusst als ein Objekt wahrgenommen, wobei Vorstellungen über dessen Merkmale, Eigenschaften und Verwendbarkeiten kombiniert werden. Pflanzen, Tiere, technische Gegenstände, elementare soziale Konstruktionen wie Familie oder Freundschaft werden als ein spezifischer Teil der Wirklichkeit zuverlässig erfasst. Das Kind weiß etwas.

Einen qualitativ weiteren Schritt der bewussten Realitätsverarbeitung macht das Kind, wenn es die Standpunkthaftigkeit seines Wissens über die Objekte und seiner Vorstellungen über die Welt bemerkt.

Damit wächst die Chance, sich von der Macht unmittelbarer Eindrücke abzulösen. Denkend gewinnt das Kind Autonomie gegenüber der Wechselhaftigkeit äußerer Umstände.

Die entwicklungsorientierte Perspektive versucht, solche altersorientiert beschreibbaren Wahrnehmungs- und Verarbeitungsweisen zu erfassen.

Weil neben den Umweltbedingungen und den strukturellen internen Wahrnehmungs- und Verarbeitungsvoraussetzungen auch die individuellen Ausprägungen von altersspezifisch beschreibbaren Eigenschaften die reale Entwicklung des einzelnen Kindes bestimmen, dürfen die im Folgenden dargelegten Informationen über altersspezifische Entwicklungsvoraussetzungen nicht schematisch als Beurteilungsgrundlage für Fähigkeiten von Kindern eines bestimmten Alters missverstanden werden.

Andererseits beeinflussen altersorientierte Erwartungen, die unabhängig von der konkreten Individualität eines Kindes mit seinem Entwicklungsalter verbunden werden, die Reaktionen anderer Menschen auf das einzelne Kind.

Ein Beispiel mag dies veranschaulichen:

Ein Vierjähriger, der ohne zu schauen auf die Straße läuft, wird behandelt, wie ein zu schützendes Kind. Es ist noch nicht in der Lage, die Folgen seines Handelns abzusehen, und man erwartet es auch nicht von ihm. Man wird ihm die möglichen Folgen seines Verhaltens erklären, es fest an die Hand nehmen und es sorgfältig in seiner Entwicklung als Teilnehmer am Straßenverkehr beobachten.

Aber von einem Neunjährigen erwartet man bereits, die Folgen unbedachten Handelns zu beachten. Verstößt er wiederholt gegen die Verhaltensregel, wird ihm das als individuelles Merkmal zugeschrieben. Er gilt als unvorsichtig und unberechenbar, weil man von Kindern seines Alters Verantwortlichkeit für eigenes Handeln erwartet.

Die altersspezifischen Lernvoraussetzungen sind jedoch nicht statisch als Gegebenheit, sondern vielmehr als Entwicklungsaufgabe zu verstehen, das heißt als Anforderung, vorhandene Entwicklungsmöglichkeiten des Wahrnehmens, Denkens und Verarbeitens weiter zu entfalten.[3]

Allerdings wäre die Erwartung überzogen, an das Wissen um die kognitiven und emotionalen Leistungsfähigkeiten von Kindern die „richtigen" pädagogischen Konsequenzen anschließen zu können.

„Es ist eine verbreitete, aber falsche Hoffnung, dass entwicklungspsychologische Erkenntnisse den Unterricht und die Erziehung von Kindern leichter machen würden, – sie können nur dazu beitragen, pädagogische Bemühungen erfolgreicher zu gestalten" (Weinert 1998b, 195).

Gerade für Lehrerinnen und Lehrer des Sachunterrichts, der Kinder beim Erschließen von Umweltbeziehungen unterstützen soll, ist Wissen über die entwicklungsbedingten Besonderheiten der Umweltwahrnehmung und Verarbeitung nützlich. Dieses Wissen hilft,
– die jeweils im Sachunterricht angebotenen Inhalte aus dem Blickwinkel der Kinder zu sehen,
– Kommunikationsfehler im Umgang mit Kindern, wie sie zu Beginn dieses Kapitels mit den beiden Beispielen aus dem Unterricht veranschaulicht wurden, zu vermeiden,
– fördernden Sachunterricht zu gestalten, der Unterrichtsinhalte weder zu früh noch zu spät anbieten sollte.

2.2.2 Integration und Differenzierung von Umweltwahrnehmungen

Einer der entscheidenden Entwicklungsfortschritte im Grundschulalter ist die sich zunehmend erweiternde Fähigkeit, Gegenstände und Ereignisse unter verschiedenen Gesichtspunkten und Perspektiven zu betrachten und verschiedene Beziehungen und Vorstellungen miteinander in Verbindung zu bringen.

Dabei wächst die Komplexität der Interpretation vor allem deshalb, weil mehr Gesichtspunkte, mehr Wissensbezüge beachtet werden können und weil dadurch gleichzeitig die Bedeutung einzelner Vorstellungen relativiert wird (vgl. Beilin 1993, 49f.).

Die formalen Fähigkeiten zur *Differenzierung* von Umweltwahrnehmung, zur *Integration* von verschiedenen Inhalten der Wahrnehmung und zur *Abstraktion* von den situativen Gegebenheiten der Wahrnehmung lassen sich somit als Gerüst verstehen, das die Konstruktion der konkreten inhaltlichen Vorstellungen zugleich ermöglicht, aber auch begrenzt.

Ein anschauliches Beispiel dafür stellt ein Versuch dar, bei dem Kinder verschiedenen Alters beurteilen sollten, welches der vor ihren Augen erstellten Gemische aus Wasser und Orangensaft stärker nach Orangensaft schmecken wird.

Kinder im frühen Grundschulalter lösen die Aufgabe vor allem durch Beachtung einer einzigen Information.

Wenn in ein Gefäß A der Inhalt einer größere Anzahl von Bechern mit Orangensaft hinein gefüllt wurde als in ein anderes Gefäß B, dann wurde dem Flüssigkeitsge-

misch in Gefäß A ein stärkerer Geschmack nach Orangensaft zugeschrieben – und zwar auch dann, wenn dieses Gefäß erheblich mehr Wasser enthielt als das Gefäß B. Erst im Alter von sieben Jahren beginnen die Kinder, auch auf den Wasseranteil zu achten (vgl. Huber & Mandl 1980, 62).
Das Entwicklungsniveau der formalen Fähigkeit, mehrere Aspekte zugleich zu berücksichtigen, also sie zu integrieren, beeinflusst die Möglichkeit zur Umweltverarbeitung und damit die Entwicklung von Vorstellungen über die Umwelt.
Zugleich wird die Entwicklung dieser formalen Fähigkeit durch Umweltanreize gefördert.
Je ausgeprägter das Differenzierungsvermögen, das Integrationsvermögen und das Abstraktionsvermögen sind, umso umfassender, komplexer, spezifischer und letztlich zuverlässiger und stabiler können die Konstruktionen, also die Vorstellungen sein, mit denen der Einzelne an seinen Vorstellungen von der Welt arbeitet.
Um die grundlegende Bedeutung von Differenzierung und Integration für den Aufbau von Wirklichkeitsvorstellungen zu erfassen, sei ein Blick auf die vorschulische Entwicklung erlaubt. Dabei soll deutlich werden, dass das Wechselspiel von Differenzierung und Integration als ein elementares Orientierungsmuster für den Erwerb von Vorstellungen über die Wirklichkeit angesehen werden kann.
Das Neugeborene mag noch eine Einheit zwischen sich und der Umwelt empfinden und noch nicht zwischen sich und einer äußeren Wirklichkeit unterscheiden (vgl. dazu Winnicott 1979, 22 ff.). Doch sein eigenes Verhalten trägt dazu bei, Unterscheidungen zu produzieren und damit die Grundlagen zu legen, eine Realität anzuerkennen, die nicht der eigenen beliebigen Gestaltbarkeit unterliegt (vgl. Ergänzung 5, S. 57 f.).

**Differenzierung und Integration begleiten den
Aufbau von Vorstellungen über die Umwelt**

Der Genfer Psychologe Daniel Stern hat „die Entfaltung der Wirklichkeit im Leben eines Kindes" (Stern 1991, 9) einfühlsam beschrieben.
Er zeichnet nach, wie das Baby, dessen Weltwahrnehmung zunächst vor allem von den Unterscheidungen hell/ dunkel, warm/ kalt, laut/ leise, hart/ weich, Hunger/ Nichthunger geleitet wird, durch Ausdifferenzierung und Verknüpfung (s)ein Universum hervorbringt (vgl. ebd. 24 ff.).
So lernt der Säugling, in seiner Welt Konstanzen herzustellen durch die Regelmäßigkeit, mit der er durch Schreien einen als unbefriedigend wahrgenommenen Zustand verändern kann.
Er weiß weder über Hunger Bescheid noch über den Unterschied zwischen Trockenheit und Nässe. Und schon gar nicht kennt er seine Mutter als ein sorgendes Subjekt. Aber er macht die Erfahrung, dass das bohrende Gefühl (im Körper)

> oder das juckend-nasskalte Gefühl (am Körper) vorbeigeht, wenn er schreit und dabei eine Veränderung in der Umwelt eintritt (Differenzierung).
> Weder weiß das Kind schon, woher diese Veränderung kommt noch identifiziert es sie als seine Mutter. Aber mit dieser Veränderung nimmt bald auch das unangenehme Gefühl ab. Irgendwann, nach vielen Malen nahezu gleicher Ereigniskombinationen, hat das Kind „erkannt", dass das Schreien gegen das unangenehme Gefühl hilft, allerdings nicht immer, sondern nur dann, wenn gleichzeitig andere Veränderungen in der Umwelt eintreten (Integration). Später wird es diese Veränderung als das Auftauchen eines Menschen identifizieren (Abstraktion und Integration), den es noch später wegen der damit häufig verbundenen Lautfolgen als „Mama" wahrzunehmen und zu bezeichnen lernt. Es wird Verbindungen aufbauen zwischen dem Schreien, dem Herannahen der Mutter und dem Übergleiten von einem höchst unangenehmen zu einem angenehmen Zustand. Es wird lernen zu schreien, nicht weil es Hunger hat, sondern damit die Mutter kommt. Seine Welt und seine Umgangsweisen mit der Welt haben sich dann bereits erheblich differenziert.
> Entsprechend ist der Anteil eigener Konstruktionen an dem, was Wirklichkeit bedeutet, gewachsen. Die Vielfalt der Sinnesreize wurde nach den Prinzipien von „ähnlich" und „anders" geordnet. Erste Differenzierungen gaben der Welt, besser, den Sinneswahrnehmungen, eine Struktur, wurden miteinander in Beziehung gesetzt (Integration) und damit zur Grundlage neuer Ordnungen und zum Grundgerüst beim Aufbau immer komplexerer Vorstellungen über die Welt.

Ergänzung 5

Später werden „Übergangsobjekte", wie zum Beispiel das wichtigste Kuscheltier, dabei helfen, die Trennung zwischen imaginierter Realitätswahrnehmung und -interpretation und einer von den eigenen Vorstellungen und Gefühlen unabhängigen Realität zu erlernen und zu bewältigen (vgl. Winnicott 1993, 11 ff.).
Neue Unterscheidungen, das heißt die Differenzierung der eigenen Beziehungen zur Welt und neue Verbindungen, das heißt die Herstellung von Beziehungen zwischen den verschiedenen Beziehungen zur Welt, erlauben eine Komplexitätssteigerung der Wahrnehmung und des Handelns.
Jean Piaget hat diese Komplexitätssteigerungen mit dem Bestreben des Kindes beschrieben, ein Gleichgewicht („Äquilibration") zwischen bewährten und neuen Interpretationen von Umweltreizen zu finden. Dabei werden Umweltreize zum einen den jeweils vorhandenen Wahrnehmungsmustern und Verarbeitungsweisen des Kindes angepasst (Assimilation). Zum anderen erwirbt das Kind neue Verarbeitungsweisen, das heißt, es passt seine Interpretationen der Umwelt an (Akkommodation) (vgl. Ergänzung 6).

Akkommodation und Assimilation – ein Beispiel

Ein Beispiel soll die Wechselwirkung von Assimilation und Akkommodation im Aneignungsprozess gegenüber der Umwelt veranschaulichen.
Kinder im frühen Grundschulalter neigen dazu, Luft als „nichts" zu betrachten. Eine leere Flasche enthält zum Beispiel „nichts".
Hinter diesem Urteil steht offenbar die dominante Erfahrung von Körperlichkeit derjenigen Dinge, die der Wahrnehmung zugänglich sind. Das Kind hat im Umgang mit der Umwelt die Vorstellung erworben, alles was „etwas" ist, hat eine gewisse Größe oder Ausdehnung, ein spürbares Gewicht, leistet Widerstand, wenn man es bewegen oder formen will.
Diese operativ erworbenen *Eigenschafts-Effekt-Kombinationen* legen es für das Kind nahe, Luft, die scheinbar nichts wiegt und deren Widerständigkeit sich nicht unmittelbar aufdrängt, zunächst als „nichts" zu klassifizieren. Dabei findet eine mentale Operation statt (vgl. dazu Piaget 1976, 56 ff.). Die Umwelt, hier Luft, wird dem vertrauten Verarbeitungsschema angepasst, das vor allem flüssige und feste Stoffe unterscheidet (Assimilation).
Irgendwann, vielleicht angeregt durch gezielte Experimente im Sachunterricht, durch Beobachtungen beim Aufblasen eines Luftballons, durch Spüren eines Luftwiderstandes oder durch andere Erfahrungen, wird sich die Einsicht durchsetzen, auch Luft sei etwas Stoffliches. Nach und nach führt das zu einer Erweiterung der stofflichen Eigenschaftskategorien fest und flüssig durch eine Kategorie für luftartige (später treffender als gasförmig bezeichnete) Stoffe. Diese Modifikation eines Schemas, mit der Umwelteindrücke verarbeitet werden, bezeichnet Piaget als *Akkommodation*, als Anpassung des Lernenden an die Umgebungseindrücke.

Ergänzung 6

Die mit Akkommodation und Assimilation einhergehende Differenzierung vervielfältigt die möglichen Beziehungen des Kindes zu seiner Umwelt. Und Integration schafft wiederum Verknüpfungen zwischen der Vielfalt neu entstehender Beziehungen (vgl. dazu Beilin 1993).
Einen wichtigen Stellenwert nimmt dabei das Spiel ein, bei dem noch vieles möglich ist und erprobt werden kann.

„Wir sehen, wie die Dinge dort keine feste Bedeutung haben. Was jetzt in offener Sinngebung ein Messer heißt, kann bald eine Brücke, eine Schranke, ein Soldat, ein Haus sein. Man kann aber nichtsdestoweniger nur spielen, indem man auf die Sinngebungen des Spielgenossen eingeht." (Langeveld 1956, 92 f.)

Außerdem probieren Kinder im Spiel unter anderem soziale Rollen (vgl. dazu Daublebski 1973) sowie den Umgang mit Regeln, Kooperation und Sinngebungen aus (Oerter 1995 a, 252 ff.).

Im Spiel kann die Bedeutung eines Gegenstandes wechseln, weil man sich mit den verschiedenen Partnern auf jeweils unterschiedliche Bedeutungen einigen kann.

Sehen auch die Eltern, um auf das obige Beispiel zurückzukommen, im Messer eine Brücke, dann ist das Messer für die Dauer der Übereinkunft eine Brücke. Aber diese Bedeutung ist fragil. Sie ist abhängig von den flüchtigen Übereinkünften und beruht nicht auf einer sachlichen Grundlage (vgl. Kapitel 3).

Nach und nach entstehen durch immer feinere Differenzierung und immer vielfältigere Integration komplexe Vorstellungen über Wirklichkeitsbereiche.

In der Wissens- und Kognitionspsychologie werden solche komplexen Verknüpfungen von Gedanken, Assoziationen und Erfahrungen zu einer realitätsbezogenen Vorstellung als *Schema* und *Skript* bezeichnet.

Auch für den Sachunterricht ist die Orientierung an diesen Begriffen geeignet. Sie unterstreichen, dass es sich bei den Vorstellungen, die im Unterricht aufgegriffen und weiterentwickelt werden sollen, in der Regel bereits um komplexe Konstrukte handelt, die viele Eindrücke und Erfahrungen integrieren. Zudem werden diese Vorstellungen durch ein Verständnis als Schema oder Skript der systematischen Analyse zugänglich.

Schemata beziehen sich auf alle möglichen Bereiche der Realität und lassen sich unter anderem nach dem Grad ihrer Differenziertheit, des Umfangs ihrer Inhalte und der inneren Ordnung dieser Inhalte unterscheiden. Das in Ergänzung 6 beschriebene Schema „fest-flüssig" zur Klassifizierung von Stoffen ist weniger differenziert und erfasst weniger Realitätsbereiche als das Schema „fest-flüssig-gasförmig".

Ein zweites Beispiel soll dem sozialen Lernbereich des Sachunterrichts entnommen werden.

Mit „Freundschaft" als eine besondere soziale Beziehung ist nicht nur eine konkrete Person verbunden, an die das Kind denkt. Vielmehr gehen auch Vorstellungen darüber ein, was diese Person zum Freund macht. Es mag Nettigkeit sein, ein ähnliches Alter oder lediglich die Tatsache, dass das als Freund bezeichnete Kind im Nachbarhaus wohnt. Solche dem Begriff Freundschaft zugewiesenen weiteren Vorstellungen verdichten sich zu einem Ensemble von Realitätsvorstellungen, zu einem Schema für „Freundschaft" (vgl. dazu Hasselhorn & Mähler 1998, 78 f.).

Skripte wiederum beinhalten auch Ereignis- und Handlungsabfolgen.

Auch dies sei an einem Beispiel erläutert, diesmal aus dem Themenfeld „Feiern und Feste", das in vielen Sachunterrichtslehrplänen vorkommt.

Das Kind hat zum Beispiel im frühen Grundschulalter die Vorstellung, zu einer Geburtstagsfeier gehören ein Kuchen mit Kerzen, Kakao und andere Kinder. Zudem hat es mehr oder weniger deutliche Vorstellungen über den Ablauf des Ereignisses, über das, was ihm ganz besonders wichtig ist. Es verfügt über ein „Geburtstagsskript", in dem Wissensinhalte, emotionale Einfärbungen, Wertigkeiten und Verknüpfungen miteinander verwoben sind. Wird sein „Geburtstagsskript" mit anderen Gewohnheiten anderer Kinder konfrontiert, kann sich das Skript verändern.

Dann mag die Bedeutung von Kerzen, Kuchen und Kakao für einen gelungenen Geburtstag weichen und vielleicht die besondere Aufmerksamkeit wichtig werden, die man an diesem Tag von nahestehende Menschen erfährt.
Skripte und Schemata sind bereits komplexe Vorstellungsinhalte, die durch vielfältige Differenzierung und Integration entstehen und Wahrnehmungen orientieren. Sie unterstreichen, dass es bereits dem Grundschulkind möglich ist, sich von der unmittelbaren Anschauung, also von einer sehr engen Bindung der Wahrnehmung an die situativen Gegebenheiten, zu lösen.

2.2.3 Über Anschauung hinauskommen

Um die Anschauungsnähe der kindlichen Realitätsverarbeitung zu verdeutlichen, soll zunächst wieder ein bekanntes Experiment interpretiert werden.
Vorschulkinder sind häufiger als Kinder im fortgeschrittenen Grundschulalter davon überzeugt, eine dicke Kugel aus Knetmasse enthalte eine andere Menge Knete als die lange, dünne Knet-Schlange, die aus der Kugel geformt wird.
Dem Kind fehlt in diesem Alter noch die Fähigkeit, einen realen Vorgang – hier das Ausrollen der Kugel – gedanklich wieder rückgängig zu machen und so zur Einsicht zu gelangen, dass die Knetmasse trotz Änderung der Form gleich bleibt (vgl. dazu Lovell 1980, 134-136).
Diese „Reversibilität" im Denken, die es ermöglicht, reale erfahrene Vorgänge ohne eine weitere unmittelbar anschauliche reale Erfahrung allein gedanklich rückgängig zu machen, bildet sich erst im Laufe der Grundschulzeit aus.
Voraussetzung dafür ist die Überwindung einer Realitätsinterpretation, die man mit Piaget als „*phänomistisch*" (Piaget 1975, 270) bezeichnen kann.

a) Phänomistische Orientierungen
Damit ist gemeint, dass Ereignisse und Phänomene noch sehr stark situationsspezifisch interpretiert werden, also mit dem Wissen und den Vorstellungen, die das Kind im Moment der Begegnung unmittelbar realisiert.
Die auf Überprüfung angelegte Hinterfragung der eigenen Vorstellungen und Interpretationen ist in diesem Alter eher selten anzutreffen, weil verschiedenes Wissen und verschiedene Vorstellungen nicht sachlich systematisch, sondern nach subjektivem Bedarf aufeinander bezogen werden.
Um dies an einem Beispiel anschaulich zu machen.
Die Fähigkeit zu schwimmen, wird von Kindern, der Evidenz vieler Beobachtungen entsprechend, zunächst mit dem Gewicht des Körpers erklärt. Korken, Holzstücke, Bälle etc., alles was schwimmt, erscheint leicht.
Die widersprechende Erfahrung, dass auch schwere Schiffe schwimmen können, ein vergleichsweise leichter Stein jedoch nicht, wird zunächst nicht herbeigezogen.
Die Vorstellung, Schwimmfähigkeit habe etwas mit dem Gewicht zu tun, bleibt durch Ausklammerung nicht dazu passender Erfahrungen stabil. Erst wenn die

Frage sich – aus welchen Gründen zunächst auch immer – aufnötigt, warum das schwere Schiff schwimmt, der leichte Stein jedoch nicht, kommen Zweifel an der bis dahin zufrieden stellenden „Erklärung".

> **Beispiele kindlicher Wirklichkeitsinterpretationen**
>
> „Sie (ein Kind, sieben Jahre, und Begleitung) fahren mit der Eisenbahn. Links sind Waldbäume, rechts weit entfernte Hügel. Das Kind, das in der Mitte des Wagens sitzt, guckt bald nach links, bald nach rechts, und wundert sich: *‚Da drüben fährt der Zug ja viel schneller als auf der anderen Seite!'* (Wagenschein 1973, 46).
>
> „Johannes, siebenjährig, sagt: *‚Die Sonne geht durch einen durch – und hinten kommt sie als Schatten wieder heraus. Und wenn keine Sonne da ist, gibt es ja auch keinen Schatten.'"* (Wagenschein 1973, 62)
>
> „BAR (9; 5 Jahre): Der Regen kommt *von den Wolken. – Was sind die Wolken? – Das ist wie Wasser. – Ist es Wasser? – Wärme. Wie gibt die Wärme Wasser? – Sie bringt zum Schwitzen. – Was? – Die Wolken. Manchmal auch uns. Die Sonne bringt die Wolken zum Schwitzen, um den Regen zu machen. – Wie entstehen die Wolken? – Kleine Tropfen sammeln sich an, und das gibt die Wolken. – Woher kommen diese Tropfen? – Vom Himmel. – Woher kommt dieses Wasser, vom Himmel? – Es sind wie Höhlen, dann fließt das Wasser, es fällt herunter."* (Piaget 1978, 251)
>
> „ROB (7 Jahre): *‚Wie sind die Berge entstanden? – Man nimmt von der Erde draußen, dann tut man sie auf die Berge, dann macht man Berge daraus. – Wer denn? – Es hat viele Männer, um die Berge zu machen, es hätte mindestens vier. Sie geben ihnen die Erde, dann entstehen sie ganz allein. Oder wenn sie einen anderen Berg machen wollen, brechen sie einen Berg ab, dann machen sie daraus einen schöneren.'"* (Piaget 1978, 275)
>
> „BAG (7 Jahre): *‚Woher kommen die Träume? – Es ist die Nacht. Vom lieben Gott. Der liebe Gott macht, dass sie kommen. – Wie macht er das? – Er kommt in der Nacht herunter und redet uns in die Ohren. Wie entsteht ein Traum? – Er entsteht mit Wörtern ... – Woraus besteht der Traum? – Er ist aus Buchstaben.* Wir fordern BAG auf, uns einen seiner Träume zu erzählen. Er hat von Dieben geträumt: Woher kam dieser Traum? *– Vom lieben Gott. – Warum hat dir der liebe Gott diesen Traum geschickt? – Weil es ein Unglück ist. Weil man nicht lieb gewesen ist.*

> Was hast du getan, dass du einen solchen Traum hast? – *Ich habe etwas Böses getan. Mama hat meinetwegen weinen müssen. Mama hat meinetwegen um den Tisch rennen müssen.*" (Piaget 1978, 91)
>
> „REYB (8; 7): ‚Spürt das Wasser etwas? – *Nein.* – Warum nicht? – *Weil das Wasser auseinander geht* (= weil es flüssig ist). – Wenn man es auf den Ofen stellt, spürt es dann die Wärme? – *Ja.* – Warum? – *Weil das Wasser kalt ist, und das Feuer wärmer.* – Spürt das Holz etwas? – *Nein.* – Wenn es brennt, spürt es dann etwas oder spürt es nichts? – *Es spürt etwas.*" (Piaget 1978, 149)
>
> „CESS (8 Jahre): ‚Ist ein Pferd lebendig? – *Ja.* – Ist ein Tisch lebendig? – *Nein.* – Warum nicht? – *Weil man ihn fabriziert hat.* Ist der Mond lebendig? – *Nein, denn er bleibt die ganze Zeit am gleichen Ort.* – Bewegt er sich nie? – *Manchmal.* – Wann? – *Wenn man geht.* – Ist er lebendig oder nicht? – *Er ist lebendig.* – Warum? – *Wenn man geht.* Ist der Wind lebendig? – *Ja.* Warum? – *Weil er geht, und dann rennt er* usw.*"* (Piaget 1978, 166)
>
> „PURR (8; 8): ‚Was ist ein Halbmond? – *Er* (der Mond) *hat sich geteilt.* – Wie? Hat er sich geteilt, oder ist es etwas anderes, das ihn geteilt hat? – *Es ist der Mond.* – Hat er es absichtlich gemacht? – *Nein, wenn er geboren wird, ist er ganz klein.* – Warum? – *Er kann nicht groß sein. Wie wir, wenn wir kleine Kinder sind. Deshalb macht er das auch so.* – Ist es immer der gleiche Mond, wenn er wieder Halbmond ist? – *Manchmal ist es der gleiche, manchmal ein anderer.* – Wie viele gibt es denn? – *Viele. Man kann sie nicht alle Tage zählen. Der Mond ist auch aus Feuer.* – Warum ist er geteilt? – *Wenn er nur an einer Stelle hell geben will …*"* (Piaget 1978, 213).

Ergänzung 7

Weitere Beispiele für den Versuch, anschauliche Erklärungen für die beobachteten Vorgänge in der Umwelt zu finden, enthält Ergänzung 7.
- Das dort im ersten Beispiel zitierte Kind sieht den Zug auf der einen Seite schneller fahren als auf der anderen Seite, weil es seine eigene Rolle als ein bewegter Beobachter noch nicht berücksichtigt. Es lässt sich durch Anschauung täuschen und begnügt sich mit einer für den Augenblick hinreichenden Interpretation. Diese scheint einleuchtend, weil sie nicht durch das Wissen beunruhigt wird, dass der Zug sich nicht im selben Moment mit verschiedenen Geschwindigkeiten bewegen kann.
- Johannes schreibt Körpern die Eigenschaft zu, Sonne zu Schatten umformen zu können.

— Bag verknüpft sein Wissen darüber, dass Träume nicht Realität sind wie Gegenstände und Wachheitserfahrungen, mit der Vorstellung von Gott als Bewirker. Er hat bereits gelernt, dass man für unerwünschtes Handeln bestraft werden kann und führt einen schlechten Traum auf die strafende Absicht Gottes zurück.

Allerdings muss bei der Interpretation dieser und anderer kindlichen Wirklichkeitsäußerungen sorgfältig unterschieden werden, ob sie tatsächlich die Vorstellungen der Kinder wiedergeben oder ob sie eher Folge ihrer Schwierigkeiten sind, Vorstellungen zur Sprache zu bringen.

Wie Michael Soostmeyer (1998, 170 ff.) an einigen Beispielen zeigt, können Kinder durchaus zwischen dem unterscheiden, was sie zur Umgehung von Schwierigkeiten bei der Versprachlichung sagen, und dem, was sie denken. So machen zum Beispiel Siebenjährige, die siedendes Wasser als „nervös" bezeichnen, bei ausdrücklicher Nachfrage deutlich, dass sie sich missverstanden fühlen, wenn Erwachsene meinen, sie, die Kinder, glaubten, das Wasser sei so ähnlich wie der nervöse Vater (ebd.).

Dennoch wird auch in diesem Beispiel die situative, anschauungsnahe Umweltbezogenheit der Äußerungen deutlich.

So lange eine Konfrontation mit einem möglichen Widerspruch nicht an die Kinder heran getragen wird, wird dieser mögliche Widerspruch auch nicht von alleine beachtet. Erst der Erwachsene weist darauf hin, „nervös" könne missverständlich wirken. Von alleine greifen die Kinder noch nicht zu einer Kommunikationsweise über ihre Vorstellungen, die deren Stimmigkeit möglichst stabil hält (vgl. Kapitel 3, S. 92 ff.).

Zwar werden über Erinnerungen, verfügbares Wissen und gesammelte Erfahrungen bei der Verarbeitung von Realität immer auch Vorgänge und Zustände wirksam, die sich auf Vergangenheit und/ oder Zukunft beziehen und somit nicht nur durch die Gegenwärtigkeit von unmittelbar stattfinden Ereignissen bestimmt sind (vgl. Huber & Mandl 1980, 54).

Aber diese Assoziationen sind bei Kindern noch stark auf die situativen Umstände bezogen und organisieren sich als anschauungsnahe Bilder.

b) Anschauungsnahe Konstrukte
Diese anschauungsnahen Konstrukte begünstigen Realitätsdeutungen, die als „*magisch*", „*finalistisch*" und „*animistisch*" bezeichnet worden sind.
— Unter *finalistischen* Deutungen versteht man Realitätsinterpretationen, die eine Gegebenheit oder ein Ereignis durch einen hineininterpretierten Zweck zu erklären versuchen. Der Mond teilt sich, damit er an verschiedenen Stellen leuchten kann. Es regnet, weil Pflanzen Wasser benötigen.
— Als *magisch* werden Vorstellungen bezeichnet, die hinter den Erscheinungen, Vorgängen und Phänomenen Verursacher sehen, die nicht nachweisbar sind.

Träume, die Gott schickt, und Berge, die Männer zusammengeschaufelt haben (vgl. Ergänzung 7), sind Beispiele für magische Konstrukte.
– *Animistische* Konstrukte weisen Gegenständen Eigenschaften von Lebewesen zu. Tote Materie wird „beseelt", um ihre Erscheinungsformen zu deuten: Wolken schwitzen; Wind kann gehen; Wasser und Holz spüren die Hitze des Feuers.

Finalistische, magische und animistische Vorstellungen sind Wirklichkeitsdeutungen, die noch recht nahe an die unmittelbare Anschauung geknüpft werden.

Zwar werden zur Deutung einer Beobachtung oder einer Gegebenheit (Halbmond, Regen etc., siehe Ergänzung 7) durchaus Vorstellungen und Wissensinhalte herbeigezogen, die nicht allein in den situativen Umständen liegen.

Das heißt, es finden bereits gedankliche Verknüpfungen, Assoziationen zu ganz anderen Realitätsbereichen statt. Um das Gedächtnis zu erklären, kommen Erinnerungen an das Aufschreiben ins Spiel. Der Regen wird mit der eigenen Erfahrung beim Schwitzen in Verbindung gebracht, die dann auf die Wolken übertragen wird.

Aber die Verknüpfungen und Assoziationen stehen eher bildhaft zur Verfügung, nicht als einzelne flexibel nutzbare Wissensinhalte, sondern als Vorstellungskomplexe, in denen sich gesichertes Wissen mit eigenen, subjektiven, phantasievollen Entwürfen vermengt.

Auch *Analogien*, die dabei häufig bemüht werden, sind noch dem Streben nach Anschauung verhaftet.

c) Analogie und Anschauung
Bei Analogiebildungen werden Ereignisse durch Bezug auf andere, vertraute Ereignisse interpretiert (*„Transduktionsschluss"*, vgl. dazu Spreckelsen 1994, 213 f.).
Ein Beispiel dafür ist folgende Interpretation über das Gedächtnis.

„KAUF (8; 8), ein Mädchen, denkt mit seinem Gedächtnis. *‚Das Gedächtnis ist ein Ding, das sich im Kopf befindet und das macht, dass wir denken. – Wie, glaubst du, sieht dieses Gedächtnis aus? – Es ist ein kleines Viereck, in einer Haut, ein wenig oval, und darin sind die Geschichten. – Wie sind die Geschichten darin? – Sie sind auf das Fleisch geschrieben. – Womit? – Mit Bleistift. – Wer hat sie aufgeschrieben? – Der liebe Gott. Bevor ich geboren worden bin, hat er sie hineingetan.'*" (Piaget 1978, 54)

Das Mädchen hat sich das Gedächtnis als einen Ort klar gemacht, wo etwas stabil niedergelegt wird. Und es kennt das Prinzip des Aufschreibens. Dadurch liegt der Analogieschluss nahe, das Gedächtnis sei so etwas Ähnliches wie das Aufschreiben. Der Analogieschluss geht so weit, dass dabei das Instrument, der Bleistift, benannt wird. Da aber schon die Vorstellung besteht, dass niemand einem anderen mit einem Bleistift im Kopf herumschreiben kann, wird dafür wiederum die Instanz angeführt, die als die Verkörperung von Allmächtigkeit schlechthin angesehen wird, Gott.

Die auf Analogiebildung („das ist ja wie ...") beruhenden Schlussfolgerungen stellen bei der Verarbeitung von Ereignissen erste Ablösungen von dem Ereignis selbst

dar. Zu dem, was in der äußeren Wirklichkeit geschieht, werden, in Form von Erinnerungen, Vorstellungen herangezogen, die das Kind mit einbringt.
Wie Protokolle von Schülerinterpretationen über beobachtete Ereignisse immer wieder zeigen, werden diese Analogien nicht systematisch oder bezogen auf verallgemeinerbare Schlussfolgerungen ausgewählt und genutzt, sondern eher spontan, punktuell. Ob Gleichgewichtsphänomene auf Erfahrungen mit Gewichten zurückgeführt werden (vgl. Spreckelsen 1994, 215 f.), die Schwimmfähigkeit schwerer Schiffe mit einer Art „Wasserpfahl" erklärt wird, bei dem das durch das Schiff verdichtete Wasser das Schiff tragen solle (vgl. Löffler 1998, 143) – die gedanklichen Zugriffe auf ähnliche oder als ähnlich verstandene Ereignisse erfolgen eher spontan als systematisch.
Solche Analogieschlüsse lassen sich mit Spreckelsen (vgl. 1994, 218) als eher „phänotypische" und als eher „genotypische" Analogiebildung unterscheiden.
Phänotypische Analogiebildungen beziehen sich vor allem auf die Erscheinungsformen; Äußerlichkeiten werden in Beziehung zueinander gesetzt. Wenn ein Kind, wie zum Beispiel Bar (vgl. Ergänzung 7, S. 62), den Regen damit erklärt, die Sonne bringe Wolken zum Schwitzen, dann liegt eher eine phänotypische Analogiebildung vor. Das Kind weiß, dass man in der Sonne schwitzt und dabei Flüssigkeit abgibt. Diese Merkmale werden auf die Wolken übertragen.
Dagegen zielt eine *„genotypische Analogiebildung"* auf Wirkungsmechanismen oder Funktionsprinzipien, die als „so ähnlich wie" mobilisiert werden. Wenn zum Beispiel zur Erklärung der Schwimmfähigkeit eines Schiffes die Vorstellung eines Wasserpfahls bemüht wird, dann wird hier das Prinzip des Tragens deutlich. So wie ein Pfahl ein Schild tragen kann, so kann ein Wasserpfahl ein Schiff tragen.
Zumeist dürften phänotypische und genotypische Deutungen parallel auftreten. So ist in der eher phänotypischen Analogie des Schwitzens das allgemeine Prinzip der Verursachung (durch Wärme) enthalten. Und im eher genotypischen „Pfahlmodell" des Tragen eines Schiffes werden wiederum auch phänotypische Merkmale mobilisiert: Ein Pfahl ist stabil, standfest, solide.
Bei Analogiebildungen wird Anschaulichkeit gewahrt, weil man für die Deutung von Sachverhalten und Ereignissen auf nahe liegende, vertraute Prinzipien zurückgreift. So wird zum Beispiel die aus dem Alltagshandeln der Kinder vertraute Erfahrung, dass Ereignisse verursacht werden, zu einem „Täter-Tat-Schema" (Spreckelsen 1991, 71) verdichtet: Wärme lässt die Wolken schwitzen; Berge werden von Männern gebaut (vgl. Ergänzung 7, S. 62 f.). Vorgänge haben Verursacher oder einen Zweck.
Genau dies sind Beziehungen, die Kindern im Grundschulalter längst vertraut sind.
Sie kennen sich und andere als Verursacher von Vorgängen und haben ihre eigenen Pläne immer schon mit einem Ziel, einem Zweck verbunden. Die Welt dreht sich

zwar nicht mehr nur um einen selbst, aber sie wird noch stark an elementare Interpretationsmuster wie zum Beispiel „Ursache" und „Zweck" angepasst.
Ob die durch Analogiebildung gewonnenen Interpretationen stimmig sind, in sich logisch und zu anderen Ereignissen widerspruchslos passen, ist in dieser Entwicklungsphase keine beunruhigende Frage.
Wenn man nicht hinreichend viele Ereignisse und Sachverhalte zugleich gedanklich repräsentieren kann, wird man sich nicht von der eigenen Analogiebildung beunruhigen lassen.
Durch Analogiebildung bleibt die Welt anschauungsnah verstehbar. Die Wahrnehmung bietet vielfältige, irritierende, sich zuweilen widersprechende Informationen über die Umwelt. Aber die Bilder, mit denen Kinder diese Wahrnehmung interpretieren, die Bilder, die sie konstruieren, erhalten Anschaulichkeit. Mag die Welt wegen der Vielfalt der Sinnesreize nicht zu begreifen sein. Man kann sie durch Bilder anschaulich machen. Und, wichtiger noch, man kommt mit diesen Bildern (vorerst) zurecht.
In diesem Sinne lässt sich sagen: „Die Welt der Kindheit ist dicht und zweifelsfrei wirklich." (Berger & Luckmann 1980, 146)
Die Welt stellt sich für Kinder noch so dar, wie sie selbst sie erfahren, sehen und erleben.
Man spricht daher auch von einer *Zentrierung der Realitätswahrnehmung und -verarbeitung*.
Gemeint ist damit, dass die sich im Austausch mit der Umwelt entwickelnden Vorstellungen noch sehr auf die aktuelle Umweltbegegnung und auf die dem Kind vertrauten Erfahrungen und Sichtweisen beschränkt sind. Es herrscht eine Dominanz des Unmittelbaren vor. Das, was erlebt, erfahren, wahrgenommen wird, bestimmt die Verarbeitung gegenwärtiger Eindrücke stärker als die als Wissen und Vorstellungen gespeicherten Erinnerungen an andere vergangene Ereignisse (vgl. Beilin 1993, 50, 56 f.).
Weil die aktuellen Umstände und die spontanen Einfälle die Verarbeitungsweise von Umwelteindrücken im frühen Grundschulalter so stark dominieren, ist die von Jerome Bruner für diese Form der Realitätsverarbeitung gefundene Bezeichnung „episodischer Empirismus" (vgl. Bruner 1971, 21 ff.) treffend. Geprägt von den Gegebenheiten des Augenblicks und der eigenen Erfahrungen ist die Realitätsverarbeitung episodenhaft.
Allerdings erweist sich die durch Anschauung erklärte Welt auf Dauer als wenig zuverlässig, als nicht stabil.

„Wie in den Märchenwald, so geht das Kind in die Welt hinein, angelockt von allen Reizen des Neuen, Unbekannten und Wohlgesinnten. Denn wohlgesinnt und unerschöpflich scheint die Welt. Nicht sinnlos, aber auch nicht ‚bekannt': es ist noch alles möglich und deshalb gibt es noch keinen Un-Sinn." (Langeveld 1956, 91)

Die Vorstellungen von Kindern sind leicht irritierbar, weil sie sich noch sehr auf subjektiv gültige Bilder als Erklärungen und weniger auf systematisch einbezogenes, gesichertes und damit stabiles Wissen stützen.

„Solange das Kind nur einzelne Dimensionen ins Auge zu fassen vermag, schwankt es zwischen sich gegenseitig widersprechenden Thesen und Antithesen" (Aebli 1971, XVII).

Fortschritte für die bildungstheoretisch begründete Entwicklung hin zu mehr Selbständigkeit (vgl. Teil 1, S. 28 ff.) werden in dem Maße erreicht, wie aktuelles Handeln und Realitätsverarbeitung immer weniger dem eher biologisch-pyschologischen „Erzeugungsmechanismus" von neuem Wissen folgt, sondern aufgrund bewusster Nutzung bereits vorhandenen Wissens sich dem Ideal des „künstlichen Planers" (Celleriér 1993, 88) annähert.
Dabei wird zunehmend gezielter, bewusster, zuverlässiger und für andere auch nachvollziehbarer auf vorhandenes „vorausgewähltes und vorangepasstes Wissen" zurückgegriffen (ebd.).

d) Auf dem Weg zu reflexiven Wirklichkeitskonstrukten
Diesen Prozess der zunehmenden Abstraktion von den Bedingungen des Augenblicks und den eigenen Bildern wird als *Dezentrierung* von Wahrnehmung und Verarbeitung der Umweltreize bezeichnet (vgl. Beilin 1993, 50, 56 f.).
Das Kind vermag zunehmend von den eigenen unmittelbaren Erfahrungen und Sichtweisen zu abstrahieren und mehr und mehr bewusst andere, ihm zunächst nicht nahe liegende Standpunkte, Perspektiven und Einsichten bei der Verarbeitung von Umweltwahrnehmungen einzubeziehen.
Weil dabei immer mehr Erfahrungen aus anderen Bereichen hinzugezogen werden, bezeichnet man diese Verarbeitungsweise auch als *„kumulativen Konstruktivismus"* (vgl. Bruner 1971, 21 ff.). „Vernetzungsdichte" der Erfahrungen und das „Syntheseniveau des Wissens" nehmen dabei zu (vgl. Soostmeyer 1998, 166 f.).
Nicht zuletzt wegen der sich verbessernden Gedächtnisleistungen (vgl. Schneider & Büttner 1995, 667 ff.) und der Fähigkeit, bewusste Organisationsstrategien zum Erinnern zu verwenden (vgl. Knopf & Schneider 1998) können im Grundschulalter immer mehr Erfahrungen immer komprimierter in die Realitätsinterpretationen einfließen.
Dies hat Konsequenzen für die *Inhalte* der Vorstellungen, die man sich über die Umwelt macht sowie für die Beurteilung der *Qualität der eigenen Vorstellungen*.
Die Inhalte der Vorstellungen beziehen sich auf das, was man von der Wirklichkeit erfasst: Eigenschaften eines Tieres, Ansichten über einen Freund, Kenntnisse über Bäume, Sträucher, Verwaltungssysteme. Mit zunehmender Dezentrierung folgen diese Vorstellungen nicht mehr nur den persönlichen Assoziationen und Eingebungen, sondern beziehen Wissen ein, das auch von anderen akzeptiert wird.

Damit einher geht die Fähigkeit, die Qualität der eigenen Vorstellungen zu betrachten, ja überhaupt erst zu erwägen, dass diese als mehr oder weniger angemessen beurteilt werden können. Was erlaubt es einem, Wissen als gesichert oder wenigstens als zuverlässig anzunehmen? Auf Grund welcher besonderen Art zu sehen, zu denken, zu fühlen wird bewirkt, dass man die Dinge so kennt, weiß und sieht, wie man sie jeweils kennt, weiß und sieht?

Dieses Wissen über die „*Repräsentationsaktivität*" (vgl. dazu Huber & Mandl 1980, 57), das heißt über die eigenen Wahrnehmungs- und Denkweisen und damit auch über die Grenzen des inhaltlichen Wissen, das man von der Umwelt hat, ist Voraussetzung für die Einsicht in die Notwendigkeit, sich mit anderen über die Umwelt und vor allem über die Sichtweisen, die man zu ihr einnimmt, zu verständigen.

In diesem Verständigungsprozess lernt das Kind, sicheres von weniger sicherem Wissen, Wissen von Täuschungen zu unterscheiden. Es lernt zu verstehen, woher es etwas weiß und dass Wissen nur unter bestimmten Bedingungen zuverlässig ist. So lernt es zu unterscheiden zwischen Vorstellungen, die es für zuverlässig hält, zum Beispiel, weil es diese auf eigene Erfahrungen zurückführt oder auf Informanten, die es für glaubwürdig hält, wie Eltern, Lehrer, und Vorstellungen, die es aufgrund von Mitteilungen aufbaut, deren Glaubwürdigkeit man im Grunde erst einmal prüfen müsste.

Damit können die Vorstellungen über die Umwelt eine neue, *eine reflexive Qualität* gewinnen:

– Zum einen können die Vorstellungen sich in Richtung Sachlichkeit entwickeln. Sach-Verhalte sind Angelegenheiten (Sachen), zu denen man bestimmte, im Prinzip benennbare und von anderen nachvollziehbare Beziehungen (Verhältnisse) einnimmt und die mit anderen Angelegenheiten in bestimmten, ebenso benennbaren und im Prinzip von jedem nachvollziehbaren Beziehungen (Verhältnisse) stehen.

– Zum anderen ermöglicht Distanzgewinn zur eigenen Realitätsverarbeitung den Beginn bewusst gestalteten Lernens, also eine verständige Orientierung an Methoden und Strategien der Realitätsverarbeitung.

So lange Realitätsverarbeitung ohne reflektierende Distanz erfolgt, bleibt Lernen mehr dem „intuitiven Lerntyp" verhaftet (vgl. Gardner 1996, 28 f.). Während der intuitive Lerntyp aufgrund seiner mehr oder weniger natürlich vorgegebenen Ausstattung Umwelt eher naiv und ohne bewusste Strategien erschließt, setzt der „Lernexperte" bewusst und gezielt Vorwissen, Bewertungs- und Erwerbsstrategien ein, um aus den Begegnungen mit der Gegenwart Neues zu erlernen (vgl. Gardner 1996, 28 f., 55, 58).

Die nächsten drei Abschnitte sollen diese Überlegungen konkretisieren.

2.2.4 Zu sachlichen Vorstellungen vordringen

Sachunterricht zielt unter anderem darauf, eine sachliche Haltung beim Erschließen von Umweltbeziehungen einzunehmen.

Auch wenn bis jetzt noch nicht geklärt wurde, worauf sich Sachlichkeit im Einzelnen stützt (vgl. dazu Teil 3, S. 108 ff.), kann als Minimalvoraussetzung für Sachlichkeit angesehen werden, dass das einzelne Kind in der Lage sein muss, Gegebenheiten oder Situationen nicht nur unter den situativ und subjektiv nahe liegenden Aspekten wahrzunehmen und zu gestalten.

Sachlichkeit drückt sich somit in einem Standpunkt aus, der hinreichend stabil bleiben kann, weil er nicht von Augenblicksereignissen und Spontanassoziationen des Einzelnen bestimmt ist, sondern von belastbarem Wissen, d. h. von Wissen, dass sich bereits auch für andere als annehmbar und akzeptabel bewährt hat.

Der Vorzug dieses gemeinsam geteilten Wissens liegt in seiner Verlässlichkeit. Es wird ja gerade deshalb intersubjektiv geteilt, weil es sich unabhängig von den jeweiligen konkreten Bedürfnissen einer Person, ihrer Weltanschauungen und Gefühlslagen als brauchbar erwiesen hat. Damit steigt die Chance, dass es sich nicht im nächsten Moment als trügerisch erweist (vgl. ausführlich Kapitel 3.3, S. 108 ff.).

Der Unterschied zwischen einer Integration von verschiedenen Informationen zu einem Sachverhalt und einer Informationsverarbeitung, die sich nur oder vor allem auf einen sich aufdrängenden Aspekt beschränkt, macht ein Experiment anschaulich, von dem Lovell (1980) berichtet.

Fünfjährige Kinder, denen Bilder von einem Apfelbaum und einem größeren Birnbaum vorgelegt wurden, meinten überwiegend, der Birnbaum sei der ältere Baum – obwohl ihnen vorher die Information gegeben wurde, der Apfelbaum sei ein Jahr vor dem Birnbaum gepflanzt worden. Dagegen bezeichneten alle am Experiment beteiligten 8-Jährigen den Apfelbaum als älteren Baum (vgl. ebd., 147). Sie machten ihr Urteil nicht nur von der Augenblickswahrnehmung abhängig, sondern waren in der Lage, eine zusätzliche Information zu berücksichtigen, die im Augenblick der Aufgabenverarbeitung bereits vergangen war.

Ein weiteres Beispiel für die Annäherung an eine stabilere Wirklichkeitsvorstellung durch Integration verschiedener Wissensinhalte ist die Entwicklung von *Vorstellungen über Lebendigkeit*.

Zu Beginn der Grundschulzeit dominiert bei der Wahrnehmung von Lebewesen noch das Kriterium „autonome Bewegung". Pflanzen werden danach nicht zu den Lebewesen gerechnet.

Allerdings wissen die Kinder über Pflanzen auch, dass sie Nahrung benötigen und wachsen (vgl. Hasselhorn & Mähler 1998, 79 f.). Auch hier zeigt sich, dass unterschiedliche Aspekte, die zusammen eigentlich kein stimmiges Bild der Realität geben, noch nicht zur Umstrukturierung der Vorstellungen drängen. Nach und nach werden während der Grundschulzeit weitere Kriterien wie Atmung, Verdauung und Reproduktionsfähigkeit hinzugezogen (ebd., 79 f.; vgl. auch Gardner 1996, 118–

120), so dass sich eine gegen Einwände stabilere Vorstellung über die für Lebewesen charakteristischen Merkmale herausbildet.
Ein weiteres Beispiel ist das *Verständnis für Materie*.
Häufig findet zu Beginn der Grundschulzeit noch keine Unterscheidung zwischen Luft und Nichts statt.
Etwas, was nicht augenfällig wahrnehmbar ist, ist – nichts. Gewicht wird eher mit der subjektiv fühlbaren Schwere in Verbindung gebracht. Daher neigen die Kinder im frühen Grundschulalter dazu, einem sehr leichten Körper, etwa einer Feder oder einem Styroporkügelchen, kein Gewicht zuzumessen. Auch zwischen Gewicht und Dichte wird noch nicht unterschieden (vgl. ebd., 80 f.).
Besonders deutlich sind die Veränderungen, die aufgrund des sich entwickelnden Differenzierungs- und Integrationsvermögens in der Wahrnehmung sozialer Beziehungen stattfinden.
Wegen der grundlegenden Bedeutung der sozialen Beziehungen für den verständigen Umgang mit anderen, mit Urteilen über Sachen und letztlich für die Einschätzung des eigenen Selbst, soll diesem Teilbereich ein eigener Abschnitt gewidmet werden.

2.2.5 Zur Wahrnehmung sozialer Beziehungen

In einer gemeinsam mit anderen geteilten Welt ist die Fähigkeit, seinen eigenen Standpunkt in Beziehung zu möglichen Standpunkten anderer zu sehen, eine zentrale Voraussetzung für die Erschließung der eigenen Umweltbeziehungen.
Diese sind nicht nur von einem selbst und den eigenen Interpretationen abhängig, sondern auch von den Interpretationen und den Bildern, die andere sich von sich selbst, von gemeinsam wahrgenommenen Problemen und Sachverhalten und schließlich von einem selbst machen.
Die Fähigkeit, sich in die Perspektiven eines anderen hineinzuversetzen, hat Einfluss auf das Verständnis des Gerechtigkeitsprinzips, der Regeln sozialen Zusammenlebens sowie der Qualität eigener persönlicher Beziehungen wie zum Beispiel Freundschaft. Sie ist bedeutsam für die Fähigkeit zur Kooperation, zur Austragung und Steuerung von Konflikten und zum regelgeleiteten Spiel. Außerdem beeinflusst sie die Qualität des Argumentierens, das Verständnis für Argumente anderer sowie für deren Gefühle, Sichtweisen und Beweggründe (vgl. Selman 1982, 227 f., und hier Ergänzung 8).

Zur Entwicklung der Wahrnehmung sozialer Beziehungen

Nach Selman lassen sich im Grundschulalter drei Entwicklungsstufen unterscheiden, die die Fähigkeit zur Berücksichtigung und zur Übernahme der Perspektiven anderer durchläuft.

- Auf der Stufe der *egozentrischen Perspektivenübernahme*, die im Alter zwischen 4 und 6 Jahren[4] vorherrscht, unterscheidet das Kind noch nicht zwischen verschiedenen Perspektiven bei der Beurteilung eines Sachverhalts oder einer sozialen Handlung.
  Das, was es selbst für richtig hält, wird als mehr oder weniger einzig möglicher Standpunkt auch anderen unterstellt. Zwar kann das Kind Gefühle eines anderen wie Ärger, Traurigkeit, Fröhlichkeit wahrnehmen; aber es orientiert sich dabei stark an seinen eigenen tatsächlichen Empfindungen. Zudem wird die andere Person nach äußeren Merkmalen beurteilt.
  Innere Antriebe, Persönlichkeitseigenschaften oder gar strategisch-taktische Überlegungen eines anderen werden auf dieser Stufe bei der Interpretation des Handelns nicht in Erwägung gezogen (vgl. Selman 1982, 230 f.).
- Auf der Stufe der *sozial-informationsbezogenen Perspektivenübernahme*, die im Alter von 6 bis 8 Jahren eher wahrscheinlich ist, werden verschiedene Perspektiven Handelnder wahrgenommen, vor allem dann, wenn deutlich wird, dass sie über einen Sachverhalt verschiedene Informationen haben oder von verschiedenen Interessen aus an einer gemeinsamen Handlung beteiligt sind. Außerdem erkennt das Kind, dass Handlungen auch auf inneren Voraussetzungen beruhen. Es entwickelt die Fähigkeit, zwischen unbeabsichtigten und absichtlichen Handlungen zu unterscheiden und erkennt, dass auch andere diese Unterscheidung machen können. Damit differenziert sich seine Grundlage für die Beurteilung von Schuld und Verantwortlichkeit aus.
  Allerdings ist die Fähigkeit, seine eigene Handlung aus der Perspektive eines anderen zu betrachten und sich ein Bild davon zu machen, wie es selbst wohl in den Augen anderer wirkt, noch nicht ausgeprägt.
  Entsprechend hat es noch nicht realisiert, dass es sich selbst auch danach beurteilt, wie es meint, dass andere ihn sehen und dass in sein Urteil über andere auch einfließt, wie es meint, dass andere ihn beurteilen (Reziprozität) (vgl. Selman 1982, 232 f.).
- Auf der Stufe der *selbstreflexiven Perspektivenübernahme*, etwa im Alter zwischen 8 und 10 Jahren, wird erkannt, dass Menschen aufgrund unterschiedlicher Gefühle und Wertvorstellungen verschiedene Ziele und Urteile haben. Dabei bildet sich Verständnis dafür, dass es nicht die einzig richtigen Urteile gibt. Innerhalb einer Beziehung zwischen zwei Personen kann das Kind Standpunkte des jeweils anderen einnehmen, ohne seinen eigenen Standpunkt zu verlassen. Außerdem erkennt es, dass der andere sich auch ein Bild über einen selbst macht und dass man selbst von diesem Bild, das man unter- stellt, in seinen Urteilen beeinflusst wird.
  Umgekehrt realisiert das Kind nun auch, dass der andere meint, man selbst mache sich ein Bild über ihn. Weil es auch in der Lage ist nachzuvollziehen, dass Menschen in ihren Handlungen von verschiedenen Motiven geleitet

sind, bekommt es ein Verständnis dafür, dass Menschen sich genötigt fühlen können, etwas zu tun, was man eigentlich nicht will (vgl. Selman 1982, 233 f.).
– In der an die Grundschulzeit anschließenden Stufe der *wechselseitigen Perspektivenübernahme* (etwa im Alter von 10 bis 12 Jahren), lernt das Kind, über die Zwei-Personen-Beziehung hinaus verschiedene Standpunkte zu unterscheiden und die Standpunkte der Handelnden von einem Standpunkt eines interessenlosen Beobachters zu beurteilen.
Es realisiert auch, dass sich im Prinzip jeder in den Standpunkt eines anderen versetzen und damit alle Gesichtspunkte durchspielen kann, ehe man sich entscheidet. Damit wächst auch der Anspruch an die Begründung von sozialem Handeln.
Außerdem kann es nunmehr davon ausgehen, dass man über soziale Beziehungen und Sachverhalte wie Vertrauen, Freundschaft, Rücksicht einen gemeinsamen Standpunkt finden kann, und sei es auch die Einsicht in die Bedingungen für die Unterschiedlichkeit von konkreten Positionen. Zudem erkennt es, dass die zwischen den Personen herrschenden Erfahrungsunterschiede dazu führen, dass Handlungen für die Personen von unterschiedlicher Bedeutung sind (ebd. Selman, 237 f.).

Ergänzung 8

Konkret schlägt sich diese Entwicklung zum Beispiel in den *Vorstellungen von Freundschaft* nieder.
Während sechs- und siebenjährige Kinder sich in ihren Freundschaftskonzepten noch stark von faktischen Gegebenheiten lenken lassen wie zum Beispiel der Tatsache, dass man miteinander häufig spielt und nett zueinander ist, führen Neun- und Zehnjährige Freundschaft auch auf Ähnlichkeiten der Personen zurück (vgl. Wagner 2003).
Die zunehmende Differenzierung der eigenen Perspektive aufgrund der zunehmenden Berücksichtigung anderer Perspektiven lässt sich auch gut an der Entwicklung des *ökonomischen Verständnisses* veranschaulichen.
So nehmen zum Beispiel 6- bis 8-jährige Kinder deutlich häufiger als ältere Kinder an, Händler würden die Waren geliefert bekommen, ohne für sie zu bezahlen.
Und wenn ein wenig später doch die Vorstellung besteht, auch die Händler hätten die Waren zuvor gekauft, dann wird angenommen, sie hätten so viel bezahlt wie man auch ihnen bezahlen muss (vgl. Claar 1993, 158). Die Vorstellung, gerecht sei, wenn man alle gleich behandelt, dominiert noch über der Einsicht, dass auch der Händler für seine Arbeit bezahlt werden muss.
Ein weiteres Beispiel für die Auswirkung der sozialen Perspektivenübernahme auf die Vorstellungen über soziale Beziehungen stellt die *moralische Entwicklung* dar, also die Art und Weise, nach der soziale Regeln befolgt werden.

Angestoßen von Jean Piagets Arbeiten über die Entwicklung von Moralvorstellungen bei Kindern (Piaget 1932) und von der Ausweitung dieses Forschungsgebietes durch Lawrence Kohlberg (1974) hat sich eine intensive Forschung über die Befolgung von Regeln bei Kindern entwickelt. Untersucht wird, was Kinder in welchem Alter über soziale Regeln wissen, warum sie Regeln befolgen, wie sie auf moralische Konflikte eingehen, wie sie Regelverstöße beurteilen und vieles mehr.

Die differenzierte Forschungslage kann hier nicht einmal in Ansätzen wiedergegeben werden.[5] Im Folgenden wird daher eine Zusammenfassung angeboten, die mit Bezug auf die wichtigsten Forschungsergebnisse zeigen soll, dass auch auf dem Gebiet der moralischen Entwicklung die Fähigkeiten der Differenzierung und Integration die Vorstellungsinhalte der Kinder erheblich beeinflussen.

Etwa bis zum Alter von 6 Jahren wird das, was als Unrecht angesehen wird, eher an Hand der Auswirkungen von Handlungen, weniger von den Ansichten her beurteilt. Böse handelt, wer einen Schaden verursacht. Ob dieser Schaden gewollt, billigend in Kauf genommen, bewusst oder unabsichtlich zugefügt wurde, spielt kaum eine Rolle.

Die Gefühle, die ein unrecht Handelnder hat, werden eher aus der Einschätzung seines eigenen Wohlergehens beurteilt, nicht so sehr mit Bezug auf den Regelverstoß (vgl. dazu auch das Beispiel in Teil 3.4.1, S. 122 ff.).

Im Alter von bis zu 8 Jahren stellt sich zunehmend *Verständnis für die Absichten beim Handeln* als Beurteilungsgrundlage für Handlungen ein.

Etwa im Alter zwischen 8 und 10 Jahren entwickeln sich Vorstellungen von moralischen Prinzipien, die außerhalb des Einflussbereichs eines Mächtigeren gelten und von einem selbst befolgt werden, weil man sie für richtig hält.

Schließlich werden im Alter von 10 bis 12 Jahren Ansprüche an sich und andere aus der Einsicht in die wechselseitige Gültigkeit sozialer Regeln hergeleitet. Man handelt im Umgang mit anderen so, wie man es umgekehrt von den anderen in Bezug auf sich selbst erwarten würde (vgl. Selman 1982, 240 f.; vgl. auch Rubin & Schneider 1982).

Die Befolgung sozialer Regeln wandelt sich von einer eher von außen bestimmten, „heteronomen" Orientierung zu einer eher von innen bestimmten Prinzipien und Einsichten folgenden „*autonomen*" Orientierung.

So werden zum Beispiel bei der Beurteilung einer Missetat im Stadium der eher *heteronomen Orientierung* die Absichten eines Täters weniger beachtet als die Folgen der Tat. Schuld bemisst sich eher am Schaden, nicht an der Absicht. Die Neigung, Gleiches mit Gleichem zu vergelten, ist groß. Regeln werden vor allem deshalb befolgt, weil Sanktionen drohen. Eine flexible Anwendung von Regeln ist eher unwahrscheinlich. Entsprechend starr ist auch die Befolgung von Rollenerwartungen.

Dagegen erlaubt die *autonome Orientierung* eher eine situationsangepasste Anwendung der Regeln, die auch mehr aus innerer Überzeugung beachtet werden.

Schließlich differenziert sich auch das *psychologische Wissen*, mit dem Personen wahrgenommen werden.
Bereits zum Schulanfang sind die Kinder damit vertraut, dass sich Personen nicht nur so darstellen wie sie sind, sondern dass man sich auch verstellen kann und „so tun als ob".
Die Kinder können sich in eine andere Person hineinversetzen, wenn es darum geht, einfache Handlungen zu antizipieren, das heißt, sie können sich zum Beispiel vorstellen, warum die Eltern am frühen Nachmittag keine Zeit haben, wenn man später etwas gemeinsam unternehmen möchte. Allerdings lernen sie erst im Laufe der Grundschulzeit, echte und vorgetäuschte Emotionen zu unterscheiden und zwischen Lüge, Ironie und Scherz zu differenzieren. Dies setzt voraus, sowohl den Inhalt einer Aussage als auch die Absicht eines Sprechenden für sich betrachten zu können und situationsspezifisch zu integrieren (vgl. Hasselhorn & Mähler 1998, 81 f.).
Mit den Veränderungen in der Wahrnehmung der sozialen Beziehungen erweitert sich schließlich die Grundlage, mit der das Kind sich selbst bzw. seine Beziehungen zur Umwelt beurteilt.

2.2.6 Der Wandel des Selbstkonzepts

Die Entwicklung von Vorstellungen, die Kinder sich über sich selbst machen, lässt sich als Entwicklung des *Selbstkonzepts* beschreiben (vgl. Kotthoff 1996 b, 5).
Im Grundschulalter werden dabei mehr und mehr auch die Umstände, unter denen man fühlt und handelt, berücksichtigt. Psychologische, also innere Merkmale gewinnen gegenüber äußeren Merkmalen an Bedeutung. Außerdem werden vermehrt Vergleiche mit anderen bemüht, um die eigenen Merkmale und Eigenschaften zu beschreiben.
Spielen zunächst Eigenschaften, wie Augenfarbe, erreichtes Alter, bevorzugte Tätigkeiten wie Fußball eine Rolle bei der Selbstbeschreibung, werden später die herangezogenen Merkmale eher komparativ: man ist dann größer, schneller und besser oder schlechter als andere Kinder in Sport oder in anderen Schulfächern.
Damit wird auch die Einschätzung der eigenen Fähigkeiten realistischer.
Sie erfolgt zunehmend relational, also in Bezug auf das, was andere können, und wird immer weniger von den Vorstellungen, wie man sein möchte, überlagert (vgl. zur Entwicklung speziell des Fähigkeitsselbstkonzepts Helmke 1998 a).
Schließlich lernt das Kind zunehmend, zwischen sich als Person in der Öffentlichkeit und sich als Person, wie man „eigentlich ist", zu unterscheiden (vgl. Damon & Hart 1988, 32–44; Faust-Siehl & Speck-Hamdan 1998, 115 ff.).
Mit der breiteren Grundlage für die Beurteilung seines Selbst können auch die zu bewältigenden Herausforderungen angemessener beurteilt werden.
Die Kinder lernen, den Schwierigkeitsgrad von Aufgaben zu unterscheiden und ihn in Beziehung zu eigenen Voraussetzungen wie „Tüchtigkeit" zu stellen.

Im Vorschulalter und noch zu Beginn der Grundschule sind Urteile über die Schwierigkeit einer Aufgabe noch eng mit der Einschätzung eigenen Könnens verbunden. Ist man selbst nicht in der Lage, eine Aufgabe zu lösen, dann gilt diese Aufgabe (quasi objektiv) als schwierig. Dagegen finden sich bei 7- bis 9-jährigen zunehmend Urteile, die zwischen eigenen Fähigkeiten und dem Schwierigkeitsgrad der Aufgabe unterscheiden (vgl. Geppert 1997, 48 f., 52 f.).

Eine Aufgabe wird dann für einen selbst als schwierig angesehen, was nicht mehr automatisch heißt, sie sei für alle oder auch nur für alle anderen Kinder genauso schwierig. Damit wächst die Fähigkeit, die eigene Tüchtigkeit auch auf selbst beeinflussbare Herangehensweisen an Aufgaben wie Anstrengungs- und Leistungsbereitschaft zurückzuführen (vgl. Hartinger 1997, 69 ff.; Oerter 1995 c, 786–793).

Die hier skizzierten entwicklungsspezifisch beschreibbaren Besonderheiten des Selbstkonzepts sind, wie auch die Informationen über andere altersspezifische Lernvoraussetzungen für den Sachunterricht (2.2.2–2.2.5), als *wahrscheinliche* Fähigkeiten und Eigenarten zu lesen. Sie sind nicht zur Klassifizierung einzelner Schülerinnen und Schüler gedacht, sondern als Hintergrundwissen, das es Lehrerinnen und Lehrern erleichtern soll, die Besonderheiten der einzelnen Kinder zu erkennen und bei der Gestaltung von Lernprozessen zu berücksichtigen. Die konkreten, in der einzelne Klasse oder Lerngruppe vorzufindenden *tatsächlichen* Lernvoraussetzungen weichen mehr oder weniger weit von den wahrscheinlichen Voraussetzungen ab.

Bereits in den Siebzigerjahren veranschaulichte Wolfgang Einsiedler die Unterschiedlichkeit zwischen Kindern ein und derselben Klasse mit dem Hinweis, in den Grundschulklassen träfe man auf Kinder, die differenzierte Kenntnisse über Atomkraftwerke hätten, während andere Kinder nicht wüssten, woher der elektrische Strom käme (vgl. Einsiedler 1975, 36).

Heute haben sich die Erfahrungen der Kinder eher noch weiter differenziert. Angesichts der Bedeutung, die soziale Umwelteinflüsse für die Entwicklung haben, stellt daher der Blick auf sozio-kulturell beschreibbare Merkmale heutiger Kindheit eine wichtige Ergänzung der entwicklungsorientierten Perspektive dar.

2.3 Die sozio-kulturell orientierte Perspektive

2.3.1 Zum Stellenwert einer sozio-kulturell orientierten Perspektive

Weil die von Menschen gestaltete Umwelt die Erfahrungsmöglichkeiten von Kindern und damit die Vorstellungen, die Kinder über ihre Umwelt erwerben, beeinflussen, sollten Lehrerinnen und Lehrer des Sachunterrichts sich auch mit den sozio-kulturellen Merkmalen von Kindheit auseinandersetzen.

Die Spezifikation „kulturell" besagt, dass es um jene Bedingungen kindlicher Umwelterfahrungen geht, die durch das Wirken und Zusammenleben von Menschen hervorgebracht werden. Diese Auswirkungen menschlichen Zusammenlebens kön-

nen gezielt oder auch unbeabsichtigt geschaffen werden. Entscheidend ist, dass sie nicht auf natürliche Gegebenheiten oder Abläufe reduzierbar sind.
Werte, Normen, religiöse Vorstellungen gehören ebenso dazu wie Technik, Wissenschaft und Kunst sowie Institutionen wie zum Beispiel Staat, Familie und Schule. Erziehungsbedürftigkeit des Menschen und seine prinzipielle Lernfähigkeit mögen anthropologische und somit quasi-natürliche Gegebenheiten sein, aber die jeweilige Praxis, in der sich Erziehung und Lernen vollzieht, ist kulturell hervorgebracht.
Mit der Spezifikation „sozio" soll darüber hinaus ausgedrückt werden, dass diese von Menschen geschaffenen Lebensumstände nicht nur für einige wenige Menschen Bedeutung haben. Sie sind im Prinzip so weit verbreitet, dass sie für alle Mitglieder einer Gesellschaft als mehr oder weniger bedeutsam angesehen werden können.
An zwei Beispielen, dem Wandel der Familienkonstellationen und der Ausbreitung von Computern, soll dies konkretisiert werden.
Beide Aspekte sind für den Sachunterricht bedeutsam.
Themenfelder wie „Familie", „Zusammenleben mit anderen", „eigene Zukunftsentwürfe", „Geschlechtsrollen" kommen in nahezu allen Rahmenplänen vor. Und der Umgang mit Computern kann den Zugang zu Wissen über die Umwelt, und damit die Vorstellungen, die sich Kinder von der Umwelt machen, beeinflussen.

Beispiel I: Wandel der Familienkonstellationen
Solange ein Zusammenleben in der auf Dauer angelegten klassischen Familienkonstellation Vater-Mutter-Kind(er) vorherrschende Praxis ist und als orientierungsbildende Norm für Lebensentwürfe angesehen wird, mögen andere Partnerschaftsverhältnisse zwar für einzelne Kinder und Erwachsene von größter Bedeutung sein. Für die überwiegende Mehrheit der Kinder spielen sie dagegen kaum eine Rolle. Sie werden eher als Anlass für die Beobachtung einer Abweichung vom (so genannten) Normalfall wahrgenommen, aber weniger als eine von verschiedenen Möglichkeiten, partnerschaftlich zusammenzuleben.
Erst wenn mit der faktischen Pluralisierung von Formen des familialen oder familienähnlichen Zusammenlebens die klassische Familienkonstellation nicht mehr als eine Norm gilt, werden Vielfalt von Formen des Zusammenlebens und die damit verbundenen Wahlmöglichkeiten zu einem auch für Kinder bedeutsamen Erfahrungs- oder zumindest Vorstellungshintergrund.
Um diesen Wandel ein wenig zu konkretisieren:
In den Sechziger- und wohl auch noch in den frühen Siebzigerjahren war es aufgrund der größeren Homogenität von Familienbeziehungen eher wahrscheinlich, dass „Scheidungskindern" oder so genannten „nicht-ehelichen" Kindern von ihren Altersgenossen eher ein Außenseiterschicksal zugeschrieben wurde. Zwar ist die Verschiedenheit von Familienformen, in denen Kinder aufwachsen, weitaus weniger ausgeprägt als die Vielzahl von partnerschaftlichen Lebensgemeinschaften (vgl.

Peukert 2004), dennoch sind Kinder heute mit der Möglichkeit verschiedener Elternkonstellationen vertraut; die Familienbeziehung, in der jemand lebt, dürfte mit weniger Wahrscheinlichkeit als früher als ein auffälliges Merkmal wahrgenommen werden.
Zudem verändert sich der Vorstellungshintergrund, mit dem andere Familienverhältnisse wahrgenommen werden, was wiederum Auswirkungen darauf haben kann, wie Kinder die eigene Gegenwart beurteilen und sich Zukunft wünschen.
Die Pluralisierung von Familienkonstellation hat somit den Stellenwert einer *bedeutsamen* sozio-kulturellen Gegebenheit in der heutigen Kindheit. Unabhängig davon, ob Kinder in einer klassischen Familienkonstellation mit ihren leiblichen Eltern, in einer Ein-Eltern-Familie oder in einer neu geschaffenen Familienkonstellation aufwachsen, kann man davon ausgehen, dass Kinder heute eher verschiedene Möglichkeiten des Familienlebens kennen und für selbstverständlich halten als dies noch vor zwei oder drei Jahrzehnten der Fall gewesen sein mag.
Damit betrifft diese Gegebenheit nicht mehr nur das einzelne Kind, sondern im Prinzip alle Kinder, die in der Gegenwart aufwachsen.
Ein anderes Beispiel für sozio-kulturell bedeutsame Merkmale heutiger Lebensbedingungen von Kindern ist die Ausbreitung elektronischer Kommunikations- und Informationstechnologien.

Beispiel II: Elektronische Medien
Im Jahre 1999 soll etwa die Hälfte aller Kinder im Alter zwischen sechs und dreizehn Jahren Erfahrungen im Umgang mit dem Computer besessen haben (vgl. Fölling-Albers 2001, 36).
Dieser reale Ausbreitungsgrad und vor allem die absehbar wachsende Bedeutung von Computern für das Lernen, Informieren und Gestalten macht die Informationsbeschaffung und -verarbeitung mit elektronischen Medien zu einem bedeutsamen sozio-kulturellen Merkmal heutiger Kindheit.
Selbst diejenigen Kinder, die keinen außerschulischen Umgang mit dem Computer pflegen, sind von dieser Entwicklung betroffen, weil sich zwischen ihnen und den Computernutzern eine Erfahrungs- und Kompetenzschere öffnet, die sich auf die persönlichen Entfaltungsmöglichkeiten und zukünftigen Lebenschancen auswirkt.
Im Prinzip kann eine Zusammenstellung sozio-kulturell bedeutsamer Merkmale heutiger Kindheit so vielfältig werden, wie die Perspektiven beim Blick auf die Gegenwart.
Ob man die gegenwärtige Gesellschaft als „Multioptionsgesellschaft" (Gross 1994), „Erlebnisgesellschaft" (Schulze 1992), „Risikogesellschaft" (Beck 1986), „Wissensgesellschaft" oder „Mediengesellschaft" beschreibt, ob man die zunehmende Individualisierung (Beck & Beck-Gernsheim 1994), das Zusammenleben verschiedener Kulturen oder die Ausdifferenzierung von Werten und Leitbildern betont – all diese und noch weitere Charakterisierungen der modernen Gesellschaft lassen sich sowohl theoretisch als auch empirisch stimmig belegen.

Damit bieten die unterschiedlichen Gegenwartsdiagnosen ein ergiebiges Reservoir zur Hervorhebung von sozio-kulturell bedeutsamen Merkmalen heutiger Kindheit.
Entsprechend findet man in der einschlägigen pädagogischen Literatur die unterschiedlichen Merkmale für „*Kindheit heute*": gesundheitliche Bedrohungen durch Umweltverschmutzung, eine ungewisse Zukunft, Wandel der Familienkonstellationen, Veränderungen in der Kinderzahl pro Familie, Verplanung von Kinderzeit durch vielfältige Aktivitäten, Einschränkung von Spielmöglichkeiten im Freien, Verlagerung des Spiels in die Wohnung, Technisierung des Spielzeugs, Konfrontation mit unterschiedlichen Erziehungszielen und Werten, irreale Wirklichkeitsvorstellungen durch Medieneinflüsse und noch vieles mehr.
Diesen oft als Defizite heutiger Kindheit formulierten Merkmalen ließen sich zum Teil korrespondierende Chancen gegenüberstellen.
So betont zum Beispiel Schorch (2007, 119 f.), man könne ebenso hervorheben, Kinder hätten kaum jemals mehr als heute unter anderem die Chancen, ausgewogen ernährt, gesundheitsbewusst erzogen, medizinisch gut versorgt, partnerschaftlich behandelt, vielseitig gefördert und angeregt, sportlich herausgefordert und auf angenehme Weise unterhalten zu werden.
Wer über „Kindheit heute" spricht, müsste streng genommen zunächst alle gut begründbaren Eigenarten der heutigen Gesellschaft zusammenstellen, daraus die relevanten Merkmale für Kindheit ableiten und schließlich eine Bilanz ziehen, die es ermöglicht, „Kindheit heute" an Hand der genannten Merkmale umfassend zu kennzeichnen.
Da dieses Vorgehen angesichts der Vielzahl konkurrierender Gegenwartsdiagnosen aussichtslos ist, erfassen Beschreibungen von „Kindheit heute" oder von „veränderter Kindheit" niemals Kindheit, wie sie „wirklich ist".
Daher sollte man beim Blick auf heutige Kindheit weniger von „Kindheit heute" oder allgemein von „veränderter Kindheit", sondern eher von „bedeutsamen Merkmalen heutiger Kindheit" sprechen.
Dieser Sprachgebrauch erinnert daran, dass es sich bei der Hervorhebung von Merkmalen der Kindheit jeweils um einzelne Aspekte handelt, deren Bedeutung für den jeweiligen pädagogischen Zusammenhang erläutert werden müsste. Erst eine derartige Erläuterung macht aus einem unspezifischen Bezug wie „Kindheit heute", unter dem man sich nahezu Beliebiges vorstellen kann und mit dem man entsprechend Beliebiges rechtfertigen kann, ein tragfähiges Argument für pädagogische oder didaktische Schlussfolgerungen[6].
Dies trifft auch für den häufig genutzten Begriff der „veränderten Kindheit" zu.
Mit den stetigen Veränderungen in einer Gesellschaft ändert sich auch Kindheit und mit Blick auf die Vergangenheit lassen sich zahllose Veränderungen als bedeutsam erfassen, je nachdem, welche Perspektiven man anlegt und wie man die Zeiträume wählt, mit denen man heute und früher vergleicht. Daher wird vorge-

schlagen, auch diesen Begriff durch den analytisch und theoretisch präziseren und damit höhere Anforderungen stellenden Begriff „bedeutsame Merkmale heutiger Kindheit" zu ersetzen.

Im Folgenden werden einige Merkmale, die wichtige Erfahrungsbereiche der Kinder betreffen und auf die man – wohl gerade deshalb – in der didaktischen Literatur häufig trifft, ausgewählt. Dargelegt wird, dass sich die Bedeutung sozio-kultureller Bedingungen heutiger Kindheit für den Sachunterricht nicht von selbst versteht, sondern argumentativ entfaltet werden muss.

2.3.2 Ausgewählte Merkmale heutiger Kindheit

Es würde den Rahmen einer Didaktik des Sachunterrichts sprengen, die oben formulierten Anforderungen für alle in der Literatur seit geraumer Zeit angeführten Merkmale einzulösen.

– So wird zum Beispiel mit Blick auf Familienkonstellationen hervorgehoben, dass zwar rund ein Drittel (31 Prozent) aller Kinder vorübergehend als Einzelkinder aufwachsen, aber der geringere Teil (18 Prozent) bleibt dauerhaft Einzelkind. Weitaus mehr Kinder wachsen mit einem Geschwisterkind (46 Prozent) oder mit zwei Geschwistern (23 Prozent) auf (vgl. Holtappels 1998, 48). Entsprechend der in den letzten Jahrzehnten gestiegenen Scheidungsraten hat auch der Anteil der Kinder zugenommen, die mit nur einem Elternteil aufwachsen. Dies trifft für etwa 11 Prozent der Kinder unter 18 Jahren zu (vgl. Holtappels 1998, 49). Im Jahre 2006 lebten in Deutschland 42 Prozent der 25- bis 35-Jährigen mit Kindern in einem Haushalt, 76 Prozent davon lebten als Ehepaare, 13 Prozent als unverheiratete Lebensgemeinschaften, 11 Prozent als Alleinerziehende (vgl. Autorengruppe Bildungsberichterstattung 2008, 25 f.)

– Kinder aus armen Familien und bildungsfernen Haushalten haben schlechtere Bildungschancen (vgl. Autorengruppe Bildungsberichterstattung 2006, Prenzel u.a. 2006). Im Jahre 2006 lebte jedes zehnte Kind in einer Familie, in der kein Elternteil erwerbstätig ist, bei 26 Prozent bzw. 3,4 Millionen Kindern lag das Familieneinkommen unter der Armutsgefährdungsgrenze. Kinder von Alleinerziehenden haben ein doppelt so hohes Armutsrisiko. 13 Prozent der Kinder in Deutschland lebten 2006 in Haushalten, in denen kein Elternteil über einen Oberstufenabschluss, eine abgeschlossene Berufsausbildung oder eine erfolgreich abgeschlossene Bildungsmaßnahme zur Berufsförderung verfügt (vgl. Autorengruppe Bildungsberichterstattung 2008, 25 f.). Einkommensarmut geht oft einher mit niedrigem Bildungs- und Qualifikationsniveau, niedrigem Berufsstatus, Gesundheits- und Ernährungsproblemen, Arbeitslosigkeit und beengten Wohnverhältnissen (Walper, 1999). Auch Kinder mit Migrationshintergrund gehören häufiger zu Schülern, deren Erfolgschancen beeinträchtigt sind. So weist die IGLU-Studie einen substantiellen Lernrückstand am Ende der 4-jähri-

gen Grundschule aus, was deutliche Konsequenzen für Übertrittsempfehlungen und weitere Bildungschancen hat (vgl. Bos et al. 2003).
- Als bedeutsame Merkmale der *räumlichen Erfahrungswelt* wird angeführt, dass anregungsreiche Streif- und Spielräume, wie für Kinder nutzbare Straßen-, Weg- und Hofflächen in Städten sowie Wiesen- und Waldgebiete, seltener geworden sind. Das räumliche Auseinanderwachsen von Wohnsiedlungen, Einkaufsstätten und Freizeiteinrichtungen erzwinge Mobilität; Kinder könnten Freizeiteinrichtungen und andere Zielorte oft nur schwer alleine erreichen und seien auf die Begleitung Erwachsener angewiesen. Kindliche Freizeitaktivitäten verlagerten sich von öffentlichen Straßen und Plätzen in Wohnungen und in speziell für Kinder eingerichtete, oftmals betreute Einrichtungen, wie Vereine, Spielplätze, Freizeitstätten, Gruppen (vgl. Fölling-Albers 2001, 28–31).
- Die Verdrängung handwerklicher und kaufmännischer Kleinbetriebe aus den Wohnumgebungen würde die Gelegenheit für Kinder einschränken, sich einen Teil des Erwachsenenlebens durch unmittelbare Anschauung und Erfahrung zu erschließen (vgl. Holtappels 1998, 49–53).
- Als Folge der *Individualisierung* in der modernen Gesellschaft wird unter anderem betont, Kindern würden heterogene Werte und vielfältige Muster der Lebensführung vorgelebt. Dies erschwere Orientierungen, öffne aber auch Freiräume. Damit nehme der Anteil gemeinsam geteilter Erfahrungen über Regeln und Normen des Zusammenlebens, die sich quasi „von selbst verstehen", ab (vgl. Holtappels 1998, 53–55).

An Hand einiger weiterer Überlegungen zum *Medienkonsum* soll deutlich gemacht werden, dass die häufig anzutreffende bloße Benennung von Merkmalen heutiger Kindheit nicht tragfähig ist, um pädagogische Schlussfolgerungen im Allgemeinen oder für den Sachunterricht im Besonderen zu begründen.

Nach den Erkenntnissen der Medienforschung sollen 6- bis 10-jährige Kinder im Durchschnitt rund zweieinhalb Stunden täglich vor dem Fernseher verbringen (vgl. Holtappels 1998, 55). Andere Angaben beziehen sich auf die Gruppe der 3- bis 13-Jährigen und geben für diese Altersklasse eine durchschnittliche Sehdauer von etwa eineinhalb Stunden an (vgl. Fölling-Albers 2001, 35). Laut Panelstudie der Gesellschaft für Konsumforschung 2008 betrug die durchschnittliche tägliche Fernsehsehdauer von Kindern zwischen 3 und 13 Jahren 1 Stunde und 25 Minuten, die 14- bis 29-Jährigen sahen 2008 durchschnittlich zweieinhalb Stunden fern. Auffällig ist, dass die Fernsehnutzung trotz zunehmender Computernutzung zeitlich in etwa gleich blieb.

Für den Sachunterricht ist dies aus zweierlei Gründen bedeutsam. Zum einen gehen durch den Fernsehkonsum Zeit für andere Aktivitäten und damit potenzielle Erfahrungen verloren; zum anderen wird die Qualität von Informationen und Erfahrungen über die Welt beeinflusst.

Den Kindern bietet das Fernsehen eine Fülle von Informationen an
- die rasch wechseln,
- die sich auf Lebensbereiche außerhalb des eigenen Alltagshandeln beziehen
- und deren Realitätsgehalt höchst unterschiedlich ist und von den Kindern häufig nicht beurteilt werden kann.

Damit besteht die Gefahr, dass diese Informationen und Eindrücke zum Teil ohne eigene Kontroll- und praktische Prüfmöglichkeit im alltäglichen Handeln zu Vorstellungen über Wirklichkeit verarbeitet werden.

Dies kann wiederum dazu führen, dass das eigene Alltagsleben und die im konkreten Handeln erfahrenen Probleme zum Teil mit Interpretationsmustern wahrgenommen und verarbeitet werden, die von der arrangierten und entworfenen Kunst-Welt der Medien beeinflusst sind und damit nicht die Zuverlässigkeit von Orientierungsmustern bieten, die im real zu bewältigenden Alltagshandeln, mitunter mühselig, erworben und erlernt werden.

Wie sich der gesellschaftlich zu beobachtende Trend zu hohem Medienkonsum auf die konkreten Kinder auswirkt oder bereits ausgewirkt hat, mit denen Lehrerinnen und Lehrer jeweils umgehen, lässt sich aus den allgemeinen Daten nicht ermessen. Diese Auswirkungen hängen von zahlreichen, intervenierenden und zwischen den einzelnen Kindern sehr stark streuenden Gegebenheiten in den Lebensumständen der Kinder ab.

Ob die Kinder viel alleine und wahllos fernsehen oder gezielt und mit Gesprächsmöglichkeiten über das Gesehene, ob die Familie ein Korrektiv zur medialen Fiktionswelt bietet oder ob die Kinder mit ihren Eindrücken allein bleiben, ob sie eher häufig oder eher seltener mit anderen Kindern spielen, beeinflusst neben vielen anderen Gegebenheiten mit, wie sich der Fernsehkonsum von Kindern auf ihre Wahrnehmungsgewohnheiten und Interpretationsmuster auswirkt (Hurrelmann 1999).

Ähnliche Differenzierungen wie zum Medienkonsum wird man für alle anderen oben genannten Merkmale heutiger Kindheit vornehmen können.

Die Trennung der Eltern mag als Krise erlebt werden; das spannungsreiche, emotional verarmte Nebeneinander-Herleben des Elternpaares kann weitaus größere emotionale Entwicklungsrisiken bieten.

Zu Recht wies daher Maria Fölling-Albers bereits in ihrer Einführung zu einem zeitweilig als Standardwerk genutzten Buch über „Veränderte Kindheit" darauf hin, dass die Veränderungen „nie alle Kinder in gleicher Weise betreffen" (vgl. Fölling-Albers 1989, 13).

2.3.3 Differenzierungen nötig

Solche zur Differenzierung mahnenden Hinweise werden offenbar leicht übersehen.
Ein gutes Jahrzehnt später merkt die Autorin an, häufig würde zu wenig differenziert, wenn von „Kindheit heute" die Rede sei (vgl. Fölling-Albers 2001, 18).
Merkmale von „Kindheit heute" sind Aussagen, die sich notwendigerweise auf verallgemeinernde „Strukturdaten" zur Beschreibung des Zusammenlebens beziehen. Pädagogische Schlussfolgerungen sind jedoch letztlich erst „akteursspezifisch", also mit Blick auf die konkreten Kinder, befriedigend zu begründen[7].
Diese verallgemeinernden Strukturdaten über Kindheit heute verlieren bereits an Aussagekraft, wenn man detailliertere Studien zur Kenntnis nimmt.
So waren zum Beispiel in Ostdeutschland 61 Prozent der Mütter berufstätig, in Westdeutschland 56 Prozent. Umgekehrt waren in Westdeutschland 89 Prozent, in Ostdeutschland 80 Prozent der Väter erwerbstätig. Mütter von drei und mehr Kindern waren in Westdeutschland zu 45 Prozent erwerbstätig, jene von ein oder zwei Kindern zu 58 Prozent; 24 Prozent der berufstätigen Mütter mit Kindern in Westdeutschland arbeiteten Vollzeit, in Ostdeutschland waren es mit 57 Prozent mehr als doppelt so viele (vgl. Bundeszentrale für politische Bildung 2008).
Zwar nimmt die Bedeutung betreuter Freizeitaktivitäten zu, aber die konkreten Auswirkungen zeigen deutliche geschlechtsspezifische Unterschiede. Mädchen spielen weniger als Jungen draußen. Diese treiben eher Sport, jene gehen eher musischen Aktivitäten nach. Für beide Geschlechter wiederum trifft zu, dass Kinder aus mittleren und gehobenen Schichten eher solche Angebote wahrnehmen, als Kinder aus einem Umfeld mit niedrigerem Sozialstatus (vgl. Fölling-Albers 2001, 33; Strzoda & Zinnecker 1996, 64 f.; Nissen 1999, 6).
Und schließlich scheint das Angebot an attraktiven Betätigungsmöglichkeiten in der Freizeit für Stadtkinder trotz des Mangels an Grün- und Waldflächen besser zu sein als für Landkinder. Letztere schalten häufiger Fernseher oder Videorekorder an (vgl. Nissen 1999, 5) und haben wegen der größeren Entfernung zwischen potentiellen Spielkameraden seltener als Stadtkinder Freizeitkontakte zu Peers (ebd., 8).
Auch wenn man daher von Informationen über Merkmale heutiger Kindheit nicht auf Lern- und Erfahrungsvoraussetzungen einzelner Kinder schließen kann, so sind diese Erkenntnisse dennoch bedeutsam für Sachunterricht.
Zum einen können sie das Problembewusstsein und die Wahrnehmungsgewohnheiten gegenüber den *möglichen* Erfahrungen von Kindern und somit die Reflexionsfähigkeit im Umgang mit Kindern schärfen.
Zum anderen unterstreichen sie, dass sich bereits die Erfahrungen von Kindern im Grundschulalter zunehmend differenzieren. Lehrerinnen und Lehrer des Sachunterrichts können daher immer weniger von ähnlichen Kindheitsverläufen ausgehen.

Am Sachunterricht in der Grundschule nehmen Kinder aus behüteten, zerrütteten, neu zusammengesetzten, konfliktreichen und konfliktarmen Familien teil. Sie sehen viel oder wenig fern, betreut oder auf sich allein gestellt. Man trifft auf Kinder mit ausgeprägten Freizeitaktivitäten im musischen und sportlichen Bereich, die dennoch viel Zeit mit Freunden verbringen und auf Kinder, denen nur geringe Abwechslung und Anregung in der Freizeit geboten wird. Manche Kinder lernen in ihrer Familie, dass es hilfreich ist, offen und argumentierend mit unterschiedlichen Meinungen, Interessen und Werten umzugehen; andere mussten lernen, sich mit autoritären Vorgaben zu arrangieren (vgl. dazu Krappmann 1996, 109).

Entsprechend tritt Heterogenität schon dann vielfältig in Erscheinung, wenn man nur einige empirische Befunde über Lern- und Leistungsvoraussetzungen im Sachunterricht heranzieht.

Manche Kinder können im dritten Schuljahr einige Stationen der Energieumwandlung bei einem Kraftwerk benennen, anderen ist nicht einmal geläufig, dass der Strom, der aus der Steckdose kommt, irgendwo gewonnen werden muss. Franz (2006) konnte beim Thema Elektrizität deutliche Zusammenhänge zwischen eingebrachtem Vorwissen und Leistungsergebnissen im Unterricht nachweisen. Ebenfalls beim Thema Elektrizität stellten Roßberger und Hartinger fest, dass Mädchen sich eher für rezeptive Tätigkeiten wie Zuhören oder Lesen über den Sachverhalt interessierten, während die Jungen eher für praktisch konstruktive Tätigkeiten Interesse entwickelten (Roßberger & Hartinger 2000, 17). Einigen Kindern sind von Haus aus wichtige Ernährungsregeln bekannt, andere bringen eher einseitige Ernährungsgewohnheiten mit (vgl. z.B. Pudel 2000; Ruppert 2001).

Wie die Ergebnisse der IGLU-Studie unterstreichen, gelingt es im Sachunterricht, Interesse und Motivation für Sachthemen zu wecken und bis zum Ende der Grundschulzeit hoch zu halten (vgl. Prenzel u.a. 2003, 177). Aber es finden sich auch recht deutliche Zusammenhänge zwischen sozialer Herkunft und naturwissenschaftlicher Kompetenz sowie vor allem auch Unterschiede zwischen Mädchen und Jungen (vgl. ebd., 175 f.).

Marlis Hempel (2007) hebt in einem Überblick über geschlechtsspezifisch variierende Lernvoraussetzungen hervor, dass Mädchen eine größere Empathiefähigkeit als Jungen besitzen. Beide Geschlechter unterscheiden sich auch im Konfliktverhalten. Während Jungen eher körperlich-aggressives Konfliktverhalten zeigen, wählen Mädchen eher verbale Strategien. Außerdem schätzen Mädchen ihre Technikkompetenz geringer ein als Jungen und sie bringen weniger Erfahrungen beim Basteln und im Umgang mit Werkzeugen mit. Möller (1998) erklärt das geschlechtsspezifisch unterschiedliche Verständnis vom Funktionszusammenhang der Antriebsteile eines Fahrrads bei 9-jährigen Grundschülerinnen und -schülern unter anderem mit deren unterschiedlichen außerschulischen Erfahrungen im Umgang mit technischen Produkten (Möller 1998).

Martschinke & Kopp (2007) haben jüngst eine Reihe weiterer Befunde zur Heterogenität von Lernvoraussetzungen im Sachunterricht zusammengestellt. Danach scheinen unterschiedliche Erfahrungen mit Naturbegegnungen auch das Verständnis von Natur zu beeinflussen (vgl. Gebauer & Harada 2005). Gläser (2005) interpretiert verschiedene Ansichten von Kindern über die Ursachen von Arbeitslosigkeit vor dem Hintergrund unterschiedlicher persönlicher Betroffenheit und unterschiedlich ausgeprägter individueller Ängste der Kinder. Nach Holl-Giese (2005) markieren die Möglichkeit zu Reisen, Erzählungen anderer sowie die Verfügbarkeit von Medien wie Karten, Atlas und Globus, Bücher und Reisekataloge unterschiedliche Voraussetzungen für das Erlernen geographischer Sachverhalte. In einer geschichtsdidaktisch orientierten Studie konnte Seitz (2005) zeigen, dass die Sichtweisen von Kindern in einer zweiten Jahrgangsstufe zum Thema Zeit sehr stark durch das individuelle Erleben und somit besonders durch individualbiographische Merkmale beeinflusst werden.

Weil Sachunterricht unterschiedliche Erfahrungsbereiche der Kinder anspricht, zeigt sich Heterogenität auf besonders vielfältige Weise. Während zum Beispiel im Mathematikunterricht das Zahlenverständnis und im Schriftspracherwerb die phonologische Bewusstheit jeweils als gute Prädiktoren für erfolgreiches Lernen gelten, müssten die für den Sachunterricht lernbedeutsamen Erfahrungen bzw. die in den Unterricht eingebrachten bedeutsamen Wissens- und Könnensunterschiede inhaltsspezifischer und damit variantenreicher erfasst werden. Wer einiges an Vorwissen über einheimische Tiere und Pflanzen mitbringt, muss nicht über gute Vorkenntnisse auf Themengebieten wie Elektrizität oder Licht und Schatten verfügen. Interesse an Fragen des sozialen Zusammenlebens wird nicht unbedingt von einem ebenso regen Interesse an naturwissenschaftlichen Phänomenen begleitet.

Mit dieser Erfahrungsvielfalt zusammen hängt ein zweites übergreifendes Merkmal heutiger Kindheit, und zwar die Ungewissheit über die als sinnvoll oder gar erstrebenswert geltenden Einstellungen zum Zusammenleben mit anderen.

Was Kindsein heute bedeutet, welche Pflichten und Rechte damit verbunden sind, welche Erwartungen akzeptabel oder übertrieben sind, was man als Kind selbst leisten muss und was man erhoffen kann, versteht sich angesichts der Vielfalt von Lebensformen und Erziehungspraktiken, mit denen Kinder heute konfrontiert werden, weniger von selbst als es früher einmal der Fall gewesen sein mag.

In diesem Zusammenhang wird bereits von einer „Entgrenzung" der Kindheit gesprochen (vgl. Fölling-Albers 2001, 39). Vieles, was für Kinder angemessen erscheint, steht nicht mehr als Quasi-Konsens der erziehenden Generation fest, sondern ergibt sich erst in den konkreten Aushandlungsprozessen zwischen den jeweiligen Kindern und den jeweiligen Erwachsenen sowie den Kindern untereinander. Kinder dafür zu stärken, indem sie Kompetenzen für die Bewältigung dieser herausfordernden Freiheiten bekommen und die damit verbundenen Orientierungs- und Aushandlungsprozesse verstehen lernen, ist eine weitere Konkretisierung des Leitbilds, ihnen bei der Erschließung ihrer Umweltbeziehungen Hilfe zu leisten.

2.4 Schlussfolgerungen für den Sachunterricht

In den drei vorausgehenden Abschnitten dieses Kapitels wurden unter einer anthropologischen, einer entwicklungsorientierten und einer sozio-kulturell orientierten Perspektive Lernvoraussetzungen in den Blick genommen, die bedeutsam für den Sachunterricht sind.

Die anthropologisch orientierte Perspektive (2.1) zeigte zunächst, dass der einzelne Mensch seine Umwelt wählend erschließt, indem er sie mit Bedeutungen belegt. Lange vor der Schulzeit bauen sich Kinder Beziehungen zur Umwelt auf und erwerben dabei Vorstellungen, die stark von den situativen und subjektiven Erfahrungsgrundlagen beeinflusst sind. Solche individuell plausiblen Vorstellungen erweisen sich jedoch als begrenzt zuverlässig für die Bewältigung von Umweltanforderungen in einer mit anderen geteilten Welt.

Die Schule bietet den Kindern durch die Möglichkeiten der Distanzierung von der Unmittelbarkeit der eigenen Erfahrungen Grundlagen für eine Versachlichung von Vorstellungen. Es werden Vorstellungen erworben und konstruiert, die auch für andere nachvollziehbar sind. Entscheidend ist, die Erkenntnis grundzulegen, dass es für sachliche Urteile nicht ausreicht, Vorstellungen über die Umwelt schon deshalb für angemessen zu halten, weil man sie selbst für einleuchtend hält. Vielmehr sollte man sich bemühen, seine Vorstellungen zu begründen und für andere nachvollziehbar zu machen.

Die entwicklungsorientierte Betrachtungsweise (2.2) verdeutlichte, dass im Grundschulalter dafür entscheidende Weichen gestellt werden können.

Die Wahrnehmung und Verarbeitung der Umwelt löst sich immer mehr von der eher tendenziell exklusiven Zentrierung auf das eigene Erleben ab. Das Kind wird nach und nach fähig, die Perspektivität eigener Vorstellungen zu erkennen und unterschiedliche Informationen, Standpunkte und Perspektiven zu berücksichtigen und zu beurteilen.

Wie der sozio-kulturell orientierte Blick (2.3) erkennen ließ, kann man dabei nicht von einheitlichen Entwicklungsbedingungen ausgehen.

Die gesellschaftlichen Rahmenbedingungen, unter denen Kinder heute aufwachsen, weiten das Spektrum möglicher Erfahrungen aus, zum Beispiel im Umgang mit Medien, mit Familienmitgliedern, mit Formen des sozialen Zusammenlebens, mit der Gestaltungsmöglichkeit von Freizeit. Weniger als es früher einmal der Fall gewesen sein mag, versteht sich daher quasi von selbst, das heißt als Folge einheitlicher Normen, Erwartungen und Gewohnheiten, was Kindern angemessen ist. Vieles muss sich erst in konkreten Aushandlungsprozessen entscheiden.

Zusammenfassend lässt sich für die Umsetzung der auf Seite 17 ff. entwickelten und später mit bildungstheoretischen Überlegungen konkretisierten Ansprüche an den Sachunterricht (Kapitel 1, S. 28 ff.) festhalten:

– Die von Kindern permanent erworbenen Vorstellungen über die Umwelt gewinnen durch Versachlichung an Zuverlässigkeit für die Erschließung von Umweltbeziehungen (Teil 2.1).
– Im Grundschulalter entwickelt sich als zentrale Voraussetzung für Versachlichung die Fähigkeit, die Perspektiven anderer beim Prüfen und Aufbauen eigener Vorstellungen über die Umwelt zu berücksichtigen (Teil 2.2).
– Mit der Differenzierung von Lebensweisen geht eine wachsende Heterogenität möglicher Erfahrungen einher. Die dadurch entstehende Vielfalt von Perspektiven kann als Chance und Aufgabe für den Sachunterricht gesehen werden.
Die Chance liegt darin, Unterschiede in den Erfahrungen als authentischen Lernanlass zu nutzen. Dabei besteht die Aufgabe, gemeinsam teilbares Wissen zu erarbeiten und ein Bewusstsein dafür anzubahnen, dass sich zuverlässig geprüftes und im Prinzip von allen teilbares Wissen von Vorstellungen unterscheidet, die nur für einen selbst gültig sind (Teil 2.3).

Die mit Bezug auf die *anthropologische Perspektive* herausgearbeitete Aufgabe des Sachunterrichts, *Freiheitsspielräume durch Versachlichung von Umweltbeziehungen* zu erweitern (vgl. Teil 2.1) macht es daher notwendig
– zu klären,
  – wie sich versachlichte Vorstellungen über die Umwelt von sonstigen Vorstellungen unterscheiden,
  – welche Bedeutung den versachlichten Vorstellungen für die Entwicklung des Einzelnen und für seine Fähigkeit, mit anderen zusammenzuleben, zukommt,
  – was Kinder über ihre Beziehungen zur Umwelt verstehen müssen, um diese Beziehungen zunehmend bewusst wahrnehmen und gestalten zu können,
– Selbständigkeit bei der Entwicklung zuverlässiger Vorstellungen über die Umwelt, bei der Beschaffung, Prüfung und Bewertung von Informationen und bei der Aufbereitung und Darstellung eigenen Wissens und eigener Vorstellungen zu fördern, das heißt
  – Lernerfahrungen zu ermöglichen, die den Kindern sowohl Nutzen als auch Grenzen ihrer bisherigen Vorstellungen und ihres bisheriges Könnens für die Lösung nützlicher Aufgaben und/ oder interessanter Probleme verdeutlichen,
  – Freiraum für den zunehmend eigenständig gesteuerten Erwerb von Wissen, für die Erweiterung vorhandener und für den Aufbau neuer Fähigkeiten zu schaffen,
  – Fortschritte im Aufbau eigenen Wissens und eigener Fähigkeiten im Laufe der Grundschulzeit erfahrbar werden zu lassen,
  – die Fähigkeit zur eigenständigen Planung von Arbeits- und Lernprozessen gezielt zu fördern und auszubauen.

Die damit einhergehende *entwicklungsorientierte Aufgabe* (Teil 2.2), die Fähigkeit zu unterstützen, *verschiedene Perspektiven zu berücksichtigen* und den eigenen Standpunkt als einen von anderen möglichen zu erkennen, erfordert es
– eine Auswahl von Inhalten und Themen zu treffen, die geeignet sind, Kindern mögliche Unterschiede in ihren Vorerfahrungen anschaulich erkennbar werden zu lassen,
– Möglichkeiten zu schaffen, dass Kinder ihre unterschiedlichen Vorstellungen und Erfahrungen in Prozessen gemeinsamen Lernens einbringen können,
– Kindern Methoden der Organisation, der Bewertung und der eigenständigen Darstellung von Informationen und Wissen anzubieten,
– Kindern die Folgen eigenen Handelns für sich und andere deutlich werden zu lassen und damit Verantwortlichkeit grundzulegen.

Angesicht der *sozio-kulturell* bedingten *Differenzierung von Erfahrungsmöglichkeiten* und der wachsenden Bedeutung von Aushandlungsprozessen zur Klärung dessen, was Kindern angemessen ist (Teil 2.3), ist zu fragen,
– welche Fähigkeiten Sachunterricht grundlegen, entwickeln und ausbauen kann, um Kinder dabei zu unterstützen, sich in einer rasch wandelnden und sich immer weiter differenzierenden, Chancen und Risiken bietenden Umwelt zunehmend selbständig und zuverlässig zu orientieren,
– welche Erfahrungen der Sachunterricht aufgreifen, weiterentwickeln und stiften kann, um die gesellschaftlich immer wahrscheinlicher werdende Ausdifferenzierung der jeweils persönlichen Erfahrungen durch Schaffung einer stabilen Grundlage gemeinsam geteilter Erfahrungen zu ergänzen,
– welches Wissen über die gemeinsam geteilte Umwelt notwendig und im Sachunterricht sinnvoll anzuregen, grundzulegen und aufzubauen ist, um die persönliche Weiterentwicklung des Kindes und seine Fähigkeit zum konstruktiven Zusammenleben mit anderen zu fördern,
– wie Lernumgebungen zu gestalten sind, die den Unterschieden im Vorwissen, in den Lernstrategien und im Lernverhalten gerecht werden.

Um diese Aufgaben und Fragen bearbeiten zu können, müssen die bisherigen Beurteilungsgrundlagen erweitert werden.

Bisher stand das Kind mit seinen Lernvoraussetzungen, seinen Aneignungsweisen von Umwelt, im Mittelpunkt.

Nun geht es im nächsten Kapitel darum, die Blickrichtung zu wechseln, um sich dem Standpunkt der Sachlichkeit anzunähern.

Was bedeutet Sachlichkeit? Wie kann man in einer sich rasch wandelnden Umwelt zu zuverlässigen Vorstellungen kommen? Welche Rolle spielen dabei subjektive und intersubjektiv teilbare Vorstellungen? Welchen Stellenwert nehmen dabei Wissen und Verstehen ein?

Mit diesen Fragen über die *Qualität* von Vorstellungen und mit dem Zusammenhang zwischen Wissen, Können und Verstehen setzt sich das folgende Kapitel auseinander.

Schlussfolgerungen für den Sachunterricht | 89

In diesem Kapitel ging es darum …
… einen Zugang zu den Lernvoraussetzungen der Kinder aus verschiedenen Perspektiven zu schaffen und damit den verbreiteten Anspruch im Sachunterricht, kindorientiert oder kindgemäß zu unterrichten, auf eine sachliche und systematisch entwickelte Grundlage zu stellen.

Um Spekulationen und Beliebigkeiten über das, was Grundschülern gemäß ist, zu vermeiden, wurden die Lernvoraussetzungen aus drei begründet ausgewählten Perspektiven analysiert, die sich ergänzen und gegenseitig kontrollieren.

Dabei konnte die Versachlichung von Vorstellungen der Kinder als eine anthropologisch begründbare Aufgabe des Sachunterrichts herausgearbeitet werden.

Aus entwicklungsorientierter Perspektive stellte sich das Grundschulalter als eine Übergangszeit dar, in der die Vorstellungen der Kinder über die Umwelt differenzierter, komplexer und reflektierter werden. Im Grundschulalter wird eine systematischere Verknüpfung von Erfahrungen und Kenntnissen möglich. Dies erlaubt es, im Sachunterricht sachliche Standpunkte und Vorstellungen sowie eine Haltung zur Sachlichkeit zu fördern.

Schließlich machte der sozio-kulturell orientierte Zugang deutlich, dass die Erfahrungen der Kinder mit ihrer Umwelt differenzierter und vielfältiger werden. Für den Sachunterricht liegt darin die Chance, authentische Lernanlässe zu nutzen, um Einsicht in den Sinn eines gemeinsam teilbaren Wissen zu schaffen, das zuverlässig und belastbar ist.

Doch warum sollte man über ein derartiges Wissen verfügen? Warum sollte es im Sachunterricht grundgelegt werden?

Eine Antwort könnte lauten, die weiterführenden Schulen müssten Grundlagen vorfinden, an denen der Unterricht in einschlägigen Fächern anschließen kann. Dies ist durchaus treffend.

Aber es gibt noch bessere Gründe.

Im Sachunterricht Grundlagen zu legen für zuverlässiges und gesichertes Wissen ist nicht Selbstzweck von Schule, sondern eine Leistung, die dem verständigen Umgang mit den Chancen und Zumutungen in einer komplexen und sich rasch wandelnden Umwelt dienen kann. Dies soll im folgenden Kapitel deutlich werden.

So können Sie Ihre Lernergebnisse anwenden und sichern:
1. *Können Sie die auf Seite 41 f. dargelegte Aussage begründen, dass beim professionellen Blick auf Kinder verschiedene Perspektiven eingenommen werden sollten?*
2. *Welches sind Ihrer Auffassung nach spezifische Wesenseigenschaften des Menschen, die im Sachunterricht zu berücksichtigen sind? Vergleichen Sie Ihre Stichwörter mit den Ausführungen über die anthropologische Perspektive. Untersuchen Sie an einzelnen Beiträgen zum Sachunterricht, zum Beispiel aus Grundschulzeitschriften, ob direkt oder indirekt erkennbar Menschenbilder enthalten sind. Wie gut sind diese Menschenbilder begründet?*

3. Das Beispiel auf Seite 39 macht anschaulich, dass die Lehrerin den Entwicklungsstand der Schülerin unterschätzt. Versuchen Sie, dieses Fehlurteil mit Hilfe der in Ergänzung 8 (S. 71 ff.) dargelegten Informationen über die Entwicklung der sozialen Perspektivenübernahme zu interpretieren.
4. Versuchen Sie, Ihr Skript (vgl. S. 60) von einem zuvor bestimmten sozialen Ereignis (zum Beispiel Lehrprobe im Sachunterricht) stichwortartig zu skizzieren. Wenn Sie dies einzeln in einem Seminar machen, lassen sich die verschiedenen Skripte miteinander vergleichen. Besonders interessant dürfte der Vergleich zwischen Studierenden in den Anfangssemestern und fortgeschrittenen Studierenden sein.
5. In Ergänzung 7 (Seite 62 ff.) finden sich zahlreiche Kinderaussagen über beobachtete Phänomene. Versuchen Sie, diese Aussage mit Hilfe der Begriffe animistisch, finalistisch, magisch zu interpretieren. Finden Sie Analogieschlüsse in diesen Aussagen? Sind diese Analogien eher phänotypisch oder eher genotypisch (vgl. S. 66 ff.)?
6. Inwieweit verändert die Entwicklung der sozialen Perspektivenübernahme auch das Selbstkonzept?
7. Suchen Sie aus den auf Seite 80 ff. (2.3.2) angeführten Merkmalen heutiger Kindheit zwei heraus, die Ihnen in Bezug auf Sachunterricht besonders bedeutsam erscheinen. Begründen Sie bitte diese Bedeutung.

Wenn Sie an einzelnen Fragen weiterarbeiten möchten ...

Eine Auseinandersetzung mit den anthropologischen Lernvoraussetzungen bietet Schultheis 2007. Zur anthropologischen Begründung einer Theorie des Lernens für die Schulkindheit, siehe Duncker, Scheunpflug, Schultheis 2004.

Eine Erörterung des Nutzens entwicklungspsychologisch fundierten Wissens über die Realitätswahrnehmung und -verarbeitung von Kindern bietet Dollase 1997. Zur Bedeutung von Entwicklungstheorien für Grundschullehrende siehe Nickel 1980. Eine Übersicht über verschiedene Modelle, die in der Entwicklungspsychologie hervorgebracht worden sind, um Entwicklung zu interpretieren, gibt Montada 1995, 1–83.

Zur kognitiven Entwicklung von Kindern im Grundschulalter siehe Giest 2007. Speziell zur Entwicklung kognitiver Voraussetzungen für die Perspektivenübernahme vgl. Feffer & Gourevitch 1982; zum Zusammenhang von sozialer Sensibilität von Kindern und kognitiven Fähigkeiten siehe Rothenberg 1982, 133 ff.; zur Entwicklung von Freundschaftsvorstellungen vgl. Damon 1984, 160–197, Youniss 1994, 17–61; einen einführenden Überblick über die soziale Entwicklung des Kindes unter Berücksichtigung zahlreicher Detailstudien über die Rolle der Eltern, Großeltern und der Gruppen Gleichaltriger gibt Schmidt-Denter 1996, 15–119. Siehe auch Wagner 2009. Zur Entwicklung von Zeit- und Geschichtsbewusstsein siehe Kübler 2007, zur Entwicklung des naturwissenschaftlichen Denkens Sodian & Koerber 2007, zur Entwicklung des ökonomischen Denkens Gläser 2007 und zur Entwicklung des Raumbewusstseins Hasse 2007.

Neuere Befunde zur Forschung über kognitive Leistungen von Kindern im Grundschulalter und ihre mögliche Bedeutung für den Sachunterricht referiert Einsiedler 2009.

Zur Aussagefähigkeit und Aussagegrenzen von Strukturdaten, wie sie in Merkmalen von Kindheit heute angeführt werden, vgl. Bahrdt 1985, 108–113.

Dass argumentative Umsicht und anspruchsvolle Theoriemodelle nötig sind, um den Einfluss gesellschaftlicher Strukturmerkmale auf die individuelle Entwicklung zu erfassen, kann man u. a. aus Edelstein 1993 lernen.

Das nicht auflösbare Spannungsverhältnis zwischen wissenschaftlich akzeptiertem Wissen über Kindheit und Ungewissheit im konkreten Umgang mit Kindern ist anschaulich aufbereitet bei Wessel 1999.

Zum Umgang mit Heterogenität in der Grundschule vgl. die Beiträge in Hartinger u.a. 2008. Wie sich die Entwicklung soziokultureller Voraussetzungen auf die Heterogenität der Lernvoraussetzungen im inhaltlichen Bereich auswirkt, kann man zum Teil nachlesen bei Martschinke & Kopp 2007, unter dem Aspekt geschlechtsspezifischer Differenzen bei Hempel 2007, kulturelle Differenzen werden von Speck-Hamdan 2007 und sozioökonomische Differenzen von Miller 2007 dargelegt.

Um vorschnellen Schlussfolgerungen, leichtfertigen Bilanzen und Verallgemeinerungen aus Informationen über Merkmale „veränderter Kindheit" oder über „Kindheit heute" vorzubeugen, sind folgende Texte geeignet: Fölling-Albers 2005; Nissen 1999.

Anmerkungen

1. Vgl. auch die Bestimmung des fundamentalen Unterschieds, den Johann Gottfried Herder bereits Ende des 18. Jahrhunderts zum Tier zog, indem er dem Menschen die Fähigkeit zur „Besonnenheit" zuschrieb (vgl. dazu Joas 1992, 115 ff.)
2. Der im 14. Jahrhundert wirkende französische Philosoph und zeitweilige Rektor der Universität Paris (1328 und 1340), Johannes Buridan, nutzte das Gleichnis vom Esel zwischen den beiden Heuhaufen, um zu zeigen, dass Menschen bei der Wahl zwischen zwei genau gleich attraktiven Gütern überfordert sind.
3. Zum Konzept der Entwicklungsaufgaben siehe Montada 1995, 62–71, sowie Oerter 1995 b, 120–127. Wygotski (1987) unterscheidet zwischen der „Zone nächster Entwicklung" und der „Zone aktueller Leistung". Während die „Zone der aktuellen Leistung" alle Fähigkeiten, Kenntnisse und Vorstellungen umfasst, die das Kind bereits beherrscht, bezieht sich die „Zone nächster Entwicklung" auf die Leistungen, die das Kind zwar noch nicht selbständig, wohl aber unter Anleitung vollbringen kann.
4. Selman weist darauf hin, dass die Altersangaben nur als ungefähre Annäherungen zu verstehen sind (vgl. Selman 1982, 230).
5. Einen Überblick gibt Montada 1995.
6. Günther Schorch (2007, 118 ff.) arbeitet weitere Begründungen dafür heraus, dass Einzelbefunde über „Kindheit heute" oder über „veränderte Kindheit" für sich genommen nicht ausreichen, um daran pädagogische Schlußfolgerungen anzubinden.
7. Zur Unterscheidung einer akteursbezogenen Perspektive auf Kinder, die sich mit dem tatsächlichen alltäglichen Erleben befasst, und einer strukturbezogenen Perspektive, die sich auf verallge-meinerbare Merkmale von Kindheit konzentriert, vgl. Honig, Leu & Nissen 1996, 20 f.

3 ... zur Sache kommen

*„Natürlich ist unser Weltbild Rekonstruktion,
jedoch wieder mit Mitteln,
die aus der Welt stammen."*
(Riedl 2000, 36)

> **Dies kommt zur Sprache ...**
> In ihrer Auseinandersetzung mit der Umwelt sind Kinder zunächst unterwegs in eigener Sache. Die Konstrukte, die sie dabei über ihre Umwelt erwerben, mögen ihnen situativ Handlungssicherheit bieten. Aber sie führen oft auch zu Vorstellungen, die nicht geeignet sind, selbständiges Urteilen und Handeln bildungswirksam zu fördern. Mitunter wirken sie „unsachlich".
> Nach und nach lernt das Kind, seine eigenen Auffassungen, Meinungen und Vorstellungen mit Vorstellungen zu vergleichen und abzugleichen, die andere haben. Dabei erfährt das Kind, dass es Vorstellungen gibt, die offenbar von vielen akzeptiert sind und die als Wissen gelten.
> Damit Wissen hilft, sich sachlich angemessen mit der Umwelt auseinanderzusetzen und eigene Handlungsziele erfolgreich umzusetzen, muss es verstanden werden. Den Erwerb von Wissen entsprechend zu gestalten ist eine Leistung, die zuverlässig nur von der Schule im Allgemeinen und – mit Bezug auf die natur- und sozialwissenschaftlichen Wissensgebiete – vom Sachunterricht im Besonderen zu erwarten ist. In dem Maße wie das gelingt, wird Sachunterricht in einer sich rasch wandelnden und sich immer weiter differenzierenden Welt zu einem Kerncurriculum für Demokratie und Kultur.

An den Sachunterricht wird häufig der Anspruch gestellt, er solle kind- bzw. schülerorientiert sein und sich auf die Erfahrungen der Kinder beziehen. Damit wird zu Recht zum Ausdruck gebracht, die im Sachunterricht behandelten Inhalte müssten
– für die Lernenden als sinnvoll erfahrbar werden,
– das Interesse der Kinder finden oder entwickeln können,
– die Vorstellungen der Kinder einbeziehen und aktivieren.
Sachunterricht hat aber auch die Aufgabe, die Vorstellungen der Kinder weiterzuentwickeln, dabei auf gesichertes, bewährtes Wissen zurückzugreifen und den Kindern Zugänge zu diesem Wissen zu verschaffen.

Dieses Spannungsverhältnis zwischen der Orientierung an den Weltentwürfen, Konstrukten und Erfahrungen der Lernenden einerseits und dem fachlich gesicherten Wissen andererseits wird sowohl in der Theoriebildung über das Fach als auch in der Unterrichtspraxis mitunter einseitig aufgelöst.

Dann kann es entweder geschehen, dass man sich bei der Auswahl und Gestaltung von Sachunterricht zu sehr an der Systematik einschlägiger Fächer der weiterführenden Schulen orientiert. Die Inhalte werden dann vor allem damit gerechtfertigt, sie seien als Vorbereitung auf diese Sachfächer wichtig. Ihre Bedeutung für die Erschließung von Umweltbeziehungen der Kinder rückt dann in den Hintergrund.

Oder man orientiert sich aus Sorge gegenüber einer vorzeitigen Verfachlichung am anderen Extrem, richtet den Unterricht vor allem an den Erfahrungen, Vorstellungen und aktuellen Interessen der Kinder aus und lässt die Chance ungenutzt, den Kindern mit einem *verständigen Zugang* zu fachlich gesichertem Wissen solide Hilfe bei der Erschließung ihrer Umweltbeziehungen anzubieten.

Das folgende Kapitel will angehende und bereits tätige Lehrerinnen und Lehrer des Sachunterrichts dazu motivieren, dieses Spannungsverhältnis zwischen Vorstellungen und Erfahrungen der Kinder und fachlich gesichertem Wissen nicht einseitig aufzulösen, sondern es zu nutzen. Dazu ist es notwendig, ihm auf den Grund zu gehen und nachzuforschen, wodurch dieses Spannungsfeld verursacht wird und warum es sich für den Sachunterricht lohnt, es aufrechtzuerhalten.

Daher werden wir zunächst der für den Sachunterricht grundlegenden Frage nachgehen, welchen Stellenwert Vorstellungen, also Konstrukte, über die Umwelt für das erfolgreiche Überleben in der Umwelt haben und welche Rolle dabei Sachlichkeit spielt bzw. spielen kann.

In dem Maße, wie sich diese Frage klärt, kann auch das theoretische Fundament des Sachunterrichts weiterentwickelt werden. Sein Anliegen, Kinder beim Erschließen von Umweltbeziehungen zu unterstützen, lässt sich dann nicht mehr nur normativ (Kapitel 1 und 2.1, 2.3) und entwicklungspsychologisch orientiert (Kapitel 2.2) begründen, sondern auch mit erkenntnis- und wissenstheoretischen Argumenten absichern.

3.1 Mit Vorstellungen über die Umwelt Sinn schaffen

Auf ihrem langen Weg zu Personen, die verantwortlich handeln und mit ihrer Umwelt ohne die Fürsorge anderer zurechtkommen können, probieren Kinder vieles aus.

Sie sind noch nicht durch Gewohnheiten und Kenntnisse festgelegt und begegnen anderen Menschen sowie Gegenständen nicht im Kalkül bewährter, mitunter eingefahrener Verhaltensweisen und Routinen. Daher *wirken* ihre Herangehensweisen an die Umwelt manchmal offener, spontaner, risikofreudiger, neugieriger als die der Erwachsenen.

Wir haben in den vorherigen Kapiteln herausgestellt, dass die vielen Eindrücke, die Kinder aufnehmen, und die Ereignisse, die sie beschäftigen, mit dem Auf- und Ausbau von Vorstellungen über die Umwelt einhergehen.

Es regnet, weil Pflanzen doch Wasser benötigen. Geld für den Einkauf ist ausreichend da, weil man es von der Bank holen kann. Die Bienen fliegen von Blüte zu Blüte; vielleicht weil sie von Duft und Farben gelockt werden – oder weil sie für uns den Honig sammeln. Und die Polizei sorgt dafür, dass nachts keine Diebe in das Haus einsteigen …

Die Vorstellungen, die Kinder mit der Verarbeitung ihrer Umwelteindrücke erwerben, die Erklärungen, die sie heranziehen, wirken mitunter phantasievoll, manchmal anrührend, mal erstaunlich realistisch, dann wieder märchenhaft, mal kreativ und mal wie eine bloße Wiederholung dessen, was sie von anderen, die es scheinbar wissen und denen sie glauben, aufgeschnappt haben.

Wie immer diese Verarbeitungsweisen von Umwelteindrücken von anderen, zum Beispiel von Lehrerinnen, Eltern, anderen Erwachsenen, interpretiert, beurteilt und bezeichnet werden: Ihr Zweck besteht zunächst einmal vor allem darin, die Vielzahl von Einflüssen, Reizen, Erlebtem und Erzähltem zu etwas zusammenzufügen, *was Sinn macht*. Diesen Orientierungsbedarf haben nicht nur Kinder. „Menschen können nicht leben, ohne sich einen Reim auf sich selbst und ihre Welt … zu machen." (Rüsen 2001, 83)

Ob dem Kind dabei etwas als „sinnvoll" gilt oder nicht, entscheidet sich dabei aus dem Blickwinkel des Kindes zunächst nicht durch Nähe bzw. Ferne der eigenen Vorstellungen zu den Auffassungen und Interpretationen, die allgemein für gültig erachtet werden und als gesichertes Wissen gelten.

Als sinnvoll erscheint zunächst vielmehr das, was dem Kind hinreichend stabile und zuverlässige Handlungssicherheit gibt. Vertrauensbildend genug müssen diese Konstruktionen sein, um den Aktivitätsdrang beim Erkunden der Welt nicht zu untergraben; ermutigend genug, um sich selbst die vergewissernde Rückkopplung geben zu können, dass man bereits etwas kann, und offen genug, um Neugierde zu erhalten.

So baut sich das Kind „unfreiwillig, aber nichtsdestoweniger in eigenwilliger, begeisterter und selbstverlorener Kreativität ein Weltbild, das heißt eine persönliche Gestalt" (Langeveld 1956, 105).

Dabei werden durchaus tragfähige Orientierungen gelegt. Aber auch Erwachsene haben mitunter unzureichende, sachlich nicht zutreffende Vorstellungen über die soziale und natürliche Welt. Sie tragen dann mehr oder weniger unabsichtlich dazu bei, dass Kinder Gewissheiten erwerben, die bei näherem Hinsehen weniger überzeugend wirken, sei es, weil sie auf Vorurteilen beruhen oder auf Annahmen, die sachlich nicht haltbar sind. Der Sozialphilosoph Jürgen Habermas bezeichnet dies, in Anlehnung an Ludwig Wittgenstein, als „Dogmatismus der alltäglichen Hintergrundannahmen und -fertigkeiten" (Habermas 1988a, 451).

Die Konstrukte, die Kinder in der Auseinandersetzung mit ihrer Umwelt erwerben, stehen damit unter einem Geltungsvorbehalt. Sie erweisen sich als unterschiedlich stabil, zuverlässig und brauchbar.
Sie mögen für den Augenblick und für die nahe Zukunft ausreichend Handlungssicherheit bieten. Aber diese Handlungssicherheit erwächst weniger aus der Qualität der Konstrukte, sondern aus dem sorgenden Engagement anderer, vor allem zunächst der Eltern, später auch anderer Personen.[1]
Diese arrangieren – in der Regel – eine Umwelt, in der das Kind mehr Unterstützung, Betreuung, Erklärung, Hilfe und Korrektur erfährt, als es außerhalb pädagogisch definierter und motivierter Beziehungen wahrscheinlich wäre.
Ohne diese zugewandte Sorge, die sich im Einzelfall mehr oder weniger förderlich für die Entwicklung des Kindes auswirkt, wären die Realitätsinterpretationen der Kinder und die sich daraus entwickelnden Handlungsorientierungen kaum geeignet, ihr Überleben in der jeweiligen Umwelt zu sichern. „Niemand kann so ahnungslos in die Welt hineinirren wie ein Kind" (Langeveld 1956, 91).
Besonders krass zeigt sich dies zum Beispiel im Straßenverkehr, einem der zentralen Erfahrungsfelder von Kindern und der deshalb zu Recht ein wichtiger Themenbereich des Sachunterrichts ist.
Dort sind Kinder auch deshalb besonders gefährdet, weil sie sich nicht in die Perspektive eines anderen hineinversetzen können (vgl. S. 71 ff.). Kindern im Alter von 7 bis 9 Jahren fällt es zum Beispiel noch schwer, sich die Wahrnehmung eines Autofahrers vorzustellen. Sie neigen dazu zu glauben, Autofahrer in der Dunkelheit könnten sie sehen, weil ja auch sie das herannahende Auto bemerken. Und weil sie, zwischen zwei parkenden Autos stehend, die vorbeifahrenden Fahrzeuge wahrnehmen, ziehen sie den perspektivischen Fehlschluss, vom Fahrer ebenfalls gesehen zu werden (vgl. Limbourg 2001).
Auch ohne zu solchen dramatischen Beispielen zu greifen, lässt sich *die begrenzte Zuverlässigkeit von Vorstellungen und Orientierungen*, mit denen sich Kinder ihre Welt konstruieren und zurechtlegen, verdeutlichen.

- Das Spiel, zum Beispiel, das es mit den aus Alltagsgegenständen geformten Phantasiegebilden treibt, setzt das Einverständnis anderer voraus, sich darauf einzulassen. Wenn das Kind auf Menschen trifft, die im Löffel nur einen Löffel sehen wollen – oder können – wird es mit ihnen nicht sein Flugzeug- oder sein Höhlenspiel spielen können.
- Die Vorstellung, es regne, weil Pflanzen Wasser benötigen, wird bald durch die Erfahrung irritiert werden, dass auch dort Regen fällt, wo keine Pflanzen wachsen und umgekehrt, dass es dort, wo Pflanzen leben, mitunter nicht ausreichend regnet.
- Der Glaube, das Konto auf der Bank sorge für ausreichend verfügbares Geld, wird nicht von langer Dauer sein können.
- Zu hoffen ist, dass Kinder nach und nach realisieren, dass die persönliche Si-

cherheit und der Schutz von Wohnung und Eigentum noch anderer sozialer Errungenschaften bedarf als das wachsame Auge der Staatsgewalt Polizei.

Um selbständig zu werden, müssen Kinder lernen, von der eher situationsbezogenen Wahrnehmung und Interpretation von Umweltereignissen (vgl. auch Teil 2.2, S. 53 ff.) zu Konstruktionen zu gelangen, die über die Situation hinaus, auch unter anderen Umständen, hinreichend zuverlässig sind. Zunächst sind sie nämlich unterwegs vor allem in eigener Sache.

3.2 Unterwegs zunächst in eigener Sache

Die für den Sachunterricht wichtigen Vorstellungen über Zusammenhänge zwischen Aktivität, Handeln, Wissen, Denken, Lernen und Verstehen bauen oft auf mehr oder weniger fundierten und spekulativen Theorien über „den Menschen" und über dessen Natur auf.

Um solche häufig implizit gelassenen Vorab-Theorien zu vermeiden, geht man am besten vom einem Sachverhalt aus, der nicht bestritten werden kann, ohne die Existenz des Menschen in Abrede zu stellen: Jeder möchte überleben und ist darauf angewiesen, dafür geeignete, „viable" Strategien zu entwickeln. Diese Suche nach geeigneten Strategien zum Überleben in der Umwelt wird begleitet vom Aufbau von Konstrukten, also Vorstellungen, über die Umwelt.

In diesem Sinne lässt sich „Selbstbefangenheit" als elementare Grundqualität des Mensch-Umwelt-Verhältnisses begreifen (Kößler 1997 b, 11).

Diese Selbstbefangenheit hat zunächst nichts mit Egoismus gemein, einer Haltung, die man einnimmt, wenn man sich gezielt Vorteile ohne Rücksicht auf den Schaden für andere verschafft.

Vielmehr meint Selbstbefangenheit, dass Menschen von Geburt oder spätestens von dem Zeitpunkt in der eigenen Biographie an, ab dem sie sich als nicht identisch mit ihrer Umwelt wahrnehmen, genötigt sind, Ereignisse und Dinge, die sie gewahr werden, auf sich zu beziehen.

„Ständig von sich selbst okkupiert, ist dieser Mensch, seinen Mangel sorgend, immer auf etwas aus und in eigener Sache unterwegs" (ebd.).

Um zu überleben, sind Menschen zur tätigen Auseinandersetzung mit ihrer Umwelt genötigt. Dabei reagieren sie nicht bloß auf Umweltgegebenheiten, sondern erzeugen selbst wiederum Effekte, die für sie und andere wahrnehmbar sind.

Die Wahrnehmung lässt sich dabei von unterschiedlichen Vorstellungen, Erinnerungen, Überlegungen und Verknüpfungen leiten. In diesem Sinne wird gesagt, Menschen würden sich durch *Autopoiese* (griechisch autos: selbst; poiein: machen) als dauerhaft von ihrer Umwelt unterscheidbare Individuen erhalten: durch Aktivität, die Unterscheidungen in der Umwelt produziert und durch Wahrnehmung, die Unterscheidungen interpretiert.

Wie in Teil 2.1 herausgearbeitet (vgl. S. 42 ff.), lässt die menschliche Natur dem Einzelnen im Vergleich mit anderen Lebewesen recht große Frei- und Spielräume. Ihre biologische Grundausstattung ermöglicht den Menschen in den ersten Jahren ihres Daseins kein Überleben ohne fremde Hilfe. Sie sind an die jeweils vorgefundene Umwelt nicht ausreichend angepasst. Dafür sind sie besonders anpassungsfähig. Wenn man einige grundlegende Zusammenhänge zwischen dieser *tätigen* Anpassung des Menschen an seine Umwelt und dem damit einher gehenden *Erlernen* von Vorstellungen über die Umwelt berücksichtigt (3.1.1–3.1.3), wird erkennbar, wie bedeutsam Sachunterricht mit seinem Ziel sein kann, beim Erschließen von Umweltbeziehungen zu unterstützen.

3.2.1 Anpassung durch Konstruktion

Ob als Nomaden in der kargen Tundra, als Jäger und Sammler in tropischen Regenwäldern, als Großstädter in den Metropolen oder als Dorfbewohner in den weniger verdichteten landwirtschaftlich genutzten Regionen, Menschen gelingt es, sich extrem unterschiedlichen Umwelten anzupassen. Sie sind auf ihre Umwelt nicht durch ein biologisches Programm festgelegt.
Dabei bedeutet *Anpassung* nicht, sich eng den Vorgaben der Umwelt entsprechend zu entwickeln. Dies würde dazu führen, dass ähnliche Umweltbedingungen zu weitgehend übereinstimmenden Gewohnheiten, Orientierungen, Interpretationen führen würde. Gerade bei Menschen ist dies jedoch nicht der Fall.
Zwar lassen sich charakteristische Merkmale von Kulturen bestimmen, die von den in ihr lebenden Menschen mit hoher Wahrscheinlichkeit geteilt werden.
Der stumme Zwang dieser „gesellschaftlichen Verhältnisse" lebt unter anderem davon, dass ein dauerhaftes Abweichen und Verstoßen gegen die Bestandteile eines Grundkonsenses die Überlebensmöglichkeit des Einzelnen, wenn nicht gefährden, so doch stark einschränken würde. Man denke nur an die Folgen eines dauerhaften Verstoßes gegen die jeweils geltenden Eigentumsregeln, gegen die grundlegenden Leistungserwartungen oder gegen die etablierten Rituale, mit denen sich einander Fremde in der Öffentlichkeit auf berechenbare, Verhaltenssicherheit gewährende Distanz halten. Wer diese und viele andere zum Teil kodifizierten, zum Teil unausgesprochenen Regeln und Gewohnheiten nicht beherrscht oder nicht einhält, wird auf mehr Widerstände als üblich stoßen, um sein eigenes Leben zu führen.
Aber die vorgefundene, zunächst einmal unabhängig vom einzelnen Menschen existierende Umwelt determiniert keine eindeutigen Reaktionen.
Vielmehr sind Menschen genötigt, die jeweils vorgefundenen und wirkenden Umweltbedingungen zu interpretieren, das heißt, ihnen auf der Grundlage ihrer aktuellen Wahrnehmung, ihrer bisherigen Erfahrung und ihrer jeweiligen Handlungsmotive einen Sinn zu geben.
Zwar ist „alles Mögliche" der Wahrnehmung zugänglich. Aber das, was wahrgenommen und verarbeitet wird, ist Folge einer Selektion.

Wäre Wahrnehmung eine bloße Verarbeitung äußerer Reize, dann würde die menschliche Handlungs- und damit Überlebensfähigkeit sofort zusammenbrechen.
Die Vielzahl potenziell wahrnehmbarer Ereignisse setzte unbeherrschbar viele, miteinander konkurrierende und sich störende Handlungsimpulse.
Grundlegende Voraussetzung für Orientierung ist, dass aus der Fülle einströmender Reize und Eindrücke eine Auswahl getroffen wird.

- Eine von seiner Umwelt abgehobene Identität existiert nur dann und nur so lange als etwas Unterscheidbares, wie der Organismus durch Selektion und Verarbeitung von Umweltreizen ständig seine eigene Struktur reproduziert (vgl. Luhmann 1971 a, 10 ff.).
- George Herbert Mead hat die notwendige Selektivität eines Organismus gegenüber seiner Umwelt als „Sensitivität" bezeichnet: „Die einzige Umwelt, auf die ein Organismus reagieren kann, ist jene, die ihm seine Sensitivität aufzeigt." (Mead 1934, hier 1993, 291)
- Edmund Husserl hat in seiner grundlegenden Analyse der Wahrnehmung die Rolle der Interpretation und Erinnerung an vorausgehende Wahrnehmung systematisch herausgearbeitet (Husserl 1925/26, hier 1992, 60 ff.)
- Unterscheidungen werden also nicht nur wahrgenommen, sondern bereits interpretiert. Solche interpretierten Unterscheidungen in der Umwelt lassen sich als *Informationen* bezeichnen (vgl. Edelmann 1996, 3).
- Der Physik-Nobelpreisträger und Systemtheoretiker Murray Gell-Mann spricht in diesem Zusammenhang vom Menschen als einem „komplexen adaptiven System". Das heißt, der Mensch passt sich seiner Umwelt an, indem er aus ihr Informationen aufnimmt, die er in Wechselwirkungen mit der Umwelt zum Teil selbst erzeugt. Er erkennt Regelmäßigkeiten, berücksichtigt diese Regelmäßigkeiten in weiteren Aktivitäten, die wiederum auf die Umwelt zurückwirken usw. (vgl. Gell-Mann 1994, 53 ff.) (vgl. Ergänzung 9).
- Der Evolutions- und Kognitionsforscher Rupert Riedl hält die Anschauungsformen eines „‚ratiomorphen' Weltbildapparats (Lorenz 1973)" für eine genetische Grundausstattung, die uns durch die Umwelt eines Naturmenschen „mit dem geringsten Aufwand an Herstellung, Zupassung und Betrieb in einer zum mindestens arterhaltenden Weise" (Riedl 2000, 20) lenkt. Aus den Daten der Umwelt werden jene herausgelesen, die uns „lebenserhaltendes Reagieren" erlauben (ebd., 58).

Bereits die Verarbeitung von Umweltgegebenheiten als Reize ist eine *Selektion* möglicher Umweltbeziehungen, denn die Zugänglichkeit zur „Welt außer uns" ist begrenzt durch das, was wir mit den Sinnen wahrnehmen können.
Weil man in der Sachunterrichtsdidaktik mitunter auf die zu einfache Auffassung stößt, Lernen mit „allen Sinnen" erleichtere den Aufbau angemessener Wirklichkeitsvorstellungen, wird im Folgenden kurz auf Leistungen und Grenzen der Sinneswahrnehmung beim Erwerb von Vorstellungen über die Umwelt eingegangen.

3.2.2 „Alle Sinne" konstruieren
Mehr als fühlen, riechen, schmecken, hören und, wenn man will, ahnen, steht Menschen als Fenster zur Umwelt nicht zur Verfügung.
Sinnliche Wahrnehmung wird möglich durch Unterscheidung.
Was immer gleich ist, weder seine Bewegung noch seinen Energiezustand ändert, fällt nicht auf.

Selbst die optische Wahrnehmung eines leblosen farbigen Gegenstandes setzt voraus, dass dieser Gegenstand ändernd auf seine Umwelt einwirkt: Das Licht, das auf ihn trifft, wird anders absorbiert als von seiner Umwelt. Würde alles mit dem eintreffenden Licht auf die gleiche Weise zusammenwirken, wäre eine optische Unterscheidbarkeit der Welt nicht möglich.
Analoges gilt für unsere anderen Sinne:
- Wir hören etwas, weil sich Luftschwingungen *ändern*. Ein Dauerton fällt einem bald nicht mehr auf.
- Der Tastsinn spricht auf Druck- und Wärme*änderungen* an; sitzend fällt uns der Druck auf das Gesäß nur auf, wenn wir das Gewicht verlagern.
- Gerüche bemerken wir erst dann, wenn sich die gewohnte Zusammensetzung des uns umgebenden Gasgemisches ändert – was jeder bestätigen kann, der von einem Hereinkommenden auf den Essensgeruch in der Wohnung aufmerksam gemacht wird.

So ist das, was durch das Wahrnehmungsfenster hereinkommt, auf ein Spektrum begrenzt: auf *für uns* sichtbares Licht, auf *für uns* hörbare Frequenzen, auf *für uns* fühlbare Druckunterschiede und auf *für uns* riechbare Veränderungen des Gasgemisches um uns herum. So setzt bereits die Sinneswahrnehmung Unterschiede voraus. Ohne Unterschiede bliebe uns die Umwelt verschlossen. Die Fähigkeit, zu unterscheiden, schließt das Universum auf.
Diese Selektion von Umweltreizen, Bedingung der Existenz von Lebewesen schlechthin, ist beim Menschen durch die Möglichkeit, Erfahrungen vielfältig aufzubereiten, besonders ausgeprägt.

> **Informationen – interpretierte Unterscheidungen**
>
> Ein plötzlich auftretendes Geräusch, dessen Quelle man nicht sieht, informiert darüber, dass in der Umwelt etwas geschieht, was möglicherweise Bedeutung für einen selbst haben kann.
> Hat man gelernt, dieses Geräusch genauer zu identifizieren, ist sein Informationsgehalt größer. Man weiß dann, dass es sich möglicherweise um eine Gefahrenquelle handelt – ein Raubtier in archaischer Zeit, ein heran rasendes Auto heutzutage – oder dass das Geräusch von den Schritten eines sich nähernden vertrauten Menschen stammt.
> Eine optisch auffällige Erscheinung zieht unsere Aufmerksamkeit auf sich, so lange bis man nach häufigeren Begegnungen mit ihr vertraut ist und sie in die bereits bestehenden Interpretationsmuster sicher einordnen kann.
> Ein besonders hoch entwickeltes und überaus komplexes System von bedeutsamen Unterscheidungen stellt die menschliche Sprache dar (vgl. z. B. Gell-Mann 1994, 95–91; Henninger & Mandl 2000, 199–203).

> Das Wort „bitte" zum Beispiel kann, entsprechend intoniert und mit Mimik und Gestik gekoppelt, besondere Zugewandtheit desjenigen, der es ausspricht gegenüber demjenigen, dem es gilt, signalisieren.
> Wer um etwas gebeten wird, reagiert in der Regel wiederum nur mit einem Verhaltensspektrum, das im Vergleich zu der nahezu unendlichen Vielfalt von Verhaltensweisen relativ eng und daher einigermaßen zuverlässig vorhersehbar ist. Fällt dieses Wort „bitte", muss man aus der nahezu unendlichen Fülle möglicher Verhaltensweisen, die andere einem entgegenbringen können, nur mit einem kleinen Ausschnitt wahrscheinlicher Verhaltensweisen rechnen.
> Die durch die Wortbedeutung signalisierte Unterscheidung macht damit Umwelt, hier verkörpert durch andere, übersichtlicher und bietet Anknüpfungsmöglichkeiten für weiteres Verhalten.
> Somit schließen Unterscheidungen nicht nur das Universum auf, sie machen es auch kommunizierbar. Durch erworbene und gemeinsam gehandhabte Unterscheidungen wird die unendliche Vielfalt von möglichen Reizen und Bedeutungen, auf die sich ein Gegenüber beziehen kann, reduziert. Man kann sein Verhalten an der Erwartung ausrichten, dass der Kommunikationspartner sich auf ein ähnliches Spektrum der nahezu unendlichen Verhaltensmöglichkeiten beziehen wird, wie man selbst. Diese regelmäßig und hinreichend bestätigte Erwartung ermöglicht „Verhaltenskoordinationen" (Maturana 1994, 121) auf hoch entwickelte und effektive Weise.

Ergänzung 9

In den Horizont der Aufmerksamkeit rückt vor allem das, was aufgrund von Bedürfnissen, Motiven, Gewohnheiten, Erfahrungen als bedeutsam gilt.

„Wir beobachten nur das, was unsere Probleme, unsere biologische Situation, unsere Interessen, unsere Erwartungen und unsere Handlungsprogramme bedeutsam machen" (Popper 1982, 173).

In einer Art „sensomotorischer Inszenierung" (Varela, Thomson & Rosch 1992, 278) werden die aus der Umwelt auf den Einzelnen einströmenden Reize von Gehirn und Sinnesapparat unter Einbeziehung dessen, was man Erfahrung, Wissen, Vorstellungs- und Urteilskraft, Hoffnung, Vertrauen und Glauben nennt, zu Entwürfen von der Welt modelliert (vgl. Ceruti 1991; von Glasersfeld 1997, 27, 43, 52 ff., 176 f.; Maturana & Varela 1987, 19 ff.).
Das, was wahrgenommen und verarbeitet werden soll, muss durch dieses *Nadelöhr wahrnehmungsmotivierender Bedeutsamkeit*.
Und weil Erfahrungen, aktuelle Wahrnehmung und Motive sich von Mensch zu Mensch unterscheiden, unterscheiden sich auch die Interpretationen, Orientierungsmuster und die weiteren Erfahrungen, die Menschen machen.
Der vom Soziologen Hans Joas dafür verwendete Begriff der „situierten Kreativität" (Joas 1992, 197) bringt das Wechselspiel zwischen *vorgefundenen* Umweltge-

gebenheiten und durch eigenes Zutun beeinflusste *wirkende* Umweltbedingungen anschaulich zum Ausdruck. Zwar werden Umweltbedingungen als Gegebenheit vorgefunden, aber sie werden unterschiedlich wahrgenommen, immer aufs Neue interpretiert, unterschiedlich kombiniert und so zu individuell „wirkenden Umweltbedingungen" für den Einzelnen.

Zunächst, in der ontogenetischen Entwicklung des neugeborenen Menschen, mögen die Unterschiede sowohl in der Umwelt als auch in den Wahrnehmungsmöglichkeiten und im Verhaltensrepertoire noch vergleichsweise klein sein. Doch sie bewirken bereits Weichenstellungen bei der Ausdifferenzierung individueller Entwicklungsverläufe:

– Die eine Mutter lässt ihr Kind etwas länger nachts schreien als die andere.
– Der eine Zweijährige darf in der elterlichen Wohnung vieles ausprobieren und dabei unterschiedliche Herausforderungen bewältigen, dem anderen schränkt die übermäßige Sorge der Eltern die Handlungs- und Bewegungsspielräume stark ein.
– Die eine Fünfjährige sieht aufgrund ihrer bisherigen Erfahrungen und der bereits erworbenen motorischen Geschicklichkeit im mannshohen Holzzaun eine lockende Herausforderung sicher beherrschter Kletterkünste; dem anderen Mädchen ist der Zaun nur ein störendes Hindernis.
– Jemand ist mit sieben Jahren bereits in der Lage, sich in den Standpunkt der Eltern hineinzuversetzen, gewinnt so früh ein Verständnis für die Notwendigkeit von Argumentation und Kompromissfindung im Zusammenleben mit anderen, macht durch ermutigende Reaktionen der Umwelt bestätigende Erfahrungen; und die führen wieder zur Weiterentwicklung der sozialen Kompetenzen.
 Ein anderes Kind zeigt sich im gleichen Alter anderen Standpunkten gegenüber weniger aufgeschlossen, wird dadurch auch stärker mit einengenden, kontrollierenden und bestimmenden Verhaltensansprüchen konfrontiert, was wiederum die Möglichkeiten dieses Kindes begrenzt, Vertrauen in die Nützlichkeit von Aushandlungsstrategien aufzubauen.

So erfahren zwar alle Menschen eines gemeinsamen Kulturkreises ihre Umwelt auf eine ähnliche Weise und vor allem unter recht ähnlichen Bedingungen. Aber die von Geburt an vorhandenen kleinen Unterschiede
– in den Umweltgegebenheiten,
– in der Wahrnehmung von Umweltgegebenheiten
– und in den Erfahrungen, die dabei gemacht werden und die die weiteren Umwelteinflüsse und Verarbeitungen dieser Einflüsse bestimmen, differenzieren sich immer weiter.

So bilden sich Personen mit individuellen Eigenarten, Fähigkeiten, Gewohnheiten, Erfahrungen, Wissensbestandteilen und Weltbildern (siehe als Modell dazu Ergänzung 10). Jeder entwickelt sich im Rahmen und nach Maßgabe des „gesellschaftlichen Lebensprozesses,… dessen schöpferischer Ausdruck seine Identität und Persönlichkeit ist" (Mead 1973, 266).

> **Unterschiede machen Unterschiede**
>
> Die mittel- und langfristig großen Auswirkungen, die die zunächst nur kleinen Unterschiede in der Wahrnehmung und Verarbeitung von Umwelt bewirken können, lassen sich in Analogie zum Wassertropfenmodell des Driftens veranschaulichen, das Maturana & Varela entwickelt haben.
> Wassertropfen, die auf einen Berggipfel fallen, haben zunächst sehr große Ähnlichkeiten. Und der Berg ist am Gipfel eine relativ homogene Umwelt. Dennoch konstituieren bereits kleine Unterschiede, wie der Fallwinkel, die Beschaffenheit der Aufprallfläche, die Beschaffenheit des Bodens unmittelbar unter und neben der Aufprallfläche, Bedingungen, die dazu beitragen, dass am Fuße des Berges viele, zum Teil weit auseinander liegende, unterschiedlich starke Rinnsäle und Bäche entstanden sind.
> Die kleinen Unterschiede haben Weichenstellungen bewirkt, die sich in weiteren Wechselwirkungen zu immer größeren Unterschieden in den wirkenden Umwelten ausweiten (vgl. Maturana & Varela 1987, 119 ff.).
> Die menschliche Entwicklung verläuft zwar im Gegensatz zum Wassertropfenmodell nicht mechanisch. Menschen interpretieren ihre Umwelt und finden sie nicht bloß vor.
> Aber sie interpretieren sie aufgrund kleiner Unterschiede in den Wahrnehmungen zunächst mit kleinen Unterschieden. Und sie treffen auf zunächst kleine Unterschiede in der Umwelt. Diese Wechselwirkung führt dazu, das niemand ist wie ein anderer.

Ergänzung 10

So konstruiert der einzelne Mensch in dauerhafter Auseinandersetzung mit einer vorgefundenen, zunächst ohne sein Zutun existierenden Außenwelt eine Umwelt, die mit Bedeutung belegt ist. Und er konstruiert dabei auch sich selbst. Von einem in die Welt hineingeworfenen Organismus, der alleine nicht lebensfähig ist, wird der Mensch zu einem einzigartigen Individuum, das von allen anderen unterscheidbar ist.

Lange bevor dieser wechselseitige Zusammenhang zwischen dem Erschaffen einer bedeutsamen Umwelt und einer eigenständigen Persönlichkeit als *Konstruktivismus* bezeichnet wurde (vgl. dazu von Glasersfeld 1997, 45–61, 90–107, 174–176), hat John Dewey diesen Sachverhalt zur Sprache gebracht.

> „Each individual that comes into the world is a new beginning; the universe itself is, as it was, taking a fresh start in him and trying to do something, even if on a small scale, that is never done before" (Dewey 1984, 143).

Motoren dieser Entwicklung sind Aktivität und Lernen.

3.2.3 Aktivität, Handeln und Lernen

Zunächst angetrieben von elementaren Bedürfnissen nach Nahrung und Wohlbefinden oder, noch allgemeiner, nach Vermeidung von unangenehmen Gefühlen (wie Durst, Hunger, Juckreiz, Schmerz), wirkt bereits das Neugeborene auf seine Umwelt durch eigene Aktivitäten ein. Es erzeugt dabei sowohl Reaktionen, also Veränderungen, als auch Konstanzen.

So befähigen die eigenen Aktivitäten das Neugeborene nach und nach, sich als von seiner Umwelt verschieden zu sehen, was wiederum Voraussetzung dafür ist, sich als Verursacher von Reaktionen zu begreifen.

Damit sind die Keimzellen für bewusstes, Ziele verfolgendes Verhalten gelegt.

a) Handlung als zielgeleitete Tätigkeit

In dem Maße, wie dabei bewusst angestrebte Ziele ins Spiel kommen sowie Abwägungen und Überlegungen über Wege zum Ziel, wird bloße Aktivität zur *Handlung*.

„Handeln bezeichnet Bereiche des Tuns mit hohem Grad der Bewusstheit und der Zielgeleitetheit, auch im Einzelnen" (Aebli 1980, 20; vgl. auch Edelmann 1996, 289–291; Joas 1992, 218 ff.).

Handlungen unterscheiden sich von bloßen Aktivitäten außerdem durch Entscheidungsspielräume (vgl. Stehr 1991, 15).

Entscheidungsspielräume wahrnehmen bedeutet wiederum, eine Situation nicht nur – passiv – als einzig mögliche zu sehen und hinzunehmen, sondern sie als ein Ensemble von mehr oder weniger vielfältigen Wahlmöglichkeiten zu begreifen.

Somit verschafft Handlung Distanz gegenüber den Umweltbedingungen.

Als Handelnder ist man ihnen nicht durch ein enges Reiz-Reaktionsschema ausgeliefert; man wird nicht direkt von der vorgefundenen Umwelt vereinnahmt.

Die Übergänge zwischen bloßer Aktivität und Handlung sind fließend.

Ein Zweijähriger, der schreit, weil er sich langweilt, mag dies als spontanen Ausdruck von Unbehagen tun oder bereits als Mittel zum Zweck einsetzen, die Aufmerksamkeit anderer auf sich zu ziehen und dabei Abwechslung zu finden. Jemand, der scheinbar geistesabwesend einer Diskussion beiwohnt, mag tatsächlich bloßes teilnahmsloses Verhalten zeigen; aber möglicherweise handelt er bewusst, um andere über seine Motive im Unklaren zu lassen.

Entscheidend ist, dass Handlungen ein motivierendes Ziel sowie zumindest elementare Erwägungen voraussetzen, wie dieses Ziel zu erreichen ist.

Der handelnde Mensch „stellt sich die Aufgabe, den gegebenen Zustand in den Zielzustand überzuführen. Er tut dies, indem er zwischen den gegebenen Elementen neue Beziehungen herstellt und, wo nötig, bestehende Beziehungen löst" (Aebli 1980, 26).

Dabei lernt man.

b) Lernen als Erweiterung von Handlungsmöglichkeiten
Lernen kann als eine „Erfahrungsbildung" (Edelmann 1996, 5) angesehen werden, die die Handlungs- und Erkenntnismöglichkeiten erweitert und nicht ausschließlich auf rein biologische Reifungsprozesse zurückzuführen ist.
Nach Gregory Bateson sollte man von Lernen als Möglichkeit zur Verhaltensänderung überhaupt erst dann sprechen, wenn Reaktionen nicht starr mit Reizen gekoppelt, sondern Verhaltensalternativen gegeben sind (vgl. Bateson 1992, 379 ff.).
Angeregt wird Lernen durch die grundlegende Wahrnehmung, dass das, was man bisher kann und weiß, nicht mehr weiterhilft. Eine Beobachtung entspricht nicht der Erwartung und lässt sich deshalb nicht in Handlungspläne, so elementar sie auch immer sein mögen, einbauen.
Mal „passt" ein Sachverhalt, eine Beobachtung, eine Entdeckung oder eine Information nicht zu dem bisher Gewussten – oder zu dem, was man bisher angenommen hat. Mal lässt sich ein Handlungsziel mit bisherigen Fähigkeiten nicht erreichen. So bildet sich eine Diskrepanz zwischen einer als unbefriedigend angesehenen Situation und dem Vermögen, den unbefriedigenden Zustand zu ändern (siehe Aebli 1980, 27; auch Schneewind 1999, 28 f.).
Im Prinzip hat man dann zwei Möglichkeiten.
Man kann den irritierenden Wahrnehmungs- und Aktivitätsbereich verlassen, ihm keine Aufmerksamkeit mehr schenken und sich etwas anderem widmen. Realistisch ist die Annahme, dass wir tagein tagaus solche Entscheidungen des Nicht-Lernens treffen. Würden wir jeder Irritation nachgehen um „dahinter zu kommen", kämen wir vor lauter Anpassung an die Umwelt nicht mehr dazu, eigene Pläne zu verfolgen.
Wird der Aktivitätsbereich, in dem diese Diskrepanz erfahren wird, jedoch als hinreichend bedeutsam eingeschätzt, wird man verbleiben, um nach einer Auflösung der Irritation, nach einer wenigstens „irgendwie" passenden Lösung zu suchen. „Lernen und Gedächtnis ist stets dazu da richtig zu prognostizieren" (Riedl 2000, 35).
Lernen kann dabei zur Uminterpretation, zur Erweiterung bisheriger Fähigkeiten und Kenntnisse oder zu einer angemesseneren, das heißt erfolgreicheren Handlung führen.
Dabei werden neue Wahrnehmungs- und Interaktionsbeziehungen zur Umwelt aufgebaut, bisher (scheinbar) bewährte werden verworfen (vgl. Aebli 1981, 348 ff.; ders. 1987, 19 ff.).
So ist der Lernende ständig dabei, einige seiner Bezüge zur Welt zu ändern, zu erweitern, ab- oder umzubauen.
Diese Tätigkeiten fordern sein *Denken* heraus.
Bereits der Vergleich zwischen dem gewünschten Zustand, der eine Handlung motiviert, und dem aktuellen Zustand ist ein kognitiver Prozess, der Vorstellungen voraussetzt.

Man ist entweder noch real im Ausgangszustand und denkt sich, zunächst vielleicht noch vage, einen angestrebten anderen Zustand. Oder man vergleicht das, was man auf dem Wege zu dem angestrebten Zustand jeweils realisiert hat, mit dem Ausgangsmotiv und der Zielvorstellung. Dabei kommen Zukunft und Vergangenheit ins Spiel und somit Bezüge zu einer anderen Realität als zu der, die im momentanen, situativen Sein wahrgenommen und realisiert wird.
Jeder praktische Lebensvollzug schafft Gegenwart. Erinnerung, Phantasie, Vorstellung lassen sie als gestalt- und veränderbar erscheinen.
Auch die Mittel, die man zur Annäherung an das Ziel, zum Beschreiten des Weges in Erwägung zieht, sind in der Regel nicht als Gegenstände raum-zeitlich präsent.
An einem Beispiel soll dies zunächst veranschaulicht werden:
Wenn die Zweitklässlerin sich morgens vor dem Weg zur Schule „wettergerecht" ankleiden soll, braucht sie in der Regel nicht die möglichen Kleidungsstücke real vor Augen zu haben, um sich das treffende Kleidungsstück auszusuchen. Das Mädchen wird sich die verschiedenen zur Verfügung stehenden Kleidungsstücke vorstellen, vielleicht beim Suchen auf weitere treffen, an die es noch nicht gedacht hat und sich vergleichend und erinnernd schließlich für das entscheiden, was es für die vorgestellte Situation „Schulweg im Regen" für angemessen hält.
Die gedankliche Präsenz verschiedener Situationen, unterschiedlicher Mittel zur Gestaltung von Situationen und der Zweck-Mittel-Bezüge beim Vergleichen von angestrebtem und jeweils erreichtem Zustand begleitet die Handlung.
Tätigkeit und Denken stehen dabei in einem nicht auflösbaren Wechselprozess. Animiert, angestoßen wird das Denken zwar von einer Tätigkeit. Aber in dem Moment, indem die Tätigkeit durch bewusste Ziel-Ausgangssituations-Vergleiche zu einer Handlung wird, beeinflusst die Qualität des Denkens den Verlauf und den Erfolg der Handlung: Liegt das Ziel klar vor Augen (das heißt, ist es gedanklich klar präsent) und werden die Mittel und ihre Einsatzmöglichkeiten umsichtig bedacht, wird die Handlung anders ausfallen als bei weniger klaren und zuverlässigen Vorstellungen über das Ziel und über die zur Verfügung stehenden Mittel.
In einem sehr elementaren Sinn kann man daher sagen, dass Denken aus Tätigkeit hervorgeht.
Aber sobald Aufmerksamkeitsprioritäten, Wahrnehmungsgewohnheiten, Interpretationen und Denkweisen auch nur in Ansätzen ausgebildet sind, gilt auch umgekehrt, dass diese geistigen Prozesse wiederum Handlungen ermöglichen, ja motivieren. Als Handlungsimpuls wirkt, was sinnerschließend mit Bedeutung belegt und durch Kombination von Wissen und Erfahrungen als hinreichend anstrebenswert und erfolgversprechend beurteilt wird.
Tätig, das heißt in einem Wechselprozess mit seiner Umwelt, ist jeder lebende Organismus. Doch erst der Einsatz des Denkens macht Tätigkeit zur Handlung.
So mag „die Faktizität des Handelns aller Erkenntnis vorausgehen" (Luhmann 1982, 366). Aber lange bevor Kinder in die Schule kommen, haben sie bereits

Sichtweisen, Denkgewohnheiten, Vorstellungen erworben, die ihr Handeln beeinflussen. Sie nutzen dann bereits *Wissen* über Handlungsbedingungen sowie über mögliche Handlungsfolgen.

c) Wissen als Vermögen zum Handeln
Auch Wissen kann als „Anpassungsleistung" (von Glasersfeld 1997, 177) verstanden werden, und zwar im Sinne eines *Vermögens zum entscheidungsorientierten Handeln* (Stehr 1991, 14 ff.).
Wie Hans Aebli herausarbeitet, entwickelt sich Wissen zwar aus der tätigen Auseinandersetzung mit der Welt. Aber es ist auch umgekehrt Grundlage für neue Tätigkeiten in der Umwelt (vgl. Aebli 1987, 21–27).
Zwar genügt Wissen, das sich als brauchbar und solide erweist, alleine nicht, um Handlungen hinreichend zielführend ausführen zu können.
Hinzu kommen muss ein motivationaler Antrieb, wie Wunsch, Wille, Hoffnung, Gefühl oder ein mehr oder weniger bewusstes Bedürfnis (vgl. Edelmann 1996, 357 ff.; von Rosenstiel 2000, 111–119), sowie Zuversicht, Ziele auch erreichen zu können. Aber ohne die Verfügbarkeit von belastbarem, über die Situation hinaus gültigem Wissen ist der Erfolg von Handlungen eher von den Zufallsereignissen in der Umwelt als von der eigenen Aktivität abhängig.
Henning Kößler hat unter Verwendung einer Unterscheidung des Philosophen Wilhelm Kamlah zwischen Handlung und „Widerfahrnis" auf die persönlichkeitsbildende und daseinsbewältigende Rolle des Handelns hingewiesen.
Während er Handlung, im oben dargelegten Sinn, als einen planvollen Einsatz von Mitteln zur Erreichung eines Ziels definiert, ist Widerfahrnis ein ungewolltes, unberechnet eintretendes Ereignis.

„Bestimmt (im Rückblick) die Handlungsseite, was jemand aus seinem Leben gemacht hat, so bestimmt die Widerfahrnisseite, was dieses Leben aus ihm gemacht hat" (Kößler 1997 b, 15).

Um dies an Beispielen zu verdeutlichen:
– Wer nicht weiß, wie er in einer fremden Stadt vom Bahnhof zum gewünschten Hotel kommt, ist darauf angewiesen, dass er am Bahnhof auf Auskunftssysteme trifft oder auf Personen, die ihm entsprechende Informationen liefern. Dabei kann ihm einiges widerfahren.
Hat er sich zuvor informiert oder einen Stadtplan dabei, der als gespeichertes Wissen über die örtlichen Gegebenheiten interpretiert werden kann, ist seine Unabhängigkeit gegenüber den nicht beeinflussbaren Umweltgegebenheiten größer, vorausgesetzt, er ist in der Lage, aus den Informationen im Stadtplan ein für sich nützliches Wissen zu machen.
– Ein Grundschulkind, das noch nicht weiß, wie man Preise vergleicht und die Güte eines Produktes beurteilt, wird nur durch Zufall oder durch die unterstützende Hilfe anderer bei einem selbständigen Einkauf aus den konkurrierenden Angeboten diejenige Ware herausfinden, die das beste Preis-Leistungsverhältnis

bietet. Lernt es im Sachunterricht, Produkte und Preise zu vergleichen, wächst seine Selbständigkeit als Verbraucher.
– So lange Schülerinnen und Schüler kein spezifisches Wissen über die Bereitstellung von Trinkwasser und von Elektrizität haben, werden sie Anforderungen, sparsam mit Wasser und Energie umzugehen, als Vorschriften erfahren, die andere vertreten. Erwerben sie im Sachunterricht Wissen über die mit der Wasser- und Energienutzung verbundenen Umweltbelastungen, wird es ihnen möglich, diese Anforderungen zu verstehen und ihnen nach Maßgabe eigener verständiger Abwägungen zu folgen.[2]

Allerdings wäre es zu einfach, davon auszugehen, dass mit Wissen zwangsläufig der Erfolg beim Handeln zunimmt.

Zum einen kann mit dem Wissen über etwas auch die Einsicht in das zunehmen, was man alles noch nicht darüber weiß. Zum anderen kann die Vielzahl von Faktoren, die mit zunehmendem Wissen in Erwägung gezogen werden können, die Handlungsfähigkeit blockieren.

Aber dies trifft eher die Qualität im Umgang mit eigenem – und fremdem – Wissen als das Wissen selbst: So wenig, wie Wissen allein schon handlungsfähig macht, blockiert Wissen an sich Handlungen. Ob jemand überhaupt etwas tut, lässt, begehrt oder verwirft, eine Handlung und den damit verbundenen Aufwand für sinnvoll oder nützlich hält, liegt auch an seinen Motiven, Bedürfnissen, Grundeinstellungen.

Ein eher gründlich abwägender, risikoscheuer Mensch wird sich von zu viel Wissen, mit dem er über ein mögliches Ereignis nachdenkt, vielleicht eher davon abhalten lassen, dieses Ereignis herbeizuführen, als sein risikofreudiger Zeitgenosse. Aber für beide gilt, dass die *Möglichkeit zum erfolgreichen Handeln* durch das Wissen wächst. Es ist ein Gewinn an Freiheit gegenüber den Umweltbedingungen, selbst darüber entscheiden zu können, ob und wie man von Wissen Gebrauch macht. Ohne Wissen hat man diese Freiheit nicht, aber Wissen alleine reicht nicht. Hinzu kommen müssen *Hoffnung* und *Vertrauen*.

d) Unverzichtbar bleiben Hoffnung, Vertrauen – und Anstand

Damit der Einzelne in der Vielzahl von Ereignissen und Personen, die auf ihn einwirken, überhaupt handlungsfähig ist und seine soziale Umwelt nicht mehr als nötig strapaziert, benötig er neben Wissen auch Hoffung, Vertrauen – und Anstand. Man kann nicht über alles Bescheid wissen und muss darauf vertrauen, dass man für die Bewältigung von Situationen, in denen man involviert ist, ausreichend Mittel und Fähigkeiten hat. Und weil dies nicht immer der Fall ist, ist Hoffnung neben Vertrauen notwendig, um angesichts der Vielfalt aktuell wirkender Umweltbedingungen und möglicher Umweltereignisse überhaupt handlungsfähig zu bleiben. Hoffnung und Vertrauen gehören daher zu den elementaren Voraussetzungen eines menschenwürdigen Lebens.

Aber sie stehen weder unbegrenzt zur Verfügung, noch lassen sie sich ohne Schaden beliebig ausbeuten. Falsch investiertes Vertrauen macht auf Dauer ebenso mutlos

wie Hoffnungen, die ständig enttäuscht werden. Wenn richtig ist, dass Hoffnung und Vertrauen einsetzen, wo Wissen an Grenzen stößt, dann ist eine Zunahme des Wissens auch nicht gegen diese beiden Ausdrucksweisen menschlicher Weltbegegnung gerichtet.
Eher ist das Gegenteil der Fall.
Mit der Ausweitung des Wissens – und dem Bewusstsein seiner Grenzen – wachsen auch die Anknüpfungsmöglichkeiten für Hoffnung und Vertrauen.
Wissen kann helfen, von diesen beiden knappen Ressourcen für ein menschenwürdiges Dasein in einer offenen und daher riskanten Umwelt maßvollen Gebrauch zu machen. Jedenfalls dann, wenn es nicht nur rein zweckorientiert dazu dient, das Gelingen von Handlungsplänen zu sichern, sondern wenn es hilft, die eigenen Beziehungen zur Umwelt besser zu verstehen. Verstehen bedeutet nicht Bescheid zu wissen. An anderer Stelle wird noch ausgeführt, dass Verstehen im sozialen Handeln auch das Bemühen voraussetzt, die Perspektive anderer hinreichend zu berücksichtigen (S. 132 ff.). Es macht für das Zusammenleben mit anderen, für die Wirksamkeit der Ideen von Fairness, Rücksichtnahme, ja, von Menschlichkeit, einen großen Unterschied, ob jemand sein Wissen verwendet, um sich eigene Vorteile rücksichtslos zu Lasten anderer zu verschaffen oder ob jemand so handelt, dass auch die Interessen und Bedürfnisse anderer hinreichend Berücksichtigung finden. Dafür wiederum reicht Wissen nicht aus. Hinzu kommen muss eine wertorientierte Haltung, die man im Umgang mit anderen schlicht als „Anstand" bezeichnen kann.
Was versteht man unter Wissen, das sich einerseits jeder selbst schaffen und aneignen muss, das andererseits auch immer schon in der Welt zu seien scheint?
Dieser Frage wird im folgenden Abschnitt nachgegangen.

3.3 Annäherung an Sachlichkeit

Auch ohne Sachunterricht erschließt sich das Kind seine Außenwelt (möge sie als Umwelt, Lebenswelt, Alltagswirklichkeit etc. bezeichnet werden).
Noch ehe es zur Schule kommt, beherrscht es die wichtigsten Abläufe für kleinere Einkäufe. Es findet den Weg zur Freundin zwei Straßenzüge weiter, kann in der Regel Radfahren, selbstständig telefonieren, ein kleines Haustier sachgerecht pflegen und einiges mehr. Und man wird kaum ernsthaft behaupten wollen, dass es später, im Jugend- und Erwachsenenalter, mit seiner Umwelt nicht zurecht käme, wenn es in der Grundschule keinen Sachunterricht gehabt hätte.
Nicht der Beitrag des Sachunterrichts zur Umwelterschließung an sich, sondern zu bestimmten Qualitäten von Umwelt- und Alltagserschließung begründet die Bedeutsamkeit dieses Schulfaches sowohl für den einzelnen Schüler als auch für das Zusammenleben mit anderen. Um dieses deutlich zu machen, wird im Folgenden der Zusammenhang von belastbarem Wissen, wie es durch Sachunterricht grundge-

legt werden soll, und der Fähigkeit, eine sachliche Haltung zur Umwelt einzunehmen, untersucht. Dabei sind zunächst Leistungen und Grenzen von Vorstellungen herauszuarbeiten, die im Alltag über die Umwelt aufgebaut werden, ohne bildungswirksamen Qualitätsansprüchen zu unterliegen.

3.3.1 Orientierungsgrenzen von Alltagsvorstellungen
Im Alltagsleben sind Menschen gezwungen „sich Vorstellungen von Ereignissen zu bilden, die ihr Tun und Lassen bestimmen, ohne stets die Möglichkeiten zu haben, den Realitätsgehalt dieser Vorstellungen kontrollieren zu können" (Popitz & Bahrdt u. a. 1957, 1).
Das sich so entwickelnde Alltagsdenken hat im komplexen Beziehungsgeflecht der modernen Gesellschaft die Funktion, sich zurechtzufinden (vgl. Berger & Luckmann 1980, 21–48; Heller 1978, 253 ff.).
Doch die entlastende und orientierende Funktion von Alltagswissen hat auch ihre Kehrseite.
– Bereits Max Weber hat darauf aufmerksam gemacht, dass im Alltagshandeln oft völlig widersprüchliche Wertorientierungen zum Ausdruck kommen (Weber 1917, nach des. 1982, 507).
– Charles (Wright) Mills weist in seiner „Kritik der soziologischen Denkweise" darauf hin, in der modernen Gesellschaft erscheine vielen Menschen ihr Leben „voller Fallstricke" (Mills 1963, 39).
– Merleau-Ponty erinnert daran, dass uns „die Nähe der Gegenwart, die uns für sie verantwortlich macht, keineswegs Zugang zur Sache selbst" verschafft (Merleau-Ponty 1968, 14).
– Die Neurobiologen und Erkenntnistheoretiker Maturana & Varela halten die im vertrauten Denken verwurzelte „Versuchung der Gewissheit" (Maturana & Varela 1987, 20) für „den Kern aller Schwierigkeiten, mit denen wir uns heute konfrontiert sehen" (ebd., 268). Man würde so versäumen, sorgfältig die Bedingungen des Handelns zu beobachten und zu erwägen.
– Alltagsvorstellungen wurden als eine Ursache für Massenmythen identifiziert (König 1973, 10).
– Für Heidegger ist die „Unkenntnis der Welt" eine Wurzel für „die Undurchsichtigkeit des Daseins" (1927/ 1977, 146).
– Ludwig Wittgenstein macht auf die Gefahr aufmerksam, dass Kinder frühzeitig an falsche Vorstellungen über die Welt gewöhnt werden können. Sie hinterfragen sie nicht, weil ihnen diese Vorstellungen in der von Erwachsenen bestimmten Welt quasi vorgelebt werden: „Das Kind lernt eine ganze Menge glauben. D.h. es lernt nach diesem Glauben handeln. Es bildet sich nach und nach ein System von Geglaubten heraus, und darin steht manches unverrückbar fest, manches ist mehr oder weniger beweglich. Was feststeht, tut das nicht, weil es an sich offenbar und einleuchtend ist, sondern es wird von dem, was darum herumliegt, festgehalten" (Wittgenstein 1970, § 144, 146, z.n. Habermas 1988a, 451).

- Von Karl Popper kennen wir die Warnung: „Wir haben alle unsere Philosophien, ob wir dessen gewahr werden oder nicht, und die taugen nicht viel. Aber ihre Auswirkungen auf unser Handeln und unser Leben sind oft verheerend" (Popper 1973, 45).
- Und W. Thomas, einer der Gründerväter der amerikanischen Soziologie, formulierte das nach ihm so genannte Thomassche Theorem: „Wenn die Menschen Situationen als real definieren, dann sind sie in ihren Konsequenzen real." (zitiert nach Merton 1980, 144)

Die hier zusammengestellten Aussagen von Philosophen (Heidegger, Merleau-Ponty), Wissenschaftstheoretikern (Popper), Soziologen (König, Mills, Thomas, Weber) und Neurobiologen (Maturana, Varela) lassen Skepsis gegenüber dem Alltagsdenken erkennen.

In der pädagogischen Kommunikation über Wissen taucht diese Skepsis als Differenz zwischen angemessenem und weniger angemessenem Wissen auf, und zwar mit den Begriffen Vorwissen, Vorverständnis, Alltagswissen, Präkonzepten etc.

Diese Begriffe stammen zwar aus verschiedenen Wissenschaftstraditionen. Während der Begriff des „Alltagswissen" eher im wissenssoziologischen Kontext verwendet wird (vgl. Matthes & Schütze 1973), sind die Vorstellungen von „Präkonzepten" eher kognitionspsychologisch (vgl. Möller 1997, 249–253) und die von „Vorwissen" eher in pädagogisch-didaktischen Argumentationszusammenhängen verortet (vgl. Bruner 1974; Schwab 1973; Velthaus 1978).

Aber gemeinsam ist diesen Begriffen eine Unterscheidung zwischen dem subjektiv vorhandenen Wissen, das jeder „irgendwie" für sich hat und für sich als gültig ansieht, und einem Wissen, das über die Umstände des Augenblicks und der individuellen Gegebenheiten hinaus Gültigkeit beansprucht.

Zwar schafft die Ausrichtung des Handelns an subjektiven Bedeutungen situativ Verhaltenssicherheit. Aber diese kann rasch in Frage gestellt sein, wenn sich die eigene Orientierung nicht als hinreichend umsichtig erweist.

Die im Alltag erworbenen Vorstellungen können unter anderem dazu führen
- Tatsachen zu behaupten, wo Wertentscheidungen eine Feststellung beeinflusst haben,
- Ursachen zu sehen, wo wechselseitige Beziehungen zu analysieren wären,
- sich mit Schuldzuweisungen an Individuen und Institutionen zufrieden zu geben, wo Aufklärung über die Handlungsbedingungen der Kritisierten nötig wäre,
- Problemlösungen für richtig zu halten, die unrealistisch sind und möglicherweise sogar den eigenen guten Absichten zuwiderlaufen.

Das (unvermeidbare und auch bei Grundschulkindern längst ausgeprägte) „Alltagswissen" neigt dazu, die jeweils aktualisierte Vorstellung über Realität als wahr anzusehen.

So schätzen zum Beispiel aggressive Kinder die Absichten anderer regelmäßig negativer ein, als sie gemeint waren. Diese Kinder fühlen sich dann provoziert und

herausgefordert, ohne dass die anderen tatsächlich eine solche Herausforderung beabsichtigt hätten (vgl. Silbereisen 1995, 823).
Die im Alltagshandeln subjektiven Wahrnehmungen mögen zur momentanen Orientierung nützlich sein, aber sie haben den Nachteil, dass sie „unpassende" Vorstellungen von der Wirklichkeit erzeugen können.
Mit der Bewertung „unpassend" soll nicht die Vorstellung zum Ausdruck gebracht werden, es gäbe zu bestimmten Ereignissen und Situationen „richtige" Deutungen, an die das Alltagsdenken schon allein deshalb herangeführt werden müsste, weil sie die einzig angemessenen seien.
Vielmehr steht hinter der Bewertung „unpassend" eine eher pragmatisch orientierte Überlegung. Wer die Bedingungen seines Handelns nicht hinreichend zuverlässig und komplex einschätzt und berücksichtigt, *handelt für sich und auch für andere zu aufwändig.*

3.3.2 Geteilte Erfahrungen halten die Gesellschaft zusammen

Man mag auf den ersten Blick irritiert sein und in dieser Formulierung eine ökonomistische Interpretation menschlichen Handelns sehen. Daher soll diese Aussage erläutert werden.
Jeder, der in einer von anderen mit bewohnten Welt handelt, beansprucht für das, was er gerade tut und erreichen möchte, Ressourcen (vgl. dazu Riedl 2000, 55 ff.). In erster Linie ist das zunächst einmal Zeit.
Während man eine bestimmte Tätigkeit verrichtet, muss man auf eine andere Zeitnutzung verzichten. Zeit wird genutzt, benötigt, ja in gewisser Weise verbraucht, weil man ihr eine bestimmte Tätigkeit widmet.
Außerdem werden Kenntnisse, Fähigkeiten, Fertigkeiten eingesetzt, um während oder mit dem Handeln etwas zu erreichen. Diese persönlichen Ressourcen stehen nicht für andere Ziele zu Verfügung.
Und schließlich werden in vielen Fällen beim Handeln materielle Dinge benötigt, die beschafft und genutzt werden. Auch diese stehen dann, zumindest für die Dauer der Beanspruchung, für keinen anderen Zweck zur Verfügung.
Jede Handlung ist somit verbunden mit einem Verfügen über zeitliche, subjektive und materielle Ressourcen, die für etwas Bestimmtes eingesetzt werden und darum für Anderes nicht zur Verfügung stehen. In diesem Sinne konstituiert Handeln ein auswählendes Verhältnis zur Umwelt.
Und da man diese Umwelt mit anderen teilt, werden nicht nur die eigenen Ressourcen beansprucht, sondern auch die von anderen (vgl. dazu Ergänzung 11, S. 112 f.). Zum Teil benötigt man deren Mithilfe, zum Teil nutzt man etwas, was andere auch gerne genutzt hätten. Man beansprucht Zeit, Zuwendung, Aufmerksamkeit anderer, die, aus welchen Gründen auch immer, bereit sind, diesen Aufwand zu betreiben.
Aber ebenso wie die eigenen Ressourcen stehen die von anderen bereitgestellten Ressourcen nur begrenzt zur Verfügung.

Im Alltagssprachgebrauch sagen wir, jemand strapaziert die Geduld anderer, wenn er zum Beispiel immer wieder auf eigenen Sichtweisen beharrt. Wer Sachmittel ungeschickt nutzt, zieht die Kritik auf sich, etwas zu vergeuden.
Diese Beanspruchung von Ressourcen reicht tief in die menschlichen Beziehungen hinein.
Eine ungeschickte Äußerung schafft Verstimmung; geschieht das öfter, wird sich die Beziehung zu der Person eher verschlechtern. Soll ein Problem diskutiert oder gar gelöst werden, ist es zwar eine Zeit lang nützlich, möglichst viele Meinungen und Auffassungen zu hören. Aber irgendwann kommt ein Zeitpunkt, ab dem man nur noch vorankommt, wenn man sich auf einige gemeinsame Sichtweisen, Aspekte, Gesichtspunkte geeinigt hat. Wer dann noch immer wieder gegen diese Gemeinsamkeiten verstößt, wird mit weniger Aufmerksamkeit rechnen können und im Extremfall als Störenfried bezeichnet werden, weil der Aufwand, den er erzeugt, in keinem sinnvollen Verhältnis mehr zu dem Nutzen steht, den seine Bedenken und Einwände haben.

> **Vom Umgang mit knappen Ressourcen in einer gemeinsam geteilten Welt**
>
> Als der Autor dieses Buches für einen kurzen Moment sein Arbeitszimmer verließ, um an die Tür zu gehen, weil es schellte, war die damals etwa 16 Monate alte Tochter ohne Aufsicht in das Arbeitszimmer gehuscht. Das Kind hatte über den Stuhl den Schreibtisch erklommen, mit kräftigen Strichen und Rissen einige dort liegende Manuskriptteile „bearbeitet" und nebenbei diverse Bücherstapel umgekippt.
> Zufrieden wedelte es mit den zum Teil zerfetzten, zum Teil beschriebenen Blättern und zeigte ihr Werk.
> Kein Zweifel, das Mädchen hatte sich einen neuen Teil der Welt erschlossen, dabei vieles trainiert (klettern), Gesehenes kopiert (Schreiben auf Papier).
> Ihr subjektiv verständliches Intervenieren in der Welt würde jedoch auf Dauer ein gedeihliches Zusammenleben unmöglich machen.
> Älteren Kindern muss man nicht mehr sagen, sie sollten bitte nicht die Arbeitsunterlagen eines anderen durcheinander bringen. Manuskriptstapel, Bücher, die Umgebung des Arbeitszimmers signalisieren dem hinreichend sozialisierten Menschen Verhaltenserwartungen: Da hat jemand seine Sachen hinterlassen, das ist weder Spielzeug noch Müll, da arbeitet jemand. Das garantiert nicht, dass man nicht trotzdem etwas wegnimmt, aber dann weiß man, warum: weil man einen Streich spielen möchte oder diese Unterlagen schon lange haben wollte. Man übertritt bewusst eine Regel und bestätigt damit die Funktion der Regel.
> Dem Kleinkind ist dies noch alles nicht klar. Das pädagogische Verhältnis verlangt entsprechende Geduld mit ihm. Allerdings erwartet man, dass es die ge-

meinsam geteilten Bedeutungen lernen wird, die Leben in einer mit anderen geteilten Welt erträglich machen.
So bauen Kinder nach und nach Zeitbewusstsein auf, lernen Geschriebenes als Text zu identifizieren, sehen hinter Zeichen Verknüpfungsoperationen, in der Feuerwehr die kommunale Vorsorgeeinrichtung, im geformten Stein das Zeugnis aus einer anderen Kultur und im Thermometer ein Hilfsmittel, mit dem die Ausdehnung von Flüssigkeit genutzt wird, um Änderungen der Temperatur anzuzeigen. Man muss sich diesen Bedeutungen nicht anpassen, aber man sollte sie kennen lernen, damit man überhaupt die Wahl hat, sich ihnen bewusst, also mit Einsicht in mögliche Konsequenzen, zu verweigern.

Ergänzung 11

Mit anderen Worten: In einer mit anderen geteilten Welt hinterlässt das eigene Handeln Folgen, die die Handlungen anderer beeinträchtigen können.
In diesem Sinne kann man vom Aufwand sprechen, der mit Handlungen verbunden ist. Eigene und fremde Ressourcen, also Zeit, Fähigkeiten, Engagement, sachliche Mittel, werden genutzt und stehen so lange für keinen anderen Zweck zu Verfügung.
Soll dies in einem Rahmen stattfinden, den möglichst alle Beteiligten akzeptieren können, muss ein gewisses Maß an Zuverlässigkeit, Verlässlichkeit, Gemeinsamkeit vorhanden sein und unterstellt werden können. Dieses zu sichern ist die eigentliche Leistung von Gewohnheiten, Regeln, kulturellen Selbstverständlichkeiten, kurz: gemeinsam geteilten Deutungen der jeweiligen Umweltgegebenheiten. Der „Zusammenhalt einer Gesellschaft hängt in erster Linie an geteilten Praktiken" (Welsch 1999, 182). Diese bringen eine „Welt von Sachen" hervor (Berger & Luckmann 1980, 20).

3.3.3 Wissen als Verständigungsbasis
Im Prinzip gibt es zwei recht unterschiedliche Möglichkeiten, sich in einer mit anderen geteilten Welt Handlungssicherheit zu verschaffen.
Entweder, man *glaubt* daran, die Art und Weise, wie man der Welt begegnet, sei die zutreffende, richtige, funktionale. Oder man nimmt vorsichtigerweise an, dass das, was man bisher von einem Sachverhalt sieht und weiß, längst nicht alle oder auch nur alle wichtigen Aspekte erfasst. Dann ist man umsichtig auf der Suche nach neuen Einsichten, Perspektiven und Aspekten.
Das Kriterium für die Gültigkeit dessen, was man als Wissen und Erkenntnis ansieht, ist dann nicht Glaube, also eine Überzeugung, die sich selbst genügt. Vielmehr beruht das, was man für gültig hält, auf der erfahrungsgestützten Überzeugung, dass auch andere dies für gültig halten oder zumindest halten würden, wenn man ihnen nachvollziehbar erklärt, wie man zu seiner Einsicht gekommen ist.

Gültigkeit von Wissen und Erkenntnis beruht dann im Prinzip auf Vereinbarungen über die Art und Weise, Wirklichkeit zu beobachten, zu beschreiben und die Beobachtungen zu kombinieren.
Diese Vereinbarungen sind mehr oder weniger bewusst, ausdrücklich und präzise. Innerhalb *wissenschaftlicher Disziplinen* sind sie enger und deutlicher gefasst als in der Alltagskommunikation. Aber auch dort erkennen wir nur als Wissen über Wirklichkeit an, was halbwegs plausibel gemacht werden kann, also zu gemeinsam gemachten oder als gemeinsam unterstellbaren Erfahrungen passt. „Alle wertvollen Dinge sind geteilte Erfahrungen" (Mead 1993, 436).
Die Form, in der gemeinsam geteilte oder teilbare Erfahrungen kommuniziert werden, ist Wissen.
In erster Annäherung lässt sich Wissen mit Daniel Bell verstehen als eine „Sammlung in sich geordneter Aussagen über Fakten oder Ideen, die ein vernünftiges Urteil oder ein experimentelles Ergebnis zum Ausdruck bringen und dies anderen über irgendein Kommunikationsmedium in systematisierter Form übermittelt" (Bell 1979, 176).
Wissen ermöglicht es, uns zuverlässige, von anderen geteilte, wenigstens nachvollziehbare Zugänge und Interpretationen der Umwelt zu verschaffen und mit hinreichender Sicherheit zu unterstellen, dass auch die von uns genutzten und kommunizierten Interpretationen für die anderen nachvollziehbar sind.
Das beginnt im Bereich des alltäglichen Handelns.
Man weiß, wie man sich in der Straßenbahn zu verhalten hat, wie beim Bäcker und wie im Schwimmbad.
Solche quasi selbstverständlichen Verhaltenserwartungen in einem Handlungsfeld werden in Disziplinen, die sich wie die Soziologie oder die Sozialpsychologie mit der Regulation von Handlungen durch Umweltbedingungen beschäftigen, als „behavioral settings" (Barker 1968) bezeichnet. Sie lassen sich als die in einer Kultur anerkannten, akzeptierten und erwarteten Verhaltensweisen bezeichnen, die man in bestimmten Situationen, an spezifischen Orten oder zu bestimmten Anlässen zeigen sollte und über die man verfügen muss, um nicht nachhaltig aufzufallen.
Wer sie beherrscht, weiß, worauf es ankommt.

Behavioral settings – Wissen, worauf es ankommt

Behavioral settings lassen sich als Wissen über quasi institutionalisierte Verhaltenserwartungen interpretieren, das erlernt wird.
Jüngere Kinder treffen bei Abweichungen von den „behavioral settings" eher auf Toleranz als Jugendliche oder Erwachsene, von denen man erwartet, diese Settings zu kennen. Geht ein Vierjähriger ohne zu zahlen mit einer Tüte Gummibärchen an der Supermarktkasse vorbei, wird man ihn in der Regel nachsichtig

> fragen, wo denn seine Eltern seien und ob er Geld dabei habe. Ein älteres Kind wird man bereits zur Ordnung rufen. Ab einem bestimmten Alter unterstellt man böse Absichten. Der zahlungsverweigernde Erwachsene muss mit der Polizei rechnen.
> Ein anderes Beispiel:
> Kleinkinder, die im Kaufhaus herumtollen, mögen zwar dem einen oder anderen als störend vorkommen, doch die meisten Anwesenden tolerieren das Verhalten.
> Die Kinder müssen noch lernen, was man hier tun und lassen soll. Jugendliche, die auf den Gedanken kämen, im Kaufhaus Fangen zu spielen, würden mit Sicherheit größere Aggressionen und Interventionen hervorrufen. Und bei Erwachsenen würde man auf eine zumindest momentane Bewusstseinstrübung schließen, die je nach Umständen mehr oder weniger heftige Reaktionen der Umwelt mit sich bringen würde.

Ergänzung 12

Mit diesen Ausführungen soll nicht die Auffassung vertreten werden, man habe sich immer angepasst an die herrschenden Vorstellungen vom angemessenen Verhalten zu orientieren.
Es geht hier nur darum zu verdeutlichen, dass eine über ein bestimmtes Maß hinausgehende Abweichung von den gemeinsam geteilten Erfahrungen zu zusätzlichem Aufwand für einen selbst und für die Umwelt führt. Und weil diese nur begrenzt Ressourcen bereitstellt und bereitstellen kann, mit diesen Abweichungen umzugehen, ist es nötig, dass Kinder gemeinsame Orientierungen lernen – und zwar ohne alles selber ausprobieren zu müssen. Eine hervorragende Gelegenheit dazu bietet Sachunterricht.
Dort können sie Wissen über die Welt erwerben, das belastbar ist, weil es sich nicht nur vor dem Hintergrund eigener Überlegungen und Überzeugungen (Alltagswissen) als gültig erwiesen hat. Es hat sich auch in anderen Situationen bewährt und wird von anderen geteilt.
Belastbares Wissen dient damit nicht nur der *pragmatischen Orientierung*, sondern auch dem *Verständnis der Umwelt*.
- Wie, wenn nicht auf der Grundlage von Wissen über Geschlechterbeziehungen früher, können Mädchen und Jungen heute ermessen, dass die zumindest formelle Gleichbehandlung von Männern und Frauen eine Errungenschaft ist, die es zu verteidigen gilt?
- Ohne Wissen über Nahrung, Nahrungskonkurrenten, Nachwuchspflege sowie Feinde einheimischer Tiere lässt sich kein elementares Verständnis für ökologische Zusammenhänge aufbauen.
- Wer nichts über die jeweilige Funktion einzelner Nährstoffe für den Körper

weiß, dem erscheinen Ernährungsregeln als bloße Vorschriften für das Verhalten, die man mehr oder weniger beachtet, ohne zu wissen, weshalb.

So operiert in der Auseinandersetzung mit der jeweils eigenen Umwelt zwar jeder Mensch mit spezifischen, Konstruktivisten vermuten „viablen" Wahrnehmungsgewohnheiten, Interpretationen, Erlebnisweisen und Sinnbezügen, die jeder für sich alleine schafft (vgl. Teil 3.1).

Aber niemand *ist* mit seinen Konstruktionen in einer Welt für sich allein.

Die Konstruktionen müssen sich in einer Umwelt bewähren, in der auch andere versuchen, mit ihren Konstruktionen zurechtzukommen.

In der mit anderen Konstrukteuren geteilten Welt wird sich die persönliche Konstruktion auf Dauer nur dann als „viabel" erweisen, wenn sie an gemeinsame Deutungen, also an intersubjektiv als gültig angesehene Konstrukte, anschlussfähig ist. Die intersubjektive Gültigkeit mag, wie beim wissenschaftlichen Wissen, auf mehr oder, wie beim Alltagswissen, auf weniger formalisierten und ausdrücklich vereinbarten Konventionen beruhen.

Entscheidend ist, dass sich die intersubjektiv als gültig angesehenen Deutungen, Auffassungen und Wissensbestände als belastbar erweisen. Man hat hinreichend oft erfahren und kann deshalb unterstellen, dass dieses Wissen auch in anderen Situationen gilt als in der, die subjektiv gerade realisiert wird, und dass es nicht nur für einen selbst, sondern auch für andere Menschen gilt.

Diese Möglichkeit zu unterstellen, es gäbe gemeinsam geteilte Konstrukte, ist die Grundlage für Vertrauen in die an sich unwahrscheinliche Verlässlichkeit einer Welt, die den in ihr Handelnden nur als Konstrukt und damit als hochgradig kontingent, als möglich, aber nicht notwendig, zur Verfügung steht.

Zurecht gilt daher Wissen allgemein als eine zunehmend bedeutsame Ressource sowohl für gesellschaftliche Innovationen (vgl. Deutsche UNESCO-Kommission 1997; Frühwald 1997, 125, 138, 230; Gibbons u. a. 1995, 34 ff., 111 ff.; Spinner 1994; Stock u. a. 1998, 65 ff.) als auch für die Erhaltung und Erweiterung persönlicher Handlungsspielräume (vgl. Stehr 1991, 13 ff.; ders. 1994, 520 ff.).

Diese Wertschätzung des Wissens drückt sich in vielen Bereichen aus:

– Prozesse der Wissensbildung erhalten anthropologischen Rang, wenn Wissen als die Weise angesehen wird, „in der sich der Mensch orientiert" (Mittelstrass 1996, 12) oder, entsprechend, der Mensch als das Wesen gilt, „das sich Wissen schafft und in seiner Lebensform auf Wissen angewiesen ist" (ebd.; vgl. auch Nassehi 2000, 98).

– Wissen gilt als eine Ressource, die angemessenes Handeln zwar nicht garantiert, aber ermöglicht bzw. wahrscheinlicher macht, zum Beispiel im Bereich des Gesundheitsverhaltens (vgl. Renner & Schwarzer 2000, 45 f.) oder im Umweltschutz (Kaiser & Fuhrer 2000, 67).

– Die Verfügbarkeit von Wissen ist neben dem Können ein Kriterium dafür, Personen Kompetenz zuzuschreiben (vgl. v. Rosenstiel 2000, 111 f.).

– In der Wissenschaft gilt Wissen als diejenige Beschreibung und Interpretation von Realität, die anerkannt wird, weil überprüfbare Erwägungen für sie sprechen und weil sie sich als resistent gegen Widerlegung erwiesen haben (vgl. Wilson 2000, 81 f.).

Auch im Sachunterricht spielte die Absicht, über Wissen einen geeigneten Zugang zur Welt zu schaffen, von Anfang an eine wichtige Rolle:

– Jakob Muth wies auf dem Frankfurter Grundschulkongress 1969 dem Fach die Funktion zu, durch Angebote des Wissens zur Erschließung der Umwelt beizutragen (Muth 1970).
– Der Deutsche Bildungsrat ging in seinem 1970 verabschiedeten Strukturplan für das Bildungswesen von der grundlegenden Auffassung aus, Wissen sei die Grundlage für eine zuverlässige Orientierung in der Welt (vgl. Deutscher Bildungsrat 1972, 133 ff.).
– Diese Orientierung findet sich wieder in der Stellungnahme der Kultusministerkonferenz zum Sachunterricht aus dem Jahre 1980 (vgl. Ständige Konferenz der Kultusminister der Länder 1980, 2 f.) und in vielen fachdidaktischen Veröffentlichungen (vgl. Giel 1975, 34 f.; Popp 1985, 62 f.; Köhnlein 2000, 64 b).

Schließlich erfahren bereits Kinder die zentrale Bedeutung des Wissens für Orientierung und Verständigung, noch ehe sie in die Schule kommen.

– So enthält zum Beispiel der Kindern gegenüber geäußerte Satz, „Das kannst du noch nicht wissen", auch die Botschaft „und darum siehst du das noch nicht ganz richtig."
– Wissen tritt den Kindern als etwas entgegen, was man offenbar nutzen kann, um angemessene von weniger angemessenen Sichtweisen zu unterscheiden. Wenn man etwas nicht weiß, fragt man jemanden, der darüber Auskunft gibt oder schaut in Bücher, von denen man erwartet, dass es dort richtig steht.
– Die Allgegenwart von Schule als Teil der kindlichen Lebenswelt verkörpert die Botschaft von einer Differenz zwischen dem, was man selbst über sich, über andere und die Umwelt weiß und dem, was man über all das und noch mehr wissen sollte. Nicht zuletzt lauten ja auch die Versprechungen und zunächst auch die Erwartungen, dass man dies in der Schule lernen werde.

Allerdings gilt diese hohe Wertschätzung des Wissens nur für eine bestimmte Qualität des Wissens.

Manches Wissen kann man nicht anwenden. Dafür lässt sich vieles offenkundig auch bewältigen, obwohl man nicht genau Bescheid weiß.

Kinder beherrschen das Radfahren, lange bevor sie etwas über den Zusammenhang von Neigungswinkel, Geschwindigkeit und Gleichgewicht wissen. Man muss nichts über Himmelsrichtungen oder Kartensymbolik wissen, um jemandem den Weg durch das vertraute Wohngebiet zu erklären. Im Umgang mit Eltern vertreten Kinder mitunter geschickt eigene Interessen, ohne eine Spur von Kenntnissen über Kommunikationstheorien.

Allerdings erweist sich dieses *praktische Können* mitunter als fragil.

3.3.4 Zum Verhältnis von Wissen und Können

Wer etwas bloß kann, ohne sich darauf zu verstehen, ist unter Umständen hilflos, wenn sich die gewohnten, unterstützenden Bedingungen des Gelingens verändern.

Das im Umgang mit seinen Eltern geschickte Kind sollte etwas über elementare Regeln kooperativen Verhaltens wissen, wenn es seine Ideen und Interessen erfolgreich auch gegenüber fremden Menschen vertreten möchte, die anders als gewohnt reagieren. Im Wohnquartier und im Schulviertel mag man auch ohne Kenntnisse über Kartensymbolik zurechtkommen. Woanders wäre man ohne dieses Wissen aber auf fremde Hilfe angewiesen.

So wie Wissen sich zu trägem Ballast anhäufen kann, weder nützlich für die praktische Bewältigung von Aufgaben noch für das Verständnis der Umwelt, so ist Können bisweilen flüchtig, von den Umständen abhängig.

Wissen kann Können jedoch Stabilität verleihen.

Wer weiß, was das eigene Können ermöglicht, also welche Regelmäßigkeiten, Gesetze, Bedingungen dahinter stehen, dass funktioniert, was funktioniert, wird auf Störungen dieses Könnens durch veränderte Umweltgegebenheiten wahrscheinlich flexibler, mit einer höheren Aussicht auf Erfolg, reagieren als ohne dieses Wissen.

Versteht man unter *Können* die Fertigkeit, etwas „immer wieder und hinreichend oft erfolgreich auszuführen" (Janich 2000, 130), dann entspricht Können am ehesten dem, was man als *prozedurales Wissen*, Know-how, *Handlungswissen* (vgl. auch Reinmann-Rothmeier & Mandl 2000, 276) oder „*implizites Wissen*" (Pöppel 2000, 25) bezeichnet.

Bewegungsabläufe, die man kaum beschreiben und die man durch Beschreiben nicht lernen kann, gehören ebenso dazu wie das „Gewohnheitswissen des Tages" (ebd., 25), auf das man zur Bewältigung alltäglicher Aufgaben beiläufig zurückgreift.

Dieses Wissen, das sich im Können ausdrückt, ist „Ich-nah" (ebd., 29). Es lässt sich durch Retrospektion teilweise erschließen, aber nur begrenzt kommunizieren und einem anderen mitteilen.

Der Versuch, es vollständig in mitteilbare Einheiten zu erfassen, kann sogar zur Beeinträchtigung des Könnens führen. Entsprechend lässt es sich durch Lesen, Anschauen und/ oder Zuhören allein nicht erwerben, sondern nur durch eigene Aktivität.

Schwimmen, Malen, Rechnen, andere durch Reden überzeugen, schmackhaft kochen, ein Auto reparieren – Könnerschaft erwirbt man nicht allein durch die Aufnahme von Beschreibungen anderer, sondern erst durch eigenes Tun, schulpädagogisch ausgedrückt, durch *Üben*. Hat man dieses implizite Wissen verlernt, kann man es nicht nachschlagen. Man muss es, vielleicht mit weniger Aufwand, erneut durch Übung erwerben.

Von diesem Wissen lässt sich ein Wissen unterscheiden, das als *begriffliches, explizites* (ebd., 23) oder auch als *deklaratives Wissen* bezeichnet wird (auch: know-that, knowing what).

Über dieses Wissen lässt sich Auskunft erteilen. Man kann es katalogisieren, in Bücher schreiben, auf anderen Trägern speichern und es sich von dort wieder zurückholen, wenn man es vergessen hat. Es bezieht sich auf das, was allen bekannt ist oder im Prinzip bekannt gemacht und in der Form von Information kommuniziert werden kann. Dies gelingt deshalb, weil und sofern explizites Wissen eher „Ich-fern" ist (ebd., 28).

Neben dem impliziten und expliziten Wissen führt Pöppel noch das bildliche Wissen (Sehen, Erkennen) mit den Unterkategorien *Anschauungswissen, Erinnerungswissen* und *Vorstellungswissen* an.

Anschauungswissen wird aktiviert, wenn man Objekte bereits mit der Wahrnehmung als etwas Bestimmtes erkennt. So weiß man oft schon im Vollzug des Hörens und Sehens, um was es sich handelt, also was das Geräusch oder den optischen Eindruck verursacht. Ohne zu überlegen, identifiziert man zum Beispiel das geräuschvoll herannahende Objekt als ein Auto. Man ist sich dieses Objektes gewiss und man kann auch davon ausgehen, dass im Prinzip alle anderen (verständigen) Menschen dieses Objekt als das wahrnehmen, was es für einen selbst ist.

Voraussetzung für die erkennende Wirkung des Anschauungswissens ist wiederum *Erinnerungswissen*.

Objekte der als Auto identifizierten Art kommen einem nicht als abstraktes Muster oder als Oberbegriff in den Sinn, sondern eingelagert in Ereignisse, Szenen, Abläufe.

Und schließlich gehört zu dem bildlichen Wissen noch „*Vorstellungswissen*", das sich auf die topologischen Strukturen bezieht, mit denen man Objekte der Anschauung in Beziehung zueinander setzt, also geometrische Anordnungen, Raumaufteilungen, Ereignisketten usw. (vgl. ebd., 27 f.).

Während die Komponenten Anschauungswissen und Erinnerungswissen eher Ich-nah eng an die persönlichen Erfahrungen und Assoziationen gebunden sind, ist Vorstellungswissen eher Ich-fern. Man kann davon ausgehen, dass auch andere die räumlichen Strukturen so wahrnehmen wie man selbst: vor, hinter, über, unter, weiter, näher etc. sind Eindrücke, von denen wir gewiss sind, dass wir sie mit anderen teilen. Daher setzt Vorstellungswissen uns „ins Bild" (ebd., 29).

Es ist sicherlich nicht allzu vereinfachend, bildliches Wissen mit seinen drei Komponenten dem nahe zu sehen, was andere als „Reflexionswissen" (Janich 2000, 119) oder als „Orientierungswissen" (Mittelstrass 1996, 123) bezeichnen.

Dieses bezieht sich auf jenes Wissen, das hilft zu entscheiden, unter welchen Umständen, also wie, wann, für wen das, was man kann (implizites Wissen) und/ oder ausdrücklich weiß (explizites Wissen), sinnvoll eingesetzt werden kann. Dazu sind nicht nur eigene Erfahrungen (Erinnerungswissen) und Anschauungswissen, sondern auch Vorstellungen über das, was man mit anderen gemeinsam hat (Vorstellungswissen), notwendig.

Fassen wir zusammen, dann lassen sich folgende Gründe anführen, den Erwerb von Wissen zu einem zentralen Anliegen des Sachunterrichts zu machen:

(a) Wissen dient der Verständigung

In der gemeinsam geteilten Welt konkurrieren unterschiedliche Wahrnehmungen, Deutungen, Interpretationen um Gültigkeit und Durchsetzungsfähigkeit. Soll die Konkurrenz verschiedener Konstrukte nicht durch Sozialdarwinismus, Zufall oder Schicksal entschieden werden, bleibt gar nichts anderes übrig, als sich mit den Realitätsinterpretationen anderer auseinander zu setzen. „Die einzige Chance für Koexistenz ist also die Suche nach einer umfassenderen Perspektive, einem Existenzbereich, in dem beide Parteien in der Hervorbringung einer gemeinsamen Welt zusammenfinden." (Maturana & Varela 1987, 264)

Zu Recht gelten daher das Wissen über die Vor- und Nachteile unterschiedlicher Positionen und die damit verbundene Fähigkeit zur „Übelabwägung" in Konfliktsituationen als eine Voraussetzung für „moralisch verantwortliches Handeln" (Rat von Sachverständigen für Umweltfragen 1994, 13; vgl. auch Baier 1999, 23 f.).

Man schafft so eine belastbare Basis für Verständigung: Wissen, auf das man sich einigen kann, weil es über den Moment hinaus Gültigkeit hat.

Kommuniziert man mit diesem Wissen, dann erhöht sich die Chance, dass der gemeinte Sinn einer Mitteilung, einer Vorstellung, auch zum verstandenen Sinn der Mitteilung wird. Die Bereitschaft zur Mitteilung und zur Anhörung des anderen, die Anerkennung des Rechts, „gehört zu werden und seine Argumente zu verteidigen" (Popper 1980, 293) gilt daher als eine Grundlage für die vernunftgeleitete Gestaltung des Zusammenlebens.

(b) Wissen als Voraussetzung für dauerhaft erfolgreiches Handeln

Jedes Handeln beruht auf Vorstellungen von erwünschten Zielen und auf Vorstellungen darüber, wie diese zu erreichen seien und welcher Aufwand dafür geleistet werden müsse. Ein(e) jede(r) mag eigene Vorstellungen, Meinungen, besonderes Wissen über diese Ziele und die Mittel, sie zu erreichen, hegen und pflegen. Aber man kann nicht bestreiten, dass solche Vorstellungen mit Blick auf das angestrebte Ziel unterschiedlich zuverlässig sind. Wissen ist zwar keine hinreichende Voraussetzung für Handeln, aber das Bemühen um Wissen ist eine notwendige Voraussetzung, wenn die Erfolgschancen des Handelns erhöht werden sollen.

(c) Wissen gegen Manipulierbarkeit

Das Bemühen um belastbares Wissen kann helfen, in einem zur effekthaschenden Vereinfachung neigenden Kommunikationsklima eine Basis für Verständigung zu sichern. Aus dem Bereich der Umwelterziehung ist belegt, dass Wissen Ängsten vorbeugen kann (Aurand, Hazard & Tretter 1993; Hurrelmann 1996, 89 f.).

(d) Weiteres Lernen grundlegen

Belastbares und geprüftes Wissen dient nicht nur der verlässlichen Verständigung

in der Gegenwart, sondern bildet auch die Grundlagen für den weiteren Erwerb neuen Wissens. So hängt es u. a. von der Verfügbarkeit des als allgemein gültig akzeptierten, bewährten und belastbaren spezifischen Wissens ab, wie gut es gelingt, auf einem Gebiet neues Wissen zu erwerben (vgl. Weinert 1994, 196 ff.; Duit 1997, 233) und es für die Lösung von Aufgaben produktiv zu verarbeiten (vgl. Weinert 1998 c, 115).
Mit diesen Leistungen kann Wissen als eine Handlungsressource angesehen werden, die es erlaubt, „das Leben relativ unmittelbar zu meistern", nicht zuletzt, weil es „wesentlich zur Herausbildung des Bewusstseins bei(trägt), dass man in der Tat in der Lage ist, soziale Situationen zu beherrschen und nicht Opfer oder Spielball zufälliger Umstände wird" (Stehr 1994, 199). Wissen ist somit eine „Quelle von Möglichkeiten" (Böhme 1997, 458). – Vorausgesetzt, man hat es verstanden. Sachunterricht leistet dann einen Beitrag zur Erschließung von Umweltbeziehungen, wenn er den Erwerb verstandenen Wissens fördert.

3.4 Wissen verstehen

Fragt man Studierende, die immerhin einige Jahre naturwissenschaftlichen Unterricht hinter sich haben, warum manche Gegenstände schwimmen, andere sinken, ist die erste Antwort häufig, das läge am Gewicht.
Weist man dann auf den kleinen Kieselstein hin, der untergeht, und dann auf den Ozeanriesen, der doch schwimmt, kommt erst Ratlosigkeit auf und dann die Luft ins Spiel. Sie ist wohl irgendwie im Schiff „drin". Aber auch ein Kahn, ohne geschlossenen Raum, schwimmt. Liegt es wohl doch auch an der Form?
Mitunter gelingt es, die Erinnerungen an das archimedische Prinzip wachzurufen und die Eigenschaft eines Körpers, zu schwimmen, in Verbindung mit dem Gewicht des von ihm verdrängten Wasser zu bringen. Gehört haben sie nahezu alle einmal etwas über diesen Zusammenhang. Doch haben sie ihn auch verstanden? Gerade Erfahrungen mit dem naturwissenschaftlichen Unterricht zeigen, dass Lernende oft fachlich stimmige Konzepte zur Deutung von Naturvorgängen mit Alltagsvorstellungen verknüpfen und so „nicht zum eigentlich beabsichtigten Verständnis vorstoßen" (Duit 1997, 234).
Die mangelnde Verfügbarkeit des einmal (scheinbar) erworbenen Wissens beschränkt sich nicht auf den Unterricht. So gelingt es Absolventen von Studienfächern, wie zum Beispiel Betriebswirtschaft und Medizin, mitunter nicht, das während des Studiums erworbene Wissen im beruflichen Alltag anzuwenden (vgl. Gruber u. a. 2000, 141–143). Was haben sie vom gelernten Stoff verstanden?
Auch im Bereich der sozialen Beziehungen lassen sich Phänomene, Ereignisse, Verhaltensweisen mehr oder weniger treffend wahrnehmen oder interpretieren, das heißt auch mehr oder weniger treffend verstehen.

Der Satz, „du versteht mich nicht", ist eine häufige Einlassung in der alltäglichen Kommunikation. Man sagt, jemand versteht etwas von Politik, von Wirtschaft, von Überzeugungsstrategien. Ein Verhalten, das wir bei einem anderen beobachten, erscheint uns unverständlich. Wieder andere verstehen diesen Menschen. Und mitunter versteht man selbst nicht so richtig, wieso man sich auf eine Weise verhalten oder geäußert hat, die man bald darauf bedauert.

3.4.1 Zum Anspruch Verstehen zu fördern

Es mag daher sinnvoll erscheinen, dass in der Sachunterrichtsdidaktik das Ziel, „Verstehen" zu fördern, einen zentralen Stellenwert einnimmt:
– So wird zum Beispiel in Anlehnung an Martin Wagenschein ein „Vorrang des Verstehens vor aller Wissensanhäufung" (Köhnlein 1996, 59) eingeräumt.
– Es geht darum „Technik" zu verstehen (vgl. Biester 1997 b).
– Unterrichtsarrangements sollen „das Verstehen fördern" (Einsiedler 1992, 486; vgl. auch Klewitz & Reuter 1994).
– Im Unterricht sollen möglichst „Verstehenssituationen" geschaffen werden, um „ursprüngliches Verstehen" zu ermöglichen (Spreckelsen 1997 a, 118; ders. 1997 b).

Angesichts dieser Anforderungen stellt sich die Frage wie zu beurteilen ist, welche Auffassungen und Sichtweisen mehr und welche weniger in Richtung Verstehen entwickelt sind.

Woran erweist sich, ob eine Deutung zum Beispiel des Schwimmens und Sinkens bereits „Verstehen" ausdrückt?

Versteht jemand, der auf einen anderen verständnisvoll abwartend reagiert, mehr von der Psychologie menschlichen Handels als jemand, der unerwünschte Handlungsweisen anderer sanktioniert?

Haben Kinder, die zum Beispiel in Umweltkonflikten dem Schutz anderer Lebewesen und natürlichen Lebensräumen einen hohen Stellenwert einräumen (vgl. Gebhard 1993, 97 ff.) mehr vom Schutz der Umwelt verstanden als Erwachsene? Oder ist die größere Präferenz für vorgestellte und gedachte so genannte „Natur" auch eine Folge der geringen Aufmerksamkeit, die Kinder im Grundschulalter sozioökonomischen Bedingungen menschlichen Handelns schenken (vgl. z. B. Gebauer 1996, 28 f.). Dies wäre dann eine Idealisierung des Naturschutzgedankens. Die damit verbundene Haltung wäre kaum stabil. Wann hat man etwas verstanden?

Nach Köhnlein zeigen sich „Akte des Verstehens" „in dem Bemühen, unsere Wahrnehmung und Gedanken einheitlich zu ordnen, Zusammenhänge herzustellen, Strukturen zu erfassen und Sachverhalte in einer geeigneten Weise auf etwas Einfacheres, Ursprünglicheres oder schon Bekanntes zurückzuführen" (Köhnlein 1996 b, 67).

Wer etwas verstanden hat, kann dies auch außerhalb des gegebenen Erlebnisbereichs anwenden (vgl. von Glaserfeld 1997, 167). Verfahrensweisen, Techniken, Prozeduren sind als „Funktionsverstehen" und als „praktisches Verstehen im Sinne der handlungsmäßigen Könnerschaft" (Reusser & Reusser-Weyeneth 1997, 11 f.) verfügbar oder kommen als „implizites Verstehen" (Greeno & Riley 1984, 254) zur Anwendung. Daraus lässt sich eine erste Bedingung für Verstehen formulieren: Entscheidend ist, Beziehungen zwischen Neuem und bereits Bekanntem aktiv zu konstruieren.

Ohne solche Sicherheit im Selbst-Gewussten, Selbst-schon-Verstandenen, Selbst-Hergeleiteten bleiben Deutungen eines Phänomens, einer Gegebenheit, eines Sachverhalts bloße Reproduktion fremden Wissens, das angelernt wirkt. Man sagt es, hält es vielleicht auch für zutreffend, ohne nachvollziehen zu können, warum.

So entsteht „leeres Gerede" (Wagenschein 1982, 43) und „träges Wissen", das außerhalb eines engen Anwendungskontextes nicht verfügbar ist (Gruber, Mandl & Renkl 2000, 140 ff.).

Von Verstehen kann keine Rede sein, so lange die angewandten Deutungen und Konzepte nicht in den individuellen Deutungsmustern, Denk- und Wahrnehmungsgewohnheiten verankert sind.

Verstehen setzt voraus, dass der Einzelne in der Lage ist, einen gewahr gewordenen Sachverhalt, ein Ereignis, eine Situation oder auch eine praktische Herausforderung ohne dauerhaft fremde Hilfe auf etwas zurückzuführen, was er schon kennt.

Dies ist allerdings nur eine notwendige Voraussetzung des Verstehens.

In einer Welt, die wir mit anderen teilen, reicht die Verankerung in individuelle Erfahrungen nicht hin.

Sollen die subjektiv geäußerten Deutungen, Überzeugungen, das, was man meint, wenn man etwas zu verstehen glaubt, über die Situation und über den Augenblick hinaus verlässlich sein, dann muss es sich auch im Umgang mit anderen Menschen als zuverlässig erweisen. Es muss sich bewähren zusammen mit den Interpretations- und Deutungsversuchen anderer.

Jeder Akt des Verstehens erfordert daher nicht nur eine Ein- und Anbindung an subjektiv verfügbare Wissens- und Deutungsmuster, sondern „ein geeignetes Erkenntnissystem, dass wenigstens ausschnittweise aktualisiert und dabei in wenigstens minimaler Weise transformiert wird." (Seiler 1997, 71).

Doch was ist geeignet?

Einen allgemein gültigen Maßstab für Qualitäten des Verstehens zu definieren, ist gerade im Bereich des Sachunterrichts, in dem sowohl naturwissenschaftliche als auch sozialwissenschaftliche Inhalte vorkommen, kaum möglich.

Ob man bei einem erläuternden Gedankengang oder bei einer Vorstellung, die jemand hat oder äußert, bereits von Verstehen sprechen kann, hängt unter anderem ab von
– dem jeweils verfügbaren Sachwissen
– den anzulegenden Gütekriterien
– Merkmalen des zu verstehenden Sachverhalts
– dem Anwendungskontext

(vgl. Stebler, Reusser & Pauli 1997, 229; siehe auch Ergänzung 13).

Ähnliche Überlegungen wie zum naturwissenschaftlich-technischen Beispiel (Ergänzung 13) lassen sich über eher sozialwissenschaftliche Unterrichtsinhalte anstellen.

> **Verstehen? Ein Beispiel**
>
> Einige Lehrpläne für den Sachunterricht sehen vor, dass Schülerinnen und Schüler lernen, an Hand einer Skizze die Elektrizitätsversorgung der Gemeinde vom Kraftwerk über Überlandleitungen, Umspannungswerke und lokalen Verteilern zu erläutern.
> Beherrschen sie dies, kann mit einigem Recht unterstellt werden, dass sich ihr Verstehen erweitert hat:
> – Ihnen ist klar geworden, dass der Strom nicht einfach aus der Steckdose stammt, sondern durch Umwandlung von Energieträgern erzeugt wird. Dies ist eine Voraussetzung, um später Überlegungen zum Wirkungsgrad und zum sinnvollen Einsatz von Elektrizität auf eine physikalische Grundlage zu stellen.
> – Die Herkunft der Elektrizität wird auf etwas zurückgeführt, was die Schülerinnen und Schüler bereits kennen, zum Beispiel auf andere Energieträger, auf Verbrennungsprozesse, auf technische Anlagen in der Gemeinde und in der Landschaft.
> – Durch die Verknüpfung des zu Hause scheinbar unbegrenzt und ohne Schmutz zur Verfügung stehenden Stroms mit neuem Wissen über dessen Herkunft, zum Beispiel aus einem Wärmekraftwerk, wird die oben angesprochene Anforderung einer wenigstens minimalen Transformation bisheriger Vorstellungen erfüllt. Von nun an ist das Verständnis von der häuslichen Energieversorgung nicht mehr so naiv wie zuvor. Es ist anschlussfähig für spätere Überlegungen zum Beispiel zur umweltschonenden Energienutzung oder zum Zusammenhang von eigenen Konsumbedürfnissen und Umweltbelastungen.
>
> Man kann von einem Weg des Verstehens sprechen.
> Gleichwohl zeigt sich an diesem Beispiel auch die Kontextabhängigkeit des Verstehens. Schülern der Sekundarstufe wird man das „Verstehen" der Elektrizitätsversorgung erst zubilligen, wenn sie die Energieumwandlungsprozesse erklären können und wenigstens elementare elektromagnetische Kenntnisse einbringen.

Ergänzung 13

Kinder im Alter von 4 bis 5 Jahren wissen zumeist schon sehr genau, dass Stehlen falsch ist. In einem Experiment, in denen Kinder die Gefühle eines Jungen beurteilen sollten, der einem anderen Süßigkeiten stiehlt, meinten fast 80 Prozent dieser

jüngeren Kinder, der Dieb fühle sich wohl, denn er habe ja die Süßigkeiten gegessen, die ihm so gut schmecken.
Dagegen meint die überwiegende Mehrheit von 8- bis 9-Jährigen (77 Prozent), der Dieb werde sich schlecht fühlen, denn er habe sich ja gegenüber seinem Klassenkameraden falsch verhalten (vgl. Nunner-Winkler 1998, 145–147). Kinder beider Gruppen haben den Dieb verstanden.
Die jüngeren Kinder haben vor dem Hintergrund ihres Vorwissens, ihrer Deutungen und Wahrnehmungen ein subjektiv durchaus stimmiges Bild vom Verhalten des Diebes. Sie „verstehen" ihn, denn er hat etwas für sich Gutes getan. Auf der Basis dieses Verstehens schreiben sie dem Dieb auch sein Wohlbefinden zu (siehe dazu auch die Ausführungen in Teil 2.2, S. 53 ff.).
Aber dieser Rückführung einer Situation (Gefühle eines Diebes) auf Bekanntes (Lust auf Süßigkeiten, verbotene Tat) fehlt die Transformation über die eigenen begrenzten Sichtweisen hinaus.
Die älteren Kinder machen es sich schwerer.
Sie konfrontieren den Wunsch, Süßigkeiten zu besitzen, mit der bereits vorhandenen Einsicht, man solle nicht etwas Gutes für sich tun, indem man einen anderen bewusst schädigt. Daher beurteilen sie die Handlung des Diebes anders, und zwar als einen Akt, der gegen grundlegende Prinzipien des Zusammenlebens verstößt. Während die Situationsdeutung der jüngeren Kinder noch sehr stark auf sich selbst bezogen ist und sich vom Gefühl der eigenen Bedürftigkeit und der eigenen Lust speist, drückt sich bei den älteren Kindern bereits das Verstehen moralischer Regeln für das Zusammenlebens mit anderen aus.

3.4.2 Verstehen als Auslegung

Sowohl das Beispiel mit dem naturwissenschaftlich-technischen Sachverhalt der Elektrizitätsversorgung als auch das soziale Phänomen des Umgangs mit moralischen Regeln zeigen, dass man offenbar eher bereit ist, von Verstehen zu sprechen, wenn in die Deutungen und Auffassungen auch Gedanken eingehen, die von anderen geteilt, nachvollzogen werden können. Etwas verstanden zu haben bedeutet, sich verständlich machen zu können. Andere können die eigenen Überlegungen und Auffassungen nachvollziehen. Und zwar deshalb, weil man sich dabei auf gemeinsam geteilte Grundlagen beziehen kann.
Martin Heidegger hat die Ausbildung des Verstehens als „Auslegung" bezeichnet (Heidegger 1927, hier 1977, 148).
Etwas, ein Ereignis, ein Phänomen, eine Beobachtung wird im Verstehen zu einem ganz bestimmten „Etwas." War es zuvor noch bloße Begebenheit, bloßes Ereignis, wird es durch das Verstehen zu einer bestimmten Gegebenheit im Lichte einer Sichtweise. Das ausdrücklich Verstandene „hat die Struktur des Etwas als Etwas … Das „Als" macht die Struktur der Ausdrücklichkeit eines Verstandenen aus" (ebd., 149).

Man sieht im Verstehen das Ereignis nicht mehr bloß als ein Ereignis vor dem Hintergrund der Zufälle der eigenen Wahrnehmung oder der Zufälle der ganz konkreten Umstände, die das Ereignis in seiner Einzigartigkeit begleiten. Sondern man sieht es aus der Perspektive als „Etwas" als ein Ereignis, das auf anderes verweist, das für etwas anderes steht.
Um auch dies an den obigen Beispielen anschaulich zu machen:
Die jüngeren Kinder, die den Dieb als zufrieden einschätzen, sehen nicht nur die Handlung des Wegnehmens, sondern sie sehen das Befriedigen eines Zustands, der ihnen höchst vertraut ist – eines Bedürfnisses nach einer süßen Leckerei.
Die subjektive Komponente des Verstehens ist damit gegeben, also die Anbindung eines Sachverhalts an eigene Erfahrungen. Und in dem Nutzen von Kategorien wie Süßigkeit, gerne Habenwollen, Wegnehmen, Zufriedensein etc., die zwar nicht in dieser Sprachform, aber doch in dieser Erlebnisform in das Verständnis eingehen, zeigt sich bereits das Anbinden an Kategorien, die auch anderen vertraut sind. Die jüngeren Kinder verstehen den Akt als eine Bedürfnisbefriedigung. Die älteren Kinder verstehen ihn als Bedürfnisbefriedigung, bei der gleichzeitig moralische Regeln verletzt werden.
Auch das Beispiel mit der Elektrizitätsversorgung lässt sich mit der Konstruktion des Verstehens als ein Verstehen von Etwas als Etwas interpretieren.
So lange man keine Überlegungen über die Herkunft des „Stroms aus der Steckdose" anstellt, wird der Strom gesehen als ein Mittel zum Zweck: man braucht ihn, um die Waschmaschine, den Computer, die Lampe zu betreiben.
Beim Thema „Elektrizitätsversorgung" wird er *als* Ergebnis von Umwandlungsprozessen verstanden, vielleicht auch *als* eine Dienstleistung, deren Zustandekommen einigen Aufwand erfordert. Und auf höheren Stufen des Schulsystems wird die Elektrizitätsversorgung unter noch mehr Gesichtspunkten zu verstehen sein: als Anwendung elektromagnetischer Gesetze, als ökonomisches Problem, als Umweltschutzproblem etc.
Diese Überlegungen veranschaulichen, warum das Verstehen ein nie abzuschließender Prozess ist. Die zentrale Bedeutung des „als Etwas" für das Verstehen macht eine ständige Ausweitung der Bezugssysteme möglich.
Dies heißt nicht, dass diese Ausweitung beliebig erfolgen kann.

3.4.3 Über den Zusammenhang von Verstehen und Wissenschaftlichkeit
a) Sicherheit gewinnen durch Verstehen
Kinder lernen zu verstehen in einer Welt, die (von anderen) bereits als eine verstandene Welt ausgelegt wird (vgl. Heidegger 1927/ 1977, 148).
Ob diese bereits vorhandenen und vor allem kommunizierten Auslegungen sinnvoll sind oder nicht, spielt zunächst noch keine Rolle.
Entscheidend ist, dass das Kind im Ringen um Verstehen damit zurechtkommen muss, dass es Deutungen und Sichtweisen gibt, die offenbar eher von vielen, ja von allen anderen geteilt werden als andere Deutungen und Sichtweisen:

- Einen Löffel so zu betrachten wie alle anderen auch, nämlich als ein Mittel der Nahrungsaufnahme, wird es auf Dauer eher ermöglichen, in der Welt zurechtzukommen, als die Betrachtung des Löffels als interessanten Spielgegenstand oder als Wurfgeschoss.
- Das Gewicht von Körpern auf seine fühlbare Schwere zurückzuführen, wie es Kinder im frühen Grundschulalter noch machen (vgl. Sodian 1995, 640), bietet nur so lange Orientierung, wie die Sichtweise nicht durch die Behauptung anderer erschüttert wird, dass auch die leichte Styroporkugel Gewicht hat.
- Die Regeln und Erwartungen, denen man in bestimmten Situationen handelnd folgt, werden nicht erst in dieser Situation durch einen willkürlichen Akt geschaffen, sondern sind als „behavioral settings" Ergebnis von Konventionen, die sich mehr oder weniger bewährt haben (vgl. Barker 1968; Goffman 1994, 55 ff.) – und deren Berücksichtigung zeigt, ob man die Situation, in der man sich verhält, richtig verstanden hat, zum Beispiel als Einkauf, als Spaziergang, als ein freundschaftliches Gespräch, als eine Unterrichtsstunde oder als einen Theaterbesuch.

Um Missverständnisse zu vermeiden, sei betont, dass hier nicht einer bloßen Anpassung an Konvention oder generalisierten Sichtweisen das Wort geredet wird.
Sicherlich kann man jede beliebige Sichtweise einnehmen und sich nach ihr verhalten. Allerdings erfordert dies häufig einen hohen Preis, der bis zur Handlungsunfähigkeit führen kann.
Wer sich dauerhaft anders verhält, als es das generalisierte Verständnis der Situation nahe legt, also die Situation nicht versteht, wird mehr Aufwand als nötig betreiben müssen, um seine Ziele zu erreichen. Dafür wieder ein Beispiel zur Veranschaulichung:
Wer Hunger hat, tut gut daran, sich beim Einkaufen an die Konventionen zu halten, also auszuwählen, zu bezahlen, nicht allzu abseitig gelegene andere Dinge mit dem Verkäufer zu besprechen etc.
Dass diese Anforderungen mit großem Spielraum ausgefüllt werden können, kann man bei jedem Einkauf beobachten.
Aber massive, dauerhafte Verstöße gegen Konventionen werden dazu führen, dass man kein Brot bekommt, sondern Bekanntschaft mit der Polizei macht. Man hat dann die Kontrolle über die Handlung, etwas gegen den Hunger zu erwerben, verloren, weil ganz andere, unnötig aufwändige Handlungen notwendig werden. Und dies nicht, weil man sich zu sehr, sondern weil man sich zu wenig an die Konventionen gehalten hat. Man hat die Situation nicht verstanden.
Das Beispiel kann auch deutlich machen, dass das Verstehen auf der Basis der von anderen nachvollziehbaren Interpretationen die Möglichkeit der individuellen Autonomie erhöht.
Einem Kleinkind, das einfach ein Regal aufsucht, Brot herausnimmt und durch die Tür verschwindet, wird man das Handeln nicht als Diebstahl auslegen. Es versteht

die Situation noch nicht. Aber es hat auch keine Möglichkeit, sich Brot zu beschaffen – es sei denn, es hat bereits gelernt, dabei die dafür notwendigen Konventionen zu beachten. Durchaus schlüssig ist es daher zu sagen, „verstehen' bedeutet: ‚einer Orientierungserwartung' entsprechen" (Rusch 1986, 59; siehe auch Roth 1997, 334 f.).
Die Richtschnur für das Verstehen liegt damit nicht nur in den Sachverhalten selbst, sondern im Prozess der Verständigung über die Sachen (vgl. von Glasersfeld 1997, 67). „Der Selektionsdruck liegt auf den Kohärenzen, dem Erreichen verlässlichen Erkennens und verlässlicher Verständigung" (Riedl 2000, 23; siehe auch ebd., 76).
Dabei geht es um die Herstellung von „Intersubjektivitäten …, die auf der Parallelität unserer Strukturen, Operationen und Kognitionsbereiche gründen" (Rusch 1986, 50).
Diese Parallelität steht bei Deutungen naturwissenschaftlich-technischer Sachverhalte allerdings auf einem stabileren Grund als bei Sachverhalten und Phänomenen im Bereich sozialer Beziehungen.

b) Zum Verstehen naturwissenschaftlicher Inhalte
Um dies zunächst wieder an Beispielen zu veranschaulichen:
Obwohl es für jeden einzelnen Schüler schwierig zu begreifen sein mag, warum ein schweres Schiff schwimmt, aber ein leichter Stein untergeht oder woher der Regen kommt, gibt es für das Verstehen dieser Phänomene verlässliches Wissen.
Wer sich zum Konzept des „Auftriebs" hingearbeitet und dieses Konzept mit eigenen Vorstellungen und Sichtweisen ausgesöhnt hat, versteht, warum manche Gegenstände schwimmen, andere nicht.
Und mit dem Konzept der Änderung von Aggregatzuständen hat man eine Grundlage, um hinreichend den Kreislauf des Wassers beim Regen zu verstehen.
Die gegenüber der unbelebten Natur angewandten intersubjektiv akzeptierten Deutungsmuster sind zwar individuell mühsam zu lernen. Aber sie sind stabil.
Worauf beruht diese Stabilität?
Ein erkenntnistheoretischer Objektivismus meint, stabil und gültig und deshalb wahr, seien Vorstellungen, wenn sie der objektiv gegebenen Realität entsprechen.
Da man aber nie wissen kann, ob nicht noch weitere Einsichtsmöglichkeiten hinter dem, was jeweils als gültiges Wissen angesehen wird, bestehen, ist diese erkenntnistheoretische Haltung unbefriedigend. Weniger voraussetzungsvoll ist das Falsifikationspostulat, wie es Karl Popper (1934/ 1976; 1979/ 1984) dargelegt hat.
Danach gilt eine *im Prinzip widerlegbare* Vorstellung (Falsifizierbarkeit) dann vorläufig als gesicherte, stabile und zuverlässige Sichtweise, wenn diese Vorstellung
— auf einer akzeptierten Theorie beruht
— durch geeignete Experimente von jedem Verständigen nachgeprüft werden kann
— im Prinzip widerlegbar ist

– aber bisher keiner Erfahrung widersprochen hat.
Um ein Beispiel zu nennen:
Man könnte durch Experimente oder andere Arrangements im Prinzip versuchen das archimedische Prinzip zu widerlegen. Dies besagt, Körper schwimmen, wenn das Gewicht des von ihnen verdrängten Wassers größer ist als ihr eigenes Gewicht. Man müsste „nur" einen Körper finden, für den dies nicht zutrifft. Diese Aussage ist vom Prinzip her widerlegbar, also falsifizierbar (zum Beispiel im Gegensatz zu der Aussage, alle Lebewesen besitzen eine Seele).
Allerdings hat bisher niemand jemals beobachtet, dass eine massive Eisenkugel oder irgendeine andere Kugel mit einem größeren spezifischen Gewicht als Wasser im Wasser schwimmt. Das archimedische Prinzip ist theoretisch sinnvoll eingebettet, durch Versuche überprüfbar, im Prinzip falsifizierbar und es widerspricht keiner Erfahrung. Weil alle vier Kriterien zutreffen, gilt es als hinreichend zuverlässig gesichert.
Die unbelebte Natur antwortet auf die immer gleiche Frage immer gleich. Darum haben Manipulationen, Einwirkungen, auf die unbelebte Außenwelt unter genau gleichen Bedingungen in der Außenwelt immer die genau gleiche Wirkung. Wenn man sie mit hinreichend eingegrenzten Fragen und Vorgehensweisen präzise bearbeitet, dann „enttäuscht" Natur den um Verstehen Bemühten nicht (vgl. dazu Riedl 2000, 36–56).
Wird sie subjektiv nicht richtig verstanden, dann liegt das daran, dass die Interpretierenden nicht gründlich, sorgfältig, komplex etc. genug beobachtet haben. Man hat dann das, was man verstehen wollte, nicht genau genug erfasst oder, das ist meistens der Fall, man hat Einwirkungen auf den Sachverhalt noch nicht kontrolliert, so dass Einwirkungen eine Rolle spielen, die man (noch) nicht sieht.
Dass „normalerweise", in der Umwelt, der Fall eines Blattes Papier und der eines Steins das Fallgesetz niemals bestätigen, nach der beide Gegenstände gleich schnell von einem gegebenen Punkt zu Boden fallen, liegt daran, dass in die Beobachtung allerlei Bedingungen einfließen, die neben der Schwerkraft noch auf den fallenden Stein und auf das Papier einwirken. Dazu gehören der Luftdruck, der Fallwiderstand, eventuell auch Luftbewegungen.
Wenn man diese Einflüsse aber ausschaltet, das heißt ganz genau begrenzt, was man beobachtet, nämlich das ungestörte Fallen (eines Blattes und eines Steins im Vakuum), dann hat es bisher keine Beobachtung gegeben, die das Fallgesetz widerlegt. Ja, mehr noch, wenn man die den freien Fall beeinflussenden Faktoren ebenfalls erfasst, dann wird man sogar ganz genau vorhersagen können, um wie viel schneller der vom Kirchturm fallende Stein auf dem Kirchturmplatz ankommt als das Blatt Papier.
In hinreichend abgegrenzten Situationen ist die unbelebte Natur eindeutig. Das macht es möglich, interpretationsbedürftige Phänomene auf etwas zurückzuführen, was man schon kennt, auf etwas, auf das man sich verlassen kann und das

sogar so weit auch von anderen anerkannt wird, dass es gar als allgemeines Prinzip, als Gesetz Gültigkeit beanspruchen kann.

Wer die Fallgesetze, das archimedische Prinzip und die Wärmelehre subjektiv verstanden hat – was im Einzelfall schwierig ist – verfügt über Deutungen, deren Zuverlässigkeit an Wahrheit grenzen. Offenbar ist es bisher niemandem gelungen, diese Interpretationen von Ereignissen zu widerlegen. Man kann davon ausgehen, dass sie gültig sind und stabile, auch weiterhin zuverlässige Orientierungen bieten. In den Naturwissenschaften hat man es mit einer Realität zu tun, die selbst ohne Bewusstsein ist. Diese Realität wird interpretiert, sie interpretiert nicht. Ein allgemein anerkanntes Gesetz trifft auf jeden Einzelfall zu, wenn die Bedingungen hinreichend gleich sind. Umgekehrt würde jeder vom Gesetz abweichende hinreichend geprüfte Einzelfall die Gültigkeit dieses Gesetzes sofort zerstören.

Diese Eindeutigkeit ist im Umgang mit Menschen nicht gegeben.

c) Zum Verstehen sozialwissenschaftlicher Inhalte

Die Wissenschaften vom Menschen und seinen sozialen Beziehungen, wie Anthropologie, Psychologie, Sozialwissenschaften, Ethik und andere, können zwar Aussagen machen über Grundorientierungen des Menschen, über bewährte Regeln des Zusammenlebens, über die Wahrscheinlichkeit bestimmter Verhaltensweisen, Entscheidungen oder Meinungen in Abhängigkeit von soziographischen Merkmalen und vieles mehr.

Aber diese Grundlagen für das Verstehen des Zusammenlebens bieten keine zuverlässige Grundlage für das Verstehen des Einzelnen.

So mögen zum Beispiel Daten über Einzelkinder, Fernsehverhalten, Konsumgewohnheiten, Familienverhältnisse, ethnische Herkunft u. v. m. geeignet sein, Herausforderungen des Zusammenlebens vieler zu verstehen. Aber sie eignen sich nicht, das Verhalten des Einzelnen zu verstehen.

Das Umfeld eines einzelnen Menschen mag noch so gründlich mit den Methoden, Begriffen und Interpretationen verschiedener Wissenschaften erforscht und interpretiert sein; entscheidend für das Handeln in diesem Umfeld sind jedoch die Interpretationen des einzelnen Handelnden von seinem Umfeld:

- So mag es zum Beispiel sehr wahrscheinlich sein, dass ein sehr hungriger Mensch, der plötzlich etwas Essbares angeboten bekommt, zugreift. Aber es ist nicht sicher.
  Möglich ist auch, dass er sich durch das Angebot erniedrigt fühlt oder dass er seine Diszipliniertheit unter Beweis stellen möchte.
- Man kann mit recht großer Sicherheit erwarten, dass die meisten Fußgänger vor der roten Ampel warten, wenn auf der Fahrbahn dichter Verkehr herrscht. Aber Ausnahmen sind nahezu täglich zu beobachten.
- Zigtausende von Menschen gehen gut gelaunt und friedlich nach Hause, wenn sie im Fußballstadion den Sieg ihrer Mannschaft bejubeln konnten. Einige werden dennoch randalieren.

Weil jeder Einzelne sein Umfeld auf eine letztlich nicht berechenbare, also nicht vorhersehbare Weise interpretiert und Konsequenzen aus diesen Interpretationen zieht, sind soziales Handeln und die von diesem Handeln geschaffenen Beziehungen und Ereignisse nicht mit der Zuverlässigkeit zu verstehen wie Phänomene der unbelebten Natur und ihrer technischen Anwendung.

In sozialen Beziehungen werden Handelnde beobachtet und interpretiert, die selbst wiederum ihre Situation interpretieren. Diese Interpretationen sind einem Beobachter nicht völlig zugänglich. Daher muss man von „systematischer Unvor-aussagbarkeit" in „menschlichen Angelegenheiten" ausgehen (MacIntyre 1995, 130). Wer das bedauert, sollte sich vergegenwärtigen, dass gerade dies auch eine Voraussetzung für die individuelle Freiheit ist.

Doch auch auf dem Gebiet der sozialen Beziehungen erweist sich das Einbeziehen von Standpunkten, Überlegungen und Deutungen, die auch von anderen geteilt werden könnten, als eine Voraussetzung für die Entwicklung des Verstehens.

Dabei geht es nicht um gleiche Sichtweisen oder Einigkeit. Gerade die Einsicht, dass ein Sachverhalt unter verschiedenen Gesichtspunkten gesehen wird und gerade deshalb eine gleiche Betrachtung nicht möglich ist, zeugt hier von Verstehen (vgl. Kneer & Nassehi 1991).

- Bereits Herbert Mead sah nicht im Konsens, sondern im Bemühen darum die Perspektive eines anderen einzubeziehen, eine Grundlage für moralisches Handeln in einer vielfältig interpretierbaren und interpretierten Welt (vgl. Mead 1993, 429 ff.).
- Die Forderung von Jürgen Habermas, Vernunft nicht an Bewusstseinszuständen zu messen, sondern an der Bereitschaft und Fähigkeit zur „Verständigung" (Habermas 1985, 137), setzt auch auf den bewussten Akt, andere als nur die eigene Perspektive einnehmen zu wollen.
- Zu Recht bezeichnet daher Spanhel die wachsende Selbstkontrolle unter Zurückstellung der spontanen, oft Ich-bezogenen Wahrnehmungen und unmittelbaren Reaktionen als die „verborgene Wurzel jener Fähigkeiten, die als Ziele sozialen Lernens schon für die Grundschule propagiert wurden ..." (Spanhel 1985, 83).
- Die gezielte Förderung einer Haltung, die sich um Wahrnehmung der Perspektiven anderer bemüht, strebt das Schulprojekt „Achtsamkeit und Anerkennung" an (vgl. Kahlert & Sigel 2002 und 2006).

Nicht der Konsens oder gar die gemeinsame Weltsicht, sondern die bewusste Orientierung an anderen Standpunkten als der spontan nahe liegende, die bewusste Einbeziehung möglicher anderer Sichtweisen und Einblicke sind Qualitätsmerkmale des Verstehens im Bereich der sozialen Beziehungen und des sozialen Handelns.

Zusammenfassend kann man das im Prinzip nie abzuschließende Verstehen als einen Akt bezeichnen, bei der Umweltwahrnehmungen (Phänomene, Sachverhalte, Ereignisse) so verarbeitet werden, dass
- der Bezug zu subjektiv vorhandenen Interpretationsgrundlagen individuell in sich stimmig und ohne fremde Hilfe nachvollziehbar und rekonstruierbar ist und
- dabei Konzepte gefördert werden, die zumindest in Richtung intersubjektiv nachvollziehbarer, das heißt belastbarer Interpretationen weisen.

In Teil 2.2 konnte gezeigt werden, dass die Entwicklung der Fähigkeit, bewusst und gezielt andere Gesichtspunkte als die spontan nahe liegenden anzuwenden, zu einer wichtigen Entwicklungsaufgabe des Grundschulalters gehört. Wie abschließend zu zeigen sein wird, ist diese Sichtweise Voraussetzung für die im Sachunter-richt angestrebte Haltung zur Sachlichkeit.

3.4.4 Sachlichkeit – Erfahrungen teilen

Wir haben bereits darauf hingewiesen, dass es im Sachunterricht nicht um bloße Umwelterschließung geht, sondern Vorstellungen über eine wünschenswerte Qualität der Umwelterschließung ins Spiel kommen.

Diese Vorstellungen beziehen sich nicht auf die Umwelt als Objektbereich an sich, sondern auf die Qualität der Beziehungen, die das Kind zur Umwelt einnimmt.

Es hätte zum Beispiel wenig didaktischen Wert, die Eigenarten des Schwimmens und Sinkens, den Wasserkreislauf und die Bedingungen einer Verbrennung mit dem vorrangigen Ziel zu behandeln, „wahre" Aussagen über diese Teilwirklich-keiten in Form von zu lernenden Sätzen zu produzieren.

Ihren didaktischen Wert für den Sachunterricht bekommen diese und alle anderen Inhalte nicht in erster Linie durch ihren *lexikalischen Gehalt* als Information *über* die Umwelt, sondern durch ihre auf *Versachlichung* zielende *habituelle Herausforderung* im Umgang *mit* der Umwelt: eigene Vorstellungen prüfen, Vermutungen gezielt überprüfen, Wahrnehmungen umsichtig verarbeiten, gezielt Informationsquellen nutzen usw.

Dieses Verständnis von Sachlichkeit bedeutet nicht Objektivität im Sinne einer Annäherung an einen Sachverhalt, wie er wirklich ist. Vielmehr geht es hier um den *Modus der Betrachtung und Auseinandersetzung* mit Sachverhalten.

Sachlichkeit in diesem Sinne erfordert es zu prüfen, ob die jeweils plausibel erscheinenden Wahrnehmungen und Deutungen sinnvollerweise zu einem Verhandlungsgegenstand werden sollten (vgl. Teil 3.2.1).

Diese Fähigkeit, sich in der Auseinandersetzung mit seiner Umwelt nicht nur von der Situation und den eigenen Erfahrungen lenken zu lassen, sondern auch von anderen tragbare und nachvollziehbare Gesichts- und Standpunkte einzubeziehen, kann als eine Qualität von Bildung angesehen werden (vgl. Duncker 1999, 48 f.).

Zu Recht wird daher das „*dialogische Prinzip*' als Paradigma des Sachunterrichts" angesehen (Schneider 1993), also die Auseinandersetzung über Stand- und Gesichtspunkte bei der Bearbeitung und Betrachtung von Umweltgegebenheiten mit dem Ziel, zu gemeinsam teilbaren Orientierungen zu gelangen.

Das Hinhören auf die Argumente von anderen, das Einbeziehen ihrer Sichtweisen in die Konstruktion der eigenen Sichtweisen zwingt nicht nur zur Prüfung des eigenen Standpunkts, sondern öffnet auch für die systematische Suche nach möglichen Gemeinsamkeiten, die als Urteilsgrundlage vom eigenen subjektiven Denken unabhängig sind.

In der alten Bedeutung des Begriffs „*Sache*" ist dieses Verständnis einer Sache als Verhandlungsgegenstand noch vorhanden.

„Sache" in einer frühen Bedeutung des Wortes ist Gegenstand einer Verhandlung (vor Gericht).

Lange vor der Rezeption konstruktivistischer Erkenntnis- und Lerntheorien macht die Bezeichnung des Unterrichtsfaches Sachunterricht deutlich, worum es geht: Wissen über die natur- und sozialwissenschaftlich beschreibbare Umwelt so zu erarbeiten, dass mit den neuen Kenntnissen auch Verständnis für diejenigen Denk- und Arbeitsweisen angebahnt wird, die das als gültig, zuverlässig und belastbar angesehene Wissen hervorgebracht haben.

Die Richtschnur zur Beurteilung der Angemessenheit von Deutungen und Interpretationen liegt damit nicht in der Umwelt selbst. Dies anzunehmen würde erkenntnistheoretisch eine gewagte und für den Sachunterricht eine unnötig weit reichende Voraussetzung bedeuten. Der uralte und durch den Konstruktivismus neu belebte erkenntnistheoretische Streit darüber, ob Menschen sich durch Erkenntnis eine objektiv bereits gegebene Wirklichkeit erschließen oder „nur" zu intersubjektiv nachvollziehbaren Konstruktionen über Wirklichkeit kommen (vgl. dazu Vollmer 1990, 1–57), ist noch lange nicht entschieden (und es ist fraglich, ob er je entschieden werden kann).

Das Leitziel, Kinder bei der Erschließung von Beziehungen zur Umwelt zu unterstützen, ist weniger voraussetzungsvoll und für beide erkenntnistheoretische Grundpositionen anschlussfähig.

Sowohl die eher „objektivistische" als auch die eher „konstruktivistische" Position benötigen Vereinbarungen darüber, unter welchen Bedingungen eine Beobachtung, eine Interpretation, eine Aussage über die Umwelt allgemein als gültig, also als hinreichend sachlich, akzeptiert werden kann, unabhängig von den situativen Umständen und subjektiven Gegebenheiten des Augenblicks, in dem diese Beobachtungen und Interpretationen gemacht werden.

Wie immer diese Vereinbarungen aussehen, sie werden Regelungen für das Bemühen um Sachlichkeit, also um Nachvollziehbarkeit eigener Wahrnehmungen und Interpretationen für andere umschließen und betreffen damit die Qualität der Beziehungen, die jemand zur Umwelt einnimmt: sich verständnisorientiert darum bemühen, die eigenen Vorstellungen für andere darzulegen und sie vor dem Hintergrund der Vorstellungen anderer zu überprüfen.

Sich auf die „Sache" einzulassen bedeutet auch, eigene und bisher vertraute Handlungs- und Sichtweisen unter Umständen verlassen zu müssen.
Diese Anforderung zur Sachlichkeit beginnt nicht mit dem Sachunterricht, sondern liegt in der Widerständigkeit der Umwelt gegen willkürliche Behandlung. Bereits das Vorschulkind wird dieser Widerständigkeit gewahr.

> „Das Kind begegnet so dem anderen, von dem sich herausstellen wird, dass es nicht nach seiner Pfeife tanzt und objektive Eigenschaften hat (z. B. ist es hart, es ist hohl, es fällt auf dich) oder von dem sich herausstellt, dass es sich selbständig benimmt (z. B. wegläuft, dich anschaut, dich beißt, etwas sagt, böse wird, lieb zu dir ist)" (Langeveld 1956, 50).

Insofern erfordert Sachlichkeit den Abstand zu den unmittelbaren und vertrauten, nahe liegenden und gewohnten Umgangsweisen (vgl. Rumpf 1998). Es ist eine Art ständiger Wechsel zwischen eigenen Intuitionen und distanzierender Haltung:

> „Auf das Spontane folgt das Überlegte, auf die totale Akzeptierung folgt Kritik; auf die Intuition folgt strenges Denken; nach dem Wagnis kommt die Vorsicht; nach der Phantasie und Imagination kommt die Wirklichkeitserprobung" (Maslow 1973, 148).

Spontan, intuitiv, phantasievoll, einfallsreich mögen Kinder sein, Kontrolle und die Anbindung ihrer Einfälle und Ideen an das, was bereits bewährt ist, müssen sie noch lernen. Sie benötigen Freiräume zum Probieren, aber auch Verlässlichkeit, Regelmäßigkeit, Kontinuität, gerade wenn man ihnen die Möglichkeit bieten will, Wirklichkeit nach ihrem Tempo und nach ihrem Auffassungsvermögen zu erfahren, zu verarbeiten und zu verstehen – statt sie bloß, mehr oder weniger flüchtig, zu durchleben. Im Sachunterricht wird dieses sachliche Verhältnis gepflegt, systematisch und mit Bewusstsein entwickelt. Inhalte des Sachunterrichts sind daher nicht Gegenstände, Dinge, Teile der Wirklichkeit oder der Lebenswirklichkeit an sich, sondern Vorstellungen, die man sich aufgrund bestimmter Betrachtungsweisen (Perspektiven) von der Wirklichkeit macht.
Diese Vorstellungen lassen sich nach der Qualität des Wissens unterscheiden, auf das zurückgegriffen wird, wie zum Beispiel allgemeine Gültigkeit – subjektive Gültigkeit; geprüft – spekulativ; verstanden – bloß reproduziert/ geglaubt; umsichtige Anwendung – naive Anwendung.
Orientiert an dem Ziel, den Erwerb von Wissen zum angemessenen Verstehen der Umweltbeziehungen zu unterstützen, wird Sachunterricht zu dem Fach der Grundschule, in dem Schülerinnen und Schüler immer mehr und erstmals systematisch damit konfrontiert werden, dass es ein „Wissen" gibt, das auf geteilten Erfahrungen beruht oder zumindest auf der Vorstellung, dass jeder im Prinzip die Erfahrungen machen kann, die dem Wissen intersubjektiv Geltung verschaffen.
Kinder zu befähigen, „die Realität sowohl anderen als auch sich selbst zu erklären" (Youniss 1994, 106), bedeutet auch, sie in die Lage versetzen zu wollen, anderen eigene Interpretationen vor dem Hintergrund übergeordneter Wissenstraditionen, Regeln, gemeinsam geteilter Bedeutungen verstehbar werden zu lassen.

Im Sachunterricht der Grundschule wird Wissen, welches das Kind mehr oder weniger für sich alleine hat, immer mehr zu einem Wissen, das es mit anderen teilt. Dort können Kinder, die zunächst *in eigener Sache* unterwegs sind, angeleitet lernen systematisch *zur Sache* zu kommen.
Diese gezielte Unterstützung von Wissenserwerb *und* von Verständnis für die Qualität des Wissens, ist nur von der Schule zu erwarten.

3.5 Sachunterricht – ein Kerncurriculum für Demokratie und Kultur

Wenn Gegebenheiten der sozialen und materiellen Umwelt im Sachunterricht behandelt werden, unterliegt die Art der Weltbegegnung den besonderen Rahmenbedingungen der Institution Schule. Im Sachunterricht zeigt sich die Umwelt in einer vom schulischen Lernen geprägten Form.
Besondere Lernarrangements wie der Besuch außerschulischer Lernorte, die Zusammenarbeit mit nicht-schulischen Experten, der Ausbau von freien Arbeitsmöglichkeiten und vieles mehr können diese schulische Umrahmung der Umweltbegegnung mehr oder weniger differenzierend und vom vertrauten Schema abweichend gestalten. Aber es bleibt Lernen in schulischen Zusammenhängen.
Die damit verbundenen besonderen Bedingungen des Lernens und Lehrens müssen in ihren Auswirkungen auf das Fach Sachunterricht reflektiert werden. Es ist „wichtig einzusehen, was geschieht, wenn Lernprozesse systematisch veranstaltet werden" (Fend 1981, 64).
Ohne diese schultheoretischen Überlegungen besteht die Gefahr
– Vorstellungen über das in seiner außerschulischen Umwelt lernende Kind auf das in der Schule lernende Kind zu übertragen,
– somit sowohl an Kinder als auch an die Gestaltung von Lernumgebungen Anforderungen zu stellen, die unrealistisch sind
– und das Fach an Modeströmungen oder Fachegoismen auszuliefern (vgl. dazu Duncker & Popp 1994 b, 15 f.).

3.5.1 Lernen außerhalb der Schule
Außerhalb von Schule begegnet Kindern die Welt nach Maßgabe ihres persönlichen Umfeldes.
Was das Kind von der Welt außerhalb der Schule erfährt und *wie* es davon erfährt, ist mehr oder weniger geprägt von den Zufällen der Geburt und abhängig von verschiedensten Umständen.
Einige der wichtigsten Bedingungen, die beeinflussen, wie und was Kinder außerhalb der Schule von ihrer Umwelt lernen können, sind
– das Engagement der Eltern und deren Kenntnisse über Natur, Technik, soziale Systeme,
– die im häuslichen Umfeld vorhandenen Erfahrungen im Umgang mit sozialen Herausforderungen,

– Kontakte, die das soziale Umfeld den Kindern zu anderen Kindern, Familien, Erwachsenen ermöglicht,
– heute auch zunehmend die Art und Weise, wie Medien im häuslichen Umfeld konsumiert werden.

In den vielfältigen Arrangements der Alltagsbewältigung erfahren manche Kinder die jeweils vorgefundenen Beziehungen zwischen den Menschen als bloße Gegebenheit, die man hinnehmen muss. Sie müssen lernen, sich Werten und Normen anzupassen, auch ohne sie zu verstehen. Gewohnheiten des Einkaufens oder der Verkehrsmittelwahl werden mehr oder weniger gedankenlos hingenommen. Über die offenen und verdeckten Unterschiede in den Entfaltungsmöglichkeiten der Menschen wird nicht gesprochen.

Anderen wird von Eltern oder anderen Erwachsenen behutsam beigebracht, dass Regeln und Gewohnheiten des Zusammenlebens sich entwickelt haben, gestaltbar sind, von jedem Einzelnen zwar befolgt, aber auch nach Maßgabe seiner Verantwortung für sich und andere ausgelegt, ja verändert werden können.

Manche Kinder bekommen auf Fragen, die sie stellen, zum Beispiel über die Herkunft des Regens oder über die Beschaffenheit des elektrischen Stroms, über das Leuchten des Mondes, bestenfalls knappe, sachlich kaum angemessene Antworten. Andere werden gleich ganz abgewiesen mit dem Hinweis, im Moment sei für so etwas keine Zeit oder dies könnten sie erst später verstehen. Wiederum andere werden sorgfältig und behutsam an verfügbares Wissen herangeführt, so dass sich Interesse und Zutrauen in die eigenen Einsichtsfähigkeiten entwickeln kann.

Kurz: was Kinder wie von der Welt lernen, in der sie mit anderen zusammenleben und die sie mit anderen zusammen interpretieren und verstehen müssen, welche Anregungen sie bekommen und welche Ermutigungen, wie viel Zeit man ihnen lässt und welche Hilfen man ihnen gibt – all dies ist außerhalb von Schule den Zufällen von Geburt, sozialem Stand, dem Interesse und Engagement der Eltern, anderer Personen sowie von den Massenmedien abhängig.

Das Belieben der Personen, die für das Kind sorgen, ihre Verantwortlichkeit, ihr Weitblick, ihr Interesse entscheiden in hohem Maße mit darüber, was die Kinder von der Welt kennen lernen und wie sich ihr Wissen und ihre Fähigkeiten entwickeln.

Dies mag vielen Kindern durchaus befriedigende Entwicklungsmöglichkeiten geben. Doch es bleibt ein Lernen, das der Willkür von Menschen unterliegt, die dafür weder eine spezielle Ausbildung haben müssen noch professionell gesicherte Vorstellungen über das, was Kinder in bestimmten Altersstufen können und wissen sollten. Und für das, was sie für die Entwicklung der ihnen anvertrauten Kinder leisten oder unterlassen, werden sie nur dann zur Rechenschaft gezogen, wenn sie offenkundig gegen Gesetze verstoßen.

In ständischen und sich langsam, über Generationen entwickelnden Gesellschaften mag dieses unsystematische, zufällige, der Willkür anderer unterliegende Lernen

vom „Leben" als ausreichend angesehen worden sein, um sich hinreichend in den sozialen Schichten und in den Regionen zurechtzufinden, in die man hineingeboren wurde und die man – mit aller Wahrscheinlichkeit – sein Leben lang nicht verlassen würde.
Zumindest gilt dies für die große Masse der Bevölkerung (vgl. Dolch 1965, 99 ff.). In modernen, differenzierten und demokratischen Gesellschaften stellen sich andere Anforderungen.
Zum einen besteht der Anspruch, Kindern Bildungs- und Entwicklungsmöglichkeiten zu öffnen, die ihre Persönlichkeit eher nach der Maßgabe von Anlagen, Fähigkeiten und Interessen fördern und nicht nach den Zufällen von Geburt und Stand.
Zum anderen genügt es in verdichteten, komplexen und dynamischen Gesellschaften nicht, sich darauf zu verlassen, die für das gedeihliche Zusammenleben wünschenswerten Kenntnisse, Fertigkeiten und Fähigkeiten würden sich mehr oder weniger urwüchsig, aus dem Zusammenleben heraus, entwickeln.
Vielmehr bedarf es Fähigkeiten, Kenntnisse und Fertigkeiten, die man nicht nebenbei erwerben kann und bei denen es nicht gleichgültig ist, ob der Einzelne Gelegenheit hat, sie zu erlernen oder nicht.
So genannte Kulturfertigkeiten wie Rechnen, Schreiben, Lesen, heute zunehmend der Umgang mit Computer und anderen Medien, gehören ebenso dazu, wie elementare naturwissenschaftliche, technische und sozialwissenschaftliche Kenntnisse.
Politisch stellt sich damit der Anspruch, allen Kinder gleiche Entwicklungs- und Bildungschancen zu geben. Dies schließt den *pädagogischen Anspruch* ein, die Persönlichkeit des einzelnen Kindes zu fördern und den *fachlichen Anspruch*, dies nach Maßgabe aller relevanten Kenntnisse und Bedingungen zu gestalten.
Die einzige Institution, die sich daran messen lassen muss, wie sie diesen Ansprüchen gerecht wird, ist die Schule.
Schule gilt als diejenige gesellschaftliche Einrichtung, in der Fachleute mit professionellem Anspruch Lernumgebungen arrangieren und dafür begründungspflichtig sind (vgl. z. B. Bildungskommission NRW 1995, 32 f.; Fend 1981, 64 f.; Flitner 1996, 68; von Hentig 1993, 183–185).
Und die Grundschule ist die Einrichtung, in der Kinder als Lernende erstmals systematisch und regelmäßig mit Qualitätsansprüchen an das individuell vorhandene und zusammen mit anderen genutzte, kommunizierte und zu entwickelnde Wissen und an die eigenen Fähigkeiten konfrontiert werden (vgl. dazu Einsiedler 2000, 48; Hopf 1993 a, 45 f.; Negt 1997, 239 ff.; Neuhaus-Siemon 1996, 24 f.; Oswald 1998, 107 f.; Rabenstein 1985, 22; Schorch 2007, 42 ff.).

3.5.2 Besonderheiten des Lernens im Sachunterricht als schulische Veranstaltung

Erstmals wurden diese für eine ganze Gesellschaft geltend gemachten Ansprüche an die Grundschule vom preußischen Ministerium für Kunst, Wissenschaft und Volksbildung in den 1921 verabschiedeten „Richtlinien zur Aufstellung von Lehrplänen für die Grundschule" formuliert:

> „Die Grundschule als die gemeinsame Schule für alle Kinder der ersten vier Schuljahre hat die Aufgabe, den sie besuchenden Kindern eine grundlegende Bildung zu vermitteln, an die sowohl die Volksschule der vier oberen Jahrgänge, wie die mittleren und höheren Schulen mit ihrem weiterführenden Unterricht anknüpfen können. Sie muss deshalb alle geistigen und körperlichen Kräfte der Kinder wecken und schulen und die Kinder mit denjenigen Kenntnissen und Fertigkeiten ausrüsten, die als Grundlage für jede Art von weiterführender Bildung unerlässliches Erfordernis sind." (Ministerium für Wissenschaft, Kunst und Volksbildung 1921, 186)

Hier sind die wesentlichen Ansprüche formuliert: eine grundlegende, weiterführende und der Entwicklung des Kindes dienende Bildung zu sichern.

Was im Einzelnen zu diesen allgemein bildungsrelevanten Inhalten gezählt wird, unterliegt dem sozialen Wandel, den verschiedenen Weltbildern, Interessen, fachwissenschaftlichen und pädagogischen Erkenntnissen und vielem mehr und kommt in Lehrplänen und Richtlinien zum Ausdruck (vgl. dazu Neuhaus-Siemon 2005). Aber *dass* diese Inhalte verantwortlich ausgewählt und begründet und so an die Kinder herangetragen werden, dass sie und die Gesellschaft möglichst viel Nutzen davon haben, dies ist in modernen Gesellschaften die herausragende Aufgabe von Schule und Unterricht und den dafür professionell ausgebildeten Lehrerinnen und Lehrern.

Diese übernehmen – im Gegensatz zu anderen an der Bildung und Erziehung von Kindern mitwirkenden Personen – Verantwortung vor dem Hintergrund professioneller Standards und sind, auf der Basis dieser Standards, rechenschaftspflichtig.

Damit ist Lernen in der Schule, und damit auch im Sachunterricht, grundlegend anders als sonst im Leben

– Erstens ist es intentional, bezogen auf ein Programm, gestaltet.
  Dieses als Lehrplan oder Richtlinie gegebene Programm mag im Einzelfall detailliert oder sehr allgemein sein, genaue inhaltliche und zeitliche Vorgaben machen oder den Handlungsspielraum für Unterrichtende weitgehend offen halten. Entscheidend ist, dass es Lernangebote gewährleisten soll, um jene Bildungs- und Erziehungsziele zu erreichen, die jeweils als notwendig bzw. wünschenswert gelten.
  Die Begegnung und Verarbeitung von Welt findet statt im *Modus des Unterrichts*: im Prinzip planvoll, so arrangiert, dass erwünschte Lernprozesse wahrscheinlich werden und so gestaltet, dass spätere Lernprozesse daran anschließen können.
– Zweitens unterliegt die intentionale Gestaltung von Bildungs- und Erziehungseinflüssen professionellen Ansprüchen.

Lehrerinnen und Lehrer des Sachunterrichts müssen ihre Arbeit vor dem Hintergrund rechtlicher Bestimmungen und relevanter fachlich-wissenschaftlicher Erkenntnisse und Sichtweisen rechtfertigen können.

Sie können zwar nicht allein verantwortlich gemacht werden für den Erfolg von Sachunterricht. Dies würde Ergebnisse von Lernangeboten fachlich unangemessen monokausal auf das Lehrerhandeln verengen und andere wichtige Einflüsse wie außerschulische Erfahrungen, Assoziationen der Lernenden, wenig steuerbare Vorkommnisse in Schule und Unterricht sowie Rahmenbedingungen des Lehrens und Lernens in der Schule zu wenig berücksichtigen.

Aber Lehrerinnen und Lehrer sind dafür verantwortlich, Lernumgebungen so zu gestalten, dass sie sich vor dem Hintergrund fachlich-wissenschaftlicher Erkenntnisse rechtfertigen lassen.

Schulisches Lernen unterscheidet sich von dem sonst in der Auseinandersetzung mit Umwelt mehr oder weniger gezielt oder zufällig stattfindenden Lernen damit durch die *Gebote der Systematik* und der *Legitimation*.

Um es ein wenig zuzuspitzen: Im Sachunterricht in der Schule kann man deshalb etwas Sinnvolles über die natürliche und soziale Umwelt lernen, weil man es dort nicht wie im Leben lernt, nämlich eher zufällig, von den Angeboten der Umgebung und den eigenen Befindlichkeiten abhängig, sondern systematisch angeboten, legitimiert und mit Ansprüchen versehen.

Gerade weil die Schule nicht ist wie das Leben, kann sich Sachunterricht mit Aussicht auf Erfolg vornehmen, „Kinder und Jugendliche fähig zu machen, dass sie zunehmend kritischer, weitsichtiger, gescheiter, risikobewusster, kalkulierter und humorvoller in der Wirklichkeit, in der sie verstrickt sind, handeln können" (Giel, Hiller & Krämer 1974 a, 12).[3]

Um dies zu erreichen, hat Sachunterricht die anspruchsvolle Aufgabe, Lernprozesse so zu gestalten, dass den Kindern, die erstmals systematisch mit allgemein gültigen Qualitätsansprüchen an Wissen konfrontiert werden, eine „Aussöhnung mit etablierten Konzepten und Propositionen" (Ausubel 1973, 37) gelingt.

3.5.3 Sachunterricht als arrangierte Umweltbeziehungen

Im Sachunterricht erfahren die Kinder, dass nicht mehr das, was man für sich alleine weiß und für richtig hält, als Wissen gilt, sondern zunehmend das, was auch andere einsehen, verstehen, nutzen können.

In der Interaktion mit anderen, denen man etwas erklärt oder plausibel machen muss, mit deren Einwänden man umgeht und deren Vorschläge man abwägt, annimmt, verwirft, wird Wissen, auf das man vertraut, einer Bewährung unterzogen. Der Anspruch an das, was als Wissen gilt, wird dabei *universeller*.

Wissen soll nicht mehr nur bezogen auf eigene Lebensweltprobleme und -interpretationen gültig sein. Zugleich wird der Gebrauch der Symbole, mit denen Wissen kommuniziert wird (spezielle Wortbedeutungen, Fachausdrücke, mathematische

Symbole) *spezifischer*. Man kann sein Wissen nicht mehr „irgendwie" ausdrücken, sondern muss sich an Regelungen halten, die allgemein verstanden und akzeptiert werden.

Nach und nach wird das eigene Wissen zu einem Wissen, das man mit anderen teilt und das damit nicht nur subjektiv, sondern intersubjektiv als gültig angesehen werden kann. So erwirbt man Wissen, auf das man sich verlassen kann. Es ist belastbar in dem Sinne, dass es nicht nur für die Umstände des jeweiligen Augenblicks gilt. Speziell für den Sachunterricht kommt diese Anforderung vielfältig zum Ausdruck.

- So müsse Sachunterricht darauf abzielen, „das scheinbar Bekannte oder Alltägliche wieder neu in den Blick zu bekommen, wieder fremd zu machen" (Popp 1985, 64).
- Er soll „die in der subjektiven Erfahrung verwobenen Probleme ... vor dem Hintergrund zusätzlicher Informationen durchschaubar" (Duncker & Popp 1994 b, 24) machen.
- Im Sachunterricht sei der Blick für Zusammenhänge (vgl. Giel 1994, 47) zu öffnen.
- Das Fach soll „für die Komplexität der gesellschaftlichen Vorgänge" (Hahn & Hiller 1975, 190) sensibilisieren.
- In diesem Fach werden Methoden und Verfahren zur Wirklichkeitserschließung eingeübt (Köhnlein 1998, 36).

So unterschiedlich diese fachdidaktischen Ansprüche sich auch artikulieren – gemeinsam ist ihnen die Erweiterung über das hinaus, was durch individuelle Tätigkeit in der Umwelt an Lernmöglichkeiten erschlossen wird.

Ob „Verfremdung", „zusätzliche Informationen", „Blick für Zusammenhänge", Erwerb von Methoden und Verfahren – reklamiert wird eine Leistung des Faches, das sich gerade nicht in der Reproduktion dessen erschöpft, was Kinder schon wissen und erfahren haben oder quasi von sich aus erfahren würden. Vielmehr wird beansprucht, dass Unterricht auch Lernmöglichkeiten an das Kind heranträgt.

Sachunterricht kann daher als eine Inszenierung von Umweltbedingungen angesehen werden, die Schülerinnen und Schüler dazu bringen sollen, sich so mit den sozialen und natürlichen Umweltgegebenheiten auseinander zu setzen, dass sie in den dafür zur Verfügung stehenden Zeitspannen etwas lernen, was didaktisch als sinnvoll gilt (vgl. dazu auch Giel 1994, 21).

Schule ist die kulturell legitimierte Institution, die die Rahmenbedingungen dafür schafft, dass diese Inszenierung von Umweltbedingungen im Prinzip regelmäßig, zuverlässig, kalkulierbar und legitimierbar erfolgt.

Nicht nur das, was dem Einzelnen auf Grund der Zufälle seiner Biographie, seiner besonderen Umweltbeziehungen und seiner bisherigen Erfahrungen unmittelbar als sinnvoll erscheint, soll er lernen können (und müssen), sondern auch das, was von den dafür Verantwortlichen und dazu Legitimierten als nützlich und/ oder sinnvoll angesehen wird.

Legitimiert wird das heute damit, dem Einzelnen eine Entwicklung, das heißt, eine zukünftige Auseinandersetzung mit Umwelt zu ermöglichen, die für ihn persönlich als förderlich und für das Zusammenleben mit anderen zumindest als verträglich angesehen werden kann.
Speziell für den Sachunterricht heißt dies, dass dort Gegebenheiten der sozialen und materiellen Umwelt *aus guten Gründen* zu Inhalten und Themen des Unterrichts gemacht werden sollen.
Die Bedeutung für die Schüler, deren momentanes Interesse, ihre Einfälle und Ideen sind dann wichtige, notwendige, aber eben nicht hinreichende Bedingungen für die Auswahl und Strukturierung von Inhalten, denn Schule hat auch die Funktion für das zu interessieren, was noch nicht im Horizont der Lernenden liegt – und an sie herangetragen werden soll.
Gerade in einer Gesellschaft, die sich immer weiter ausdifferenziert und in der Lebenswelterfahrungen alleine nicht mehr ausreichen, um eine gemeinsame Basis für die Verständigung zu sichern, wird diese Aufgabe immer wichtiger.
Wenn, wie in den modernen Gesellschaften, Lebenswelten, Erfahrungsmuster und Wertvorstellungen vielfältiger werden, wächst der Bedarf nach Sicherung von gemeinsam nutzbaren Verständigungsgrundlagen. Von welcher Institution kann man heute sicher und zuverlässig verlangen, dass sie diese Grundlagen mit schafft?
Eine der wenigen, wenn nicht die einzige Institution, von der man dies erwarten und einfordern kann, ist in einer pluralistisch orientierten Gesellschaft die Schule. Ihr kommt die Aufgabe zu, allen Schülerinnen und Schülern die Wertebasis und die sachlichen Grundlagen unseres Zusammenlebens, unserer Kultur, deutlich zu machen. Auch in Familien, in Religionsgemeinschaften oder Vereinen mag dies geschehen. Aber dies ist längst nicht in allen Familien der Fall und Religionen geben heute vielen Menschen keine Antwort mehr auf Fragen, die sie bewegen (vgl. Kapitel 2.3.3, S. 83 ff.).
Wenn man es nicht dem Zufall von Geburt, Stand und Lebensweise überlassen möchte, welche Chancen Kinder haben, etwas Sinnvolles über diese Welt zu erfahren, dann muss sich eine Institution dafür verantwortlich fühlen und diese schwierige, aber für das zivilisierte Zusammenleben so unverzichtbare und wertvolle Aufgabe übernehmen – und das ist die Schule. Ihr kommt, sowohl mit Blick auf die Persönlichkeitsentwicklung des Einzelnen als auch mit Blick auf das Zusammenleben mit anderen, die grundlegende Aufgabe zu, allen Schülerinnen und Schülern angemessene Lernchancen zu bieten. Unabhängig von den Besonderheiten ihrer Lebenswelt sollen Kinder und Jugendliche diejenigen Fähigkeiten, Kenntnisse und Fertigkeiten erwerben können, die nach bestem pädagogischen Wissen und Gewissen ihrer persönlichen Entwicklung und dem Zusammenleben mit anderen dienen. Bezogen auf natur- und sozialwissenschaftlich deutbare Phänomene, Gegebenheiten, Entwicklungen und Beziehungen ist der Sachunterricht in der Grundschule der Lernbereich, in dem dafür Grundlagen gelegt werden können.

Er sorgt mit dafür, dass alle Kinder gleiche Chancen haben, in den natur- und sozialwissenschaftlichen Bereichen etwas zu lernen, was sinnvoll zu begründen ist – und zwar unabhängig davon, ob die Kinder in Flensburg oder in Starnberg, in Trier oder in Bautzen aufwachsen, in reichen oder armen Familien, katholisch, evangelisch, muslimisch oder atheistisch. Sachunterricht sorgt damit dafür, dass die heterogenen vor- und außerschulischen Erfahrungen von Kindern erstmals systematisch unter technischen, ökonomischen, naturwissenschaftlichen, sozialen und politischen Perspektiven betrachtet, aufgearbeitet und vor allem erweitert werden. So können sich in nachwachsenden Generationen einer heterogenen Gesellschaft gemeinsam geteiltes Wissen und gemeinsam reflektierte Erfahrungen herausbilden. Damit entsteht eine Basis für die Verständigung über die Grenzen von Gender, Kultur, Religionen und Milieu hinweg zu sichern. Die Grundschule wurde einmal wegen ihres Anspruchs, eine Schule für alle Kinder zu sein, zu Recht als „Schule der Demokratie" bezeichnet. In diesem Sinne wäre dann der Lernbereich Sachunterricht das Kerncurriculum für Demokratie und Kultur und die Lehrkräfte des Sachunterrichts sind deren Treuhänder. Sie arrangieren die geeigneten Lernumgebungen.
Unter Lernumgebung sollen hier zunächst die materiellen und immateriellen Bedingungen gerechnet werden, die Lernen beeinflussen.
Zu ihr gehören sowohl räumliche Bedingungen als auch die zum Gegenstand des Lernens werdenden Inhalte und Themen, Unterrichtsmethoden, -techniken, die Person des Lehrers, die anderen Schüler, Medien und vieles mehr (vgl. Mandl & Reinmann-Rothmeier 1995, 15).
Die Lernumgebung lässt sich als Schnittstelle zwischen Lehren und Lernen oder, mit den Worten der Systemtheorie, als Grenze zwischen dem lehrenden und dem lernenden System verstehen.
Lehrende arrangieren Lernumgebungen, indem sie Inhalte herantragen, Impulse setzen, Fragen stellen, Material einbringen, auf Einhaltung von Gesprächs- und Interaktionsregeln achten, Hilfen anbieten, loben und tadeln, Inhalte sequenziert oder komplex anbieten, Lernmaterialien zur Verfügung stellen usw.
Ihre unmittelbare Wirkung bezieht sich dabei immer nur auf die Gestaltung der Lernumgebung. Ein direkter, als Ursache-Wirkung deutbarer Weg vom Handeln der Lehrenden zum Lernen der Schüler, wie es Vorstellungen vom Lehren als Unterweisen, als Vermittlung von Stoff, als Rezeption des Gelehrten durch Lernende nahe legen, steht nicht zur Verfügung.
Daher ist es sinnvoll, deutlich zwischen *Lernsituationen* und *Lernumgebungen* zu unterscheiden.
Lehrerinnen und Lehrer haben zwar die Gestaltungskompetenz für die Schaffung von Lernumgebungen, nicht aber für das individuelle Lernen selbst.
Sie schaffen mit ihren Arrangements eine Lernumgebung.
Subjektiv wirksame *Lernsituationen* für die einzelnen Schülerinnen und Schüler entstehen jedoch erst, wenn Lernende den *für sie* interessanten Zugang finden, Be-

züge *zu ihren* Erfahrungen herstellen, *eigene Wege* für die Bearbeitung von Aufgaben und Problemen entdecken und *individuell* mit den Vorschlägen und Kritiken anderer zurechtkommen.

Lernumgebungen mögen nach allen Regeln des „state-of-the-art", also einschlägiger Bezugsdisziplinen und Fachdidaktiken, gestaltet sein, doch letztlich entscheiden die subjektiven Wahrnehmungen, die subjektiv verfügbaren Assoziationen und damit die individuellen kognitiven Konstruktionen darüber, welche tatsächlichen Effekte bei den Schülerinnen und Schülern erreicht werden.

Lehren mag Lernen zur Folge haben, aber nicht als planbare Punkt-für-Punkt-Beziehung zwischen Gelehrtem und Gelerntem.

Im Gegensatz zu einem früher vorherrschenden Verständnis vom Lehren als Unterweisen, als Vermittlung von Stoff, der nur angemessen aufbereitet werden muss, um zu gewünschten Lernerfolgen zu führen (vgl. dazu Mandl & Reinmann-Rothmeier 1995, 15 ff.), wissen wir heute, dass Lernende sich auf der Grundlage ihres Vorwissens, ihrer Deutungen, ihrer subjektiven Verarbeitungsweisen und nicht zuletzt ihrer Motivationen und Interessen aus dem Lehrangebot das herausziehen, was Lernen zur Folge hat (vgl. Gerstenmaier & Mandl 1995, 875; Hasselhorn & Mähler 1998, 86 f.).

Bildlich gesprochen: Es gibt keinen direkten Weg in den Kopf des Schülers, sondern nur den Umweg über die Gestaltung von Lernumgebungen.

Bereits Dewey hielt es für geboten, zwischen der Planung des Lehrers und dem sich tatsächlich abspielenden Lernprozess zu unterscheiden (vgl. Dewey 1910, hier 1951, 214 ff.).

Das Arrangement der Lernumgebung durch den Lehrer führt nicht automatisch zu Lernsituationen. Und weil „jeder Lernende das gleiche Objekt oder Ergebnis etwas anders interpretiert" (Gerstenmaier & Mandl 1995, 875), ist die Lernumgebung, wie sie von Lehrenden arrangiert wurde, nicht identisch mit der Lernumgebung, wie sie auf den einzelnen Lernenden wirkt – das gilt auch für Lernumgebungen, die konstruktivistisch angelegt sind.

Zwar gibt es keine Erfolg garantierende Strategie, Lernsituationen herbeizuführen. Aber aus den Erkenntnissen der Lehr-/ Lernforschung lassen sich *Merkmale von Lernumgebungen* bestimmen, die *Lernsituationen* begünstigen. Unter anderem sind dies

– attraktive Ziele für die Lernanstrengung erkennbar machen (vgl. Aebli 1987, 21),
– die Erfahrung fördern, etwas zu können („Kompetenzmotivation"; vgl. Bruner 1973, 22; Suchman 1973, 247; Weinert 1996, 7),
– vorhandenes Wissen und vorhandene Vorstellungen stimulieren (vgl. Gerstenmaier & Mandl 1995, 874 f.; Hasselhorn & Mähler 1998, 86 f.),
– dazu herausfordern, bereits vorhandenes Wissen zu rekonstruieren und die darin enthaltenen Annahmen zu prüfen (vgl. Duit 1997; Osborne & Freyberg 1985),

— Kooperation mit anderen anregen, um Wissen in verschiedene Zusammenhänge einzuordnen und aus unterschiedlichen Perspektiven zu betrachten (vgl. Gerstenmaier & Mandl 1995, 879; siehe auch Dubs 1995, 890 f.; Duit 1995, 196; Götzfried 1997; Lankes 1997).

Diese Merkmale tragen dazu bei, eine „starke Lernumgebung" (Dubs 1995, 893) zu schaffen, aber sie garantieren keinen Lernerfolg.

Was aus Sicht der Lehrenden, auf der einen Seite der Systemgrenze im Lehr-Lern-Geschehen, als ein Arrangieren von Lernen erscheint, sind, von der anderen Seite der Grenze her gesehen, Umweltbedingungen, in und mit denen Lernende ihre Konstrukte schaffen.

In der von Lehrenden *arrangierten Lernumgebung* schaffen sich Lernende die für sie *wirkende Lernumgebung* als die im Lernen realisierte Beziehung zur Umwelt. Solche Lernsituationen sind subjektbezogen und nur das Subjekt selbst kann entscheiden, ob und was aus dieser Begegnung mit der Lernumgebung als Veränderung der Person mitgenommen, was also als Lernen realisiert wird.

Man würde sich über diese und weitere im schulischen Lernumfeld wirksamen Bedingungen des Lernens hinwegtäuschen, wenn man aus der Einsicht, Lernen vollziehe sich als individuelle Konstruktion von Wissen, die Rolle der Lehrenden für die Qualität dieser Konstruktionen unterschätzte.

Befunde der Unterrichtsforschung, nach denen der Einzelne dann effektiv lernt, wenn Unterrichtsinhalte strukturiert und im Rahmen einer wirksamen Unterrichtsorganisation mit klaren Regeln, intensiver Nutzung der Zeit für fachliches Arbeiten und mit Kontrolle von Störungen angeboten werden (vgl. Einsiedler 1997 c; Dammer 1996, 168), sind mit einem konstruktivistischen Verständnis des Lernens im Sachunterricht durchaus vereinbar.

Der Einzelne mag seine Konstruktionen für sich alleine schaffen, doch er ist dabei nicht unabhängig von den Einflüssen der Umgebung, in der sich Plausibilität, Nützlichkeit und Brauchbarkeit der jeweiligen Konstrukte erweisen. Immerzu wirken Einflüsse auf den Lernenden ein, und so stellt sich die Frage, ob die Einflüsse mehr oder weniger willkürlich, zufällig und unkontrolliert erfolgen oder eher strukturiert, auf sorgfältigen Beobachtungen beruhend, abgestimmt, instruierend und adaptiv, also unterstützend an die beobachtbaren Lernweisen der Schüler angepasst.

Allerdings ist dieses Entgegenkommen gegenüber individuellen Lernstilen und Lernweisen im Sachunterricht in der Schule wiederum nur begrenzt möglich.

Außerhalb der Schule können sich Kinder im Prinzip beliebig lange und intensiv, auf unterschiedliche Art und Weise mit dem Gegenstand ihrer Aufmerksamkeit beschäftigen – und dabei lernen.

Im Sachunterricht unterliegt das individuelle Lernen den Zwängen, die sich daraus ergeben, dass der Einzelne in der Schule in einer Lernumgebung lernt, die er mit anderen teilt.

Die Auseinandersetzung mit Inhalten aus der sozialen und materiellen Umwelt im Sachunterricht als Teil von Schule ist damit in ein nicht auflösbares Spannungsfeld zwischen verallgemeinerbaren Ansprüchen und der je individuellen Lernvoraussetzung und -bereitschaft eingebettet. Als „verallgemeinerbar" sollen jene Ansprüche an Auswahl und Gestaltung von Inhalten gelten, die sich nicht nur mit dem individuellen, sich situativ äußernden Interesse der Kinder rechtfertigen lassen, sondern die über die persönlichen Lernvoraussetzungen hinausgehende Anforderungen berücksichtigen.
Diese verallgemeinerbaren Ansprüche sind Kennzeichen schulischen Lernens.
Sie ergeben sich aus der anzustrebenden Systematik bei der Auswahl und Strukturierung von Lerninhalten, aus der Legitimation für Unterrichtsinhalte und Ziele sowohl mit Blick auf die Persönlichkeitsförderung des einzelnen Kindes als auch auf Anforderungen des gesellschaftlichen Zusammenlebens, aus zeitlichen und materiellen Rahmenbedingungen für das Lernen in der Schule sowie nicht zuletzt aus der Einbettung der individuellen Auseinandersetzung mit den Inhalten des Lernens in ein dichtes Netz sozialer Beziehungen innerhalb der Schulklasse.
Weil Lernumgebungen auch nach Maßgabe dieser Ansprüche gestaltet werden müssen, ist *schulisches Lernen notgedrungen auch immer ein arrangiertes Lernen*.
Man kann zwar hoffen, das Interesse und die Engagementbereitschaft der Kinder für den im Unterricht zu bearbeitenden Sachverhalt zu wecken.
Aber selbst Optimisten werden nicht ernsthaft unterstellen wollen, dass zwanzig und mehr Schülerinnen und Schüler mit unterschiedlichen Vorerfahrungen, Assoziationen, Erinnerungen an die nahe und unmittelbare Vergangenheit nichts Besseres zu tun und zu denken hätten, als sich während des Sachunterrichts mit ganzem Engagement den jeweiligen Angeboten zu widmen.
Zwar kann man versuchen, mit differenzierten Angeboten den individuellen Lernvoraussetzungen eher gerecht zu werden. Aber die Möglichkeiten der Differenzierung sind durch die schulische Lernumgebung als eine mit anderen geteilte Lernumgebung notwendig begrenzt. Die Aufhebung dieser Grenzen würde zur Aufhebung von Schule führen.
So ist es bei Einführung eines neuen Themas notwendig darauf zu achten, dass die sachlichen Voraussetzungen bei den Lernenden gesichert und Anknüpfungsmöglichkeiten für weiteres Lernen geschaffen werden.
Um ergiebig Unterricht über den Preisvergleich als sinnvolles Verbraucherverhalten durchführen zu können, ist es zum Beispiel unverzichtbar, dass die Schüler zuverlässige Vorstellungen über Produktqualität und elementare Einsichten in Preisgestaltung besitzen.
Die im Unterricht zu verhandelnde Sache muss daher auf sachlichen Voraussetzungen aufbauen und sachlich weitergeführt werden können.
Die Aufgabe des Sachunterrichts, auch gesellschaftlich als nützlich angesehene Leistungen zu erbringen, schließt die Orientierung lediglich an den subjektiven

Interessen der Lernenden aus. Zeitliche Zwänge regulieren ebenso wie materielle Rahmenbedingungen die Art und Weise der Auswahl und des Umgangs mit Unterrichtsinhalten.

Und auch die gewollte Einbettung individuellen Lernens in eine Lernumgebung, die der Einzelne mit anderen teilt, grenzt den Spielraum ein, die jeweils subjektive Lernstile und Bearbeitungsweisen beanspruchen.

Die Möglichkeit jedes Einzelnen, sein Vorwissen, seine Erfahrungen, seine Assoziationen und Ideen in den Sachunterricht einzubringen, sind nicht beliebig offen, sondern durch das Arrangement der Lernumgebung als eine gemeinsam geteilte Lernumgebung beschränkt.

Differenzierungsangebote können diesen Spielraum ausweiten, aber die Organisationsform des Lernens in Gruppen bzw. in der Schulklasse setzt dem Entgegenkommen gegenüber persönlichen Motiven, Lernstilen, Verarbeitungsweisen Grenzen. Nicht jede Aktivität, nicht jede Idee, nicht jede Inanspruchnahme von Zeit, pädagogischem Engagement, Zuwendung anderer, sachlicher Mittel etc. kann akzeptiert werden, wenn möglichst vielen die Chance gegeben werden soll, im Sachunterricht einen subjektiv ansprechenden Weg der Auseinandersetzung mit der Sache zu gehen.

Lehrerinnen und Lehrer wirken dabei als „Anwälte" der Sache und sorgen dafür, dass die jeweils bedeutsamen Gesichtspunkte bei der Beurteilung eines Problems und der Lösungen angemessen beachtet werden. Und weil dabei Wissen und Erfahrungen an die Schüler herangetragen werden, wird auch eine Art „Ökonomie der Erfahrung" möglich.

Hineinwachsen in eine von anderen bewohnte, gestaltete und mehr oder weniger bewältigte Welt erlaubt es nicht, jede notwendige oder gar nützliche Kenntnis durch eigene Erfahrung selbst zu erwerben. Vielmehr ist es sinnvoll, auch bewährtes Wissen zu nutzen.

Organisiert ist dieses Wissen in Fächern. Sie bieten nach Maßgabe ihrer jeweiligen Fragestellungen, Methoden und Traditionen gültiges Wissen und stellen es systematisch und vom Anspruch her nachvollziehbar und in sich stimmig bereit (vgl. Memmert 1997, 31 f.; Popp 2000, 25).

Die eigenen Ideen, Intuitionen und Auffassungen der Grundschülerinnen und Grundschüler geraten somit im Sachunterricht in ein Spannungsfeld mit dem, was bei anderen Resonanz findet. In diesem Spannungsfeld bilden sich grundlegende Haltungen im Umgang mit eigenen Fähigkeiten und Wissen heraus.

Dazu gehören unter anderem
- eine Balance zu entwickeln zwischen Vertrauen auf das eigene Wissen und die eigenen Fähigkeiten und Anerkennung von Kritik vor dem Hintergrund von Standards, die als allgemein gültig eingesehen und anerkannt werden
- Freude am Entdecken von Neuem verbinden zu können mit konzentriertem Anwenden von bereits Bekanntem

- die kreative Suche nach Einfällen, Ideen und Lösungen mit dem systematischen Erlernen von Grundlagen zu verbinden
- Kriterien zu erwerben, die es ermöglichen, die Zuverlässigkeit und Brauchbarkeit von Informationen und Mitteilungen zu beurteilen
- darauf aufbauend Bewusstsein dafür zu erwerben, woher man etwas weiß und wieso etwas als Wissen gilt
- Strategien zum zielgerichteten Erwerb neuen Wissens
- Wissen und Fähigkeiten sowohl für persönliche Ziele anwenden als auch für gemeinsam zu lösende Probleme und Aufgaben bereitstellen zu können

Lernen im Sachunterricht muss sich somit im Spannungsfeld zwischen systematischen, das heißt auch immer fachlichen Anforderungen und lebensweltlich rekonstruierbaren Bezügen entwickeln.

Damit bewegt es sich auf einer unvermeidbaren Gratwanderung zwischen dem Risiko einer „curricularen Überreglementierung" (Habermas 1988, 545) und dem Risiko der Trivialisierung.

Auf der einen Seite besteht die Gefahr, den Wissenserwerb curricular eng zu führen. Lernen wird dann an eine tatsächliche oder vermeintliche Fachstruktur angebunden, mit allen Folgen, die eine derartige Pseudo-Verwissenschaftlichung mit sich bringt: Schüler finden immer seltener den Bezug des Stoffes zu eigenen Fragen. Sie lernen, weil abgefragt wird und meiden die für den Erwerb verständigen Wissens nötigen Umwege, die vom verlangten „Stoff" ablenken.

Andererseits besteht ohne Orientierung an der Systematik von Fächern das Risiko, den Lernprozess zu sehr von den situativen Einfällen und Gegebenheiten und von den mehr oder weniger zufällig vorhandenen Wissensvoraussetzungen der beteiligten Lehrenden und Lernenden abhängig zu machen.

Bleibt man zu sehr den Lebenswelterfahrungen der Schüler verhaftet, dann vernachlässigt man die hinweisende, zeigende, neue Aspekte erschließende Funktion von Unterricht.

Bezieht man sich jedoch zu sehr auf die Systematik des Faches, besteht die Gefahr, den zu vermittelnden Gegenstand, den Inhalt, höher zu gewichten, als den Prozess der Einsichtsfähigkeit.

So macht man die Schüler nicht zu aktiven Lernenden, die sich in Auseinandersetzung mit Sachverhalten eigene Fähigkeiten und Deutungen aneignen, sondern sie werden zu Empfängern fremder Beobachtungen von der Welt.

Für die Gratwanderung zwischen den unendlich verzweigten Verästelungen des Dickichts eigener Erfahrungen, Assoziationen, individueller Sichtweisen einerseits und den imposanten Stoffgebirgen der Fachdisziplinen andererseits gibt es keinen didaktischen Königsweg. Das Gleichgewicht zwischen notwendigem Lebensweltbezug und hinreichender Fachorientierung ist immer wieder neu, bezogen auf die Lernvoraussetzungen der konkreten Lerngruppe, auszuloten.

Wie im nächsten Kapitel zu zeigen sein wird, gelingt dies den Konzeptionen, an denen sich Sachunterricht orientiert oder die für den Sachunterricht entwickelt worden sind, unterschiedlich gut.

In diesem Kapitel ging es darum …
… der für Sachunterricht grundlegenden Orientierung auf Sachlichkeit auf den Grund zu gehen und zu klären, inwieweit eine Haltung der Sachlichkeit Schülerinnen und Schülern hilft, Umwelt zu erschließen.
Um den besonderen Beitrag von Sachunterricht für das Erschließen von Umweltbeziehungen erfassen zu können, wurde zunächst das Wechselverhältnis zwischen Mensch und Umwelt näher betrachtet. Damit Menschen in ihrer Umwelt überlebensfähig werden und bleiben, benötigen sie hinreichend angemessene Vorstellungen über die Umwelt. Diese werden in einem Zusammenspiel aus selektierender und bereits interpretierender Wahrnehmung, Aktivität, Anpassung bisheriger Interpretationen (Lernen), Erweiterung der Handlungsmöglichkeiten (Können), Aufbau neuer Vorstellungen usw. erworben.
Die Angemessenheit von Vorstellungen bezieht sich allerdings nicht nur auf ihren Beitrag zum bloßen biologischen Überleben. Als soziale und kulturelle Wesen sind Menschen notwendig darauf angewiesen, sich in einer mit anderen geteilten Umwelt weiterzuentwickeln. In dem Maße, wie der Einzelne lernt, dabei auf gemeinsam geteiltes und belastbares Wissen zurückzugreifen, wachsen seine Entfaltungsmöglichkeiten und Handlungsspielräume sowie seine Fähigkeit, die eigenen Ziele mit den Ansprüchen und den Interessen anderer auszubalancieren.
Um Wissen flexibel und situationsangemessen nutzen zu können, muss es verstanden worden sein. Verstehen schließt ein, die Grenzen eigenen Wissens für die Absicherung erfolgreichen Handelns zu beachten. Für diese Grenzen gibt es mit Bezug auf sozialwissenschaliche Wissensgebiete andere Gründe als mit Bezug auf naturwissenschaftliche Gebiete.
Der Sachunterricht in der Grundschule ist der Ort, an dem dieser verstehensorientierte Erwerb von Wissen zur Erschließung von Umweltbeziehungen grundgelegt, systematisch unterstützt und gepflegt werden kann.
Ob dies gelingt, hängt auch von den Konzeptionen ab, nach denen Sachunterricht geplant, gestaltet und analysiert wird. Darum wird sich das folgende Kapitel mit Konzeptionen des Sachunterrichts beschäftigen.

So könnten Sie Ihre Lernergebnisse anwenden und sichern:
1. „Lernen mit allen Sinnen" ist ein vielzitiertes Schlagwort gerade in der Grundschulpädagogik. Versuchen Sie mit Bezug auf den Teil 3.2 einige Leistungen und Grenzen dieser Vorstellung zusammenzustellen.
2. Versuchen Sie, den Unterschied zwischen bloßer Aktivität und Handlung darzustellen!

3. Auf Seite 108 wird gesagt, Wissen müsse von einer wertorientierten Haltung wie „Anstand" begleitet werden. Geben Sie bitte drei Beispiele für die Gefahr an, dass Wissen rücksichtslos eingesetzt werden kann, wenn es nicht von dieser Haltung begleitet wird. Mindestens ein Beispiel davon sollte sich auf das Grundschulalter beziehen.
4. In Abschnitt 3.3 (S. 108 f.) sind viele Belege für die Fallstricke von Alltagswissen angeführt. Versuchen Sie, etwas über die Autoren herauszubekommen und Ihren Mitstudierenden darzustellen. Suchen Sie aus dem Katalog der dort angeführten Aussagen über die Grenzen des Alltagswissens drei Positionen heraus und geben Sie dafür Beispiele aus ihrem eigenen Erfahrungsbereich.
5. Charakterisieren Sie in Stichwörtern, was man unter „explizitem", „implizitem" und „bildlichem" Wissen verstehen kann!
6. Am Ende des Abschnitts 3.3 (S. 119 f.) sind einige Argumente für den Stellenwert zuverlässigen und gemeinsam geteilten Wissens sowohl für die individuelle als auch für die gesellschaftliche Entwicklung zusammengestellt. Versuchen Sie, zu jedem dieser Punkte aus Ihrem eigenen Erfahrungsbereich ein Beispiel zu finden!
7. Auf was „verstehen" Sie sich besonders gut? Können Sie anderen begründen, worauf diese verstehende Könnerschaft beruht?
8. Sie kennen das doch auch: Man gibt sich viel Mühe, sich einem anderen verständlich zu machen – und man hat den Eindruck, es gelingt nicht. Mögen Sie ein Beispiel dafür mit anderen erörtern? Interpretieren Sie diese Erfahrung im Lichte der Aussagen in Teil 3.4.3.c
9. Stellen Sie die in Abschnitt 3.5 dargelegten Besonderheiten zwischen einer schulischen und einer nicht-schulischen Umwelterschließung dar.
10. Was könnte vor diesem Hintergrund die Aufforderung bedeuten, Lernen möglichst schülerorientiert zu gestalten?

Wenn Sie an einzelnen Fragen weiterarbeiten möchten ...

Zur Einführung in die diesem Kapitel zugrunde liegende konstruktivistische Interpretation des Mensch-Umwelt-Verhältnisses vgl. Maturana & Varela 1987. Dort findet sich unter anderem auch eine sehr grundlegende Interpretation von Leben als eine sich selbst organisierende Auseinandersetzung eines Systems mit seiner Umwelt (ebd., 47 ff.). Neueste evolutionsbiologische und kognitionstheoretische Erkenntnisse verarbeitet dazu Riedl 2000.

Speziell unter dem Gesichtspunkt des *Lernens* vgl. von Glasersfeld 1997, 145–171, und 198–211. Speziell Zusammenhänge zwischen Wissen, Wahrnehmen und Erkennen untersucht Müller 1996 a.

Zur Wahrnehmung als Konstruktion aus der Sicht der Hirnforschung siehe Roth 1997, 98–125.

Grundlegende Überlegungen zum *Handlungsbegriff* und zur Rolle des Handelns für das Lernen finden sich unter anderem bei Edelmann 1996, 289–313. Bei Aebli 1980, 13 ff., finden sich fundierte Überlegungen zum Zusammenhang zwischen Denken und Handeln.

Über die *Kluft zwischen Wissen und Handeln* und die Bedeutung von Wissen für verschiedene Formen des Handelns finden sich grundlegende Überlegungen in Mandl & Gerstenmaier 2000.

Zu den emotionalen und motivationalen Aspekten des Lernens siehe Edelmann 1996, 353–388.

Die unterschiedlichen Vorstellungen vom Verhältnis zwischen wissenschaftlicher Erkenntnis und Wirklichkeit stellt knapp und verständlich Vollmer 1990, 25–45, dar. Systematische Überlegungen über die Unterschiede bei der Gewinnung von Zuverlässigkeit in den naturwissenschaftlichen und in den sozialwissenschaftlichen Disziplinen stellt MacInytre 1995, 123–148, an.

Der Wissensbegriff mit seinen verschiedenen Facetten als explizites, implizites und bildliches Wissen ist sehr kurz und anschaulich dargelegt in Pöppel 2000. Bei Mittelstrass 1996 finden sich Fragen des Umgangs mit Wissen und der Verantwortung für die Anwendung von Wissen philosophisch reflektiert. Janisch 2000 gibt eine Interpretation von Zusammenhängen zwischen Wissen, Können, Erkennen und Verstehen.

Modelle zum Verständnis von „Erklären" und „Verstehen" bei Riedl 2000, 199 ff.

In Wilson 2000 findet man einen detailreichen Überblick über den Wissenstand in den verschiedenen naturwissenschaftlichen und sozialwissenschaftlichen Disziplinen. Über die Urteile, die der Autor über die Wissenschaftlichkeit verschiedener Disziplinen fällt, lässt sich jedoch streiten.

Einen Überblick zur Bedeutung der Sache für den didaktischen Entscheidungsprozess findet sich bei Köhnlein 2007.

Beispiele für die Bedeutung gemeinsamen Lernens als Voraussetzung zur Aufklärung von Sachverhalten durch kommunikativen Austausch bieten unter anderem Soostmeyer 1993, Soostmeyer 2001 und Löffler 1998.

Eine Einführung über die Besonderheiten der Lernumgebung Schule gibt Flitner 1996. Grundlegende Überlegungen dazu finden sich in Fend 1981. Eine schultheoretische Bestimmung des Sachunterrichts versuchen Duncker & Popp 1994a und Giel 1994.

Die verhängnisvollen Wirkungen der Selbsttäuschung, den „durchzunehmenden Stoff" für wichtiger zu halten als die mit den Inhalten verbundenen (Erkenntnis) Aktivitäten beschreibt knapp und anschaulich Aebli 1987, 30–32.

Ein Beispiel für ein unterrichtsnahes Arrangement zur Förderung des Verstehens naturwissenschaftlicher Sachverhalte in „Phänomenkreise" beschreibt Spreckelsen 1994.

Anmerkungen

1 L. S. Wygotski hat bereits in den 30er Jahren auf die Bedeutung der Unterstützungsleistungen Erwachsener für die Qualität der Umweltaneignung durch das Kind hingewiesen (vgl. Wygotski 1972). Zuvor stellte John Dewey diese enge soziale Einbettung kindlicher Weltbegegnungen und -bemeisterungen heraus: „The child lives in a somewhat narrow world of personal contacts." (Dewey 1902/1903, hier 1976, 274).

2 Es würde hier zu weit führen, die direkte oder indirekte Rolle des Wissens in den verschiedenen Konzepten der Handlungsregulation, wie z. B. dem TOTE-Modell von Miller, Galanter, Pribram (1973), dem Aufgabenmodell von Hacker (1978) oder dem Regulationsmodell von Volpert (1987), zu erläutern. Für den näheren Nachweis, dass in diesen und anderen Handlungsmodellen Wissen eine wichtige Rolle für den Erfolg von Handlungen einnimmt, siehe von Rosenstiel 2000, 107–119.

3 In den Herkunftsbegriffen für „Schule" wird dieser Abstand zu den Belangen des Alltäglichen noch gewahr. Das Altgriechische „schole" bedeutet Muße, freie Zeit, Rast, auch, sich Zeit für etwas zu nehmen. Ähnlich das „scholazo" (altgriechisch), das so viel wie freie Zeit haben (von den Verpflichtungen des alltäglichen Überlebens) bedeutet. Im Lateinischen „schola" wird bereits der Lehrervortrag, die Vorlesung, später, die Schule angesprochen. Gemeint war bei den Griechen die Zeit zwischen der Arbeit, als man Zeit hatte, nachzudenken, sich intensiv und anders als im Modus des bloß notwendigen Verrichtens mit einer Sache auseinanderzusetzen (vgl. Schüpbach 1997, 285; Dank an Mechthild Hagen und Rikka Pyysalo für diesen Literaturhinweis).

4 Zwischen Heimatkunde und Fachsystematik – konzeptionelle Orientierungen für den Sachunterricht

*„Man fördere Sehen und
Beschreiben, Weitsicht und Kreativität..."*
(Riedl 2000, 345)

> **Dies kommt zur Sprache...**
> Wenn Inhalte und Methoden für den Sachunterricht vorgeschlagen, ausgewählt oder umgesetzt werden, kommen grundlegende Vorstellungen über Ziele, Aufgaben, Schwerpunkte und Gestaltung von Unterricht zum Tragen. Sind diese Vorstellungen systematisiert, begründet und hinreichend von anderen Auffassungen unterscheidbar ausgearbeitet, werden sie in der pädagogischen Kommunikation als Konzeptionen bezeichnet.
> Nach einer Diskussion des Konzeptionsbegriffs (4.1) stellt dieses Kapitel einige bedeutsame konzeptionelle Entwicklungen des Sachunterrichts vor.
> Zunächst werden die Anschauungsorientierung der Heimatkunde sowie einige grundlegende Entwicklungen der Heimatorientierung dargelegt und diskutiert (4.2).
> Mit der Kritik an der Heimatkunde bekamen Ideen Einfluss, nach denen Inhalte des Sachunterrichts in Anlehnung an die fachliche Systematik (natur)wissenschaftlicher Disziplinen ausgewählt und gestaltet werden sollten (4.3).
> Die Unzufriedenheit mit der damit einhergehenden Engführung von Lernprozessen der Kinder regte Überlegungen an, die weniger die Inhalte, sondern mehr die Formen der Auseinandersetzung Lernender mit ihrer Umwelt in den Mittelpunkt rückten, wie zum Beispiel handlungs-, erfahrungs- oder problemorientierte Konzeptionen (4.4).
> Nachdem zunehmend die Gefahr gesehen wurde, dass dadurch die inhaltlichen Ansprüche an den Sachunterricht in den Hintergrund treten könnten, zeichnen sich konzeptionelle Entwicklungen ab, die sowohl den Aneignungsformen der Kinder als auch inhaltlichen Ansprüchen der Sache gerecht zu werden versuchen und sich dabei auf Ergebnisse einer sachunterrichtsnahen Forschung stützen (4.5).

Wer Unterricht vorbereitet, hält und rückblickend überdenkt, orientiert sich dabei an Vorstellungen über das, was gelungenen Unterricht kennzeichnet.
– Kommt dem heimatlichen Nahraum ein besonderer Stellenwert für die Auswahl und Gewichtung von Unterrichtsinhalten zu?
– Soll Sachunterricht sich an weiterführenden Fächern der Sekundarstufe orientieren?
– Hat Sachunterricht die Aufgabe, Grundlagen für späteres fachliches Arbeiten zu legen?
– Welche Bedeutung wird dabei den Erfahrungen der Grundschüler und den entwicklungsspezifischen Verarbeitungsweisen bei der Auseinandersetzung mit ihrer Umwelt eingeräumt?
– Wie weit will man Lernende an der Auswahl von Inhalten beteiligen?
– Welche Arbeitsmethoden und Medien sind besonders geeignet für das jeweilige Unterrichtsfach?

Solche und viele andere Fragen kommen ins Spiel, wenn man Unterricht plant, hält und analysiert.

Die ersten drei Kapitel haben Grundlagen erörtert, die bei der Beantwortung dieser und weiterer unterrichtspraktisch bedeutsamer Fragestellungen eine Rolle spielen. Zunächst wurden im ersten Kapitel die allgemeinen Ansprüche an das Fach entwickelt, dargelegt und analysiert. Das zweite Kapitel diskutiert bedeutsame Lernvoraussetzungen im Grundschulalter mit besonderer Berücksichtigung des Faches Sachunterricht. Und schließlich sind im dritten Teil Überlegungen zur Gestaltung von Lernumgebungen unter Berücksichtigung von theoretischen Konzepten zur Erfassung des Mensch-Umwelt-Verhältnisses ausgeführt worden.

Jede unterrichtspraktische Entscheidung, wie die Auswahl von Inhalten, die Festlegung von Unterrichtszeit für einen Inhalt, die Wahl von Unterrichtsmethoden oder die Bereitstellung von Materialien, ist *eingebettet* in solche grundlegenden Überlegungen.

Daher greift eine gebräuchliche Unterscheidung, die das Unterrichten als Praxis und das Nachdenken über Unterricht und seine Voraussetzung als Theorie einordnet, zu kurz. Unterrichten ist, wie jedes Handeln, „beladen mit Theorie" (Riedl 2000, 168).

Wer handelt nimmt an, dass die Aktivitäten den gesetzten Zielen dienen. Bezogen auf das Unterrichten kommen dabei unter anderem Annahmen über Lernwirksamkeit, Erfahrungen der Lernenden, Bedeutung des Inhalts für die Lernenden und vieles mehr ins Spiel. Man fügt verschiedene Realitätsbereiche gedanklich zusammen, das heißt, man theoretisiert (vgl. Riedl 2000, 45).

Die Auseinandersetzung mit „Theorie" ist daher nicht eine zusätzliche Verkomplizierung der „eigentlichen" Praxis. Eher ist das Gegenteil der Fall. Theorie ist immer dabei, es kommt darauf an zu verstehen, von welchen impliziten Annahmen man sich leiten lässt und zu beurteilen, ob diese Annahmen sich im Lichte systematisch gewonnener Erkenntnisse als tragfähig erweisen.

Dies bedeutet nicht, dass bei jeder einzelnen Entscheidung jedes Mal aufs Neue Grundsatzüberlegungen angestellt werden müssten. In der Praxis wäre man als Lehrerin oder Lehrer damit rasch überfordert.
Allerdings muss sich jede unterrichtspraktische Entscheidung vor dem Hintergrund von Überlegungen über Ziele (Kapitel 1), Voraussetzungen (Kapitel 2) und Möglichkeiten (Kapitel 3) des (schulischen) Lernens rechtfertigen lassen.
Hilfreich dafür sind unterrichtsbezogene Vorentscheidungen, die hinreichend systematisch sind, um begründete Grundsatzüberlegungen anbieten zu können, und hinreichend konkret, um zu Unterrichtsideen hinzuführen.
Solche mal mehr, mal weniger systematisch entwickelten und in sich stimmigen Grundvorstellungen, werden zumeist als *Konzeptionen* bezeichnet.

4.1 Zum Begriff Konzeption

Mit ihrer Orientierung sowohl auf grundlegende Überlegungen als auch auf Unterrichtspraxis liefern Konzeptionen einen Rahmen für die Rechtfertigung unterrichtspraktischer Entscheidungen. Außerdem wird die Entwicklung von Lehrplänen, von Unterrichtsmaterialien, Unterrichtsvorschlägen sowie von reformorientierten Eingriffen in die Schulpraxis – vom Anspruch her – von Konzeptionen begleitet.
Was ist eine Konzeption?
Diese Frage ist nicht einfach zu beantworten, weil der Begriff der Konzeption für praxisbezogene gedankliche Konstrukte von unterschiedlicher Komplexität und theoretischer Fundierung gebraucht wird.
Im allgemeinen bildungssprachlichen Gebrauch versteht man unter Konzeption einen umfassenden Entwurf zur Orientierung von Denken und Handeln in einem mehr oder weniger abgegrenzten Handlungsfeld.
Konzeptionen gibt es für zahlreiche Praxisfelder, zum Beispiel für das Verfassen von Reden oder von Geschäftsbriefen, für die Gestaltung von Tagungen, für den Bau von Markthallen, für die Regelung des Innenstadtverkehrs, für die Umsetzung politischer Ziele wie soziale Gerechtigkeit oder innere Sicherheit und eben auch für die Gestaltung von Schule und Unterricht.
Gemeinsam ist diesen Konstrukten eine mehr oder weniger begründete Grundvorstellung darüber, wie man handeln sollte, um eine bestimmte Aufgabe umzusetzen, zu lösen oder ein Ziel zu erreichen (vgl. Brockhaus Enzyklopädie 1990, 325).
Von Konzeptionen zu unterscheiden ist das Konzept.
Begreift man Konzepte als gedankliche Konstrukte, die es erlauben, die Vielzahl von Sachverhalten, Beziehungen und Erscheinungen der Umwelt zu handhabbaren Einheiten und Zusammenhängen zu ordnen (vgl. Atkinson u. a. 1993, 331), dann wird die größere Handlungsnähe des Konzepts im Vergleich zur Konzeption unterstrichen.

Während das Konzept den Entwurf bzw. den Plan für eine jeweils konkrete Aufgabe in dem Handlungsfeld bildet, bieten Konzeptionen den Orientierungsrahmen für praktisches Handeln in einem Handlungsfeld.
Man hat ein Konzept für eine konkrete Sachunterrichtsstunde, aber eine Konzeption, nach der man im Allgemeinen Sachunterrichtsstunden entwirft und gestaltet.
Konzeptionen für die Gestaltung von Schule, für Unterricht allgemein und für die einzelnen Schulfächer reduzieren dabei die Vielzahl der zu treffenden Entscheidungen und Begründungen, indem sie Schwerpunkte und Akzente setzen.
Einsiedler versteht unter Unterrichtskonzeption ein „in sich einheitliches System bestimmter Ziele, Inhalte und darauf abgestimmter Verfahren und Medien" (Einsiedler 1979, 7). Glöckel relativiert die Anforderung „einheitliches System" durch den eher einlösbaren Anspruch, dass Ziele, Merkmale und Bedingungsfaktoren des Unterrichts in einer Konzeption möglichst stimmig zusammengebracht werden sollten. Außerdem müsse eine Konzeption mehr oder weniger deutlich von anderen Konzeptionen unterscheidbar sein und sich auch normativ, also durch Festlegung von grundlegenden Zielen, profilieren (vgl. Glöckel 1996, 319).
Das im vorliegenden Buch zugrunde gelegte Verständnis von Konzeption betont, dass sich eine Konzeption zumindest am Anspruch systematisch begründeter Stimmigkeit messen lassen muss (vgl. Ergänzung 14).

> **Konzeption – Versuch einer Begriffsklärung**
>
> Als Konzeption wird ein vom Anspruch her in sich stimmiger Entwurf verstanden, der grundlegende Prinzipien für die Auswahl von Zielen, Inhalten und Methoden zur Gestaltung von schulischen Lernumgebungen entwickelt und ggf. exemplarisch anwendet und konkretisiert. Dabei berücksichtigt dieser Entwurf
> – begründete grundlegende Bildungs- und Erziehungsziele der (Grund)schule
>   (u.a. anthropologisch, soziologisch, philosophisch, seltener ökonomisch)
> – systematische Analysen von Lernvoraussetzungen
>   (u. a. Entwicklungspsychologie, soziokulturelle Analysen, Lerntheorien)
> – schulische Handlungsvoraussetzungen
>   (mikro- und makrosoziale Bedingungen von Schule und Unterricht)

Ergänzung 14

Die hier zusammengestellten Anforderungen an eine Konzeption werden nicht in jedem Einzelfall ausdrücklich und systematisch umgesetzt sein.
Auch heute noch trifft zu, was Wolfgang Einsiedler vor mehreren Jahrzehnten über die Verwendung des Konzeptionsbegriffs festgestellt hat. Danach kommen in den Konstrukten, die in der pädagogischen Kommunikation als „Konzeptionen" bezeichnet werden, nicht nur überprüfte Sätze und logische Ableitungen aus diesen Sätzen vor (vgl. Einsiedler 1979, 8).

Auch Konzeptionen für den Sachunterricht begründen Ziele und normative Setzungen mehr oder weniger gut. Sie beziehen sich mit unterschiedlichem systematischen Anspruch auf Grundannahmen über Lernvoraussetzungen und über die Wirksamkeit von Maßnahmen und sie ziehen mehr oder weniger stringent Schlussfolgerungen aus solchen Grundannahmen.

Die oben formulierten Anforderungen an Konzeptionen wird man daher kaum in reiner Form eingelöst finden. Sie sollten auch nicht als Kriterien oder gar als Gütesiegel verstanden werden, das es erlauben würde, zwischen gedanklichen Konstrukten zu unterscheiden, die bereits eine „Konzeption" darstellen und anderen, die entsprechende Ansprüche an theoretischer und empirischer Absicherung sowie an Praktikabilität nicht erfüllen können.

Vielmehr bieten die oben formulierten Ansprüche die Möglichkeit, konzeptionelle Orientierungen zu vergleichen, Theoriemängel zu identifizieren und die besonderen Stärken, zum Beispiel bei der Begründung von Zielen, bei der Berücksichtigung von Lernvoraussetzungen oder bei der Entwicklung von Methoden, hervorzuheben.

Damit können sie auch helfen, die im Folgenden dargelegten Entwicklungen zum Sachunterricht, die häufig als Konzeptionen oder konzeptionelle Orientierungen bezeichnet werden, von einer gemeinsamen Grundlage aus zu beurteilen.

Obwohl die folgende Darlegung konzeptioneller Orientierungen im Sachunterricht sich an einer zeitlichen Reihenfolge orientiert, sollten die folgenden Abschnitte nicht als „Ideengeschichte" des Sachunterrichts gelesen werden.

Für eine solche Ideengeschichte müsste man auf Theoriegrundlagen zurückgreifen, die bisher nicht zur Verfügung stehen.

Zwar lassen sich in der pädagogischen Kommunikation über Aufgaben, Ziele und Gestaltung des Sachunterrichts Perioden identifizieren, in denen bestimmte Grundideen und Prinzipien vorherrschten. Nicht zuletzt deshalb orientieren sich die folgenden Abschnitte grob an einer zeitlichen Ordnung.

Aber die Ideen, die in einer bestimmten Epoche der Theoriebildung über Sachunterricht als leitend identifiziert werden können, sind nicht allein Folge der fachinternen Auseinandersetzung und Weiterentwicklung.

Auch externe Einflüsse wie Problemlagen, die bildungspolitisch als bedeutsam wahrgenommen werden, Kräfteverhältnisse zwischen den Bezugsdisziplinen und den Fachdidaktiken sowie die Aufmerksamkeit für neuere wissenschaftliche Entwicklungen bestimmen mit, welche Ideen und Prinzipien in der didaktischen Theoriebildung zum Sachunterricht resonanzfähig sind und – für eine Zeit lang – zu Leitideen avancieren.

Hinzu kommt, dass es bisher kein einheitliches Verständnis des Faches mit systematischer Klärung aller wichtigen Bezugsgebiete gibt. Schon deshalb kann es keine theoretisch stimmige Rückführung heutiger Entwicklungen auf geschichtliche Vorläufer geben.

Daher ist der im Folgenden zugrundeliegende Anspruch geringer.

An Hand ausgewählter konzeptioneller Orientierungen, die sich durchaus Entwicklungsabschnitten zurechnen lassen, soll gezeigt werden, welche Schwierigkeiten und Probleme bedacht und berücksichtigt werden müssen, wenn es darum geht, Sachunterricht zu gestalten und zu rechtfertigen.

4.2 Frühe heimatkundliche Ansätze

4.2.1 Zur Entwicklung der Anschauungsorientierung

Einer der frühen Versuche, Sachwissen über die Welt zu systematisieren und für die Lehre aufzubereiten, stammt von Jan Amos Komensky (Comenius, 1592–1670).

Als Mitglied einer protestantischen Religionsgemeinschaft befasste sich Comenius vor allem mit theologischen, pädagogischen und philosophischen Fragen sowohl in Schriften als auch in der Praxis u. a. als Lehrer, Prediger und Bischof.

Von seinen zahlreichen pädagogischen Schriften werden die beiden folgenden Werke heute noch besonders häufig zitiert:
– die zwischen 1627 und 1632, zunächst in Tschechisch geschriebene, von 1633 bis 1638 mit Veränderungen ins Lateinische übertragene und 1657 in Amsterdam erschienene „Didactica magna" (Große Didaktik) als eine Art Zusammenfassung seiner pädagogischen Ideen sowie
– das Buch „Orbis pictus sensualium" (Die sichtbare Welt in Bildern, 1653–1654). Dabei handelt es sich um ein als sachbezogenes Sprachlehrbuch konzipiertes Bilderbuch, in dem bedeutsames Wissen seiner Zeit anschaulich dargestellt werden sollte.

Auch in jener Zeit waren die als Wissen akzeptierten Vorstellungen von der Welt bereits zu vielfältig, um alles Wissenswerte sinnvoll lehren zu können.

So stellte Comenius heraus, dass es nicht darauf ankommen könne, die Summe aller Kenntnisse und Künste zu vermitteln. Schon damals überstieg dies beim weitem alles, was im Laufe eines Menschenlebens zu bewältigen gewesen wäre.

Damit stellte sich bereits für Comenius die Aufgabe, eine Auswahl bedeutsamer Inhalte und Themen zu begründen. Hierbei konnte er sich auf seine religiösen Überzeugungen stützen.

Als gläubiger Christ war Comenius davon überzeugt, die wahrnehmbare, sich den Sinnen erschließende Welt, berge den Schlüssel zum Verständnis der göttlichen Ordnung. Mit dem Verständnis der den Sinnen zugänglichen Welt würde sich damit auch das Wirken Gottes als Schöpfer dieser Welt erschließen.

Comenius sah den Menschen, hervorgehoben von allen anderen Geschöpfen, „zu Höherem bestimmt" (Comenius 1657/ 1954, 28). Durch den Sündenfall sei der Mensch zwar in Verderbnis gestürzt, doch Bildung, Tugend und Religion könnten ihm helfen, sich selbst und Gott zu erkennen (ebd., 36 ff.).

Weil die gesamte Schöpfung ein geordneter Kosmos sei (ebd., 75 ff.), führe der Weg zur Erkenntnis Gottes über das Studium der Realien „der Mathematik, Physik usw." (ebd., 89; auch 113, 195, 199 ff.). In den Sternen am Firmament, in

den Leistungen von Tieren oder auch im menschlichen Körper offenbare sich die Schöpferkraft Gottes. Alles habe in ihm seinen Ursprung. Daher könne der Mensch dessen Spuren in der ganzen Schöpfung erkennen.
Unterricht über die Realien sei daher eine Hinführung zu Gott, wenn die Beschäftigung mit den Realien die richtige, das heißt vom Schöpfer gewollte Ordnung erkennbar mache. Es käme nicht darauf an, möglichst viel Einzelwissen über die erfahrbare Welt zu vermitteln, sondern diese als Ausdruck einer göttlich gewollten Ordnung zu begreifen. Eingepasst in die göttliche Ordnung finde der Mensch zu seiner Bestimmung (Comenius 1657/ 1954, 86 ff.).
Erziehung (educatio) wird als Führung zur „klaren Erkenntnis" verstanden, was zum einen Herausführen des Menschen „aus dem Stande seiner Verkehrtheit" (Schaller 1962, 167) meint. Dazu gehöre unter anderem, die Jugend vor „eitlen" Beschäftigungen zu bewahren (ebd.). Der Lehrer habe die Jugend an die „Sachen" heranzuführen, hinter denen „Gott als der eigentliche Akteur" (ebd.) stehe. Dies erfordere Zucht und erlaube es daher, Gehorsam zu verlangen (ebd.).
Unterricht (institutio) versteht Comenius als „In-Stand-Setzung, die den Menschen wieder auf seinen ihm von Gott zugemessenen Platz inmitten des Ganzen stellt" (ebd., 170).
Der Glaube an die göttliche Offenbarung sowie an die Berufung, anderen diese Offenbarung nahe zu bringen, gibt Comenius Urteilssicherheit bei der Aufgabe, aus der Vielfalt der sich den Sinnen anbietenden Sacherscheinungen das Richtige und Sinnvolle auszuwählen. Nicht die Förderung des Einzelnen durch Entfaltung seiner Eigenheiten, Interessen etc. ist das grundlegende Ziel, sondern die Einordnung in den von Gott geschaffenen Kosmos (ebd., 172; 266 ff.).
Zwar wird Comenius auch heute noch oft als Vorläufer eines *anschauungsorientierten*, auf unmittelbare Sachbegegnung zielenden Unterrichts in Anspruch genommen (vgl. z. B. Kaiser 1996 a, 18 ff.).
Bedenkt man aber das grundlegende Weltbild, das geprägt war von tiefer Glaubensgewissheit, so erscheint diese Bezugnahme für heutige Problemlagen bei der Auswahl und Begründung von Inhalten wenig ergiebig.
Die Unmittelbarkeit der Anschauung konnte für Comenius zu erfolgreichem Lernen führen, weil er sich der Welt, so wie sie die Anschauung offenbart, gewiss war. Im Gegensatz zu dem heutigen Verständnis des Mensch-Umwelt-Verhältnisses, nach dem sich der Einzelne in der Auseinandersetzung mit seiner Umwelt ein eigenes Bild von der Welt schafft, stellte Comenius sich eine umfassend, ja total ausgelegte Welt vor.
Die begrifflichen Konstrukte, die er zur Bezeichnung der Anschauungsobjekte nutzte, wie Ding, Sachen, Natur, erwecken zwar den Eindruck als spreche er von Gegebenheiten. Aber die von Comenius vorgestellte Welt, die den Lernenden durch Anschauung zugänglich wird, ist nicht eine gegebene Wirklichkeit an sich, sondern eine im Glaubensverständnis interpretierte Wirklichkeit.

Während moderner Sachunterricht nach geeigneten Begegnungsformen mit den Inhalten suchen muss, damit kindliches Vorwissen und belastbares Verständnis in produktiver Weise zu tragfähigen Vorstellungen von der Welt entwickelt werden, stellt für Comenius die Sachbegegnung eine Begegnung mit göttlicher Weltordnung dar. Die Welt des Comenius ist somit im Grunde eine dem Einzelnen vorgegebene, ja vorgeschriebene Welt.

In diesem Weltentwurf führt die (scheinbar) unverfälschte Anschauung zum Gewahrwerden der göttlichen Ordnung im Kosmos. Voraussetzung dafür ist, an das Wirken Gottes in dem, was die Anschauung den Sinnen offenbart, zu glauben[1]. Aus diesem grundlegenden Prinzip folgt zum einen die Gewissheit über den Nutzen der Anschauung und zum anderen die Forderung nach Gehorsam gegenüber dem Lehrer.

So war Comenius davon überzeugt, der Mensch würde nicht tugendhaft, fromm, vernünftig und weise werden können, ohne dass ihm diese Eigenschaften möglichst früh „aufgepropft werden" (Comenius 1657/ 1954, 49).

Im Gegensatz zu den Tieren sei dem Menschen eine lange Reifezeit von Gott gegeben, die „für die Übungen in der Zucht" (ebd., 51), für die „heilsamen Lebensregeln" (ebd., 52) zu nutzen sei, mit entsprechenden Sanktionen gegen jene, die den Gehorsam nicht zeigen:

„Strenger und härter aber ist die Zucht gegen die zu üben, die gegen die Sittlichkeit verstoßen. Erstens wenn irgend ein Beweis eines Vergehens (impietas) vorliegt, wie Lästerung, Unzucht oder sonstige offenbare Verstöße gegen Gottes Gebot. Zweitens bei Trotz und vorsätzlicher Bosheit; wenn einer die Gebote des Lehrers oder eines anderen Vorgesetzten missachtet und obgleich er weiss, was er tun soll, es willentlich nicht tut. Drittens wegen Stolz und Hochmut oder auch wegen Missgunst und Faulheit, wenn einer sich weigert, einem Mitschüler, der ihn darum bittet, durch Belehrung zu helfen" (ebd., 183).

Den Erziehungs- und Bildungsprinzipien Comenius liegt Gewissheit über das richtige und gute Leben und über die daraus abzuleitenden Erziehungsaufträge und Maßnahmen zugrunde.

Auch Johann Heinrich Pestalozzi (1746–1827), ein weiterer Vertreter des auf Sinneswahrnehmung konzentrierten Bemühens um Anschaulichkeit, sah die menschliche Entwicklung im Rahmen eines geschlossenen religiös bestimmten Weltbildes (vgl. Kahlert 1997).

Mit diesem Anschauungsdenken war bereits damals eine Orientierung auf raumzeitlich nahe Verhältnisse verbunden, die zu einer Beschränkung des Bildungs- und Lernangebots auf das führte, was die jeweiligen Vertreter des Ansatzes als ausreichend und als dem einfachen Volke gemäß definierten (ebd., 110 f.).

Doch Anschaulichkeit, die den Zugang zur Welt in den Sinnen sucht, bietet keinen erkennenden Zugang zur Welt (vgl. Kapitel 3, S. 92 ff. und auch Einsiedler 2001).

Zudem geht mit der Orientierung auf das, was durch Anschauung in den Blick kommt und angeblich nahe liegt, die Gefahr einer, Bildungsmöglichkeiten zu beschränken, ohne diese Beschränkungen offenkundig und damit begründungspflichtig zu machen. Deutlich wird dies in den Ansätzen der Heimatkunde, die den Gedanken der Anschaulichkeit zum grundlegenden Prinzip der Stoffauswahl und -aufbereitung machten.

4.2.2 Anschaulich die Welt erschließen – ein Kerngedanke der Heimatkunde

Über die Heimatkunde einen konsistenten Überblick zu geben, ist im Rahmen dieser Einführung nicht möglich.
Zu vielfältig sind die Impulse, Strömungen, Bedingungen, unter denen sich heimatkundliche Ansätze entwickelten. Um die Ursachen dieser Vielfalt zu verstehen ist es hilfreich, sich die Schullandschaft der Zeit vor Augen zu führen, in der führende Vertreter des Heimatkundeansatzes ihre Ideen entwickelt haben.

– Bis in das frühe 20. Jahrhundert hinein gab es in den deutschen Ländern keine allgemein geltenden Regelungen für die Gestaltung einer für alle Schüler verbindlichen Schule. Solche Maßgaben wurden erstmals in der Weimarer Verfassung 1919 grundgelegt (vgl. Michael & Schepp 1974, 52) und mit Bezug auf die Grundschule im Reichsgrundschulgesetz von 1920 konkretisiert.
– Die daraufhin in Preußen 1921 erlassenen Richtlinien für die Gestaltung der Grund-, Volks- und Mittelschulen regelten zum Beispiel, dass in der Grundschule neben Religion, deutscher Sprache, Rechnen, Zeichnen, Gesang und Turnen sowie Nadelarbeit für Mädchen im dritten und vierten Schuljahr Heimatkunde zu lehren sei (ebd., 88).
– Zwar gab es auch zuvor schon die Schulpflicht. Doch im Gegensatz zur 1919 eingeführten Schulbesuchspflicht legte diese nicht den geregelten Besuch einer für alle Schüler gemeinsamen Einrichtung fest. Minimale und verbindliche Standards für Schule und Unterricht ließen sich so kaum durchsetzen.
– Während dem Nachwuchs der höheren Klassen unter anderem die Heranführung an gehobene Sprache, Künste und Philosophie angeboten wurde, mussten sich die Kinder des einfaches Volkes mit sehr viel weniger begnügen: Einübungen in Lesen und Schreiben, ein wenig Rechnen sowie Katechese, also die Vermittlung von Aussagen über das richtige Leben durch Weisheiten aus der Bibel und anderen religiösen Quellen (siehe Ergänzung 15).

Die Entfaltungsmöglichkeiten, die die Schule dem Einzelnen bot, waren somit überwiegend auf das soziale Milieu, auf den Stand zugeschnitten, in den jemand hineingeboren wurde und dem man bis Ende des Lebens voraussichtlich angehören würde.

> **Lehrplan der „Communal-Armenschule" 1827**
>
> „1. Religionslehre (Bibelkunde und Katechismuslehre) streng nach den positiven Wahrheiten des Christenthums erteilt.
> 2. Deutsche Sprache:
>   a) in Hinsicht auf Bildung des Sprach- und Denk-Vermögens;
>   b) in Bezug auf deutliches und verständiges Lesen und Rechtschreiben;
>   c) in Rücksicht auf die allgemeinsten Regeln der Sprache und auf eine angemessene Fertigkeit im mündlichen und schriftlichen Ausdruck.
> 3. Die Zahlenlehre, und hierauf gegründet das praktische Rechnen (die Lehre von den Brüchen und die Lehre von dem Dreisatz mit eingeschlossen)
> 4. Das Schönschreiben.
> 5. Die Gesanglehre, vornehmlich zur mehrstimmigen Einübung der Kirchenmelodien."
>
> (Zitiert aus: Genehmigter Plan für die Einrichtung des städtischen Armenschulwesens in Berlin, 183f., hier nach: Arbeitsgruppe Päd. Museum, 1981, 47)

Ergänzung 15

Die mit der Industrialisierung einer gehenden tief greifenden gesellschaftlichen Umbrüche und der mit ihnen verbundene Kampf der Stände und Klassen um Macht und Einfluss bei der Gestaltung von Staat und Gesellschaft wirkten sich auch auf Schule und Unterricht aus. Die Zeit vor der Weimarer Verfassung lässt sich geradezu als ein schulpolitisches Laboratorium verstehen.

Pädagogen, die wie Wilhelm Harnisch (1787–1864), Friedrich Adolph Diesterweg (1790–1866) und Friedrich Finger (1808–1888) die Heimatkunde mit entwickelten, sahen in der Beschäftigung mit Realien (Res: Sachen), also mit Gegebenheiten, wie sie die Naturwissenschaften und die Erdkunde erfassten, ein Gegengewicht zum lebensfernen und oft mit religiösen Inhalten durchsetzen Paukunterricht, der methodisch vom Prinzip des Zuhörens, Nachsagens, Auswendiglernens geprägt war.

- *Wilhelm Harnisch* zum Beispiel, der 1816 das einflussreiche Schulwerk „Die Weltkunde – erster Teil – Kunde der Heimath" für die Grundstufe veröffentlichte, begründete die gewachsenen Ansprüche an die Bildung der Kinder unter anderem mit den höheren Anforderungen, die die fortschreitende Industrialisierung an die Fähigkeiten im Beruf stellte. Seiner Heimatkunde lag der Gedanke zugrunde, mit der Kunde der Schule und des Heimatdorfes bzw. der heimatlichen Stadt die Grundlagen für die spätere Kunde von der Region und dann des Staates zu legen.
- *Friedrich Finger* führte als Lehrer an der Benderschen Anstalt in Weinheim an der Bergstraße im Jahre 1832 einen Kurs für 6- bis 10-Jährige ein, in dem zur Wahrung von Anschaulichkeit die Inhalte des Unterrichts zunächst aus der hei-

matlichen Umgebung ausgewählt werden sollten, um so die weitere Erkundung der Erde vorzubereiten (vgl. Ergänzung 16).
– *Friedrich Diesterweg* stellte die politische Forderung nach Mündigkeit der Menschen aller Schichten und Stände heraus. Mündigkeit, verstanden als das Vermögen, sich selbst zu regieren, mache solides Wissen über die Welt erforderlich sowie die Fähigkeit, es eigenständig zu erwerben.

Diese Selbständigkeit setze Selbsttätigkeit bereits in der Schule voraus, wo man Kindern Gelegenheit zum Erkunden, Befragen, Bearbeiten realer Gegenstände geben müsse. In seiner 1835 erstmals und 1838 in 2. Auflage erschienenen Schrift „Wegweiser für deutsche Lehrer" forderte er einen an der Natur des Kindes orientierten Unterricht (vgl. Diesterweg 1838, hier 1975, 231). Der „Standpunkt des Schülers ist der Ausgangspunkt" (ebd.). Der Unterricht habe anschaulich zu sein und „vom Nahen zum Entfernten, vom Einfachen zum Zusammengesetzten, vom Leichteren zum Schwereren, vom Bekannten zum Unbekannten" fortzuschreiten (ebd., 233).

Mit diesen Ideen und Perspektiven war ein pädagogisches Programm verbunden, das Bildung verbessern und Selbsttätigkeit fördern wollte.

Stufensystem nach Friedrich Finger (1832)

1. Stufe: 6.–8. Lebensjahr (zwei Schuljahre)
Aufgabe: Betrachten und Benennen von Einzeldingen
Inhalte: Himmelskörper, Naturerscheinungen, Schulhaus, Hof, Garten, Landschaftsausschnitte und -besonderheiten, Pflanzen- und Tierwelt, Handwerker

2. Stufe: 8.–9. Lebensjahr (ein Schuljahr)
Aufgabe: Erwerb eines „Bildes" der nächsten Umgebung, Auffassen von Lebensganzheiten, Formulieren und Erkennen von Regeln und Gesetzen
Inhalte: Himmelsrichtungen, Tages- und Jahreszeiten, Geschichte des Dorfes bzw. der Stadt

3. Stufe: 9.–10. Lebensjahr (ein Schuljahr)
Aufgabe: Geordnete Betrachtung einer weiteren Gegend, Erweiterung des Gesichtskreises, Übergang zur Erdkunde
Inhalte: kurze Reisen in die Umgebung, Verfolgung von Fluss- bzw. Bachläufen, Ausblick auf Rhein, Meer, Alpen etc., Nachbarländer.

(zitiert nach Gärtner 1978, 16)

Ergänzung 16

In der langen Entwicklung der Heimatkunde, etwa seit Beginn des 19. Jahrhunderts, wirkten dabei unterschiedliche politische und philosophische Auslegungen des Heimatgedankens, verschiedene pädagogische Interpretationen des Stellenwerts der Heimatorientierung und unterschiedliche Auffassungen über die methodischen Orientierungen mit.

Heimat galt als Bezugspunkt für den Aufbau eines liberal-demokratischen Staates ebenso wie als Mittel, die Identifikation mit dem Obrigkeitsstaat zu fördern. Kulturkritische Bewegungen Anfang des 20. Jahrhunderts machten die Suche nach der echten, naturgemäßen, romantischen Heimat ebenso zum Ziel ihrer Bewegung wie die Nationalsozialisten mit ihrer Blut- und Bodenideologie, nach der dem deutschen Volk ein einzigartiger Heimatraum gebühre (vgl. Bausinger 1990; Ditt 1990).

Waren die Ursprünge der Heimatkunde eher in dem Versuch zu sehen, durch Auswahl von Inhalten des Unterrichts aus dem Nahraum Anschaulichkeit zu gewährleisten, wurde Heimatkunde später zum Teil als eigentliches Ziel der Bildung umgedeutet und ausgearbeitet.

Heimatorientierung wurde so von einem didaktischen Prinzip, das Bildung ermöglichen sollte, zu einem Bildungsinhalt an sich, bei dem es darum ging, über die Beschäftigung mit der Heimat emotionale Bindung an das Vorgefundene zu sichern und aufzubauen. Unter dem Deckmantel der Anschauung wurde Weltanschauung vermittelt.

So bemühte sich Eduard Spranger (1882–1963) zum Beispiel in seiner 1923 gehaltenen und später als ein grundlegendes Werk der Heimatkunde viel zitierten Rede darum, den Bildungswert der Heimatkunde mit dem Bedürfnis des Menschen nach emotionaler Verbundenheit zum „Heimatboden" zu begründen (vgl. Spranger 1923/ 1962).

Nicht zuletzt solche Überlegungen dienten später den Nationalsozialisten dazu, ihre Vorstellungen von völkischer Erziehung mit einer Erziehung zur Liebe der deutschen Heimat zu rechtfertigen.

Orientiert an Vorstellungen über das Wohl des Kindes und von der Überzeugung geleitet, sicheres Wissen über die Welt ließe sich vor allem über Anschauung und aktive Auseinandersetzung mit realen Gegenständen und Gegebenheiten erreichen, konzentrierte sich die Heimatkunde auf den Nahraum der Kinder, auf die ihnen zugängliche, nahe liegende Welt (siehe Beispiel in Ergänzung 17).

> **Aus einem Lehrplan für Heimatkunde**
>
> „Heimaterleben der Kinder in Natur- und Kulturbildern.
> 1. *In der Maiensonne.* Frühlingsnatur; Sonnenstand, Haupthimmelsgegenden; Wind und Wetter; der Kalender; Beobachtungsbereitschaft. – *Mai.*
> 2. *Auf dem Spielplatz.* (Nächste Anlage, Turnplatz, Anger oder auch Heimathof eines Kindes.) Abgerundetes, leicht überblickbares Heimatbild vom Lieblingsaufenthalt der Kinder mit Tier-, Planzen- und Kulturtypen. – *Mai, Juni.*
> 3. *Am heimatlichen Gewässer.* (Fluss, Teich, Weiher, See usw.) Beobachtungsgang zum nächsten stehenden oder fließenden Gewässer. Die Mühle am Bach. Der Fischer am See. Tierleben am Wasser, im Wasser. Brücke und Steg. Sommernatur. – *Juni, Juli.*
> 4. *Auf dem Heimatberg.* Besuch des nächsten Berges (Anhöhe); Berg und Tal; Steinbruch, Kiesgrube; Ackerland, Heimatboden. – *September.*
> 5. *Im Heimatwald.* Besuch des nächsten Waldes, einer größeren Anlage. Einzelne Tiere und Pflanzen im Wald. Holzhacker, Förster, Jäger. Herbstnatur. – *Oktober.*"
> (Auszug aus einem 1927 in München veröffentlichten Lehrwerk für die Heimatkunde, 3. Schuljahr, zitiert nach Gärtner 1978, 29)

Ergänzung 17

Diese Orientierung auf vorgefundene Gegebenheiten war immer auch Quelle der reaktionären Komponente der Heimatkunde.
Dabei wurde die Begegnung mit dem Nahen nicht nur als Anschauung und Ausgangspunkt für Erkenntnisse und Einsichten über die Wirklichkeit genutzt, sondern zur Ein- und Anpassung an diese Wirklichkeit.

4.2.3 In engen Verhältnissen verstrickt – über Risiken der Heimatkunde

Mitunter verbrämt als volkstümliche Bildung, die sich an Anschauung, Volksgut, Heimatbräuchen und vermeintlicher Praxis- und Lebensnähe orientiert, wurde der Heimatkunde Beschränkung zum Programm. Damit zeigt sich Heimatkunde in einem doppelten Zwiespalt befangen:
Der eine Zwiespalt lässt sich als *Spannungsverhältnis zwischen kindtümelnder Simplifizierung und Anschauungsorientierung bei der Auswahl und Gestaltung von Unterrichtsinhalten* kennzeichnen: Das Bemühen, dem Kind gerecht zu werden, seine Erfahrungen und Vorstellungsmöglichkeiten zu berücksichtigen, förderte zum einen Entwicklungen, die sich um freiere, offenere und anschauungsorientierte Lernformen bemühten. Deutlich tritt das zum Beispiel bei Diesterweg zutage:
„Die Einsichten, die Wissenschaften sind dem Lernenden nicht zu geben, sondern er ist zu veranlassen, dass er sie finde, sich selbsttätig ihrer bemächtige." (Diesterweg 1838, hier 1975, 236)

Auf der anderen Seite besteht dabei das Risiko der Kindtümelei. Unterrichtsinhalte wurden bis zur Banalität vereinfacht und verfälscht.

Der Versuch, den kindlichen Weltvorstellungen gerecht zu werden, führte mitunter zu geradezu kindischen Vorstellungen von der Welt.

Dabei wurden die Kinder nicht mit zuverlässigem und belastbarem Wissen angeregt, ihre eigenen Überlegungen weiterzuentwickeln. Vielmehr wurden sie mit Vorstellungen konfrontiert, die Erwachsene haben, wenn sie theoriearm versuchen, sich ein Bild über Wahrnehmung und Denken von Kindern zu machen.

Das verständliche Bemühen um Vereinfachung führte dann nur allzu oft zu Simplifizierungen, die Sachverhalte nicht nur vereinfachen, sondern verfälschen, Verständnis nicht fördern, sondern blockieren, die Welt nicht durch weiterführende Fragen öffnen, sondern durch ein naives Bild schließen (vgl. Ergänzung 18 und 19, S. 164 f.).

Auszug aus einem Schulbuch für Heimatkunde[2]

Ein Regentröpfchen erzählt aus seinem Leben

„Ich saß mit vielen kleinen Regentröpfchen in einem grauen Wolkensack. Der Westwind jagte uns über die Erde. Da stießen wir an einen spitzen Berg. Unser Sack bekam einen großen Schlitz. Wir purzelten nur so heraus. Unten im Berge hielten die Zwerge schon ihre Töpfchen auf. Sie fingen viele von uns wieder ein: Wir fürchteten uns in der Dunkelheit. Bald aber gruben sie ein Loch durch den Berg und schütteten uns dort hinaus. Lustig sprangen wir ans helle Licht. Was wir nun alles erlebten!

Zuerst mussten wir über Stock und Stein; aber das machte Spaß. Dann kamen wir auf eine grüne Wiese mit schönen Blumen. Bunte Käfer und kleine Fischlein spielten bald mit uns. Aber schon ging es weiter. Es kamen Kinder; die plantschten mit uns herum. Wir waren schon ganz müde."

(aus: Rateike 1957)

Ergänzung 18

Auszug aus einem Unterrichtswerk für Heimatkunde

„In jedem Familienhaushalt muss gespart werden, man muss mit dem Geld auskommen, das der Vater verdient. Darum mahnt er immer wieder, dass nicht unnötig verbraucht, dass gespart wird. Wir lassen die Kinder berichten, worauf die Mahnungen des Vaters (und der Mutter) zur Sparsamkeit zielen. Sie werden zuerst an die Schonung der Kleider und Schuhe denken. Wir lenken dann über zu den Kosten von Beleuchtung und Heizung. In jedem Monat erhält der Vater

> die Rechnung vom Elektrizitätswerk über den verbrauchten Strom. Sie ist diesmal höher, weil jemand vergessen hat, im Speicher das Licht abzuschalten, so dass es die ganze Nacht gebrannt hat. In der Küche und im Bad hat der Vater tropfende Wasserhähne entdeckt, er setzt neue Dichtungen ein … Sehr hoch sind in der Familie die Kosten für die Heizung; wo kann man sparen, dass die Rechnung des Kohlenhändlers nicht zu hoch wird.
> Noch viel größere Geldsorgen als der Hausvater hat der Bürgermeister, denn in der Gemeinde laufen auch viel mehr Rechnungen ein, die er oder der Gemeindekassier bezahlen müssen…
> Unserem Herrn Bürgermeister liegt sehr am Herzen, dass die Schule so viel Geld erhält, wie sie unbedingt braucht, er legt bei den Gemeinderäten immer ein gutes Wort ein, wenn der Schulhaushalt in jedem Jahr neu beraten wird. Wir müssen ihm helfen, dass die Kosten für die Schule nicht zu hoch ansteigen. Er soll auch merken, dass wir ihm für seine Sorgen für die Schule danken. Wenn wir ihm begegnen, sagen wir immer: Grüß Gott, Herr Bürgermeister!"
> (aus: Fikenscher u. a. 1963, 48 f.)

Ergänzung 19

Die beiden Beispiele (Ergänzung 18 und 19) machen dies anschaulich: Niemand lernt durch die märchenhaft-kitschigen Zwerge, die Regentropfen transportieren, etwas über den Wasserkreislauf. Vertan wird die Chance, die Faszination des Zusammenspiels von meteorologischen und geologischen Bedingungen zu erfahren und Neugierde auf weiteres Wissen grundzulegen.
Und wenn das Handeln des Bürgermeisters als Vertreter eines durch demokratische Wahl auf Zeit zu besetzenden und politisch kontrollierten Amtes mit Bildern des treu für seine Familie sorgenden Hausvaters erklärt wird, dann werden nicht bloß Geschlechtsklischees bedient, sondern entscheidende Einsichten über unterschiedliche Formen der Gestaltung des Zusammenlebens blockiert. Entscheidungen in öffentlichen Einrichtungen müssen nach ganz anderen Verfahren und Regelungen getroffen und gerechtfertigt werden als in Familien.
Damit deutet sich auch der zweite Zwiespalt der Heimatkunde an.
Zwar war ein Teil ihrer Vertreter durchaus bestrebt, die Kinder durch Beschäftigung mit vorgefundenen realen Gegebenheiten zur aktiven und selbständigen Auseinandersetzung mit der Welt anzuregen.
Aber die Orientierung auf real erfahrbare Lebensumstände bringt die Gefahr der Ein- und Anpassung an diese Umstände mit sich. Anschauung begünstigt nicht notwendigerweise die Hinnahme des Gegebenen. Sie kann aber dazu führen, es bei dem, was der Anschauung zugänglich ist, bewenden zu lassen. Damit werden bestehende Verhältnisse festgeschrieben.
Als entscheidender Schwachpunkt der Heimatkunde erweist sich somit die als räumliche Nähe konzeptualisierte Anschaulichkeit.

Schon Diesterweg sah, dass die von ihm geforderte Kopplung der Anschaulichkeit mit Selbsttätigkeit anspruchsvoll war. Er hielt diese Lehrmethode für die „beste, die schwierigste, die seltenste. Das Schwere erklärt die Seltenheit ihrer Erscheinung" (Diesterweg 1838, hier 1975, 236).
Die Gefahren der pädagogischen Konzeption der Heimatkunde liegen in der Schwierigkeit, den hohen Ansprüchen in der Praxis gerecht zu werden.
Das Weltbild der Heimatkunde ist ein *Weltbild der konzentrischen Kreise*, nach der sich Menschen ihre Welt nach und nach vom Nahen zum Fernen, vom Einfachen zum Komplexen, vom Unmittelbaren zum Abstrakten erschließen. Der Unterricht beginnt mit Familie und Nahraum, schreitet fort zur Heimatregion, um nach und nach Aspekte und Sachverhalte aus weiter- und übergreifenden Gebieten zu behandeln, wie den Staat, andere Länder, andere Zeiten …
Diese gedachte Ordnung der Weltbegegnung vom Einfachen zum Komplexen ist jedoch eine pädagogische Fiktion. Dies gilt für moderne Lebensverhältnisse, aber auch für die Blütezeit der Heimatkunde.
Im Alltag mochte die Welt außerhalb des eigenen Lebenskreises nicht direkt erfahrbar sein und scheinbar keine Rolle spielen. Man konnte sein Leben einrichten und verstehen mit den Gewohnheiten und Kenntnissen, die sich in der Heimat entwickelt haben und die auf die Heimat bezogen waren.
Doch seit Jahrhunderten hat es im Nahraum Einflüsse gegeben, die woanders ihre Quellen und Ursachen hatten.
Wenn im Heimatort wirtschaftliche Not herrschte, plötzlich Krieg die Menschen heimsuchte oder Händler begehrte Waren heranschafften, entpuppte sich die vermeintliche Überschaubarkeit des begrenzten Lebensraumes als Illusion. Die Überschaubarkeit von Heimat hatte als Kehrseite die Heimsuchungen durch Unvorhergesehenes, weil Unbekanntes.
Heute, in einer Welt vielfältiger sozialer, politischer und wirtschaftlicher Verflechtungen, lässt sich ein zuverlässiges Bild von der Welt nicht aufbauen, wenn man sich auf den Horizont des Nahen beschränkt.
Am Wohnort der Kinder finden Ereignisse statt, die an anderen Orten einen Ursprung haben, an Orten, die man mitunter nicht kennt und von denen man nicht einmal weiß, wo sie liegen. Manchmal ändert sich das vertraute Bild in der Wohngegend. Eine Straße wird verbreitert, Bäume fallen, das noch unbebaute Stückchen Land verschwindet hinter einem Bauzaun. Wo wurde das beschlossen?
Der Arbeitsplatz der Eltern ist bedroht von Entscheidungen, die an einem fernen Ort gefällt werden.
Ob die Luft am Wohnort halbwegs sauber ist, ob man im Fluss baden kann, ob das Klima sich ändert, liegt nicht allein an den Menschen, die am Ort wohnen, sondern wird auch anderenorts beeinflusst.
Kinder können sich Mühe geben, friedlich miteinander zurechtzukommen. Aber ob am Ort, an dem sie leben, Frieden herrscht, wird woanders entschieden.

Und umgekehrt gilt, dass das Handeln hier am Heimatort auch Wirkungen anderswo zeigt.

Das, was im Heimatort für Bananen, Tee, Kaffee und Kakao bezahlt wird, entscheidet mit darüber, wie Kinder an anderen Orten der Welt wohnen, sich ernähren, sich kleiden, spielen und lernen können.

Der Ort, an dem Kinder leben, ist in ein unüberschaubares Netz von Einflüssen verwoben, die von anderen Orten ausgehen und zu anderen Orten führen.

Manches lernen die Kinder aus dem Fernsehen kennen, doch die Bilder sind mitunter zu klar, die Kommentare zu eindeutig. Das Fernsehen macht die fremden Orte auf eine irreale Art übersichtlich. So wird das Ferne nur scheinbar nah, und mancher meint, er kenne die Welt, weil er Bilder von ihr gesehen hat.

So genügt es heute jedenfalls nicht mehr, rein physische Unterscheidungsmerkmale wie Nähe und Ferne, Überschaubarkeit und Komplexität zu verwenden, um Inhalte für den Sachunterricht auszuwählen und zu rechtfertigen.

Vieles ist den Kinder psychisch nah, obwohl es physisch fern ist. Amerika kann nah sein, der Stadtteil hinter der Autobahn fern. Und manches hat für ihr Leben und für das Verstehen der Lebensumstände Bedeutung, obwohl es nicht im Nahraum erfahrbar und angesiedelt ist.

Es geht also eher darum, die Qualität von Verhaltensanforderungen und von Erwartungen, die an Personen gestellt werden, zum Unterscheidungsmerkmal zu machen, nicht die eher physischen Qualitäten der Örtlichkeiten, zu denen sie Zugang haben.

Unter anderem Überlegungen dieser Art sowie die Einsicht in die Gefahren der Kindtümelei, der Affirmation, also der Orientierung auf bestehende Lebensverhältnisse ohne die Befähigung, diese kritisch zu beurteilen und zu verändern, ließen Heimatkunde immer weniger als geeignet erscheinen, der schulischen Auseinandersetzung mit Sachen einen konzeptionellen Rahmen zu geben.

Dies war die Geburtsstunde des modernen Sachunterrichts.

4.3 Fachliche Systematik – eine Alternative?

Die Risiken der heimatkundlichen Orientierung erwiesen sich zunehmend als Hindernis für die Gestaltung eines Unterrichts, der modernen Anforderungen an die Schule entspricht. Es drohten vor allem
– eine Idealisierung von Umwelt als Idylle,
– eine sachlich unangemessene Vereinfachung von Vorstellungen über die Umwelt (Simplifizierung),
– und als Folge eine zu geringe Förderung der kindlichen Entwicklung (Vergeudung pädagogischer Ressourcen).

Die heimatkundliche Orientierung auf den Nahraum konnte nicht mehr zu hinreichend zuverlässigen Vorstellungen über die Umwelt führen in einer Welt, die sich rasch wandelt und immer komplexer wird.

Wenn
- Familienverhältnisse sich wandeln,
- Geschlechterrollen aufbrechen,
- neue Berufsfelder entstehen,
- die zunehmende Verfügbarkeit zunächst gedruckter Medien wie Kinder- und Sachbücher, dann Radio und Fernsehen zu Vorstellungen über Ereignisse, Vorkommnisse und Gegebenheiten führen, die weit über den Heimatkreis hinaus reichen,
- Menschen sich für Mitbestimmung und Selbstbestimmung in vielen Lebensbereichen engagieren,
- die Lebensverhältnisse in der Region von wirtschaftlichen und politischen Entscheidungen an ganz anderen und fernen Orten beeinflusst werden,

dann lässt sich die Umwelt nicht mehr mit traditionellen Orientierungen der Heimatkunde, wie handwerklich-bäuerliche Berufsideale, Brauchtumspflege, jahreszeitlich gebundene Themenwahl („Herbststürme"; „Unser Garten im Frühling") erschließen.

Hinzu kommt, dass die Beschränkung auf den scheinbar übersichtlichen Nahraum und die Übertragung der dort herrschenden sozialen Strukturen und Regeln, zum Beispiel des Familienlebens, auf das öffentliche und politisch gestaltete Leben (siehe Ergänzung 19, S. 164 f.) zu unrealistischen, idealisierten, vereinfachten und verzerrten Vorstellungen von der Umwelt führen, in der Kinder aufwachsen.

Statt die intellektuellen und sozialen Fähigkeiten für die Erschließung einer sich rasch wandelnden, differenzierenden und komplexer werdenden Welt grundzulegen, führt die Orientierung der Heimatkunde zu einer Idealisierung der Vorstellungen von dieser Welt.

Damit einher ging die Gefahr, Unterrichtsinhalte unsystematisch auszuwählen und sachlich zu wenig ergiebig und anspruchsvoll, ja mitunter auch schlicht verfälschend aufzubereiten. Außerdem wurden die Interessen der Kinder, deren kognitive Leistungsfähigkeit und pädagogische Fördermöglichkeiten unterschätzt. Vermeintlich kindorientiert bot man Kindern simplifizierende, zum Teil verfälschende Erklärungen an („Zwerge transportieren Wassertröpfchen"), mit denen man in der Sache nichts Ergiebiges lernen konnte.

Ende der Sechzigerjahre des 20. Jahrhunderts schien diese mangelnde Förderung von Kindern nicht mehr akzeptabel.

4.3.1 Hoffnung auf Wissenschaftlichkeit

Ein Alternative, zumindest zu den kindtümelnden, sachlich nicht haltbaren Vereinfachungen, sollte die Orientierung des Sachunterrichts an der fachlichen Systematik wissenschaftlicher Disziplinen bieten. Für diese Hoffnung gab es mehrere Gründe.
- Wissenschaftlicher Fortschritt wurde sowohl auf naturwissenschaftlichen als auch auf sozialwissenschaftlichen Gebieten von einer Technisierung vieler Lebensbereiche begleitet.

- Die frühzeitig einsetzende Hinführung zu wissenschaftlichen Arbeits- und Erkenntnisformen und eine solide, wissenschaftlich haltbare Grundbildung schien sich als wichtige Voraussetzung für die Orientierung der Menschen über ihre Umwelt abzuzeichnen.
- Im damals noch herrschenden Wettstreit zwischen marktwirtschaftlich und planwirtschaftlich organisierten Gesellschaftssystemen wurde dem wissenschaftlich fundierten Ausbildungsniveau ein wichtiger Wettbewerbsvorteil zugeschrieben.
- Der große Erfolg technischer Neuerungen nährte die Vorstellung, nicht nur die materiellen, sondern auch die sozialen Lebensverhältnisse ließen sich durch Anwendung wissenschaftlicher Erkenntnisse und Orientierung an wissenschaftlichen Einsichten so einrichten, dass Menschen mit einem Mindestmaß an Fremdbestimmung und einem Höchstmaß an Selbstbestimmung und Rücksichtnahme miteinander leben könnten.

Der Schule im Allgemeinen und der Grundschule im Besonderen wurde eine zentrale Rolle zugeschrieben, um
- wissenschaftliche Grundbildung zu sichern
- demokratische Beteiligungsfähigkeit aufzubauen
- und Bildungsbenachteiligungen aufgrund der sozialen Herkunft auszugleichen.

Außerdem stützen Fortschritte bei der Aufklärung von Lernprozessen die Annahme, mit einer geeigneten Darbietung und Aufbereitung von Unterrichtsinhalten ließe sich auch fachlich anspruchsvolles Wissen grundlegen und sichern.

Wichtige Stationen zur stärkeren Berücksichtigung von fachlich fundierten Inhalten auf dem Weg von der Heimatkunde zum Sachunterricht waren unter anderem die Handlungs- und Darstellungseinheiten von Rabenstein & Haas (1967/ 1968), die Bemühungen Walter Jeziorskys, Kinder im allgemein bildenden Unterricht in der Sache verständig zu machen (Jeziorsky 1965; ders. 1972), sowie das Plädoyer für eine in der Sache fundierte kindgemäße Bildung von Lichtenstein-Rother (1969). Zuvor hatte Karnick (1958) bereits die Notwendigkeit betont, in einem „heimatkundlichen Sachunterricht" den Anschauungsunterricht zugunsten einer Klärung von Sachverhalten zurückzudrängen.

In der Einführung eines Sammelbandes über *fachgemäße Arbeitsweisen* in der Grundschule (Bauer u. a. 1971) stellte Rabenstein die Notwendigkeit heraus, im Sachunterricht auf die Vermittlung von Sachkenntnissen hinzuarbeiten. Dafür seien „gegenstandsspezifische Lernweisen" (Rabenstein 1971 a, 8) und fachspezifische Arbeitsweisen (ebd., 11) im Sachunterricht einzuführen. Zuvor hatte Lubowsky (1967) den pädagogischen Sinn des Sachunterrichts unter anderem mit der Erschließung der an Fächer gebundenen traditionellen Frage- und Erkenntnisrichtungen der Menschheit begründet.

Bildungspolitisch wurde die Forderung, auch in der Grundschule das fachliche Niveau von Unterrichtsinhalten zu heben, mit der Veröffentlichung des Strukturplans des Deutschen Bildungsrates (1970) untermauert.

Dieser kritisierte unter anderem, die in der Grundschule behandelten Inhalte würden den gesellschaftlichen Anforderungen zu wenig genügen (ebd., 125).
Der Grundschulkongress 1969 in Frankfurt forderte eine Modernisierung des Unterrichts unter Nutzung von Kenntnissen und Verfahren der sozialwissenschaftlichen, psychologischen und lerntheoretischen Forschung, eine Forderung, die in der Folgezeit in den Fachdiskussionen über die Gestaltung der Grundschule große Beachtung fand. Kritisiert wurde dort unter anderem „die schlichte Deutung der Welt" in der volkstümlichen Bildung (vgl. Muth 1970, 43). Die Grundschule sei als eine Schulstufe zu konzipieren, „in der es um wissenschaftlichen Unterricht geht" (ebd.). Verstärkt müsse der „Sachlichkeit" und „Sachangemessenheit" Rechnung getragen werden, was auch erfordere „die emotional bestimmte Heimatkunde durch einen rational bestimmten Sachunterricht" (ebd., 44) abzulösen.
Es herrschte, wie ein zeitnaher Beobachter es damals treffend charakterisierte, ein „didaktischer Trend nach Wissenschaft" (Schietzel 1973, 153).
In diesem Umfeld gediehen Konzeptionen, die das Sachwissen der Kinder mit systematisch gegliederten und didaktisch detailliert geplanten Lehrgängen aufbauen wollten.

4.3.2 Ausgewählte Konzeptionen

a) Der strukturorientierte Ansatz
Eine dieser Konzeptionen war der *struktur- bzw. konzeptorientierte* Ansatz, der von Kay Spreckelsen und Mitarbeitern in Anlehnung an ein amerikanisches Curriculum (Science Curriculum Improvement Study, SCIS) für den deutschen Sprachraum ausgearbeitet wurde (Spreckelsen 1971 ff.).
Diesem didaktischen Entwurf lag die Auffassung zugrunde, naturwissenschaftliches Wissen könne nachhaltig erlernt werden, wenn Einsicht in grundlegende Prinzipien naturwissenschaftlicher Erklärungsweisen („Konzepte") erworben würde.
Danach erschließe sich chemisches und physikalisches Wissen durch ein Verständnis der Basiskonzepte, mit denen in der jeweiligen Disziplin das Wissen gewonnen, strukturiert und kommuniziert wird. Diese Basiskonzepte würden die Struktur einer Disziplin begründen („structure of the discipline"). Sie ermöglichten daher, Grundgedanken der jeweiligen Naturwissenschaft vertieft zu verstehen und Detailwissen in größere, die Disziplin tragende Zusammenhänge einzuordnen (vgl. Spreckelsen 2001, 87).
Die Anfang der siebziger Jahre vorgelegte deutschsprachige Umsetzung eines strukturorientierten naturwissenschaftlichen Curriculums für die Grundschule (Spreckelsen 1971 ff.) orientierte sich zum Beispiel an den drei Basiskonzepten Teilchenstrukturkonzept, Wechselwirkungskonzept und Erhaltungskonzept.
– Mit dem Teilchenstrukturkonzept sollte die Vorstellung aufgebaut werden, dass die materielle Welt aus unterschiedlichen kleinsten Teilchen bestehe und Eigen-

arten sowie Zusammenspiel der kleinsten Teilchen die Vielfalt von Eigenschaften und Beschaffenheiten der wahrnehmbaren Materie begründen.
So ist zum Beispiel der Aggregatzustand eines festen Körpers mit dem Modell interpretierbar, die kleinsten Teilchen seien kompakt und so eng angeordnet, das Formverschiebungen nur durch erheblichen Kraftaufwand am jeweiligen Körper möglich sind. In Flüssigkeiten, die verschiedene Formen annehmen, sind die Teilchen weniger eng, mit größerem Bewegungsspielraum angeordnet. Und im gasförmigen Zustand bewegen sich die kleinsten Teilchen des jeweiligen Stoffes frei im Raum.
- Das Wechselwirkungskonzept sollte naturwissenschaftliche Vorgänge als Wirkung des Zusammenspiels von Interaktionspartnern verständlich machen: Druck erzeugt Gegendruck. Eine wirkende Kraft erzeugt eine Gegenkraft.
- Das Erhaltungskonzept sollte die Einsicht aufbauen, dass stoffliche und energetische Eigenschaften sich zwar verändern können, prinzipiell Materie und Energie aber nicht verloren gehen, sondern allenfalls in unterschiedliche Formen umgewandelt werden (vgl. Spreckelsen 1974, 583).

Das Unterrichtswerk (Spreckelsen 1971 ff.) bestand aus sechs Unterrichtseinheiten mit insgesamt 94 Vorschlägen für Unterrichtsstunden. Dabei sollte das jeweils erworbene Wissen und die zu erwerbenden Fähigkeiten zu einem immer komplexeren Verständnis und zu immer breiteren Anwendungsmöglichkeiten der grundlegende Konzepte führen.

So wurden zum Beispiel im ersten Schuljahr mit Blick auf die Vorbereitung der Teilchenvorstellung Stoffe und ihre Eigenschaften unterschieden.

Diese bewusste Unterscheidung von Stoffen nach ausgewählten Eigenschaften sollte die Grundlage dafür legen, in höheren Schuljahren den Aufbau von Stoffen mit Hilfe des Teilchenmodells deuten zu können.

Dieses Zurückgreifen auf bereits vorhandenes Wissens zur vertiefenderen Interpretation der damit deutbaren Phänomene auf einem komplexeren und anspruchvolleren Niveau kam in der Kennzeichnung des Lehrgangs als Spiralcurriculum zum Ausdruck. Man kam, wie die Spirale auf ihre Breitenkoordinate, regelmäßig auf Inhalte zurück, allerdings jeweils auf einem höheren Niveau.

Unter anderem wurden folgende Vorzüge dieser bis in die Planung einzelner Stundenverläufe reichenden Konzeption gesehen:
- Lehrerinnen und Lehrern konnten fertige, abgestimmte und aufeinander aufbauende Unterrichtseinheiten angeboten werden.
- Der Wortschatz, den Schüler benötigten, um die Inhalte sprachlich angemessen zu bewältigen, ließ sich benennen.
- Es wurden Vorschläge für Hausaufgaben und Tests unterbreitet.
- Experimentiermaterialien als Klassensatz gewährleisteten die Bereitstellung der notwendigen Medien.

b) Der verfahrensorientierte Ansatz

Einen anderen Schwerpunkt legte die *verfahrensorientierte Konzeption* der Arbeitsgruppe für Unterrichtsforschung (1971).

Auch hier stand die Einsicht am Anfang, dass es aufgrund der Wissensfülle und des schnellen Wandels des jeweils wichtigen Wissens nicht sinnvoll ist, in erster Linie eine Auswahl von Inhalten für den Sachunterricht zu bestimmen.

Vielmehr käme es darauf an, Verfahren der naturwissenschaftlichen Bearbeitung von Umwelt und der Erkenntnisgewinnung zu üben.

Geeignet dafür seien zum Beispiel Verfahrensweisen wie Beobachten, Messen, Klassifizieren, Aufbauen von Raum-Zeit-Beziehungen, angemessene Mitteilungen machen, Vorhersagen und Schlüsse ziehen. Angesichts der raschen Ausweitung des Wissens seien Verfahrenskompetenzen langfristig stabiler und damit orientierungswirksamer als die Vermittlung konkreter Inhalte, deren Nutzen für die Interpretation von Umwelterscheinungen eher dem Wandel unterliegt. Die Methoden des Wissenserwerbs veränderten sich langsamer als die Inhalte des Wissens.

Ausgearbeitet wurden auch hier aufeinander abgestimmte Lehrgänge. Sie sollten es auch naturwissenschaftlich nicht ausgebildeten Lehrerinnen und Lehrer ermöglichen, Grundschulkindern eine elementare und zukunftsfähige naturwissenschaftliche Grundbildung zu vermitteln.

Auch dieses Konzept mündete in eng geplante Vorschläge mit detaillierten Unterrichtsschritten. Zum Teil wurde vorgeschlagen, Arbeitstechniken zu üben, ohne einen hinreichenden inhaltlichen Bezug dafür erkennbar zu machen. So enthält zum Beispiel das Unterrichtswerk zum 1. Schuljahr den Vorschlag, das Klassifizieren zu üben, indem die Kinder Papierblätter nach Farben sortieren sollten (vgl. Arbeitsgruppe für Unterrichtsforschung 1971, 81 ff.).

Während die klare und detaillierte Gliederung von Unterrichtsvorschlägen, die aufeinander aufbauten, eine Stärke dieser Konzeptionen zu seien schien, erwies sich die damit erkaufte Engführung von Unterricht eher als ein Hindernis für verständiges Lernen.

Der Anspruch, durchdachte und für alle brauchbare Lehrgänge vorzulegen, führte notgedrungen zur Einschränkung der Möglichkeit, den konkreten Erfahrungen, Sichtweisen und Vorstellungen der jeweils zu unterrichtenden Schülerinnen und Schüler Raum zu geben.

Generalisierend orientierte Planung geht notwendigerweise mit einer Einengung des Spielraums für den konkreten Einzelfall einher, zumal dann, wenn detaillierte, kleinschrittige Vorgaben eingehalten werden müssen, um die jeweils nächsten Schritte sinnvoll bearbeiten zu können. Assoziationen der Kinder können sich dann nicht hinreichend artikulieren. Die Vorstrukturierung des Lernprozesses bietet wenig Raum zum entdeckenden und problemorientierten Bearbeiten. Differenzierte Lernvoraussetzungen finden nicht ausreichend Berücksichtigung.

Auch dann, wenn Fachdidaktiker sich ausdrücklich den Anspruch setzten, den Beitrag ihres Faches für den Sachunterricht übergreifend auch mit Bezug auf andere Fächer zu bestimmen, wie im Werk Katzenbergers (1972 ff.), mündeten die konkreten unterrichtlichen Konsequenzen größtenteils wiederum in eher eng führende, die fachlichen Aspekte in den Mittelpunkt stellende Unterrichtseinheiten.
Man könnte es geradezu als eine, ja als die paradoxe Herausforderung des Sachunterrichts bezeichnen:
Ein von der Sachlogik her in sich stimmig vorgeplanter und über weite Phasen aufeinander aufbauender Sachunterricht läuft Gefahr
– den Lernprozess eng zu führen,
– den für nachhaltig wirksames Lernen notwendigen subjektiven Aneignungen, Auseinandersetzungen, gedanklichen Konstruktionen und Rekonstruktionen (vgl. Kapitel 3, S. 92 ff.) zu wenig Spielraum zu bieten
– und somit bloßer Wissensanhäufung zu dienen (vgl. dazu auch Soostmeyer 1998, 51 f.).
Die Logik der bereits erschlossenen „Sache", wie sie sich vor dem Hintergrund des bereits bekannten und als gültig akzeptierten Wissens darstellt, deckt sich nicht mit der Logik des Aneignungs- und Erschließungsprozesses für dieses Wissen.

4.3.3 Ein formalisiertes Verständnis von Wissenschaftlichkeit – über Risiken der Orientierung an Fachsystematik

Das in den Lehrgängen zugrunde gelegte naturwissenschaftliche Wissen hat sich als Ergebnis langer, Umwege einschließender Lernprozesse mehrerer Generationen von Wissenschaftlern und Fachleuten herausgebildet.
Seine allgemeine Gültigkeit und Sachlichkeit begründet sich gerade darin, dass es auf Aussagen und Vorstellungen beruht, die für alle verständigen Menschen im Prinzip nachvollziehbar sind (vgl. Teil 3.3.3).
Der Aneignungsprozess eines Lernenden, der noch nichts von der Sache weiß, beginnt aber nicht als Startpunkt zu einer sich in sachlicher Logik erschließenden Hinführung zum bereits bekannten „wissenschaftlich" gesicherten Ergebnis. Wohin der Weg, der mit einem interessant erscheinenden Ereignis, einer Irritation, einer interessanten Herausforderung beginnt, führt, ist dem nicht klar, der noch nicht über das Wissen verfügt, mit dem man das Ausgangsproblem hinreichend zufrieden stellend lösen kann.
Die Logik des Schon-Wissenden ist eine andere als die des Noch-Lernenden.
Während sich dem Schon-Wissenden der nächste Schritt der Erkenntnisgewinnung als sachlogische Konsequenz aus dem vorausgehenden Schritt darstellt, ist der Noch-Lernende zunächst einmal damit beschäftigt, das jeweilige Problem zu erkennen, es zu durchdringen, verschiedene Lösungsmöglichkeiten zu erwägen und zu erproben. Erst wenn unterschiedliche Vorstellungen erwogen und aus guten Gründen einige davon verworfen werden, kann sich eine verständnisfördernde Vorstellung von dem als gültig zu akzeptierenden Wissen einstellen (vgl. Ergänzung 20, S. 174).

> **Unterwegs zu den Höhen des Wissens – ohne Direttissima**
>
> Um den Unterschied zwischen dem Schon-Wissenden und dem noch nicht Wissenden zu veranschaulichen, sei folgendes Bild erlaubt: Lehrende des Sachunterrichts stehen, mit Blick auf den zu vermittelnden Inhalt, dem Gipfel des Wissens näher als Lernende. Von diesem höheren Standpunkt überschauen sie den direkten Weg zum eigenen Standort.
> Lernende müssen sich aber zunächst in der Umgebung des Weges orientieren, um den Sinn gerade dieses Weges zu erfassen.
> Dafür sind Umwege, Erkundungen im nicht erschlossenen Gelände notwendig. Eine Direttissima zum Wissen gibt es nur für den, der rückwärts schauen kann. Wer schon weiß, kennt auch den direkten Weg. Wer aber noch lernt, muss jeweils auf dem Niveau seines Standortes suchen, das heißt Wege probieren. Wird er zu schnell auf den richtigen Weg verwiesen, gar mit der Maßgabe, diesen auch möglichst geradlinig zu gehen, ohne Verweilzeit und ohne Abweichungen ins Gelände, wird sich die Direttissima als ausgetretener Pfad erweisen. Man kommt schnell an, weiß aber nicht so recht wozu und hat unterwegs das Beste verpasst: die herausfordernde, suchende Auseinandersetzung mit sich selbst, mit seinen eigenen Vorstellungen bei der Erschließung der Sache.

Ergänzung 20

Es ist daher nicht ganz zufriedenstellend, wenn die in Teil 4.3.2 dargestellten Konzeptionen in der sachunterrichtsdidaktischen Kommunikation als wissenschaftsorientiert bezeichnet werden.
Sicherlich bemühten sich diese Konzeptionen, dem Stand wissenschaftlichen Wissens sowohl mit Blick auf die zu vermittelnden Inhalte als auch mit Blick auf die Gestaltung des Unterrichts gerecht zu werden. Aber dieses sind Anforderungen, denen sich jede Konzeption stellen muss.
Der methodische Zuschnitt der als wissenschaftsorientiert bezeichneten Konzeptionen lässt jedoch wichtige Aspekte wissenschaftlichen Arbeitens vermissen. Daher wird vorgeschlagen, eher von tendenziell geschlossenen, fachsystematisch orientierten Konzeptionen zu sprechen:
Die Vorstellungen von Prinzipien, Strukturen und Basisinhalten von Fächern oder Fachrichtungen, die diesen Konzeptionen zugrunde liegen, und die didaktische Leitorientierung für die Auswahl von Inhalten und Methoden des Unterrichts begünstigen eine enge, lehrgangsartige Vorstrukturierung des Unterrichts.
Die Lehrgänge führen scheibchenhaft an das Wissen heran und setzen einseitig darauf, dass der Erwerb neuen Wissens vor allem den richtigen Gebrauch vorhandenen Wissens voraussetzt. Dies mag stimmen, aber mindestens genauso wichtig ist es, Vermutungen, Hypothesen über mögliche Lösungen eines Problems zu haben und dann diese Hypothesen zu prüfen.

Wissenschaft beginnt mit interessanten Problemen, die den Einzelnen herausfordern, ihn probieren lassen, ihn motivieren, sich vorhandenes Wissen anzueignen, zu prüfen, ob es zur Lösung des interessanten Problems beiträgt, eigene Vorstellungen daran zu messen und im Austausch mit dem bereits vorhandenen Wissen weiterzuentwickeln. Die als wissenschaftsorientiert bezeichneten Konzepte decken nur einen Teil dieser Merkmale ab, und zwar eher den formalen Teil: das klare Absichern der jeweiligen Schritte, Beobachtungen, Messungen etc.

> **Merkmale wissenschaftlicher Erkenntnisgewinnung**
>
> Wissenschaft ...
> – beginnt mit Problemen
> – die hinreichend eng eingegrenzt sind
> – macht die Formulierung klarer theoriegeleiteter Hypothesen unter systematischer Einbeziehung vorhandenen Wissens (Effizienz)
> und die systematisch nachvollziehbare Prüfung der Hypothese notwendig (Intersubjektivität)
> – prüft die dabei gewonnenen Daten mit klar nachvollziehbaren Verfahren (Intersubjektivität)
> – interpretiert Ergebnisse im Lichte einer Theorie möglichst so, dass sie sich im Prinzip auch widerlegen lassen (Falsifikationsgebot)
> – stellt den gesamten Erkenntnisprozess intersubjektiv nachprüfbar dar
>   – Entdeckung des Problems (Entdeckungszusammenhang)
>   – Begründung, warum Problembearbeitung sinnvoll ist (Begründungszusammenhang)
>   – Anlage der Untersuchung (Forschungsdesign)
>   – Interpretation der Ergebnisse

Ergänzung 21

Aber Exaktheit, systematisches Vorgehen, Widerspruchsfreiheit zum bisherigen Wissen sind nur notwendige Voraussetzungen für wissenschaftliches Arbeiten, keine hinreichenden.
Das Üben dieser Voraussetzungen allein führt nicht zum wissenschaftlichen Arbeiten, auch nicht zum Verständnis für wissenschaftliches Arbeiten, sondern zum relativ mechanischen Nachvollzug vorhandenen Wissens.
Hinzu kommen müssen erfahrungsbezogene Neugier, Interesse, subjektiv empfundene Herausforderungen, die groß genug und hinreichend nachhaltig sind, um die mitunter mühselige Auseinandersetzung zwischen den eigenen Vorstellungen und anderen möglichen Interpretationen ausreichend zu motivieren.

Dafür benötigt man Spielräume des Lernens, des Aneignens, des denkenden Ausprobierens – und diese Spielräume boten die Lehrgänge gerade nicht.

So wurde der Anspruch auf Wissenschaftlichkeit in den Konzeptionen nicht zu Unrecht auch aus wissenschaftstheoretischer Sicht kritisiert, zum Beispiel mit dem Einwand, Kinder würden von sich aus nicht wirklich methodisch kontrollierte Fragen an Sachverhalte stellen. Sie gingen vielmehr – durchaus ernsthaft – mit einer eher spontanen Neugier an interessante Erscheinungen und Phänomene heran. Außerdem seien sie nicht in der Lage, Experimente zur Überprüfung ihrer Fragen zu ersinnen (Schietzel 1973, 154 f.). Der Anspruch, Kinder zum wissenschaftlichen Arbeiten zu führen, würde daher eher zu einer Engführung durch Lehrerfragen und Vorgaben zum Nachmachen führen.

Zusammenfassend kann man festhalten, dass die an Fachsystematiken orientierten Konzepte zwar sorgfältig ausgewählte Inhalte und Problemstellungen mit zum Teil detaillierten Unterrichtsvorschlägen boten.

Doch die starke Vorstrukturierung und enge Führung von Lernprozessen ließ wenig Spielraum, um an unterschiedliche Erfahrungen der Kinder anzuknüpfen und verschiedene Lernwege zuzulassen.

Zum Beispiel zeigte die Untersuchung von Klewitz mit 32 Grundschülern der 4. Jahrgangsstufe zum Thema „Schwimmen-Schweben-Sinken", dass Kinder in einem sachstrukturell orientierten und den Arbeits- und Lernprozess engführenden Lehrgang das intendierte Lernziel, die Erkenntnis des archimedischen Prinzips zur Erklärung des Schwimmens, nicht erreichten (Klewitz 1988, 82; 87 f.). Bei 12 von 32 Schülern habe sich das Interpretationsniveau für die Deutung von Schwimm- und Sinkphänomenen sogar noch verschlechtert. Erklärt wird dies mit der Neigung, angebotenes Wissen ohne tiefer gehendes Verständnis mit den eigenen Vorstellungen zu vermengen (ebd., 96 f.).

Andererseits zeigten die Unterrichtsprotokolle von Wagenschein u. a., wie Kinder in einem offen gehaltenen und durch Lehrerimpulse gesteuerten Unterrichtsgespräch über naturwissenschaftliche Phänomene schöpferisch Ideen produzieren, Vermutungen äußern und nach überzeugenden Lösungen für die beobachteten Phänomene suchen (vgl. Wagenschein, Banholzer & Thiel 1973).

Neben der Kritik an den eher als geschlossen zu bezeichnenden Konzeptionen dürften diese Erfahrungen mit dazu geführt haben, dass sich im Sachunterricht zunächst eine Abkehr von eher fachlicher Engführung hin zu erfahrungsoffeneren Konzeptionen abzeichnete. Auch der Anspruch, Sachunterricht müsse zum politischen und soziales Lernen beitragen, unterstützte konzeptionelle Entwicklungen, die dazu beitragen wollten, den Sachunterricht weniger an der Systematik von Fächern, sondern mehr an den Erfahrungen der Kinder zu orientieren.

4.4 Umweltanforderungen bewältigen – offenere Konzeptionen

4.4.1 Beispiele mit naturwissenschaftlichem Schwerpunkt
Der besonders in den Siebzigerjahren sich weiter entwickelnde Anspruch, durch Bildung und fachliche Kompetenz auch die Fähigkeit zur Mitgestaltung der Umwelt zu fördern, begünstigte die Ablösung von Konzeptionen, die sich vor allem an fachlichen Systematiken und inhaltlichen Strukturen orientierten.

Bezogen auf den naturwissenschaftlichen Lernbereich wären als Beispiel das Nuffield Junior Science Project (NJSP) und das als Fortsetzung entstandene „Science 5/ 13 Projekt" zu nennen, die unter anderem von Hannelore Schwedes und Elard Klewitz sowie Horst Mitzkat für den Sachunterricht in Deutschland erschlossen worden sind.

In diesen Projekten ging es um die Entwicklung von Unterrichtsvorschlägen, die Kinder mit ausgewählten naturwissenschaftlichen Phänomenen konfrontieren. Diese Begegnungen sollten nicht in einen bereits feststehenden Lehrgang münden, sondern als Anlass für die Entwicklung von Fragen und Problemen dienen, die dann unter Anleitung der Lehrerinnen und Lehrer bearbeitet werden. Angestrebt wurde, den Unterricht stärker an den Aktivitäten und den Erfahrungen der Kinder zu orientieren als an dem zu erwerbenden Wissen (vgl. Klewitz & Mitzkat 1974, 376).

Daher boten diese Konzeptionen keinen festen Katalog von Lernzielen und darauf bezogenen Inhalten mit engen didaktischen und methodischen Vorgaben für die Bearbeitung dieser Inhalte an. Vielmehr wurden Lerneinheiten entwickelt, die zu biologischen, chemischen, physikalischen und technischen Schwerpunkten Gestaltungsvorschläge für den Unterricht unterbreiteten und Hintergrundinformationen für die Lehrerinnen und Lehrer lieferten.

Die auch als „offen" und „kindorientiert" bezeichneten Konzeptionen wollten es ermöglichen
– die konkreten Erfahrungen der jeweiligen Lerngruppe einzubeziehen,
– den sich situativ äußernden Fragen und Interessen nachzugehen,
– unterschiedliche Lernwege einzuschlagen.

So wurde zum Beispiel der Misserfolg eines Jungen beim Bau einer Kerze zum Anlass genommen
– Bedingungen für eine gut brennende Kerze zu erkunden,
– elementare Beziehungen zwischen Umfang von Kerzen und Brenndauer sowie zwischen Licht und Wärme zu erarbeiten,
– Ruß als Verbrennungsrückstand zu untersuchen,
– Vor- und Nachteile verschiedener Lichtquellen zu erörtern
   (vgl. Klewitz & Mitzkat 1979, 147 ff.).

Ein anderer Vorschlag zeigt zum Beispiel am Thema Holz und Bäume, wie aus der Begegnung der Kinder mit einem umgestürzten Baum Untersuchungspläne für verrottete Baumstämme erarbeitet und umgesetzt wurden, Hypothesen über die Entstehung von morschem Holz entwickelt und geprüft und morsches und frisches Holz systematisch verglichen wurden (vgl. Schwedes 1977).

Auch das zweite große Curriculumprojekt der Göttinger Arbeitsgruppe für Unterrichtsforschung war als eine eher offene Konzeption angelegt.

Nach der Kritik an der Engführung des verfahrensorientierten Ansatzes legte die Gruppe im zweiten Teil der Siebzigerjahre ein neues Curriculum für den naturwissenschaftlichen Lernbereich im ersten Jahrgang vor.

Dieses Projekt zielte darauf ab, Kinder bei der Entwicklung angemessener Begriffe, Deutungen und Fähigkeiten zur Informationserarbeitung in der Auseinandersetzung mit Phänomenen der natürlichen Umwelt zu unterstützen. Außerdem sollte Interesse für die natürliche Umwelt geweckt und neue Erfahrungen vermittelt werden (vgl. Arbeitsgruppe für Unterrichtsforschung 1977 a, 1). Dabei wurden ein biologischer und ein physikalisch-chemischer Erfahrungsbereich unterschieden (ebd., 10 f.).

Im ersten Halbjahr werden voneinander relativ unabhängige Aktivitäten vorgeschlagen, bei denen es um Herstellen, Vergleichen, Sammeln etc. geht (vgl. Arbeitsgruppe für Unterrichtsforschung 1977 a). Im zweiten Halbjahr folgen konkrete Unterrichtseinheiten wie „Gewicht und Waage", „Meerschweinchen und Klassenzimmer", die zum Teil wieder detaillierte Vorgaben machen (vgl. Arbeitsgruppe für Unterrichtsforschung 1977 b).

Herrschte bei der Begründung der geschlossenen Curricula noch die Vorstellung, Wissenschaftsorientierung sei durch die Ausrichtung des Lernprozesses an Inhalten und Strukturen der Naturwissenschaften zu erzielen, beanspruchten die Verfechter der offeneren Curricula ebenfalls, wissenschaftsorientiert vorzugehen – und zwar durch Offenheit in den Methoden:

„‚Wissenschaftsorientierung' wird hier als „Methodenorientierung" betrachtet, d. h., die Kinder bedienen sich bei ihren Untersuchungen solcher grundlegender Verhaltensweisen, die auch der Wissenschaftler im Forschungsprozess verwendet. Das Kind stellt Fragen, macht Beobachtungen, vergleicht, holt sich Auskunft und mag in vielfältige Einzelfragen eindringen. Es treibt so Naturwissenschaft im elementaren Sinne" (Klewitz & Mitzkat 1977, 12).

Während die geschlossenen Curricula die Nähe zu feststehendem Wissen zu einem Gütekriterium für Wissenschaft stilisierten, wurde nun die Offenheit der Methoden überstrapaziert – beides ohne eine fundierte Theorie von Wissenschaftlichkeit (vgl. S. 173 ff.).

Mit der Ausweitung des sozialwissenschaftlichen Lernbereichs entfernte sich der Sachunterricht weiter von fachlich orientierten und eng geplanten Lehrgängen.

4.4.2 Beispiele mit sozialwissenschaftlichem Schwerpunkt

a) Der situationsbezogene Ansatz
Der Anspruch, Kinder bei der Bewältigung von Umweltanforderungen zu unterstützen, lenkte die didaktische Aufmerksamkeit stärker auf die aktuellen Lebensumstände der Lernenden. Diese stärker zu berücksichtigen, war zum Beispiel ein Grundanliegen im *„situationsbezogenen Ansatz"* von Siegfried Aust (1975). Diesem ging es darum, den Unterricht an realen Problemen, Eindrücken und Erfahrungen der Kinder zu orientieren und für die dabei aufkommenden Fragen und Probleme fachlich gesicherte Informationen und Interpretationsmöglichkeiten zu bieten (vgl. ebd., 550 f.).
Um der damit verbundenen Kritik zu entgehen, die Lernanlässe seien beliebig und würden kaum zu sachlich tragfähigen und durchdachten Einsichten über die Umwelt führen, wurde in der konkreten Umsetzung die Radikalität des Ansatzes wieder zurückgenommen.
Nicht beliebige, den Schülern jeweils spontan einfallende Real-Situationen, sondern arrangierte, von ihrem Lernpotenzial her durchdachte und allenfalls rekonstruierte Situationen sollten die Impulse zur Auseinandersetzung mit eigenen Erfahrungen geben. Die Auswahl der Inhalte orientierte sich jedenfalls weniger an einer fachlichen Systematik, sondern an Vorstellungen über die unmittelbare und mittelbare Betroffenheit der Kinder sowie an der Möglichkeit, individuelle Erfahrungen aufzugreifen und motivierende Situationen rekonstruieren zu können (vgl. Aust 1975, 569).
So wurde zum Beispiel das Themenfeld „Umgang Erwachsener mit Kindern" mit der Aufgabe eingeleitet, aus verschiedenen Bildern mit Kind-Erwachsenen-Situationen jene herauszusuchen, die einen eher freundlichen und jene, die einen eher angespannten Umgang zum Ausdruck bringen. Dazu sollten die Kinder von weiteren eigenen Erfahrungen berichten (vgl. Aust 1975, 560 f.).

b) Soziale Kompetenzen fördern
Die damals vor allem für den sozialwissenschaftlichen Lernbereich formulierten und begründeten Ziele wie Solidarität mit Schwächeren, Achtung vor dem anderen, Verantwortungsbewusstsein, Förderung der Kritik-, Konflikt- und Kooperationsfähigkeit sowie der Fähigkeit, Informationen über gesellschaftlich bedeutsame Ereignisse und Einrichtungen selbstständig zu ermitteln, zu bewerten und darzustellen, fand eine Vielzahl von inhaltlichen Anknüpfungen in politischen, wirtschaftlichen und anderen sozialen Handlungsfeldern wie Freizeit, Familie, Freundschaften etc.
- Kinder dabei zu unterstützen, *sich in der Gruppe zu orientieren* und methodische Kompetenzen für die Beobachtung, Analyse und gezielte Beeinflussung sozialer Prozesse zu entwickeln, war Ziel von acht Unterrichtseinheiten, die auf der Basis der in den USA für das Fach Social Science entwickelten „Laboratory Units" für

die Klassen 4 bis 6 (vgl. Lippitt u. a. 1969) auf deutsche Verhältnisse übertragen wurden (vgl. Lippitt u. a. 1975 ff.).
- Weitere Vorschläge zur gezielten *Förderung verschiedener methodischer Kompetenzen* finden sich unter anderem bei Ackermann (1976) mit Anregungen für Rollenspiele, Planspiele, Fallanalysen, Felderkundungen, Befragungen, die Darstellung von Informationen und die Projektarbeit (vgl. ebd., 71 ff.).
- Speziell auf die Förderung der *moralischen Urteilsfähigkeit* zielte das in den Siebzigerjahren entwickelte Cambridger „Moral Education Project", in dem erfahrungsnahe Materialien ausgearbeitet und erprobt wurden, um Grundschulkinder zu motivieren, sich in die jeweils dargestellten Akteure hineinzuversetzen und Stellung zu deren Handlungen zu beziehen (vgl. Bolscho & Ingram 1978).
- Eher *an den Kindern vertrauten Erfahrungen* (Spielen in unwirtlicher Umgebung, Verhaltensweisen im Supermarkt u. a.) setzt Schaeffer (1981) an mit dem Ziel, die in diesen Situationen wirkenden Regeln, Gewohnheiten und Handlungsbedingungen aufzuarbeiten, Verständnis für deren Funktionen und Einschränkungen zu schaffen und alternative Verhaltensmöglichkeiten zu überlegen.
- *Soziales Lernen durch eigenes Handeln* streben Konzeptionen an, die in Rollenspielen Konflikt-, Kritik- und Kooperationsfähigkeit fördern wollen (vgl. Knoll-Jokisch 1981 b, 140–146). Dabei sollen möglichst realitätsnahe Situationen (z. B. Mitbestimmen bei Hausaufgaben, Konflikte um das Aufräumen zu Hause, vgl. Bollmann & Warm 1979, 143 ff.) Interessen und Erfahrungen der Kinder mobilisieren und zugleich Normen und Erwartungen anderer ins Spiel bringen. Vorgeschlagen wurde auch, Konflikte unter Kindern gezielt zu initiieren, um anschließend das jeweils gezeigte Verhalten, dessen mögliche Wirkungen auf andere sowie die Notwendigkeit von Regeln im Umgang miteinander bewusst zu machen (vgl. Tiemann 1974; siehe auch Obiditsch 1974).
- Schließlich liegen konkrete Erfahrungsberichte mit Projekten zu verschiedenen Themen aus der Lebenswelt der Kinder vor, wie z. B. zur Freizeitgestaltung (Knauf 1982), zur Erschließung einer Stadtbibliothek (Hemmer 1982 a), zur Spielplatzgestaltung (Popp u. a. 1982) sowie eine Vielzahl von Unterrichtsvorschlägen zu konkreten Themenbereichen (Familie, Müll, Verkehr, Mädchen-Jungen u. v. m.).

Besonders gründlich entwickelt und mit detaillierten Unterrichtsvorschlägen konkretisiert wurde der sozialwissenschaftliche Lernbereich in der Konzeption des *Mehrperspektivischen Unterrichts* (MPU).

c) Der Mehrperspektivische Unterricht
Diese Konzeption wurde von der „Arbeitsgruppe Reutlinger Didaktiker" im Rahmen eines Förderprogramms der Stiftung Volkswagenwerk („CIEL": Curriculum der institutionalisierten Elementarerziehung) Anfang der Siebzigerjahre ausgearbeitet.

Entscheidend für den Ansatz ist die Annahme, dass sich Handlungsfähigkeit nicht abstrakt, als generelle Qualität der Person aufbauen lässt, sondern nur spezifisch in gesellschaftlichen Handlungsfeldern.

Daher käme es darauf an, im Unterricht die zentralen gesellschaftlichen Handlungsfelder, in denen Kinder in ihrem Leben verstrickt sind, so zu rekonstruieren, dass für Lernende grundlegende Strukturen, Regeln und Funktionen des gesellschaftlichen Lebens erfahrbar und verstehbar würden (vgl. Giel, Hiller & Krämer 1974, 13 f.). Im Unterricht sollten die „für die Gesellschaft typischen Handlungsfelder modellhaft" rekonstruiert werden (ebd., 14), nicht, um die Wirklichkeit abzubilden, sondern um sie so zu repräsentieren, „dass sie verständlich wird" (ebd.). Dafür wurden Rekonstruktionsperspektiven entwickelt und begründet.

Nach anfänglich sieben Rekonstruktionsperspektiven (vgl. ebd., 16 f.) wurden später vier Perspektiven berücksichtigt, unter denen im Unterricht Inhalte aufzuarbeiten seien (vgl. Krämer 1975, 602 f.):

– Beim *„scientischen Rekonstruktionstyp"* ging es darum, die fachlich-wissenschaftlichen Sachverhalte und Verfahrensweisen am Unterrichtsgegenstand bearbeitbar zu machen. Hier kamen vor allem sachliche Einsichten ins Spiel, zum Beispiel die Funktionsweise eines Postamts, Arbeitsplatzbeschreibungen einer Sprudelfabrik oder die Arbeit mit Statistiken, Modellen, Graphiken, Diagrammen etc.

– Der *„politisch-öffentliche Rekonstruktionstyp"* sollte gewährleisten, dass sich das Verständnis politischer und wirtschaftlicher Regeln entwickeln kann. So sollten zum Beispiel beim Themenbereich Postamt auch Maßnahmen zur Wahrung des Briefgeheimnisses bearbeitet werden. Für den Themenbereich Sprudelfabrik wurde vorgeschlagen, Interviews mit Vertretern verschiedener Gruppen aus dem Betrieb zu analysieren.

– Der *„erlebnis-erfahrungsbezogene Rekonstruktionstyp"* zielte auf die Einbeziehung von Schülererfahrungen. Durch Collagen, Karikaturen, Tonbandaufnahmen oder andere Impulse sollten die Lernenden angeregt werden, ihre bisherigen Erfahrungen zu dem jeweiligen Thema zu erinnern und einzubringen, zu vergleichen und zu hinterfragen.

– Der *„szenische Rekonstruktionstyp"* sollte gewährleisten, dass im Unterricht Einblicke in Rollenzuweisungen und Verhaltenserwartungen angebahnt werden, wie zum Beispiel Rituale am Postschalter, Regeln des Anstehens, Szenen am Telefonhäuschen, Verhalten am Arbeitsplatz (vgl. Krämer 1974, 109; ders. 1975, 602).

Im Laufe der Siebzigerjahre wurden zahlreiche Unterrichtseinheiten zu Themenfeldern wie Supermarkt, Krankenhaus, Geburtstagsfeier, Schule und Fernsehen vorgelegt, die fachliche Informationen in vielfältige gesellschaftliche, politische und wirtschaftliche Bezüge einbetteten.

Allerdings machte es die Komplexität und Vielfalt der Unterrichtsideen und der darauf abgestimmten Materialien nicht leicht, in der Praxis so zu unterrichten,

dass die Kinder mit ihren konkreten Ideen, Interessen und Erfahrungen anknüpfen konnten.
Obwohl die Konzeption durch das rekonstruierende Vorgehen vom Ansatz her als eine „offene" Konzeption gedacht war, führte sie in der Unterrichtspraxis doch eher zur engen Orientierung an den vorgelegten Materialien und Vorschlägen.
Der Anspruch, die theoretisch elaborierten Überlegungen bis in detaillierte Planungen für verschiedene Themenbereiche kleinzuarbeiten, musste in der Praxis aus mehreren Gründen scheitern:

- Die notwendigerweise abstrakten, weil verallgemeinerten Rekonstruktionen von Erfahrungen aus dem Blickwinkel gesellschafts- und erkenntnistheoretisch anspruchsvoll begründeter Perspektiven dominierten die konkreten Schülererfahrungen.
  So sollten zum Beispiel mit Materialien über Arbeitsabläufe in einer „Sprudelfabrik" unter anderem Einflüsse von Produktionsbedingungen auf das Familienleben verdeutlicht und Verständnis für das Verhalten von Erwachsenen aufgebaut werden (vgl. Hiller-Ketterer & Hiller 1978, 89 f.).
- Trotz der theoretischen Kreativität war nicht immer hinreichend nachvollziehbar, wie weit die vorgeschlagenen Inhalte tatsächlich für die jeweils vorgesehene Altersgruppe geeignet waren.
  Die Planungen für den Themenbereich Verkehr sahen zum Beispiel vor, in der ersten Klasse die „Kfz-Zulassungstelle" zu behandeln, in der zweiten Klasse die Tankstelle, im dritten Schuljahr den Flugplatz und im vierten Jahrgang das Verkehrssystem (vgl. Krämer 1974, 97). Gerechtfertigt wurden diese eher kinderfernen Überlegungen mit dem Argument, damit dem tendenziellen Ausschluss der Kinder aus der Erwachsenenwelt vorzubeugen (ebd., 101).
- In der in viele Teilbereiche zersplitterten und sich überaus rasch wandelnden modernen Gesellschaft gibt es keinen beständigen Konsens darüber, welches Wissen und welche Fähigkeiten relevant für wichtige Erkenntnisse über die Gesellschaft sind.
  Angesichts der raschen Veränderungen in der gesellschaftlichen Wirklichkeit und in den Theorien über gesellschaftliche Wirklichkeit muss man es als Didaktiker wohl aufgeben, eine Rekonstruktion der Wirklichkeit in all ihren relevanten Teilen leisten zu können. Erfolgt diese Rekonstruktion gar als Curriculum für eine auf mehrere Jahre ausgelegte Unterrichtspraxis, ist das Scheitern angelegt: Die gesellschaftliche Entwicklung macht Themen bedeutsam und führt zu Erfahrungen der Kinder, die von Unterrichtsideen, die mit langem Vorlauf erarbeitet wurden, nicht mehr ausreichend abgedeckt werden. Die Ideen sind in hohem Maße anspruchsvoll, erreichen aber den gerade für den Sachunterricht wichtigen Gegenwartsbezug nur noch bedingt.

Der rasche gesellschaftliche Wandel mag mit dazu geführt haben, dass in den Achtzigerjahren Ansätze in den Mittelpunkt rückten, die weniger auf die Inhalte des Sachunterrichts, sondern auf die Aneignungsweisen der Kinder zielten.

4.4.3 Aneignungsorientierte Konzeptionen

Diese Konzeptionen wie problemorientierter Sachunterricht, handlungsorientierter Sachunterricht und erfahrungsorientierter Sachunterricht (vgl. Ergänzung 22–24) versuchen, die auch in anderen Fächern und Fachdidaktiken aufgegriffenen Formen der Auseinandersetzung und Aneignung mit Unterrichtsinhalten für den Sachunterricht aufzubereiten.

Allerdings werden die Begriffe Erfahrungen, Handlung und Problem in der pädagogischen Konzeption mitunter ohne theoretische Fundierung genutzt.

Sie dienen dann eher dazu Unterrichtskonzepte und -vorschläge didaktisch aufzuwerten statt sie abzusichern. Dann gilt bereits als handlungsorientiert, wenn Kinder nach Plan einen Drachen bauen und als erfahrungsorientiert, wenn irgendwie Bezüge zur kindlichen Lebenswelt (die immer möglich sind) aufscheinen.

Eine ausführliche Übersicht über alle Ansätze, die sich auf irgendeine Weise auf diese zentralen Begriffe berufen, würde zu weit führen und unergiebig sein.

Im Folgenden werden daher einige Anforderungen dargelegt, die sich an diese aneignungsorientierten Konzeptionen stellen lassen. Dies soll helfen, konzeptionelle Orientierungen und Unterrichtsvorschläge, die sich auf Handlungs-, Erfahrungs- und Problemorientierung berufen, nach ihrem didaktischen Gewicht zu beurteilen.

a) Zur Handlungsorientierung

Um Handlung vom bloßen Verhalten oder von anderen Tätigkeiten abzugrenzen, kann Handlung als jene Form der Tätigkeit verstanden werden, die von der ausführenden Person mit einem zweckorientierten Sinn verbunden wird (vgl. Bahrdt 1985, 31; Derbolav 1974, 992; Edelmann 1996, 290 ff.; Weber 1921/ 1981, 19).

Handlung wäre dann im weitesten Sinne eine zielorientierte und vom Vergleich zwischen Ziel und Ist-Stand geleitete und somit im weitesten Sinne auch eine planvolle Tätigkeit.

Das heißt, der Handelnde benötigt einen Ist-Ziel-Vergleich, Vorstellungen, wie er vom Ist-Zustand zum gewünschten Ziel kommt und Entscheidungsfreiheit über die Ausführung dieser Vorstellungen. Ein bloßes Nachmachen, Ausführen vorgeschriebener Schritte zur Lösung einer Aufgabe oder Tätigkeiten ohne Wahlfreiheit wie reines, nahezu mechanisches Zuordnen, Lückenfüllen, Ausmalen etc. wären keine Tätigkeiten, die dem Anspruch nach Handlungsorientierung im Unterricht gerecht würden. Mindestens muss die Möglichkeit bestehen, verschiedene Wege zur Erreichung eines Ziels in Erwägung zu ziehen und eigenständig zu entscheiden, welchen Weg man gerade wählt (vgl. Ergänzung 22).

Als weiteres Beispiel für die Betonung handlungsorientierter Aneignungsformen läßt sich der *schulpädagogische Ansatz* Dagmar Hänsels für den Sachunterricht anführen.

Ihr geht es darum Sachunterricht wegen der fehlenden verbindlichen Binnengliederung und wegen des überaus komplexen und heterogenen Gegenstandsbereichs (vgl. Hänsel 1980, 98 f.) als innovativen Lernbereich der Grundschule zu konstituieren.

Sachunterricht wird dabei als lernbereichsübergreifender, offener Unterricht konzipiert (vgl. ebd., 123). Das als Konkretisierung vorgestellte Unterrichtsprojekt zum Thema Tiere macht zwar anschaulich, wie eine Projektgruppe Sachunterrichtsprojekte planen könnte, aber inhaltsbezogene Kriterien und Entscheidungshilfen, die eine didaktische Orientierung im breiten Gegenstandsbereich des Sachunterrichts, also eine begründete inhaltliche Auswahl und Schwerpunktsetzung erlauben würden, stellt der Ansatz nicht zur Verfügung.

Handlungsorientierter Sachunterricht

Ziele
- Erwerb neuen Wissens und neuer Fertigkeiten mit der bewussten Verfolgung eines tätigkeitsmotivierenden und -regulierenden Zwecks verbinden
- Gestaltungsspielräume für die persönliche Auseinandersetzung mit einer Aufgabe und dem Erwerb neuer Fertigkeiten, neuen Wissens schaffen
- Kooperationsfähigkeit grundlegen und entwickeln

Zentraler Begriff
Handlung: zweckgerichtete Tätigkeit, bei der ein gewünschtes Ergebnis (Handlungsprodukt) mit einer Folge von geplanten Aktivitäten (Handlungsplan) erreicht werden soll (vgl. Derbolav 1974, 992).

Konsequenzen für den Sachunterricht
- Klare Vorstellungen vom Handlungsprodukt schaffen
- einen Handlungsplan erarbeiten
- Phasen der Selbstreflexion als Rückmeldung zwischen vorgestelltem Ziel, Aktivität, Ergebnis der Aktivität, Anpassung des Handlungsplans vorsehen

Grenzen/ Probleme
Überbewertung bloßen Tuns; Vernachlässigung von Reflexionsphasen

Wichtiges Werk (unter vielen anderen)
Köhnlein, W. & Lauterbach, R. (Hrsg.) (2004): Verstehen und begründetes Handeln. Bad Heilbrunn

Ergänzung 22

b) Zur Erfahrungsorientierung

Auch Erfahrungsorientierung stellt Ansprüche, die über das bloße Erinnern an vergangene Eindrücke oder Erlebnisse hinausgehen.

Es geht dabei darum, bereits Erlebtes und Bekanntes als Basis für Urteile und Orientierung in der Gegenwart bewusst zu machen (vgl. Schreier 1982, 9 ff.; Edelmann 1996, 405 f.).

Mitunter wird damit auch der Anspruch verbunden, diese Verknüpfung von Wahrnehmungen durch Prinzipien und/oder Verfahren zu realisieren, die nicht der individuellen Willkür unterworfen, sondern intersubjektiv nachvollziehbar sind (vgl. Rombach 1977, 235). Nicht der Inhalt der zu verknüpfenden Wahrnehmung unterliegt dem Anspruch auf Nachvollziehbarkeit, sondern die Art und Weise, wie jemand sich auf Erlebtes, Gewusstes, Vergangenes bezieht.

Ein Minimalanspruch, der bereits für Grundschulkinder gilt, wäre das Prinzip der Glaubwürdigkeit.

Wer behauptet, er wisse etwas über Afrika, weil er den Kontinent mit einem fliegenden Teppich überquert habe, wird auch von Grundschulkindern bereits als Märchenerzähler wahrgenommen. Berichtet er dagegen von einem nachvollziehbaren Reiseerlebnis mit Flugzeug, Bus, Bahn oder Landrover, werden die Kinder eher geneigt sein, den Inhalt des Berichts als Erfahrung zu akzeptieren.

Erfahrung bedarf der glaubwürdigen Absicherung.

Den weit gehendsten Anspruch stellt dabei die wissenschaftliche Erfahrung, die nur gilt, wenn der Inhalt, auf den man sich dabei beruft, methodisch nachvollziehbar rekonstruiert werden kann (vgl. Kambartel 1972, 612, 616 f.).

Der pädagogische Erfahrungsbegriff, wie er unter anderem in erfahrungsbezogenen Konzepten verwendet wird, ist sehr viel weniger formalisiert. Aber wenn er mehr grundlegen soll als eine reine Didaktik der Erinnerung, dann sollten erfahrungsbezogene Ansätze dafür Sorge tragen, dass ein (später) methodisch ausbaubares Bewusstsein grundgelegt wird für die Qualität der Beziehungen, die man zu seinen als Erfahrung angeführten Wahrnehmungen knüpft.

Leitfragen, die mit Kindern zu bearbeiten wären, könnten zum Beispiel lauten:
– Kann man wirklich erlebt haben, was da einer berichtet?
– Erinnert man sich richtig?
– Kann man Zeugen anführen?
– Könnte man im Prinzip seine Aussagen über das, was vorgefallen sein soll, beweisen?
– Passt das Neue zu dem, was man bereits kennt und weiß?

In einem erfahrungsorientiert konzipierten Unterricht käme es darauf an, Situationen zu schaffen, die zur bewussten Auseinandersetzung mit Bekanntem und Erlebtem anregen und einen Vergleich des Bekannten mit den neu angebotenen Eindrücken provozieren (vgl. Ergänzung 23, S. 186).

c) Zur Problemorientierung

Ebenso wie die Handlungsorientierung erfordert die Problemorientierung eine Diskrepanzerfahrung zwischen bestehendem Zustand und dem zu erreichenden Ziel. Dabei weiß das Individuum noch nicht, wie es sein Ziel erreichen kann (vgl. Edelmann 1996, 314; Holzhey 1989, 1397, 1404 f.).

> **Erfahrungsorientierter Sachunterricht**
>
> **Ziele**
> - Unterrichtsinhalte durch Bezug auf Erfahrungen der Kinder bedeutsam und interessant machen
> - Gezielt bisheriges Wissen/ vorhandene Vorstellungen (Vor-, Alltagswissen) mobilisieren, um neues Wissen anzuregen und zu festigen
> - Qualität der Rückbeziehung auf frühere Wahrnehmungen bewusst machen
> - Neue Erfahrungen schaffen
>
> **Zentraler Begriff**
> Erfahrung: (bewusste) Verarbeitung (Strukturierung, Bewertung und Verknüpfung) von Wahrnehmungen aus Vergangenheit und Gegenwart als Basis für Urteilssicherheit (vgl. z. B. Aust 1975, 562; Bollnow 1968, 225ff.; Kambartel 1972; Rombach 1977, 234 f.)
>
> **Konsequenzen für den Sachunterricht**
> - Situationen schaffen, die vorhandene Vorstellungen mobilisieren
> - Glaubwürdigkeit der Erinnerungen bedenken
> - Zum Vergleich mit angebotenen Wissensinhalten anregen
> - Intensive Situationen schaffen, die später als Erfahrungsgrundlage genutzt werden können
>
> **Grenzen/ Probleme**
> Für die Begründung und Auswahl der für alle wichtigen und notwendigen Bildungsinhalte gibt es keine verbindlichen Kriterien.
>
> **Wichtiges Werk** (unter vielen anderen)
> H. Schreier (1994): Der Gegenstand des Sachunterrichts, Bad Heilbrunn.

Ergänzung 23

Während bei der Handlung die Komponenten der einzelnen Teiltätigkeiten klar vor Augen liegen können, wenn es zum Beispiel darum geht, eine überzeugende Informationswand über die Verkehrslage im Schulgebiet zu erstellen, muss bei der Problemorientierung mindestens eine noch offene Frage hinzukommen.

Diese Offenheit kann verschiedene Gründe haben:
- *Inkongruenz der eigenen Gedanken und Lösungsvorstellungen*: Das, was man eigentlich kann und/ oder weiß wird noch nicht auf eine zur Bewältigung der Aufgabe geeignete Weise miteinander in Beziehung gesetzt.
Im Prinzip gibt es eine bewährte Lösung, die man nur selbst noch nicht kennt, weil man den richtigen Gebrauch der eigenen Möglichkeiten noch lernen muss.
Ein Problem dieser Art wäre zum Beispiel der Wunsch, einen Missstand bekannt zu machen. Die Kinder können schreiben und malen, haben aber noch nicht die Idee, eine Flugblattaktion zu gestalten.
- *Widerständigkeit der Realität*: Diese Problemart liegt vor, wenn die zur Verfügung stehenden Mittel auch bei optimaler Anwendung den Erfolg nicht garantieren, weil es keinen sicheren Lösungsweg gibt.
So kann zum Beispiel beim oben genannten Handlungsprojekt, Erstellung einer Plakatwand, plötzlich das Hindernis auftauchen, dass der Hausmeister das Aufstellen aus Brandschutzgründen verbietet.
Nun liegt ein Problem vor, für deren Lösung mehrere Möglichkeiten erwogen werden müssen, ohne dass der Erfolg der jeweiligen Vorschläge von vornherein überschaubar ist: Plakatwand nur zu bestimmten Zeiten und dann bewacht ausstellen, Glasvitrinen besorgen, den Hausmeister überreden ...

Problemorientierter Sachunterricht

Ziele
- Durch Schaffung eines Diskrepanzerlebnisses zwischen Wollen (Absicht) und Können (Möglichkeiten) Lernen motivieren
- Hilfen zur Problemlösung gezielt nutzen lernen
- Vertrauen in eigene Problemlösefähigkeit aufbauen

Zentraler Begriff
Problem: Erfahrung einer auf Überwindung dringenden Diskrepanz zwischen Absicht und situativer Möglichkeit (auch: zwischen Erwartung und Beobachtung) (vgl. Holzhey 1989).

Konsequenzen für den Sachunterricht
- Diskrepanzerfahrungen schaffen
- Geeignete Lösungshilfen bereit stellen
- Lösungsprozess strukturieren (Problemfindung – Hypothesen/ Vermutungen – Umsetzung – Prüfung des Ergebnisses – Einbindung in bisheriges Wissen und Können)

> **Grenzen/ Probleme**
> – Hinreichend motivierende Probleme schaffen
> – Austauschmöglichkeiten für Lösungsvorstellungen bieten
>
> **Wichtiges Werk** (unter vielen anderen)
> W. Einsiedler (1994): Aufgreifen von Problemen – Gespräche über Probleme. Problemorientierter Sachunterricht in der Grundschule. In: Duncker & Popp 1994, 199–212.

Ergänzung 24

Auch die Konzeption *„Philosophieren mit Kindern"* (Schreier 1991, 1998, 1999) lässt sich als Versuch interpretieren, problemhaltige Lernsituationen zu schaffen, und zwar durch Interesse an existentiellen Fragen.
Aus der Fülle interessanter Fragen werden die für alle Kinder einer Lerngruppe interessanten Fragen gemeinsam von den Schülern ausgewählt und nach festgelegten Regeln untersucht und diskutiert.
Die Bearbeitung zielt darauf, die Ernsthaftigkeit der Fragen und die Suche nach Antworten zu erweitern und die eigene Fragehaltung als auch das Verständnis von der Problematik des verhandelten Sachverhalts zu vertiefen.
Anzustreben ist kein endgültig klärendes Ergebnis, sondern ein, jeweils als vorläufig anzusehender Schluss, bei dem alles, was angesprochen wurde, berücksichtigt wird. Diese Offenheit ist dabei mit einer lerntheoretisch durchaus abgesicherten Annahme verbunden:
„Kinder kommen auf das Verhandelte eben deshalb zurück, weil es offen geblieben ist: Tage und Wochen später haben sie dazu einen Einfall, oder sie reden über einschlägige Fälle miteinander außerhalb des Unterrichts, oder sie teilen, was sie beschäftigt, mit ihren Eltern. So ergibt sich die Langzeitwirkung, die zur gelegentlich erneuten Verhandlung des betreffenden Problems im Unterricht führen mag." (Schreier 1991, 78).

4.4.4 Verlust inhaltlicher Qualität – über Risiken offenerer Konzeptionen

Die Vielzahl der konzeptionellen Orientierungen, die im Sachunterricht Formen der Umweltauseinandersetzung und -aneignung betonen, mag mit dazu geführt haben, dass eine Zeit lang die Aufmerksamkeit für die fachliche Qualität des Unterrichts etwas in den Hintergrund gerückt ist.
Seit Ende der Achtzigerjahre ist jedenfalls die Sorge vernehmbar, Sachunterricht könnte inhaltlich zu anspruchslos praktiziert werden.
Gewarnt wird vor der Gefahr einer „Trivialisierung" (Schreier 1989), einer „Erziehung zur Fraglosigkeit" (Popp 1989, 32) oder eines Unterricht, der „hübsche Handlungsideen" realisiert und mit „zufällig vorhandenen Materialien" arbeitet, den Kindern auch Spaß bringe aber keinen großen Lernzuwachs (Beck 1993, 6 f.).

„Bedenklich" (Schreier 1995, 15) stimme die Entwicklung, das pädagogische Interesse zu sehr auf Vermittlungsweisen zu richten und die Inhalte aus dem Auge zu verlieren.
Hier zeichnet sich bereits eine Gratwanderung ab, die (nicht nur) im Sachunterricht geleistet werden muss.
Einerseits ist es im Sachunterricht notwendig, dem lernenden Kind Möglichkeiten einzuräumen, herausfordernde Fragen zu entwickeln, eigene Erfahrungen einzubringen und eigene Lösungswege zu erproben (vgl. Kapitel 3, S. 92 ff.). Dafür ist hinreichend inhaltlicher und methodischer Spielraum erforderlich.
Andererseits machen es die Vielzahl der potenziell sinnvollen Inhalte sowie Bildungsansprüche notwendig, Ziele auszuwählen und zu begründen (vgl. Kapitel 1, S. 28 ff., und 3.5, S. 139 ff.). Da diese Ziele wiederum mit unterschiedlichen Methoden und Inhalten verschieden wirksam erreicht werden können, wirkt bereits eine durchdacht umgesetzte Zielentscheidung einschränkend auf den inhaltlichen und methodischen Spielraum.
Auf der einen Seite soll das Kind Agent seiner eigenen Lernprozesse sein, also eher nach eigenen Vorstellungen und Erfahrungen die Auseinandersetzung mit der Sache betreiben.
Auf der anderen Seite kann es dabei nicht sich selbst überlassen werden, wenn Schule und Unterricht sich an einem Bildungsauftrag orientieren. Dieser erfordert Zielentscheidungen und – als deren Folge – pädagogische Interventionen zur inhaltlichen und methodischen Gestaltung von Lernumgebungen – und damit des Lernens.
Auch die Vertreter des offenen Curriculums „Kinder und ihre natürliche Umwelt" (vgl. Abschnitt 4.4.1, S. 177 ff.) sahen deutlich, dass diese Balance zwischen Offenheit und Heranführung eine besondere Herausforderung für Lehrerinnen und Lehrer des Sachunterrichts sei.
So hänge es von den Lehrerinnen und Lehrern ab, ob Kindern die Aufgaben und Materialien so angeboten würden, „dass sie zum Explorieren provozieren und die Kinder, mit oft notwendigen individualisierenden Hilfen zu selbst entdeckten Einsichten kommen" (Nowack 1980, XIII).
Diese Balance scheint nicht immer zu gelingen.
Beobachter der Sachunterrichtsentwicklung äußern den Eindruck, eine einseitige „Auffassung von Kindgemäßheit" habe oft den „Anspruch der Sache" reduziert und nur das „Alltagswissen der Kinder" wiederholt (Einsiedler 1994 a, 38; siehe auch Duncker & Popp 1994 b, 26 f.; Hiller & Popp 1994, 93 f.).
Verstärkt wird diese Skepsis auch durch Befunde über Unterrichtsmaterialien und -vorschläge im sozialwissenschaftlichen Lernbereich.
Diese würden seltener mit systematischen Überlegungen zur politischen und sozialwissenschaftlichen Bildungswirksamkeit begründet werden, sondern eher mit mehr oder weniger belegter „Relevanz" für die Lebenswelt der Kinder (vgl. Richter 1996, 277 f.).

Dabei bestehe die Gefahr, dass der Unterricht Kindern keine Orientierungsangebote mache, die über das ohnehin bereits vorhandene Wissen hinausgehen. Auch die kognitiven Fähigkeiten der Kinder würden nicht angemessen gefördert.
Die Sorge um das inhaltliche Niveau des Sachunterrichts dürfte in der fachdidaktischen Diskussion das Interesse stimuliert haben, Wissensbereiche von Fächern und Disziplinen erneut nach ihrer Bedeutung für die Inhalte des Sachunterrichts zu untersuchen (vgl. Schreier 2000).

4.5 Rückbesinnung auf die Inhalte – eine Konsequenz aus der Sachunterrichtsforschung

4.5.1 Fachliche Qualität und Lernerfolg

Dass diese neue Aufmerksamkeit für das fachliche Niveau der Inhalte berechtigt, ja notwendig ist, lässt sich auch mit Ergebnissen der sachunterrichtsnahen Forschung untermauern.
Wie deren Ergebnisse zeigen, gelingt es mit geeigneten fachlichen Arrangements durchaus, sowohl die Erfahrungen der Kinder zu stimulieren als auch ihren Interpretationen eine Richtung zu geben die den Aufbau zuverlässigen und stabilen Wissens begünstigt.
Bereits die Unterrichtsstudien von Wagenschein, Banholzer & Thiel (1973) geben Hinweise, dass Kinder im angeleiteten Gespräch untereinander und mit Lehrerinnen und Lehrern zu Vorstellungen über naturwissenschaftliche Phänomene kommen, die sich als tragfähiger erweisen als die ursprünglichen Annahmen (vgl. auch Löffler 1998).
Vor allem die behutsame Anleitung zur Auseinandersetzung mit eigenen Vorstellungen scheint im *naturwissenschaftlich-technischen Lernbereich* Lernen zu fördern.
Ohne Anleitung, allein durch Austausch von Auffassungen über wahrgenommene Phänomene, würden sich dagegen eher falsche Vorstellungen befestigen.

- Wie Stork und Wiesner mit Inhalten aus der Elektrizitätslehre herausarbeiten, neigen Grundschüler dazu, plausible Erklärungsmuster (wie zum Beispiel das Verbraucherkonzept für die Deutung des Stroms) zu übernehmen (vgl. Stork & Wiesner 1981, 224).
  Zwar könne die Thematisierung von Schülermeinungen weiteres Lernen begünstigen, weil die Schülermeinung aufgewertet werde und die Bereitschaft wachse, sich auch mit anderen Deutungen auseinander zu setzen. Dennoch bestehe das Risiko, dass eingängige, aber falsche Vorstellungen übernommen würden (vgl. ebd., 229 f.). Daher müssten die Lehrenden die (möglichen und wahrscheinlichen) Vorstellungen der Kinder gut kennen, um auf sie angemessen reagieren zu können.
- Dass die aktivitätsorientierte Auseinandersetzung mit naturwissenschaftlichen Unterrichtsinhalten in der Grundschule das Verständnis für elementare wis-

senschaftliche Arbeitsweisen, Intelligenz und Kreativität sowie, in geringerem Maße, positive Einstellungen gegenüber dem Unterrichtsgegenstand fördern kann, zeigte eine Metaanalyse von insgesamt 57 Evaluationsstudien amerikanischer Curricula, die in den sechziger bis frühen Siebzigerjahren entwickelt wurden und Schüleraktivitäten wie Experimentieren in den Vordergrund stellten (vgl. Bredderman 1983, 505 f.).
- In einer Untersuchung mit 11 Kindern der 4. Klasse (Möller 1999, 178) zum Themenkreis „Schwimmen und Sinken" wurden die vor dem Unterricht vorhandenen „Präkonzepte" und die nach dem Unterricht vorhandenen „Postkonzepte" in Einzelbefragungen mit Hilfe von halbstandardisierten und problemzentrierten Interviews erfasst. Dazwischen wurde mit fünf Unterrichtssequenzen versucht, vermutete Präkonzepte gezielt zu irritieren und die Kinder auf die Konzepte „Wasserverdrängung" und „Auftriebskraft" sowie auf den gezielten Aufbau eines Zusammenhangs von Wasserverdrängung und Auftriebskraft vorzubereiten (vgl. Möller 1999, 148).
Obgleich der Lernerfolg individuell sehr unterschiedlich ausfiel, wiesen die so stimulierten Postkonzepte aller Schüler eine adäquatere Interpretation des Schwimmens und Sinkens auf als die zuvor ermittelten Präkonzepte (vgl. ebd., 168).
- Die Bedeutung ausreichender Zeit für gründliche Auseinandersetzung mit den Inhalten unterstreichen Forschungsergebnisse von Hagstedt & Spreckelsen.
Sie ziehen aus ihrer Beobachtung von Kindern beim Deuten naturwissenschaftlicher Phänomene den Schluss, es müsse genügend Zeit zur Verfügung stehen, damit die Kinder ihre Gedanken formulieren, austauschen und revidieren können (vgl. Hagstedt & Spreckelsen 1986, 322).
Die intensive Beschäftigung mit geeigneten Phänomenen sei wirksamer für die Auseinandersetzung mit eigenen und fremden Interpretationskonzepten und für die Erfahrung von Grenzen und Leistungen dieser Konzepte als rasches Bewältigen von Stoff.
Besonders die Auseinandersetzung mit einer Reihe von Phänomenen des gleichen Funktionsprinzips (also z. B. Auftrieb, Gleichgewicht etc.) rege zur intensiven, vergleichenden Beschäftigung und zur Systematisierung des gedanklichen Verarbeitens an (Spreckelsen 1997 a, 125; ders. 1997 b).
- Mit Bezug auf die Entwicklung von Interessen der Kinder konnte Hartinger (1997) in einer Untersuchung mit vier Schulklassen (90 Schülern) zum Thema „Leben am Gewässer" zeigen, dass ein Unterricht, der Kindern Handlungsmöglichkeiten und Selbstbestimmung bei der Auseinandersetzung mit den Unterrichtsinhalten einräumt, stärker das Interesse an den jeweiligen Tätigkeiten und an den Themen fördert (vgl. Hartinger 1997, 216 ff.). Entscheidend war, dass den Schülern die Ziele der Handlungen erkennbar wurden und dass sie diese Ziele mitbestimmen konnten (ebd., 221).

- In einer weiteren Studie über das Interesse von Mädchen und Jungen zum Themenbereich „Elektrizität" erwies sich, dass Interesse durch die Einbettung in Alltagskontexten sowie in Tätigkeiten, die die Kinder für attraktiv empfinden, stimuliert wurde. Dabei interessierten sich Jungen eher für praktisch-konstruktive Tätigkeiten (wie z. B. Basteln), während die Mädchen eher von rezeptiven Tätigkeiten wie Zuhören oder Lesen angesprochen wurden (vgl. Roßberger & Hartinger 2000, 17).
- Neuere Untersuchungen einer von Kornelia Möller und Elsbeth Stern geleiteten Arbeitsgruppe geben detaillierte Einsichten über den Stellenwert einer gelingenden Balance zwischen selbstgesteuertem Lernen und strukturierender Lernhilfe. An Schülern aus insgesamt sechs dritten Klassen wurde untersucht, ob ein an konstruktivistischen Ansprüchen orientierter Unterricht aus dem Themenbereich „Schwimmen und Sinken" mit regelmäßigen gezielten Strukturierungshilfen durch Lehreraktivitäten und Materialien andere Effekte im Hinblick auf kognitive Leistungen und Lernmotivationen ergeben, als ein Unterricht, der eher ein offenes themenbezogenes Material- und Stationenangebot bietet. Dabei zeigte sich, dass der durch sequenzierende Teilfragen und gelenkte Unterrichtsgespräche gemäßigt-konstruktivistische Unterricht bei den Schülern Motivation, empfundene Kompetenz und empfundenes Engagement förderte. Auch wenn in beiden Lerngruppen ein deutlicher Lerngewinn festgestellt werden konnte, zeigte die mit strukturierenden Lernhilfen arbeitende Gruppe einen höheren Lernzuwachs sowie Überlegenheit bei der Beantwortung offener Fragen und beim Transfer des Gelernten (Möller u.a. 2002; Jonen u.a. 2003).

Auch auf dem Gebiet *sozialwissenschaftlicher Inhalte* scheint ein gemäßigt anleitender Unterricht Lernfortschritte zu begünstigen.

- So zeigt eine über vier Jahre währende Beobachtungsstudie, dass Viertklässler in Konfliktsituationen zu reflektierten und selbstkritischen Einschätzungen in der Lage sind, wenn Ansprüche an die Selbstverantwortung der Kinder mit einer von der Lehrerin geschaffenen sozial anerkennenden, angenehmen, auf Erlebnisse von Gemeinsamkeit zielenden Atmosphäre einer gehen (Beck & Scholz 1995, 178–184).
- Die Entwicklung moralischer Vorstellungen und die Beachtung der Perspektiven des anderen würden gefördert, wenn Lehrkräfte eine Klassensituation schaffen, in der Gerechtigkeit als eine verbindliche Norm erfahrbar wird (vgl. Beck u. a. 1991, 19; Faust-Siehl & Schweitzer 1991, 45).
- Auswertungen eines Unterrichtsprotokolls durch verschiedene Experten der politischen Bildung belegen, dass die zum Thema „Mädchen und Jungen – früher und heute" unterrichteten Drittklässler ohne stützende und informierende Impulse nicht über ihr Alltagswissen hinaus gelangen (vgl. Schelle 2000, 204; Richter 2000 b, 232; Weißeno 2000). Sie reproduzieren allenfalls Vorgaben aus bereitgestellten Materialien (vgl. Retzmann 2000, 251).

- Eine Studie über den Lehrerfolg in „Social Studies" hebt hervor, erfolgreiche Lehrer regten Lernende zu erweiterten Perspektiven an, wenn sie verschiedene Einzelelemente des Unterrichts verknüpften (vgl. Gudmundsdottir 1990).
- Wie Hartinger (2002) in Bezug auf Inhalte mit geschichtlichem Schwerpunkt zeigen konnte, wirken sich Handlungs- und Wahlmöglichkeiten bei der Auseinandersetzung mit Unterrichtsinhalten positiv auf die Interessenentwicklung aus.

Eine vorsichtige Schlussfolgerung als übergreifendes Ergebnis der hier referierten Studien könnte lauten, dass Kinder zwar ausreichend Spielraum für ihren Umgang mit Sachverhalten und miteinander benötigen, Lehrende dafür aber anregende Arrangements schaffen, Verhaltensweisen beobachten und gegebenenfalls umsichtig intervenieren sollten.

Folgt man den Ergebnissen der internationalen Vergleichsuntersuchung über den Leistungsstand von Grundschülerinnen und -schülern (IGLU-Studie), dann scheint es im Sachunterricht zu gelingen, Interesse und Motivation für Sachthemen zu wecken und bis zum Ende der Grundschulzeit hoch zu halten. In dieser Studie stimmten 85,7% der Kinder der Aussage zu „Ich lerne gerne im Sachunterricht". Nur 7,7% finden den Sachunterricht „wirklich langweilig"; 90,7% schätzen die Sachunterrichtsinhalte als „lebenswichtig" ein (vgl. Prenzel u.a. 2003, 177).

Außerdem bringt im Bereich der Naturwissenschaften ein großer Teil der Kinder am Ende der Grundschulzeit gute Voraussetzungen für weiterführendes Lernen mit (ebd.). Allerdings macht die IGLU-Studie auch deutlich, dass keineswegs alle Schülerinnen und Schüler zufriedenstellend gefördert werden. So sind Mädchen und Kinder aus unteren Sozialschichten in den unteren Kompetenzstufen überproportional präsent, Jungen und Kinder aus oberen Sozialschichten dagegen in den höheren Stufen (vgl. ebd., 175 f.).

Eine wichtige Herausforderung für den Sachunterricht ist damit die Förderung des spezifischen Interesses der Mädchen an Naturwissenschaften sowie die Förderung von Kindern, die außerhalb der Schule wenig Möglichkeiten haben, Neugierde und Interesse an naturwissenschaftlichen Inhalten zu entwickeln und bildungswirksame Erfahrungen in Auseinandersetzung mit naturwissenschaftlichen Phänomenen und Kenntnissen zu sammeln. Außerdem ist die schulstufenübergreifende Kooperation dringlich. In den weiterführenden Schulen geht offenbar das im Grundschulalter noch vorhandene Interesse an Naturwissenschaften im Laufe der Sekundarstufe zurück. Neuere konzeptionelle Entwicklungen im Sachunterricht bieten inzwischen eine Grundlage für einen Unterricht, der sowohl an den Interessen und Erfahrungen der Kinder anknüpft als auch fachlich-systematisch gesichertes Wissen und Können anstrebt (siehe Kapitel 5, 200 ff.).

4.5.2 Eine Entwicklung mit Perspektiven: der Conceptual-Change-Ansatz
Neuere methodische Ansätze, die sich an das „Conceptual Change-Paradigma" anlehnen (vgl. Max 1997), versuchen, konzeptuelle Vorstellungen von Lernenden zu

ausgewählten Inhalten zu identifizieren und zu fachlich angemesseneren Konzepten weiterzuentwickeln.

Als Konzepte werden in der Kognitionspsychologie gedankliche Konstrukte bezeichnet, die dazu dienen, Wahrnehmungen zu ordnen, zu interpretieren und zu einem systematischen Zusammenhang zu verknüpfen.

Würden wir zum Beispiel jeden einzelnen Menschen in seiner Individualität wahrnehmen, dann würde uns diese Informationsfülle völlig handlungsunfähig machen. Alle Menschen wären für uns zu jeder Zeit gleich wichtig.

Konzepte wie Freundschaft, Liebe, Nachbarschaft, Verwandtschaft, aber auch Rollenkonzepte, die Personen in eine funktionale Beziehung zueinander stellen (Käufer-Verkäufer, Lehrer-Schüler, Verkehrspolizist-Fußgänger etc.), helfen, die Vielfalt der Erscheinungen in handhabbare Einsichten und Interpretationen zu ordnen.

Dies gilt für Objekte, die aufgrund von Merkmalen nach Klassen geordnet werden (z. B. die Vielzahl krallenbewehrter, nachtaktiver, häuslicher Raubtiere mit Tasthaaren zu „Katzen"), ebenso wie für Aktivitäten (Arbeiten, Lernen, Reisen), Abstraktionen (Gesellschaft, Gerechtigkeit, Kultur) und Interpretationen von Phänomenen (Schwimmen und Sinken, Fliegen, Verbrennung, Rosten etc.) (vgl. Atkinson u. a. 1993, 332 ff.).

Konzepte bündeln Detailwissen zu Zusammenhängen, ohne sich in den Details zu verlieren.

Um dies zunächst an einem Alltagsbeispiel zu veranschaulichen:

Von einer Aktivität, die wir Reisen nennen, haben wir bestimmte Vorstellungen. Der Gang zum Bäcker oder die Fahrt zur Schule wird in der Regel nicht als Reise wahrgenommen, eher schon eine mindestens mehrere Stunden währende Fortbewegung mit dem Ziel, an einem bestimmten Ort anzukommen.

Zwar hat jeder Mensch seine eigenen Vorstellungen vom Reisen. Und im Einzelfall mögen diese so weit auseinander liegen, dass zwei nicht mehr an das Gleiche denken, wenn sie dasselbe Wort benutzen. Der eine mag schon als Reise bezeichnen, was für den anderen bloßer Transport ist.

Dennoch ökonomisieren Konzepte im Prinzip die Kommunikation, weil sie hinreichend oft gemeinsame Verständigung ermöglichen.

Trotz der vielen unterschiedlichen Vorstellungen vom Reisen gelingt es in der Alltagskommunikation in der Regel doch, sich aufgrund gemeinsam geteilter Konzepte zu verständigen. Hört man über jemanden, er sei auf Reisen, weiß man zumeist hinreichend zuverlässig, was gemeint ist. Man wird ihn kaum beim Bäcker vermuten.

Konzepte, die sich auf Wissensgebiete in Fachdisziplinen beziehen, bieten noch weniger Freiheitsgrade in der Interpretation als Alltagskonzepte.

So kann man sich alles Mögliche vorstellen, um den Vorgang einer Verbrennung zu deuten. Aber fachlich angemessen ist erst eine Vorstellung, die die Verbrennung als Reaktion mit Sauerstoff versteht.

Der Anfang der 80er-Jahre für den naturwissenschaftlichen Unterricht der Sekundarstufe entwickelte und später unter anderem auch für Grundschüler modifizierte Conceptual-Change-Ansatz strebt an, den Erwerb neuen inhaltlichen Wissens mit einer gezielten Änderung der strukturellen Vorstellungen über den Wissensbereich zu verbinden (vgl. Einsiedler 1997 a, 30-36).
Dahinter steht die Einsicht, dass es mit Blick auf die nachhaltige Verfügbarkeit und Anwendbarkeit von Wissen zur Erklärung und Interpretation von Umweltereignissen wenig Sinn hat, bloßes Faktenwissen zu akkumulieren.
Vielmehr komme es darauf an, die Veränderung von Konzepten, mit denen Umweltgegebenheiten interpretiert werden, anzuregen.
Beim Thema „Schwimmen und Sinken" würde das zum Beispiel bedeuten, nicht lediglich Informationen darüber zu erarbeiten, welche Stoffe schwimmen bzw. untergehen und Lehrsätze über den Zusammenhang von Gewicht und Form des Körpers zu produzieren. Vielmehr käme es darauf an Versuchsarrangements zu schaffen, die Kinder dabei unterstützen, von der Vorstellung, „die Luft zieht das Schiff nach oben", in Richtung der Vorstellung zu gelangen, „das Wasser drückt das Schiff nach oben" (das Beispiel verdanke ich einem Hinweis von Kornelia Möller).
Eine systematische konzeptionelle Entwicklung für den Sachunterricht hat sich aus dem „Conceptual-Change-Paradigma" bisher noch nicht ergeben.
Dies mag zum einen daran liegen, dass er vergleichsweise neu ist und dass seine Wirkungen bisher eher in der Regel mit Kleingruppen in unterrichtsähnlichen Situationen untersucht worden sind. Diese bieten jedoch andere Kommunikationssituationen und Interventionsmöglichkeiten, als der Unterricht mit einer ganzen Klasse.
Eine Alternative zum Conceptual-Change-Ansatz stellt möglicherweise die international schon gebräuchliche, in Deutschland dagegen noch wenig beachtete „Phänomenographische Methode" dar. Dieser Forschungsansatz bietet die Möglichkeit, sachbedingte und lernbedingte Schwierigkeiten bei der Realitätsdeutung zu unterscheiden und realistische, gleichwohl entwicklungsorientierte Lernziele zu formulieren (vgl. Murmann 2005).

4.5.3 Unterrichtspraktikabilität – ein wichtiges Merkmal für Konzeptionen
In der Unterrichtspraxis müssen Lehrerinnen und Lehrer unter Bedingungen arbeiten, die eine Umsetzung des Anspruchs – zugleich fachlich orientiert und mit den Vorstellungen der Kinder zu arbeiten – schwierig machen.
Daher erstaunt es nicht, wenn Lehrerinnen und Lehrer dazu neigen, das sachbezogene Antwortverhalten der Schülerinnen und Schüler durch verbale Impulse eng zu führen (vgl. Mchoul 1990, 353 ff.) und somit den kognitiven Spielraum der Schüler für die gründliche Auseinandersetzung mit eigenen Vorstellungen und Überlegungen einzuengen.

Auch die Tendenz, Disziplinprobleme von Schülern eher zu bemerken als Störungen, die die Kinder in ihren Beziehungen untereinander haben (vgl. Petillon 1993 a, 128, 183), zeugt nicht davon, dass die doppelte Herausforderung, sich sowohl an der Sache als auch an den Vorstellungen der Kinder zu orientieren, auf günstige Umsetzungsbedingungen trifft.

Außerdem zeigen Studien über die Unterrichtsvorbereitung, dass gezielte fachdidaktische Überlegungen bei der Vorbereitung sozialwissenschaftlichen Unterrichts kaum eine Rolle spielen (vgl. Harms & Breit 1990).

Auch die Auswertung von Lernberichten aus zehn Schulen des Raumes Kassel aus dem Zeitraum 1968 bis 1974 führt zu der ernüchternden Interpretation, weniger didaktische Überlegungen, sondern pragmatische Reaktionen auf Kontextbedingungen wie höherer Selektionsdruck und Zunahme der Leistungsmessungen würden die inhaltliche Gestaltung des Unterrichts beeinflussen (vgl. Schreier 1979, 195).

Und die Analyse von Schülerarbeitsmappen aus den Jahren 1968 bis 1981 zeigte zwar eine Ausdifferenzierung von Themenbereichen (vgl. Einsiedler & Schirmer 1986, 322) gegenüber den zuvor vorherrschenden eher geographischen Themen. Aber die damals auch schon seit langem begründeten Ansprüche an fächerübergreifende Aufarbeitung von Inhalten schienen in der Praxis nur wenig umgesetzt (ebd., 322).

Wie speziell eine Studie zur Unterrichtsvorbereitung im Sachunterricht belegt, wird die Vorbereitung der Lehrer eher von der Erreichbarkeit und Verfügbarkeit einsetzbarer Materialien beeinflusst als von der eigentlich grundlegenderen didaktischen Reduktion der komplexen Sachverhalte auf der Basis bewusst angewandter didaktischer Konzepte (vgl. Kahlert 1999).

Damit scheint auch für den Sachunterricht speziell zu gelten, was aus anderen Untersuchungen zur Unterrichtsvorbereitung bekannt ist: gründliche didaktische Reflexionen über den Unterrichtsgegenstand nehmen einen geringen Stellenwert ein (vgl. John 1991; Sardo-Brown 1990).

Die bereits vor mehreren Jahrzehnten gestellte Frage „Was sollte ein Lehrer können, damit er schülerzentrierten Sachunterricht arrangieren kann" (Beck & Claussen 1976, 259 f.) ist daher immer noch aktuell. Letztlich erweist sich der Erfolg und der Nutzen aller in diesem Kapitel angesprochenen Konzeptionen für den Sachunterricht weder an Hand ihrer fachlichen Absicherung noch an der inneren Systematik und Logik.

Die theoretische und empirische Absicherung von Konzeptionen mag maßgeblich für deren Anerkennung in der scientific community sein. Und jeder Praktiker, seien es Lehrerinnen und Lehrer, Lehrplankonstrukteure oder Schulleiterinnen, sollte auch versuchen zu beurteilen, ob die angebotenen Konzeptionen theoretisch gehaltvoll und empirisch plausibel fundiert sind. Eine theoretisch schlecht begründete und nicht um empirische Absicherung bemühte Konzeption wird kaum sinnvolle Hilfen für die Praxis bieten können.

Aber die wissenschaftlich hinreichende Absicherung ist eine notwendige, doch nicht hinreichende Voraussetzung für die Bedeutung von Konzeptionen für die Unterrichtspraxis. Wir wissen heute, welchen Kriterien guter Sachunterricht entsprechen muss, um bildungswirksam das Verstehen von Umweltbeziehungen unter Hinzuziehung von belastbaren Konzepten der Natur- und Sozialwissenschaften zu fördern. Aber um die Realität des Unterrichts den vielfältigen Ansprüchen entsprechend zu gestalten, benötigen Lehrerinnen und Lehrer ein Handlungskonzept, in dem diese Kriterien quasi instrumentell berücksichtigt werden. Das folgende Kapitel versucht, eine derartige Konzeption vorzustellen, zu begründen und mit Beispielen zu veranschaulichen.

In diesem Kapitel ging es darum …
… einen Überblick über die Entwicklung von Konzeptionen für Sachunterricht zu geben und ihre Stärken und Grenzen herauszustellen.
Unter Konzeption wurde dabei ein vom Anspruch her systematischer Entwurf verstanden, der grundlegende Prinzipien für die Auswahl von Zielen, Inhalten und Methoden des Sachunterrichts entwickelt und begründet und stimmig Schlussfolgerungen für die Planung, Gestaltung und ggf. auch Analyse von Sachunterricht zieht oder zumindest nahe legt.
Als Merkmal heimatkundlicher Orientierung wurde unter anderem das Anliegen hervorgehoben, durch Auswahl von Inhalten des Unterrichts aus dem Nahraum der Schüler Anschaulichkeit zu sichern. Wie sich zeigte, gingen damit die Risiken einer, die kognitive Leistungsfähigkeit und die pädagogischen Fördermöglichkeiten von Kindern im Grundschulalter zu unterschätzen, Inhalte verfälschend zu vereinfachen, idyllische Weltsichten zu verbreiten und den Horizont der Schüler unangemessen zu begrenzen.
Auf der anderen Seite ließen Konzeptionen, die sich zur Sicherung eines systematisch aufgebauten und inhaltlich anspruchsvollen Sachunterrichts an der Fachsystematik weiterführender Fächer orientierten, zu wenig Spielraum, um im Unterricht unterschiedliche Erfahrungen und Lernwege der Kinder zu berücksichtigen.
Eine Vielzahl offener Konzeptionen stellte Lernwege und Aneignungsformen der Schülerinnen und Schüler in den Mittelpunkt der Planung und Gestaltung von Sachunterricht. Dies führte zwar zu einer stärkeren Beachtung handlungs-, erfahrungs- oder auch problembezogener Ansprüche an den Sachunterricht, brachte aber die Gefahr mit sich, der fachlichen Qualität der behandelten Inhalte zu wenig Aufmerksamkeit zu schenken.
Nicht zuletzt als Ergebnis einer sachunterrichtsnahen Unterrichtsforschung, die Merkmale eines sachlich anspruchsvollen und pädagogisch erfolgreichen Unterrichts aufzuklären versucht, bemühen sich neuere konzeptionelle Entwicklungen darum, Sachunterricht sowohl an den Vorstellungen und Erfahrungen der Kinder als auch an fachlich gehaltvollen Inhalten zu orientieren.

So könnten Sie Ihre Lernergebnisse anwenden und sichern:

1. *In den Abschnitten 4.2–4.5 finden Sie Informationen über verschiedene konzeptionelle Orientierungen für den Sachunterricht. Suchen Sie sich zwei der vorgestellten konzeptionellen Orientierungen heraus und vergleichen Sie diese mit Bezug auf die in Teil 4.1 (Ergänzung 14, S. 154) formulierten Ansprüche an Konzeptionen.*
2. *Wie beurteilen Sie die hin und wieder auch in der Literatur verbreitete Auffassung, Comenius sei als Vorläufer moderner Unterrichtsformen zu verstehen?*
3. *Bitte versuchen Sie, an den beiden Auszügen aus Schulbüchern (Ergänzung 18 und 19, S. 164f.) für die Heimatkunde die charakteristischen Merkmale der Heimatkunde sowie die Kritik an der Heimatkunde zu verdeutlichen.*
4. *Die in den Sechziger- und frühen Siebzigerjahren entwickelten fachorientierten Konzeptionen für den Sachunterricht werden häufig als wissenschaftsorientiert bezeichnet. Dieser Kennzeichnung liegt jedoch ein enges, ja verkürztes Verständnis von Wissenschaftsorientierung zugrunde. Können Sie für diesen kritischen Einwand Argumente anführen (vgl. Teil 4.3.3, S. 173ff.)?*
5. *Suchen Sie aus Grundschulzeitschriften, wie Grundschule, Grundschulunterricht, Sache Wort Zahl, zwei Beiträge heraus, die beanspruchen, Vorschläge und Ideen zum Sachunterricht zu machen, die handlungs- und/ oder erfahrungs- und/ oder problemorientiert sind. Analysieren Sie diese Beispiele mit Hilfe der in Teil 4.4.3 (S. 183) formulierten Ansprüche.*
6. *Begründen Sie mit Bezug auf zwei der in Teil 4.5.2 referierten Forschungsergebnisse zum Sachunterricht die Bedeutung eines auch fachlich anspruchsvollen Unterrichts.*
7. *Zusammen mit anderen, zum Beispiel im Seminar an der Hochschule, im Studienseminar oder in der Lehrerfortbildung könnten Sie versuchen, Ihre Konzepte zu erfassen, mit denen Sie sich ein ausgewähltes naturwissenschaftliches oder sozialwissenschaftliches Phänomen erklären (zum Beispiel: Worauf beruht der Treibhauseffekt? Warum sind im Winter die Tage kürzer als im Sommer? Wie entsteht Gewaltbereitschaft? Was ist Freundschaft? …). Vergleichen Sie Ihr Konzept mit einem Konzept, das beansprucht, wissenschaftlich abgesichert zu sein (Beitrag aus einer Zeitschrift, Fachlexikon …). Gibt es grundlegende Unterschiede zwischen Ihrem Konzept und dem eher wissenschaftlichen Konzept?*

Wenn Sie an einzelnen Fragen weiterarbeiten möchten …

Eine gründliche Auseinandersetzung mit dem Werk von Comenius bietet Schaller 1962. Dieses sollte studiert haben, wer Comenius als Gewährsmann für heutige didaktische und methodische Entscheidungen anführt.

Einen knappen, aber detailreichen und daher auch heute noch informativen Überblick über die Ideengeschichte der Heimatkunde gibt Gärtner 1978.

Die Realismusthese, auf die die Anschauungsorientierung aufbaut und die behauptet, Lernen würde dann besonders wirksam stattfinden, wenn der Lerngegenstand möglichst realistisch vorhanden sei, kritisiert Einsiedler 2001.

Bei Götz 2005 lassen sich die wichtigsten Grundsätze der Heimatkunde, der Kritik an heimatkundlichen Ansätzen sowie Gründe für die Neubelebung heimatkundlicher Orientierungen im Sachunterricht nachlesen.

Die in den 60er und 70er Jahren des 20. Jahrhundert sich wandelnden Ansprüche an die Grundschule lassen sich gut studieren in Wittenbruch 1995.

Eine kritische und systematische Auseinandersetzung mit dem Anspruch auf Wissenschaftlichkeit der fachorientierten Konzepte leistete bereits Schietzel 1973.

Eine Kurzdarstellung des strukturorientierten Ansatzes mit einer Interpretation seiner möglichen aktuellen Bedeutung findet sich bei Spreckelsen 2001; Lauterbach 2001 stellt den Ansatz „Science – A Process Approach" dar.

Der „Mehrperspektivische Unterricht" (MPU) wird unter Berücksichtigung auch seines aktuellen Stellenwerts von Giel 2001 vorgestellt.

Eine Auseinandersetzung mit dem Handlungsbegriff findet sich auch in Kahlert 2007.

Weitere Konzeptionen und Zielsetzungen für den Sachunterricht werden von verschiedenen Autorinnen und Autoren beschrieben in Kaiser & Pech (2004a). Eine vertiefte Darstellung einzelner Konzeptionen findet sich in Kahlert u.a. (2007), Teil 2.4, 215ff.

Einen Überblick über ausgewählte Forschungen zum Sachunterricht bieten Einsiedler 2001; Spreckelsen u.a. 2002; Hartinger & Kahlert 2005. Weitere Informationen zu empirischen Befunden siehe Hartinger 2007a.

Anmerkungen

1 Diese Allgegenwart Gottes als Legitimationsinstanz für die Gestaltung auch des öffentlichen Lebens drückt sich unter anderem auch in der damals vorherrschenden Rechtfertigung von Regierungsmacht aus, die nur Gott gegenüber rechenschaftspflichtig war, statt, wie in den modernen Demokratien, gegenüber der Souveränität des Volkes (vgl. Leibholz 1956, 11).

2 Volker Möhle, Zentrum für Lehrerbildung, Universität Bielefeld, danke ich für die Hinweise auf die von ihm gefundenen Texte aus früheren Heimatkundebüchern (Ergänzung 18 und 19).

5 Sachunterricht planen und durchführen – didaktische Netze knüpfen

> *„Wenn ich wissen will, wie die Welt funktioniert, ist es vollkommen egal, wo ich zu fragen beginne. Außerdem: Ich muss nicht alles selbst wissen. Die Welt ist ein guter Speicher."*
> Weizenbaum 2000, 17

Dies kommt zur Sprache ...

Wer Unterricht plant und hält verfolgt Ziele und hat die Vorstellung, die getroffenen Arrangements seien geeignet, diese Ziele zu erreichen.

Im Folgenden wird zunächst dargelegt, dass Sachunterricht als eine besondere Form der Weltbegegnung Entscheidungen unter anderem über die Auswahl und Akzentuierung von Inhalten, über die Strukturierung des Unterrichts und über geeignete Methoden voraussetzt. In der Praxis werden diese didaktischen und methodischen Entscheidungen gelegentlich gründlich reflektiert, mitunter nach Gewohnheit oder spontan gefällt. Sie sind jedoch begründungsfähig und damit auch begründungspflichtig. Die Qualität der Begründungen für methodische und didaktische Entscheidungen lässt sich als ein Kriterium für die Professionalität verstehen, mit der Sachunterricht vorbereitet, gehalten und überdacht wird (5.1).

Der anschließende Teil bietet Überlegungen zur Begründung einer Konzeption, mit der Sachunterricht so vorbereitet werden kann, dass er möglichst sowohl für die kindlichen Erfahrungen als auch für fachliche Ansprüche anschlussfähig ist (5.2).

Kern dieser Konzeption stellt das Planungsmodell der didaktischen Netze dar, deren Einsatzmöglichkeiten zunächst an zwei Beispielen (5.3) und dann mit Bezug auf verschiedene Unterrichtsarrangements veranschaulicht wird (5.4).

In den vorausgegangenen Kapiteln sind wir immer wieder auf die zentrale, aber schwierig einzulösende Herausforderung gestoßen, im Sachunterricht Unterrichtsinhalte so auszuwählen, dass sowohl die Erfahrungen und das Vorwissen der Kinder als auch fachlich gesichertes, belastbares Wissen berücksichtigt werden.

Der verbreitete Anspruch des Faches, Grundschülerinnen und -schüler bei der Erschließung ihrer Umwelt zu unterstützen (Teil 1.3, S. 17 ff.), erfordert auf der einen

Seite eine Orientierung an kindlichen Lernvoraussetzungen, ihren Erfahrungen, Entwicklungsmöglichkeiten und ihrem Vorwissen (Teil 2; Teil 3.1, S. 93 ff.). Auf der anderen Seite gilt es, Impulse zu setzen, damit sich die subjektiv und zumeist nur situativ stimmigen Konstrukte zu zuverlässigen, stabilen, belastbaren Wahrnehmungen und Interpretation von Umweltbeziehungen weiterentwickeln können (Teil 3.2, S. 96). Dies wiederum ist nicht ohne Berücksichtigung von Wissen möglich, das intersubjektiv als gesichert gelten kann und in Fachkulturen erarbeitet, gepflegt und weiterentwickelt wird (Teil 3.2, 3.3, S. 108 ff.). Der Ort, wo dieses geleistet wird, ist die Schule (Teil 3.5, S. 135 ff.).
Die in Kapitel 4 angesprochene Entwicklung der Sachunterrichtsdidaktik zeigt, dass immer wieder die Gefahr bestand, eine der beiden Anschlüsse, kindliche Erfahrungen und Interpretationen einerseits, fachlich gesichertes Wissen andererseits, zu vernachlässigen.
Die heimatkundlichen Ansätze berücksichtigten das inhaltliche Niveau des Unterrichts zu wenig (Teil 4.2, S. 156 ff.). In den fachlich dominierten Konzeptionen der sechziger und siebziger Jahre wurden nicht ausreichend Freiräume für die Vorkenntnisse und Erfahrungen von Schülerinnen und Schülern geboten (Teil 4.3, S. 167 ff.). Und die vor allem an Aneignungsweisen orientierten späteren Konzepte förderten eine Entwicklung, in der das inhaltliche Niveau des Sachunterrichts zu wenig beachtet wurde (Kapitel 4.4, S. 177 ff.).
Dabei heben auch die Befunde der empirischen sachunterrichtsnahen Forschung die Bedeutung des inhaltlichen Niveaus für die Herausbildung belastbarer und auch fachlich anschlussfähiger Konzepte der Kinder (vgl. Kapitel 4.5). Dies gilt besonders auch dann, wenn es um die Entwicklung der *Kompetenzen* von Kindern geht (vgl. Schrader, Helmke & Hosenfeld 2008). Zwar reicht Wissen alleine nicht, um auf einem Gebiet kompetent zu sein. Man muss Wissen auch anwenden können. Aber ohne hinreichend solides Wissen können sich keine Kompetenzen für die Bewältigung von Aufgaben, die das Leben in Gegenwart und Zukunft stellt, herausbilden.
Wenn die Didaktik des Sachunterrichts Lehrerinnen und Lehrer dabei unterstützen soll, Wissen, Können und Verstehen der Kinder weiter zu entwickeln, dann darf sie sich nicht auf prinzipielle Überlegungen, Empfehlungen und die Herleitung gut begründeter Anforderungen an Sachunterricht beschränken. Gut begründbare Konzeptionen allein garantieren noch keine gute Qualität des Unterrichts. Schon die Vielfalt der Inhalte, die im Sachunterricht aufgegriffen werden, macht es völlig unwahrscheinlich, dass Lehrkräfte ohne Unterstützung auskommen (vgl. Heran-Dörr & Kahlert 2009). Untermauern lässt sich dies mit dem internationalen Forschungsstand über naturwissenschaftliche Kompetenzen von Grundschullehrkräften. Danach verfügen Lehrkräfte im Primarbereich kaum über den fachspezifischen Hintergrund, um Fehlkonzepte der Kinder zu erkennen, geschweige denn sie zu gesichertem Wissen weiterzuführen (vgl. Appleton 2003, Rice 2005).

Auch wenn für die sozialwissenschaftlichen Lernfelder eine ähnlich gut ausgebaute Forschung fehlt, ist nicht damit zu rechnen, dass dies in diesen Lernfeldern besser aussieht. Wer kann sich schon zu soziologischen, historischen, geographischen und politischen Inhalten so vertieft einarbeiten, um die Vorstellungen der Kinder über die vielen Facetten unseres Zusammenlebens so weiterzuführen wie es angesichts des fachlichen Entwicklungsstandes und unter Berücksichtigung kindlicher Lernvoraussetzungen möglich wäre?

Den Lehrerinnen und Lehrer ist mit prinzipiellen Überlegungen zur Gestaltung von Unterricht wenig geholfen. Gut begründbare Konzeptionen garantieren noch keine akzeptable Qualität von Unterricht.

Aber auch eine Sammlung konkreter Unterrichtsvorschläge, mögen diese noch so gut begründet und in der Praxis erprobt sein, wird die erwünschte Unterstützung allenfalls im Einzelfall, aber nicht systematisch leisten können. Hin und wieder mögen Lehrerinnen und Lehrer in derartigen Sammlungen etwas finden, was sinnvoll einsetzbar ist. Aber die Umsetzungsbedingungen in den Lerngruppen sind viel zu unterschiedlich, um Unterricht für einen längeren Zeitraum erfolgreich an Vorschlägen auszurichten, die anderswo, zu einem anderen Zeitpunkt mit anderen Kindern, zu guten Ergebnissen geführt haben mögen.

Schließlich ist zu berücksichtigen, dass Lehrerinnen und Lehrer die Ziele und Inhalte des Sachunterrichts auf recht unterschiedliche Weise auswählen und dabei auch unterschiedliche Schwerpunkte setzen. Sie orientieren sich dabei an Lehrplänen und Richtlinien, an Standards und Kerncurricula, an Anregungen aus Fortbildungen, an schulinternen Absprachen oder auch an einer Auswahl, die sie zusammen mit ihren Schülerinnen und Schülern erarbeitet haben.

Wie immer Lehrerinnen und Lehrer zu den Zielen und Inhalten ihres Unterrichts kommen mögen, ihr professionelles Können, ihre Expertise als Lehrer und Lehrerin für Sachunterricht besteht gerade auch darin, den Bildungswert der Inhalte, die sie im Sachunterricht zum Thema machen, beurteilen und begründen zu können. Inwiefern kann das Thema dazu beitragen, dass Kinder Anforderungen der Lebenswelt heute und in Zukunft angemessen verstehen und bewältigen? Welchen Beitrag leistet das Thema, um fachliche Grundlagen für die Sachfächer in weiterführenden Schulen zu legen?

Die Konzeption der „didaktischen Netze", die in diesem Kapitel 5 entwickelt, begründet und an Beispielen veranschaulicht wird, gibt keine fertigen Detailantworten auf diese Fragen. Angesichts der Schnelligkeit, mit der sich Lebensverhältnisse heute wandeln und der heterogenen Lernvoraussetzungen, mit denen Kinder heute zu Schule kommen, wäre dies vermessen. Vielmehr sollen Lehrerinnen und Lehrer bei der Suche nach Antworten auf die Fragen unterstützt werden: Was macht Sinn? Wie wird er in meinem Unterricht für die Schülerinnen und Schüler erfahrbar?

5.1 Zur didaktisch-methodischen Gestaltung von Sachunterricht

5.1.1 Professioneller Anspruch: didaktische Begründungen

Wenn, wie in diesem Buch, Lernen vor dem Hintergrund eines moderat konstruktivistischen Verständnisses von Lernprozessen interpretiert wird, dann lässt sich kein *enger* Zusammenhang zwischen der arrangierten Lernumgebung (Lehren) und dem tatsächlich stattfindenden Lernen unterstellen (vgl. Kapitel 3, S. 92 ff., und Teil 6.1, S. 261 ff.). Dennoch kommt der didaktischen und methodischen Begründung des jeweiligen Unterrichtsarrangements ein herausragender Stellenwert zu.

Von der schulischen Lernumgebung hängt es ab, was überhaupt gelernt werden kann. Daher wird der Anspruch an Lehrerinnen und Lehrer gestellt, Unterricht methodisch und didaktisch angemessen und vertretbar zu arrangieren, so dass

- erwünschte Lernprozesse möglichst wahrscheinlich
- und unerwünschte Effekte wie Missverständnisse, Langeweile, Desinteresse, Versagenserfahrungen, Erweiterung der Schere zwischen leistungsstarken und leistungsschwachen Schülern möglichst eingeschränkt werden.

Zwar gibt es heute ein heterogenes Verständnis von Didaktik[1]. Aber weithin unbestritten ist, dass die Begründung der Inhalte, die im Unterricht behandelt werden, eine originäre *didaktische* Aufgabe von Lehrerinnen und Lehrern darstellt.

Im praktischen Vollzug des Lehrens und Lernens lassen sich Überlegungen zum Inhalt nicht von der Frage trennen, wie der Inhalt methodisch aufbereitet werden soll. Die methodische Gestaltung des Lernprozesses entscheidet mit darüber, ob das, was als sinnvoll ausgewählt worden ist, überhaupt die erwünschte Wirkung haben kann. Diesem Zusammenhang von Auswahl der Inhalte und Gestaltung des Lernprozesses wird oft durch Formulierungen wie „didaktisch-methodische Überlegungen" Rechnung getragen.

Trotz dieser Verflechtung von Inhalt und Methode schließen wir uns hier der Auffassung Wolfgang Klafkis vom Primat der Auswahl und Begründung von Zielen vor methodischen Entscheidungen an (vgl. Klafki 1996, 114–121).

Dieses Primat der Didaktik im engeren Sinne bedeutet nicht, dass die inhaltliche Auswahlentscheidung die methodische Entscheidung determiniert.

Viele verschiedene Lernwege können zu einem Ziel führen, so dass neben der Auswahl der Inhalte auch die methodische Gestaltung einer eigenständigen Begründung bedarf. Und der Vorrang der Inhalts- und Zielbegründung widerspricht auch nicht der Einsicht, dass Unterricht auch methodische Kompetenzen der Schülerinnen und Schüler anzustreben sollte. Nur geht auch der Förderung von methodischen Kompetenzen eine Entscheidung voraus, die eine didaktische Begründung erfordert: Warum sind die ausgewählten Methoden wichtig oder sinnvoll?

Der Anspruch, die Inhaltsauswahl und die methodische Gestaltung nachvollziehbar zu begründen, ist ein Professionsmerkmal des Lehrerberufs.

Aufgrund ihrer spezifischen Kenntnisse der Lernvoraussetzungen und -bedingungen in der Klasse obliegt es in letzter Instanz den Lehrerinnen und Lehrern zu beurteilen, welcher Inhalt in welcher Weise bearbeitet werden sollte, um den jeweils geltenden pädagogischen, lerntheoretischen und fachlichen Anforderungen wenigstens hinreichend gerecht zu werden. Die didaktische Begründung dient der professionellen Verständigung darüber, was von der unüberschaubaren Vielfalt potenziell sinnvoller Inhalte unter den Bedingungen knapper Zeit in der Schule zur Sprache kommen sollte.

5.1.2 Themen des Unterrichts gewinnen

Die Umwelt der Kinder bietet weitaus mehr sinnvolle Lernanlässe, als in der Schule jemals zu bewältigen sind. Daher ist es das Hauptziel der *didaktischen Analyse* von Unterrichtsinhalten, auf der Grundlage bildungstheoretisch legitimierbarer Ziele und lerntheoretischer Erkenntnisse herauszuarbeiten, warum angesichts der Fülle der über diese Welt prinzipiell vorhandenen Kenntnisse, Einsichten, Sachverhalte gerade der ausgewählte Inhalt im Unterricht behandelt werden sollte.
Was kann man daran lernen? Warum ist dies sinnvoll? Wie sollte der Unterricht gestaltet werden, um diese Ziele erreichen zu können?
Es würde an dieser Stelle zu weit führen, die verschiedenen Modelle darzulegen, die helfen wollen, diese didaktischen Kernfragen zu beantworten. Eine erste Orientierung ermöglichen die von Klafki genannten Kriterien Gegenwarts-, Zukunfts- und exemplarische Bedeutung der im Unterricht zu behandelnden Gegenstände und Sachverhalte.

Die Frage nach der *Gegenwartsbedeutung* soll vor allem gewährleisten, dass die Erfahrungen, Interessen und Sinnzusammenhänge der Lernenden berücksichtigt werden (vgl. Klafki 1996, 273). Dies umschließt nicht nur Themen und Inhalte, die die Schüler subjektiv als wichtig ansehen, sondern auch das, was ihnen aufgrund der Überlegungen von Lehrerinnen und Lehrern als bedeutsam für die Orientierung in der Gegenwart nahe gebracht werden kann.

Diese Doppelperspektive gilt auch für die vermutete *Zukunftsbedeutung*.
Der Sinn dessen, was Schüler lernen sollen, erweist sich nicht nur mit Blick auf die gegenwärtigen Beziehungen des Kindes zu seiner Umwelt, sondern auch mit Blick auf Anforderungen und Probleme, die sich in Zukunft vermutlich stellen werden. Daher müssen Lehrerinnen und Lehrer sich darum bemühen, möglichst gut begründete Vermutungen über die Entwicklung der gegenwärtigen Gesellschaft und über die notwendigen Einsichten und Fähigkeiten zur produktiven Bewältigung der damit verbundenen Herausforderungen zu berücksichtigen (vgl. dazu Klafki 1996, 273 f.).

Schließlich verlangt das Kriterium der *exemplarischen Bedeutung* eine begründete Antwort auf die Frage, welche „allgemeineren Zusammenhänge, Beziehungen, Gesetzmäßigkeiten, Strukturen, Widersprüche, Handlungsmöglichkeiten" (ebd., 275) sich am auszuwählenden Unterrichtsgegenstand erarbeiten lassen.
Die Orientierung an diesen Kriterien setzt eine reflektierte Analyse der Umwelt und ihrer Entwicklungstrends voraus.

Klafki weist zu Recht darauf hin, dass dazu eine „Theorie des gegenwärtigen Zeitalters und seiner Potenzen und Risiken im Hinblick auf die Zukunft" (Klafki 1996, 56) erforderlich wäre – eine Voraussetzung, die heute nicht mehr einzulösen ist.
Der Anspruch, didaktische Überlegungen auf der Basis einer verlässlichen und allgemein akzeptierten Theorie der Gesellschaft abzusichern, erweist sich als zu hoch. Selbst im Fach Soziologie, das sich einmal für die Entwicklung und Prüfung weit reichender Gesellschaftstheorien für zuständig hielt, wird diese einheitliche Theorie über Gegenwart und Zukunft der Gesellschaft nicht mehr angestrebt.
Tatsächlich sind für die didaktische Analyse solche Super-Theorien durchaus verzichtbar. „Reflexion" des Stellenwerts von Unterrichtsinhalten zielt nicht auf eine allseits gültige Absicherung der Auswahlentscheidung. Vielmehr geht es darum, in die didaktischen Überlegungen *begründbare, explizierte und deshalb verhandelbare Vorstellungen* über Gegenwart und Zukunft einzubeziehen.
Die didaktische Analyse zielt dabei auf gut begründete Nachvollziehbarkeit ab, nicht darauf darzulegen, dass die Auswahlentscheidung für einen Inhalt „richtig" ist. Dies würde einen argumentativen Determinismus voraussetzen, für den es schon allein auf Grund der Vielfalt miteinander konkurrierender Theorien über Gegenwart und Zukunft keine vernünftigen Gründe gibt.
Neben der Gegenwarts-, Zukunfts- und exemplarischen Bedeutung eines potentiellen Unterrichtsinhalts berücksichtigt die didaktische Analyse die verschiedenen fachspezifischen Besonderheiten, wie sie in diesem Buch dargelegt worden sind: Bildungsziele (Teil 1), sachspezifische Lernvoraussetzungen (Teil 2), lerntheoretische Einsichten und Erkenntnisse (Teil 3).
Diese Bedingungen lassen sich als Begründungs- und Reflexionshintergrund von Fall zu Fall mit bedenken, wenn der didaktische Gehalt des jeweiligen Lerngegenstands begründet und der auszuwählende Inhalt zum Thema von Unterricht wird. Als *Thema* wird hier ein Inhalt unter bestimmten Hinsichten verstanden. Im Unterricht wird ein Inhalt unter einer Perspektive zum Thema:

„Indem ein ‚Inhalt' oder ‚Gegenstand' (diese Begriffe werden hier auch weiterhin synonym verwendet) unter einer pädagogischen Zielvorstellung, einer als pädagogisch relevant erachteten Fragestellung für die Behandlung im Unterricht ausgewählt wird, wird er zum ‚Thema'" (Klafki 1996, 118).

Inhalte (Gegenstände) des Unterrichts werden zu Themen durch bestimmte Hinsichten, Perspektiven etc. Diese variieren von Unterricht zu Unterricht und sorgen dafür, dass gleiche Inhalte entsprechend den unterschiedlichen Interessen, Lernvoraussetzungen, Lehrbedingungen etc. der jeweiligen Lerngruppe angepasst werden können. Beispiel:
Das Thermometer, häufig Inhalt in den Lehrplänen des Sachunterrichts, wird erst durch eine besondere Betrachtung, durch Hinsichten, vom bloßen Gegenstand zu einem Thema des Unterrichts.

„Das Thermometer" ist noch kein Unterrichtsthema. Die Formulierung lässt völlig offen, ob es dabei um die Verwendung, die physikalischen Grundlagen, die Gestaltung von Thermometern gehen wird.

„Thermometer als Instrument der Temperaturmessung" wäre ein Thema. Im Mittelpunkt würde dabei die Unterscheidung zwischen sinnlich wahrnehmbaren Temperaturunterschieden und gemessenen Temperaturunterschieden stehen. Dabei könnten erste Einsichten in das Verfahren des Messens als eine besondere Form des Vergleichs von Wahrnehmungen gewonnen werden.

„Thermometer als Teil der Hausapotheke" wäre ein anderes Thema. Auch dabei käme vielleicht das Messen vor, aber nur als ein Nebenaspekt im Rahmen der Gesundheitserziehung – ein anderer Schwerpunkt des Sachunterrichts.

Um ein zweites Beispiel zu nennen:

„Mädchen und Jungen", „Geschlechtsrollen" sind nach dem oben angesprochen Unterschied von Inhalt und Thema noch keine Themen des Unterrichts.

Die Inhalte sprechen nicht für sich selbst, sie sind bloße Gegebenheit. Erst der Blick auf diese Gegebenheiten aus einer Perspektive offenbart etwas, von dem man aus guten Gründen annehmen kann, dass es für die Gegenwart und/ oder für die Zukunft der Schüler bedeutsam ist.

Dies würde zum Beispiel für das Thema „Mädchen und Jungen – früher und heute" zutreffen. Dieses Thema könnte auf die Einsicht zielen, dass Geschlechtsrollen nicht starr, nicht biologisch schicksalhaft gegeben sind, sondern einem gesellschaftlichen Wandel unterliegen. Bedeutsam wäre diese Einsicht für die Freiheit des Einzelnen beim Entwurf seiner Lebenswege (Zukunft) sowie für das Verständnis der Gegenwart, zum Beispiel in Auseinandersetzung mit den Erwartungen der Eltern und Großeltern an das Kind „als Mädchen" oder „als Junge".

Was jeweils unter welcher Perspektive zum Thema wird, entscheiden pädagogische Absichten. Die didaktische Analyse eines Unterrichtsinhalts ist insofern nicht nur Rechtfertigung einer getroffenen Auswahlentscheidung, sondern sie hilft auch zu klären, unter welchen Hinsichten der Inhalt zu einem sinnvollen Thema werden kann. Ob dieses Thema dann auch tatsächlich sinnvoll behandelt wird, ist wiederum abhängig von der Wahl der Methode.

5.1.3 Methoden für den Sachunterricht

Bezogen auf Unterricht lassen sich Methoden[2] als „strukturierende Lernhilfe" (Apel 2000, 139) verstehen.

Diese Strukturierung ist notwendig, denn jeder Unterricht ist eine Inszenierung einer Sachbegegnung. Das ist der Zweck von Schule (vgl. Teil 3.5, S. 135 ff.). Wie gut diese Inszenierung gelingt, hängt in entscheidendem Maße von der quantitativen und qualitativen Strukturierung des Unterrichts ab.

Ob eine einzelne Stunde, eine Doppelstunde, eine ganze Unterrichtseinheit geplant werden soll – in der Schule stellt sich angesichts der Fülle zu behandelnder Inhalte immer das Problem der zeitlichen Begrenzung.

Wie und mit welchem zeitlichen Aufwand werden die Schülerinnen und Schüler an das Thema herangeführt? Was soll geschehen, damit die Lernenden für das Thema gewonnen werden? Wann und auf welche Weise lassen sich Teilergebnisse sinnvoll festhalten? Wie und wann kann das Gelernte angewendet werden? Und immer: Wie viel Zeit steht für die jeweiligen Unterrichtsabschnitte zur Verfügung und wie lassen sich diese Abschnitte sinnvoll aufeinander beziehen?

Die *Strukturierung eines Zeitraums* soll im Folgenden als *Dramaturgie des Unterrichts* bezeichnet werden.

Sowohl einer einzelnen Unterrichtsstunde als auch einer mehrere Stunden umfassenden Unterrichtseinheit sollte eine Dramaturgie zugrunde liegen.

Die Dramaturgie trägt dazu bei, die Einzelaktivitäten der Akteure (Schüler, Lehrer) im Rahmen eines notwendigerweise begrenzten Zeitraums sinnvoll aufeinander zu beziehen. Dabei ist zu klären, welchen inhaltlichen und lerntheoretischen Stellenwert einzelne Unterrichtsphasen einnehmen.

Eine andere methodische Entscheidung betrifft die *tätigkeitsbezogenen Arrangements*, die sich auf die *Qualität der Begegnung* mit den Sachverhalten und Gegenständen beziehen.

Erarbeiten sich Schüler Informationen eher rezeptiv aus Arbeitsblättern, Büchern und vom Tafelbild oder haben sie Freiräume, ihr Vorgehen zu besprechen und zu planen? Haben sie Gelegenheit, etwas zu erkunden, zu beobachten, zu sammeln und zu ordnen, Experimente durchzuführen? Bleiben Teilergebnisse bei der Ergebnissicherung unkommentiert oder werden sie in einem Gespräch verglichen, abgewogen, modifiziert?

Mit ihren tätigkeitsbezogenen Arrangements unterstützen Lehrende die Kinder dabei, den Weg der Wissensschaffung, und damit den „Konstruktcharakter des Wissens" (Duncker 1999, 51), zu erfassen und zu verstehen.[3]

Dramaturgische und tätigkeitsbezogene methodische Entscheidungen beeinflussen sich zwar wechselseitig, aber sie dienen der Bewältigung unterschiedlicher Aufgaben bei der Planung und Gestaltung von Unterricht.

Während die auf einen Zeitraum bezogenen strukturierenden dramaturgischen Entscheidungen eher die Frage beantworten, was, wann und warum geschehen soll, beziehen sich die tätigkeitsbezogenen Entscheidungen darauf, wie das geschehen soll.

So beeinflusst die Entscheidung, Schüler möglichst offen die eigene Informationserarbeitung gestalten zu lassen, die dafür einzuplanende Zeit und somit den gesamten zur Verfügung stehenden Zeitraum. Die für offene Verfahren benötigte längere Zeit mag sinnvoll investiert sein, wenn die Schüler dabei den eigenständigen Umgang mit Informationsquellen lernen, üben oder festigen. Sie wäre aber vergeudet, wenn die Schüler durch diese Offenheit überfordert würden.

Im Folgenden soll zunächst dargelegt werden, was bei der Dramaturgie des Unterrichts zu beachten ist. Anschließend werden einige der für den Sachunterricht relevanten tätigkeitsbezogenen Methoden erörtert.

a) Der Sachbegegnung Dramaturgie geben – Unterricht strukturieren

(1) Interesse für ein Anliegen wecken

Jeder Unterricht, dem ein didaktisch begründetes Anliegen zugrunde liegt, muss die Lernenden für dieses Anliegen gewinnen. Ob dies auf der Grundlage einer gemeinsamen Planung geschieht, durch Inszenierung eines interessanten Ereignisses, durch Konfrontation mit einem herausfordernden Problem, der Begegnung mit einer „Schwierigkeit" (Dewey 1910, hier 1951, 75 ff.) – entscheidend ist, „beziehungsvolles Lernen" (Spreckelsen 1991, 74) zu ermöglichen, also zwischen dem Kind und dem Unterrichtsgegenstand mehr stattfinden zu lassen als ein rein raum-zeitliches Zusammentreffen.

Aus der ersten Begegnung der Schüler mit dem Unterrichtsgegenstand sollte eine Erwartung entstehen. Es lohnt sich, aufmerksam zu sein, sich dem Gegenstand zuzuwenden. Klassisch formuliert: Der Einstieg sollte motivierend sein und das Interesse der Schülerinnen und Schüler wecken oder stimulieren.

(2) spontanes Interesse in ein Anliegen überführen

Die erste Begegnung mag noch so eindrucksvoll arrangiert sein, sie ist lediglich ein *Lernangebot*. Erst wenn die Schüler für eine Auseinandersetzung mit dem Unterrichtsgegenstand gewonnen sind, werden sie tatsächlich lernen.

Aus der Begegnung mit dem Gegenstand, mit einem Inhalt soll ein Thema werden. Der Inhalt wird mit einer Perspektive verbunden, sei es mit einem Hand-lungsziel, einem Könnensziel, mit dem Ziel, eine Irritation aufzuklären, unterschiedliche Meinungen zu klären oder zu vergleichen.

In dem Maße wie dies gelingt, wächst aus der anfänglich oft noch diffusen und ziellosen Aufmerksamkeit ein *Anliegen*, sich weiter mit der Sache zu beschäftigen.

Das didaktisch begründete Anliegen der Lehrerinnen und Lehrer wird dann zu einem Anliegen der Schülerinnen und Schüler und somit zu einer Voraussetzung für eine „einsichtige Problemerfassung" (Möller 1991 b, 135 f.).

Anliegen der Lehrer und Anliegen der Schüler sind dabei nicht unbedingt identisch; sie müssen nicht einmal für alle Schüler gleich sein. Entscheidend ist, dass sie *hinreichend ähnlich* sind, um jeden Einzelnen für die gemeinsame Beschäftigung mit der Sache zu motivieren.

Dies gelingt besonders dann, wenn das zu Lernende mit einer attraktiven Tätigkeit verbunden werden kann (vgl. Aebli 1987, 21). Daher stellt sich die Frage, welche Tätigkeiten geeignet sind, um die Auseinandersetzung mit der Sache ausreichend lange zu stimulieren.

(3) die Bearbeitung planen und ausführen

Erfolgreiches Lernen setzt voraus, dass man in der Auseinandersetzung mit der Sache seinem Anliegen ein Stückchen näher kommt. „Die Tätigkeit muss gelingen. Mindestens muss sie den Lernenden seinem Ziel näher bringen, und er muss dies wahrnehmen können." (Aebli 1987, 20).

Gelingen heißt nicht, dass das Anliegen reibungslos, rasch und so erreicht wird, wie man es sich vorher vorgestellt hat. Es heißt aber, dass das, was Schülerinnen und Schüler tun, in einem für sie nachvollziehbaren und erkennbaren Zusammenhang mit ihrem Anliegen stehen sollte, also mit dem, was ihr anfängliches Interesse geweckt hat.

Dem Anliegen, sich mit dem Thema zu beschäftigen, muss daher eine zielgeleitete Bearbeitung folgen. In geeigneten Arbeitsschritten müssen Informationen erarbeitet, festgehalten, in einen Zusammenhang mit dem Ausgangsproblem gebracht und zur Lösung des ursprünglichen Anliegens verarbeitet werden. Ob die dafür notwendigen Arbeitsschritte problemorientiert mit den Kindern entwickelt oder eher vom Lehrer gelenkt vorgegeben werden – in jedem Fall sollte den Kindern deutlich werden, was zu tun ist, um das anfängliche Interesse sinnvoll aufzugreifen.

(4) die Sache reflektiert abschließen

Zum Abschluss der Beschäftigung mit einem Anliegen sollte ein Ergebnis vorliegen, das von den Schülerinnen und Schülern in einen sinnvollen Zusammenhang mit ihrem Anliegen und mit der Bearbeitung dieses Anliegens gebracht werden kann.

Dieses Ergebnis muss nicht unbedingt ein greifbares Handlungsprodukt sein. Auch eine neue Fähigkeit, eine gewonnene Einsicht, neues Wissen, neue Gesichtspunkte, ja selbst ein differenzierteres Verständnis von einem Problem kann dazu führen, dass der Lernprozess von den Schülerinnen und Schülern als sinnvoll erfahren wird.

Es wäre ein Missverständnis, diese Kernelemente einer Unterrichtsdramaturgie zu einem starren Ablaufschema für Unterricht, zum Beispiel im Sinne hintereinander einzuhaltender Formalstufen, zu verknüpfen. Vielmehr sind sie als Aufgaben für die Unterrichtsplanung und als Gütekriterien zur Beurteilung einer Planung (und auch des Unterrichts, siehe dazu Teil 6) zu verstehen:

– Ist der Unterrichtsgegenstand hinreichend motivierend eingeführt worden? (1)
– Haben die Schüler Gelegenheit gehabt, ein für sie bedeutsames Anliegen mit dem Unterricht zu entwickeln? (2)
– Sind die im Zusammenhang mit dem Unterrichtsthema auszuführenden Schülertätigkeiten den Lernenden hinreichend verständlich geworden, das heißt, wissen sie, was sie tun sollen und vor allem, warum sie das im Zusammenhang mit ihrem Interesse am Thema tun? (3)
– Wird das Ergebnis der Bemühungen festgehalten und reflektiert? (4)

Die Elemente der Unterrichtsdramaturgie dienen während der Planung dazu, die Qualität des Vorhabens zu sichern. Nach Abschluss der Planung und vor ihrer Umsetzung in die Praxis ermöglichen sie im Sinne eines „Checks" eine abschließende Qualitätskontrolle. Und nach dem Unterricht können sie die gezielte Reflexion über den Unterricht strukturieren (siehe dazu Teil 6).

b) Die Sachbegegnung gestalten – tätigkeitsbezogene Arrangements
Wenn jemand sich mit einer Aufgabe, einem Sachverhalt, mit seinen Beziehungen zu anderen Menschen oder zunächst einfach nur mit einem Gegenstand beschäftigt, dann kann diese Beschäftigung spontan und unsystematisch oder mehr oder weniger zielgerichtet und orientiert an Regeln erfolgen. Wünschenswert für die Entwicklung von Neugier und Interesse ist eine sich wechselseitig kontrollierende Vorgehensweise aus beidem:

„Auf das Spontane folgt das Überlegte, auf die totale Akzeptierung folgt Kritik; auf die Intuition folgt strenges Denken; nach dem Wagnis kommt die Vorsicht; nach der Phantasie und Imagination kommt die Wirklichkeitserprobung" (Maslow 1973, 148).

Die ungelenkte, freie Auseinandersetzung mit einem Gegenstand fördert vielseitiges Assoziieren, Ausprobieren, regt die Phantasietätigkeit an, mobilisiert bisherige Erfahrungen und kann so das Interesse an dem Gegenstand nähren.
Allerdings ist sie auch stark beeinflusst von den jeweiligen Umständen und zufälligen Gegebenheiten der Situation, von den im Augenblick realisierten Assoziationen des handelnden Subjekts, seinen Wahrnehmungen und Gedankensprüngen.
Spontan, intuitiv, phantasievoll, einfallsreich mögen Kinder sein, Kontrolle und die Anbindung ihrer Einfälle und Ideen an das, was bereits bewährt ist, müssen sie noch lernen.
Sie benötigen Freiräume zum Probieren, aber auch Verlässlichkeit, Regelmäßigkeit, Kontinuität, gerade wenn man ihnen die Möglichkeit bieten möchte, Wirklichkeit nach ihrem Tempo und nach ihrem Auffassungsvermögen zu erfahren, zu verarbeiten und zu verstehen – statt sie bloß, mehr oder weniger flüchtig, zu durchleben.
Daher wird es als eine wesentliche Aufgabe des Sachunterrichts angesehen, den Erwerb methodischer Kompetenzen zu fördern (vgl. die Teile 1.4, 3.2, 3.3).
Solche Kompetenzen erwirbt man nicht durch Vermittlung, sondern durch Anwendung von Methoden und durch Reflexion ihrer besonderen Leistungen und Grenzen im Unterricht. Deshalb ist es notwendig, im Sachunterricht gezielt tätigkeitsleitende Methoden einzuführen, zu nutzen, zu variieren, zu üben und ihre Wirkung erfahrbar und zunehmend verständlich zu machen.
Unter einer tätigkeitsleitenden Methode kann ein strukturiertes, systematisches und nachvollziehbares Verfahren verstanden werden, mit dem man sich mit einem Sachverhalt, einer Frage, einem Gegenstand oder einem Problem auseinander setzt.
Methoden sollen gewährleisten, dass
– die zur Erfassung und Aufklärung des Sachverhalts, der Frage, des Gegenstands oder des Problems wichtigen Aspekte tatsächlich berücksichtigt werden,
– Tätigkeiten oder eine Folge von Tätigkeiten zweckvoll gestaltet sind
– und die so gewonnenen (Teil)Ergebnisse, Einsichten, Produkte in ihrem Entstehungsprozess im Prinzip nachvollzogen werden können.
Die methodische Absicherung von Einsichten, Erkenntnissen, Ergebnissen zielt somit darauf ab, die Frage, „Wie ist man darauf gekommen?" zu beantworten und die

zur Bearbeitung zur Verfügung stehenden Ressourcen zweckdienlich einzusetzen. Angesichts der vielfältigen Verwendung des Methodenbegriffs, der von Lehrverfahren über Sozialformen und Lernstrategien bis zu Unterrichtsformen reicht (vgl. dazu Ragaller 2000, 178), würde es hier zu weit führen, alle Methoden, die jemals für den Sachunterricht als relevant bezeichnet worden sind, zu identifizieren, darzulegen und zu vergleichen (siehe von Reeken 2003).
Statt einer solchen Zusammenstellung ist es sinnvoller, eine Auswahl der besonders für den Sachunterricht geeigneten Methoden anzubieten, die mit ihnen verbundenen Erwartungen für die Herausbildung methodischer Kompetenzen zu benennen und so einen reflektierten Einsatz von Methoden anzuregen.
Die Auswahl der Methoden orientiert sich an den in Teil 1.4 dargelegten Erwartungen an den Sachunterricht (siehe Ergänzung 3, S. 27).
Da der Erwerb methodischer Kompetenzen die praktische Anwendung *und* das Verständnis der Methode umfasst, werden für die im Sachunterricht anzustrebenden methodischen Kompetenzen sowohl Könnens- als auch Verstehenskomponenten benannt (Ergänzung 25).
In der Regel wird sich methodische Kompetenz zunächst über das Können, also über das praktische Anwenden der Methoden, aufbauen.
So dürfte zum Beispiel das Kind früher in der Lage sein, Dinge und Informationen zu ordnen, als das Prinzip des Ordnens zu verstehen.
Allerdings sollte im Unterricht bei der Heranführung, Anwendung und vor allem Übung von Methoden das Ziel, Verständnis für ihre besonderen Leistungen anzubahnen, nicht verloren gehen. Ohne dieses Verständnis würde Methodenerwerb zur bloßen Ritualisierung von Verfahrensweisen führen.
Solche ritualisierten Verfahrensweisen sind oft starr und unflexibel und deshalb kaum geeignet, Kinder bei der selbständigen und zunehmend bewusst gestalteten Erschließung ihrer Umweltbeziehungen zu unterstützen.

Methodische Kompetenzen

a) ordnen und strukturieren
könnensorientierte Komponente: Ordnungsweisen und -verfahren anwenden
verstehensorientierte Komponente: das Ordnen als eine bewusste und zweckdienliche Strukturierung von Informationen und Sachverhalten verstehen (vgl. Ergänzung 26,1)

b) informieren und beurteilen
könnensorientierte Komponente: Informationen gezielt beschaffen
verstehensorientierte Komponente: das gezielte Beschaffen von Informationen als Beitrag zur systematischen Herausbildung einer akzeptablen Urteils- und/ oder Handlungsgrundlage verstehen, die gewährleisten soll, dass notwendige Gesichtspunkte möglichst beachtet werden (vgl. Ergänzung 26,2)

c) darstellen und gestalten
könnensorientierte Komponente: eigene Standpunkte und gewonnene Informationen darlegen
verstehensorientierte Komponente: die verständliche Darstellung als Grundvoraussetzung für das Wirksamwerden eigener Standpunkte verstehen (vgl. Ergänzung 26,3)

d) planen und ausführen
könnensorientierte Komponente: ein Vorhaben gezielt planen und die Planung umsetzen
verstehensorientierte Komponente: Planung als Hilfe zur gezielten Überprüfung einer Annahme und zum sinnvollen Einsatz der zur Verfügung stehenden Mittel verstehen (vgl. Ergänzung 26,4 und 5)

e) abstimmen und koordinieren
könnensorientierte Komponente: die eigene Arbeit mit der Arbeit anderer abstimmen
verstehensorientierte Komponente: Vorzüge von Arbeitsteilung und Anforderungen eines arbeitsteiligen Vorgehens verstehen (vgl. Ergänzung 26,3 und 5).

Ergänzung 25

Nicht zuletzt deshalb ist die Entscheidung für methodische Verfahren nicht unabhängig von einem Inhalt zu treffen, der die Lernenden interessiert und von ihnen als bedeutsam erfahren wird.

Die Gratwanderung zwischen einer fachlich angemessenen und an einer an den Erfahrungen der Lernenden orientierten inhaltlichen Gestaltung des Unterrichts bleibt somit die zentrale Herausforderung für Lehrerinnen und Lehrer des Sachunterrichts.

Anzustreben ist jeweils, den Kindern die Möglichkeit zu eröffnen, ihre Erfahrungen und ihr Vorwissen mit den bewährten und gesicherten Angeboten zu verknüpfen, die Fächer zur Aufhellung und Weiterentwicklung dieser Erfahrungen beitragen können. Dabei soll die Konzeption der didaktischen Netze als Planungsmodell helfen (vgl. 5.2).

Methoden und Verfahrensweisen für den Sachunterricht
(siehe auch die Ergänzung 25, S. 211 f.)

(1) Ordnen – die Vielfalt von Eindrücken und Erfahrungen zweckmäßig strukturieren:
  – Gegenstände nach vorgegebenen oder selbst geschaffenen Kategorien ordnen

- Gegenstände bestimmen (Anwendung von Zuordnungskriterien)
- Informationen nach Oberbegriffen, gängigen Mustern (numerisch, alphabetisch, symbolisch) ordnen
- rationelle Verfahren zur Systematisierung kennen lernen, anwenden und üben (Führen einer Mappe, Anlegen von und Arbeiten mit Karteien, Dateien)
- einen Sachordner zu einem Themenbereich anlegen, gestalten, gliedern, führen
- Argumente nach Qualitätsstandards einordnen (wichtig/ weniger wichtig; begründet/ weniger gut begründet; bewiesen/ weniger gut bewiesen; prüfbar/ nicht prüfbar und andere)

(2) Beschaffen, Interpretieren und Bewerten von Informationen – sich systematisch sachkundig machen
 - Planung und Durchführung von Beobachtungen (Beispiel: Verhalten von Radfahrern an einer gefährlichen Kreuzung)
 - Planung und Durchführung einer Befragung (z. B. der Schülerinnen und Schüler einer Schule über Verwendung des Taschengeldes, über Freizeitaktivitäten etc.)
 - Nutzung von Sachbüchern, Dateien, des Internets zur Informationsbeschaffung
 - Markieren von Informationen, Herausschreiben von Informationen, Zusammenfassung erstellen
 - Nutzung einer Bibliothek
 - Informationen schriftlich festhalten, protokollieren
 - Skizzen und Karten lesen und anfertigen; sich orientieren, Entfernungen ermitteln
 - Quellen wie Bilder, Mitteilungen, Fotos, Bauten, Inschriften, Denkmäler kennen und interpretieren
 - einfache Schaubilder, Tabellen und Statistiken lesen
 - gezielt Fragen an Quellen formulieren
 - Gründe für die Eignung von Quellen nennen; Gesichtspunkte für den Vergleich von Quellen kennen
 - Kompass nutzen
 - Schätzen, Messen und Vergleichen von Höhen, Entfernungen, Gewichten
 - technische Hilfsmittel zur Objektivierung von Informationen nutzen (Thermometer, Längenmesser, Waagen); messen und vergleichen
 - technische Geräte zur Unterstützung der Informationsbeschaffung nutzen (Fernglas, Mikroskop, Vergrößerungsglas, Stoppuhr, Recorder)

- Vorbereitung und Durchführung einer Erkundung, bei der mehrere Methoden zur Anwendung kommen (z. B. bei einem Besuch von Museen, Betrieben, Plätzen, Gebäuden etc.: Beobachtungsaufgaben, Interviews, Auswertung von Prospekten und anderen schriftlichen Quellen)

(3) Gestalten von Informationen, Texten und Vorträgen – sich verständlich machen, Einfluss nehmen
- Gliederung und Übersichten für schriftliche Darstellungen erstellen
- mündlich und schriftlich etwas berichten; Bericht gliedern, sachliche Informationen und Wertungen unterscheiden; wichtige von weniger wichtigen Informationen unterscheiden
- sachbezogene Teilüberschriften formulieren
- Begründungen für Sachverhalte, Entscheidungen geben
- Skizzen, Schemata, Zeichnungen anfertigen
- Kombination von Schrift, Bild, Skizze, Schema
- einfache Tabellen und Diagramme lesen und anfertigen
- Zeitleisten lesen und anfertigen
- Vorbereitung, Ausarbeitung und Darbietung eines Kurzreferats über einen ausgewählten Sachverhalt
- Fallbeispiele darstellen
- Modelle anwenden und fertigen können (z. B. Pappmodelle eines Spielplatzes; Modelle einer geologischen Formation im Sandkasten)
- arbeitsteilige Erarbeitung einer Mitteilung zur Information und/ oder Meinungsbildung für Schülerinnen/ Schüler, Eltern, Lehrerinnen/ Lehrer (eine Zeitung, eine Informations-Broschüre, eine Wandzeitung, Ausstellung, Internetinformation zu einem ausgewählten Thema)
- szenische Arrangements planen und umsetzen (Klärung, was man darstellen möchte; Aufteilung und Beschreibung von Rollen; Besetzung der Rollen; Proben, Bewerten, Umsetzen, Vorführen)

(4) Gezielt Vermutungen prüfen – Experimente und technische Konstrukte planen, entwerfen und durchführen
- Experiment:
  - Vermutungen über die Lösung eines Problems sammeln, vergleichen, gewichten
  - Möglichkeiten zur Prüfung der Vermutungen überlegen, vergleichen, auswählen
  - die Umsetzung des Experiments planen
  - das Experiment durchführen
  - geeignete Informationen über den Ablauf des Experiments und

(Teil)Ergebnisse des Experiments festhalten
- Auswertung der Ergebnisse unter Berücksichtigung der Ausgangsüberlegungen
- technische Konstrukte:
  - Funktionsziele klären
  - einfache technische Konstrukte sachgerecht demontieren und analysieren
  - technische Konstrukte nach Funktionszielen entwerfen
  - nach Entwurf bauen
  - Funktionalität und Zweckmäßigkeit prüfen

(5) Aufgaben einteilen – Arbeit planen
- Arbeitshaltung aufbauen (Arbeitsmaterialien bereithalten und pflegen; Materialien bereit legen)
- sachgerechte Nutzung von Arbeitsmitteln (z. B. Schreibzeug, Farbstifte, Lineal, Zeichen- und Malgeräte, Klebstoff, Schere, Messer, Locher, Hefter)
- Einzelarbeit: einzelne Aufgaben, Tagesplan, Wochenplan zunehmend selbständig bearbeiten
- Arbeit in Gruppen: Aufgaben sammeln, verteilen, Verabredungen treffen (z. B. Pflegen von Tieren, Pflanzen, Ökosystemen wie Schulgarten, Wiesen, Seen, Bäche etc.; Beschaffung von Informationen/Materialien; Aufbereitung von Material; Warten und Reparieren von Gegenständen)
- sich konstruktiv an einem Gespräch beteiligen
  - Regeln einhalten, aufstellen, modifizieren
  - sich auf andere beziehen
  - Meinungen und Sachverhaltsbezeichnungen unterscheiden
  - zum Thema sprechen
  - gezielt nachfragen
  - Meinungen von Sachinformationen unterscheiden
- Erfahrungen beim Leiten eines Gesprächs, einer Diskussion sammeln
  - Gespräch/ Diskussion eröffnen
  - in das Thema einführen
  - Streit-/ Diskussionsfragen darlegen
  - Diskussion leiten (Rednerliste führen, Rederecht zuteilen …)
  - Ergebnisse zusammenfassen
- Projekte planen, abstimmen, durchführen; Ergebnisse und Arbeitsschritte reflektieren

Ergänzung 26

5.2 Kindern und Sachen gerecht werden – zur Konzeption der didaktischen Netze

Wie mehrfach mit Bezug auf unterschiedliche Begründungszusammenhänge dargelegt, findet Sachunterricht seine Lernanlässe nicht in erster Linie durch Orientierung an der Systematik von Fächern, die wie Biologie, Sozialkunde, Erdkunde, Physik, Geschichte etc., auf den weiterführenden Schulstufen spezialisierte Wissensgebiete bearbeiten. Vielmehr sollte Sachunterricht bildungswirksame Erfahrungen des Kindes einbeziehen.
Dazu gehören unter anderem
- *natürliche Gegebenheiten, Vorgänge, Phänomene und technische Konstrukte*, sofern Kinder sich für diese interessieren und Fragen dazu entwickeln oder die wenigstens so in den Wahrnehmungshorizont der Kinder gerückt werden können, dass sie den Wunsch wecken, zu verstehen;
- *soziale Beziehungen, Ereignisse und Entwicklungen*, in denen die Kinder verstrickt sind oder die in einen für Kinder sinnvoll nachvollziehbaren Zusammenhang zu ihrer Gegenwart oder Zukunft gebracht werden können;
- *Gewohnheiten und Gebräuche* aus anderen Zeiten und/ oder aus anderen Ländern und Kulturen, von denen Schülerinnen und Schüler auch etwas über sich selbst und über ihr Zusammenleben mit anderen lernen können.

Solche Lernanlässe liegen „quer zu den Fächern" (Schreier 1982, 131).
- Das Thermometer zum Beispiel bekommt mit Blick auf die Grundschüler sein didaktisches Gewicht zunächst kaum wegen des physikalisch interpretierbaren Sachverhalts, dass Flüssigkeiten sich unter Wärmeeinfluss ausdehnen. Als Unterrichtsgegenstand ist es eher deshalb ergiebig, weil sich mit dem Thermometer elementare Einsichten über den Unterschied von „gefühlten" und „gemessenen" Temperaturen verbinden lassen.
- Ein ertragreicher Zugang zum Thema „richtige Kleidung" ist nicht nur über den Zusammenhang von biologischer Funktion und Materialeigenschaften möglich, sondern auch über ästhetische und soziale Aspekte der Selbstdarstellung.
- Mit dem Themenfeld „Ernährung" lassen sich, zum Beispiel im Zusammenhang mit der Herstellung von Brot, technisch-historische Bezüge („Wie wurde früher gebacken?"), biologische Aspekte (Nährstoffe, Getreidesorten) und elementare wirtschaftliche Sachverhalte (Preis und Qualität von Backwaren aus der Fabrik, vom Bäcker) miteinander verbinden (vgl. GDSU 2001, 13).

Würde man diese Unterrichtsinhalte im Wesentlichen bezogen auf die Systematik eines Faches im Unterricht entfalten, dann bliebe nicht viel von ihrem Bildungspotential für die Grundschule übrig.
Der fachliche Blickwinkel engt ein, oft noch ehe die Kinder ihre mitunter diffusen und vielfältigen Erfahrungen zum Thema aktiviert und vorgebracht haben. Ein solcher Unterricht gäbe Antworten auf Fragen, die die Kinder mangels Bezüge zu

ihren bisherigen Sicht- und Denkgewohnheiten noch gar nicht gestellt haben. Und an möglicherweise aufkeimendem Interesse eilt dieser Unterricht leicht vorbei, weil sich das Interesse häufig am Rande oder gar abseits der „fachgerechten" Themenbehandlung regt.
So lässt sich allenfalls „träges Wissen" (Gruber, Mandl & Renkl 2000) aufbauen, also Wissen ohne aufklärenden Wert für die eigenen Erfahrungen und kaum anwendbar außerhalb des engen unterrichtlichen Zusammenhangs.
Solches Wissen dient weder dazu, eigene Umweltbeziehungen zu erschließen, noch ist es geeignet, Grundlagen zu schaffen, an die der Fachunterricht weiterführender Schulen anknüpfen könnte.
Andererseits kann man auf fachlich gesicherte Grundlagen bei der Deutung von Umweltereignissen, Gegebenheiten und Beziehungen nicht verzichten, wenn langfristig stabiles und für weiteres Lernen anschlussfähiges Wissen aufgebaut werden soll.
Ohne eine Nutzung fachlich gesicherten Wissens und fachlich bewährter Arbeits-, Denk- und Erkenntnisweisen besteht die Gefahr, Lernpotentiale ungenutzt zu lassen, Alltagswissen der Kinder zu wiederholen und Sachunterricht zu einer trivialen Veranstaltung verkümmern zu lassen (vgl. 4.4.3, S. 183 ff., und 4.5, S. 190 ff.).
Damit stellt sich für Lehrerinnen und Lehrer des Sachunterrichts die Herausforderung, Inhalte so anzubieten und aufzubereiten, dass sie
– von den Schülern mit eigenen Fragen, Erfahrungen und Vorstellungen verbunden werden können
– und dabei zu Kenntnissen und Einsichten führen, die zuverlässigere, intersubjektiv teilbare und damit stabilere und belastbarere Urteils- und Orientierungsgrundlagen bieten als die bisherigen Alltagsvorstellungen.
Dafür ist es notwendig, sich an den Lernvoraussetzungen der jeweiligen Schülergruppe zu orientieren, also am allgemeinen und sachspezifischen kognitiven Entwicklungsniveau, an den vorhandenen Erfahrungen und an den sich artikulierenden bzw. zu aktivierenden Interessen.
Zum anderen müssen die Lehrerinnen und Lehrer die vom Unterrichtsinhalt gegebenen fachlichen Potentiale erkennen, um die für ihre Lerngruppe geeigneten und ergiebigen Aspekte zu entdecken. Das Planungsmodell der didaktischen Netze möchte bei der Bewältigung dieser Aufgabe unterstützen.

5.2.1 Anschlussfähig für Erfahrungen …
Die lerntheoretisch wünschenswerte Aktivierung von Erfahrungen, Vorwissen, Interessen von Schülerinnen und Schülern kann zwar im Prinzip bei jedem Unterrichtsinhalt erfolgen. Kinder erzählen, vermuten, malen, schreiben, bringen Gegenstände mit, erinnern sich. Aber ehe sich die Schülerinnen und Schüler zum Gegenstand des Unterrichts überhaupt äußern können, sind Vorentscheidungen getroffen worden, an denen sie nicht beteiligt waren und auch nicht beteiligt sein können.

An anderer Stelle wurde bereits herausgearbeitet, dass es zu den herausragenden Aufgaben des Sachunterrichts gehört, Kinder auch für Inhalte zu interessieren, die nicht in ihrem spontanen Wahrnehmungshorizont liegen (vgl. 3.5, S. 135 ff., und 5.1.1, S. 203 f.). Nicht alles, was Fächer anbieten, aber auch nicht alles, was im Erfahrungshorizont der Schüler liegt oder hineingetragen werden könnte, lässt sich im Unterricht zur Sprache bringen. Angesichts der begrenzt zur Verfügung stehenden Zeit sollte Unterricht anstreben, für diejenigen Schülererfahrungen anschlussfähig zu sein, die als bedeutsam für die Erschließung von Umwelt und für weiterführende Fächer beurteilt werden.

Sobald Lehrerinnen und Lehrer oder andere an Sachunterricht Interessierte darüber nachdenken, welche Art Erfahrungen Kinder überhaupt machen und wie deren Lebenswelten beschaffen sind, beginnen sie, die Lebenswelten anderer begrifflich zu strukturieren. Sie nehmen dabei die Rolle eines Beobachters von Lebenswelten ein.

Als Folge des didaktisch motivierten Interesses an der Lebenswelt von Kindern rückt man von den unmittelbaren Lebenswelterfahrungen der Kinder ab. Unsere Beschreibungen der Lebenswelterfahrung *sind nicht* die Lebenswelterfahrungen der Kinder.

Um dies zu erläutern, sei an die moderat konstruktivistischen Überlegungen über den Zusammenhang von Orientierungsbedürfnis und Konstruktion von Wirklichkeit angeknüpft (vgl. Kapitel 3.1, S. 93 ff.). Danach konstruiert sich jedes Kind zunächst seine eigene, subjektiv stimmige Sicht über seine Umwelt und dem, was es von ihr gewahr wird.

Ob es sich um Konflikte mit den Eltern handelt, Kinder über Blitz und Donner staunen, Interesse für Tiere entwickeln, Wünsche, Nöte, Hoffnungen erleben, sich an Erzählungen der Großeltern über das Leben früher erinnern – jedes Kind gibt der Welt, besser: den Ereignissen, den Zuständen, denen es gewahr wird, einen Sinn und bringt somit seine eigene Welt mit hervor (vgl. Langeveld 1956, 93).

An diese *„persönliche Sinngebung"*, wie Langeveld es nennt, kann Unterricht nicht unmittelbar anknüpfen. Die persönliche Sinngebung ist von Kind zu Kind verschieden und unterliegt einer nicht einholbaren Dynamik. Sie wird immer neu geschaffen, ist selbst dem konstruierenden Subjekt nicht immer vollständig bewusst und offenbart sich anderen, wie zum Beispiel Lehrerinnen und Lehrern, nie direkt, sondern über *Äußerungen*. Diese mögen mimisch, gestisch, sprachlich oder im engeren Sinne gegenständlich sein – malen, bauen, werken – als Äußerungen sind sie interpretationsbedürftige Indizien, Hinweise, Ausdrucksweisen für ein weitaus reicheres Innenleben. Als Ganzes ist dieses nicht mitteilbar und für einen anderen auch nicht verfügbar (vgl. Teile 2.0, S. 36 f. und 3.4.3, S. 126 ff.).

Die konstruktiven Akte der persönlichen Sinngebung garantieren letztlich die Unverfügbarkeit des Lernenden für die Lehrenden. Unterricht kann daher auch nicht wirklich an *den* Erfahrungen der Kinder „anknüpfen".

Dies müssen die Kinder selber leisten.
Aber er kann Angebote bereitstellen, die die Wahrscheinlichkeit erhöhen, dass die Lernenden Bezüge zu ihren Erfahrungen herstellen und verarbeiten.
Woher sollen diese Angebote stammen?
Um die unüberschaubare Vielfalt der potenziell sinnvollen Gebiete didaktisch einzuschränken, ist die Überlegung Langevelds über gemeinsam geteilte Deutungen und Erfahrungen hilfreich.
Danach gibt es Deutungen und Erfahrungen, bei denen man mit großer Wahrscheinlichkeit davon ausgehen kann, dass alle Menschen eines Kulturkreises sie gemeinsam teilen oder zumindest teilen können (vgl. Langeveld 1956, 92). Im Modell der didaktischen Netze werden diese Gemeinsamkeiten als „Dimensionen der Lebenswelt" bezeichnet.
Um diese Überlegungen zu konkretisieren:
– Im Grundschulalter kennen Kinder bereits viele Beispiele dafür, wie sich Eigenschaften von Stoffen und Beziehungen zwischen Gegenständen nutzbar machen lassen. *Erfahrungen mit Technik* gehören daher zur Lebenswelt aller Kinder. Die technische Dimension ist in die Lebenswelt eingewoben.
– Kinder machen im Laufe der Vor- und Grundschulzeit die Erfahrung, dass *Handlungen nicht nur zweckorientiert, nach ihrem unmittelbaren Erfolg,* bewertet werden, sondern *auch* nach den *zugrundeliegenden Absichten*. Daher gehört zur Lebenswelt auch eine ethische Dimension.
– Eine weitere Dimension, die die Lebenswelt aller durchzieht, ist die ökonomische Dimension. Jeder macht die Erfahrung, dass *manche Güter knapp sind und dass deren Nutzung Kosten verursacht,* seien sie finanziell, zeitlich, gegenständlich oder emotional.
– Im Grundschulalter haben die Kinder bereits zwischen dem zu unterscheiden gelernt, was Menschen hervorbringen und schaffen können, und dem, was auch ohne menschliches Zutun existiert, sich entwickelt, stattfindet. Den Kindern sind damit „*natürliche Phänomene und Gegebenheiten*" vertraut, also etwas, was von Menschen erforschbar und zum Teil auch anwendbar ist, aber nicht hervorgebracht werden kann.
Ähnliche Überlegungen lassen sich für die Erfahrung von Räumen, die Erfahrung des Wandels, für Regeln des Zusammenlebens, für die Verständigung und für Gewohnheiten des Wahrnehmens und Empfindens anstellen.
Die lebensweltlich orientierten Dimensionen versuchen also, „geteilte Praktiken" (Welsch 1999, 182) eines Kulturkreises in das Blickfeld zu rücken, aber beanspruchen nicht, vollständig alle relevanten Dimensionen des Zusammenlebens zu erfassen. Dies würde eine philosophisch-soziologische „Supertheorie des Daseins" voraussetzen, an deren Sinn und Möglichkeit man auch in den einschlägigen Fachdisziplinen, wie der Soziologie, seit geraumer Zeit zweifelt.
Außerdem wäre, angesichts der Dynamik moderner Gesellschaften, eine solche Supertheorie allenfalls kurzfristig von Nutzen.

Bedeutsam erscheinende Aussagen über die Gegenwart und Zukunft des Zusammenlebens oder Beurteilungen der Gesellschaft als „Risiko-", „Freizeit-" oder „Wissensgesellschaft" können sich angesichts des raschen gesellschaftlichen Wandels bald wieder als weniger tragfähig erweisen.

Dimensionen des Zusammenleben haben dagegen eine längere „Halbwertzeit".
Wie immer die Gesellschaft sich entwickeln wird – auch in vielen Jahrzehnten wird es noch notwendig sein, sich zu verständigen, Regeln zu beachten, für begehrte Güter eine Gegenleistung zu erbringen und zwischen dem zu unterscheiden, was von Menschen machbar ist und dem, was sich gezielter Gestaltung entzieht. Überlegungen über diese grundlegenden Dimensionen des Zusammenlebens, die die Lebenswelt und damit die Erfahrungsmöglichkeiten aller durchziehen, stellen die Struktur, besser gesagt, den inneren Bauplan für die Konstruktion didaktischer Netze dar.

Die Dimensionen sollen dabei helfen, den Anspruch nach Lebenswelt- und Erfahrungsbezug auch in einer Welt raschen Wandels didaktisch einzulösen. Zudem erleichtern sie es, Unterrichtsinhalte so auszuwählen, dass sie zur intensiven Auseinandersetzung mit der Sache führen, zugleich aber auch möglichst vielseitige Bereiche des Zusammenlebens erschließen (Rabenstein 1985, 21 f.).

Nicht zuletzt verstehen sich die Dimensionen als ein Diskussionsangebot innerhalb der didaktischen Theoriebildung zum Sachunterricht. Die Formulierung von Dimensionen provoziert die Frage nach relevanten Erfahrungsfeldern, die möglicherweise mit der angebotenen Struktur noch nicht erschlossen werden können.

5.2.2 ... und für das Potenzial von Fachkulturen

Auch wenn die Auswahl und unterrichtliche Gestaltung von Inhalten und Themen des Sachunterrichts sich nicht aus der Sachlogik von Fächern ergeben soll, kann Sachunterricht nicht auf das aufklärende Potenzial von Fächern verzichten (vgl. Teil 4.5, S. 190 ff.).

Sachunterricht hat keine Zulieferfunktion für Fächer der Sekundarstufe. Aber die im Sachunterricht zu behandelnden Inhalte sind fachlich eingebettet. Wird der Fachbezug vernachlässigt, dann besteht das Risiko, im Unterricht lediglich Alltagswissen der Kinder zu reproduzieren (vgl. Teil 4.5.1, S. 190 ff.).

Unter „fachlich" ist nicht die enge Orientierung an Unterrichtsfächern weiterführender Schulen gemeint, sondern die Orientierung an den gegenstands- und themenzentrierten differenzierten Kommunikationszusammenhängen, die als Fachkulturen bezeichnet werden können.[4] In Fachkulturen wird Wissen über mehr oder weniger deutlich abgesteckte Gebiete gewonnen, organisiert, gepflegt und weitergegeben. Solche Kommunikationszusammenhänge organisieren sich an und in Fächern (vgl. dazu Serres 1998, 18 ff.)[5].

Ob man das Thema Kleidung behandelt, die Rolle von Mädchen und Jungen, klassische Themengebiete wie Thermometer, einheimische Tiere und Pflanzen oder neuere Themengebiete wie den Umgang mit Medien und interkulturelles Zusammenleben – zu den aufgeworfenen Fragen und Inhalten gibt es sachliches, stabiles, zuverlässiges Wissen, das unter bestimmten methodischen Voraussetzungen gewonnen wurde, fachlich systematisiert und gesichert ist und bereitgestellt wird.

Darauf zu verzichten hieße, das didaktische Potenzial von Fachkulturen unerschlossen zu lassen.

Doch welche Fachkulturen sind bedeutsam und was können sie zum Sachunterricht beitragen?

Eine kanonische Festschreibung relevanter Fachinhalte und damit auch bedeutsamer Fachkulturen erscheint nicht sinnvoll.

Vielleicht ließe sich ein derartiger Kanon mit mehr oder weniger großem deduktionistischen Aufwand eindrucksvoll rechtfertigen. Aber er wird beliebig bleiben. Zu jedem Kanon gibt es einen anderen Kanon, für den ebenfalls gute Gründe angeführt werden könnten (vgl. dazu Goodson 1999 a; Tenorth 1999; Welsch 1999, 184 f.).

Wie heute wahrscheinlich jeder Lehrplanmacher bestätigen könnte, führt die Suche nach einem Kanon nur zur unproduktiven Konkurrenz der vielen miteinander konkurrierenden Fächer. Deren Vertreter sind immer in der Lage, mehr oder weniger gute, oft imposant klingende Gründe dafür anzuführen, warum ausgerechnet der Beitrag ihres Faches für die Erschließung der Lebenswirklichkeit im Grundschulalter und für die Begleitung altersspezifischer Entwicklungsaufgaben unverzichtbar ist (vgl. dazu Goodson 1999 b). Aber wer wollte ernsthaft und seriös darüber entscheiden, ob es für die Orientierung in Gegenwart und Zukunft wichtiger ist, elementare Geschichtskenntnisse, grundlegende Einsichten aus den Naturwissenschaften, ökonomisches Grundwissen, soziologische Kenntnisse oder philosophische Grundorientierungen zu erwerben?

Angesichts des Reichtums heutigen Wissens und der Dynamik, mit der Sach- und Fachgebiete neu entstehen, umstrukturiert werden, in anderen aufgehen oder verschwinden (vgl. Luhmann 1997 b, 968 ff.; Serres 1998, 35 f.; Wilson 2000, 358 ff.), käme es einer prometheischen Versuchung gleich, eine Ordnung der Fächer vorzunehmen und aus ihnen heraus so etwas wie *einen* Kanon relevanten Sachwissens zu bestimmen.

Wer immer dies heute noch versucht, wird als Prometheus starten und als Sisyphos enden.

Sinnvoller als die kanonische Festschreibung relevanter Fachinhalte ist es, das didaktische Potenzial derjenigen „großen Ideen" zu klären und möglichst auch zu nutzen, die den einzelnen Fachkulturen zugrunde liegen.

Dieser Ansatz wurde zum Beispiel für das Fach Geschichte in den USA diskutiert (vgl. Seixas 1993), lag den ersten Überlegungen über „didaktische Netze" zugrunde (Kahlert 1994) und wird unter anderem von der Gesellschaft für Didaktik des Sachunterrichts verfolgt (vgl. GDSU 2002).

Er lässt sich zurückverfolgen bis zu Überlegungen, wie sie, unter anderem von John Dewey, in den USA um die Jahrhundertwende angestellt worden sind. Bereits da-

mals ging es darum, den Bildungsgehalt von Fächern nicht über inhaltliche Vorgaben der Lehrpläne und Fachinhalte zu erschließen, sondern über den Beitrag, den das jeweilige Fach für die Aufklärung von Erfahrungen und für die Entwicklung von Interessen der Lernenden leisten kann (vgl. Dolch 1965, 359).
Die Auswahl der Fachperspektiven kann sich dabei durchaus an Schulfächern, die auf weiterführenden Schulen ähnliche Gebiete wie den Sachunterricht bearbeiten, orientieren. Aber entscheidend dabei ist nicht die Existenz des Schulfaches mit seinen spezifischen Anforderungen, Inhalten und Leistungen, sondern das Potenzial, das die jeweilige Fachkultur zur Erschließung kindlicher Lebenswelt durch Grundlegung einer anschlussfähigen Bildung beisteuern kann.
Die Fachperspektiven kommen im Modell der didaktischen Netze daher nicht alleine für sich ins Kalkül, sondern als eine Seite *polarer Paare*.
In diesen polaren Paaren sind sie korrespondierenden lebensweltlichen Dimensionen zugeordnet. So entstehen speziell auf den Sachunterricht abgestimmte polare Herangehensweisen an einen Gegenstand. Bereits Köhnlein (1990) hatte angeregt, die Inhalte des Sachunterrichts aus dem Blickwinkel von Dimensionen zu erschließen, die sowohl einen fachlichen als auch einen auf die Lebenswelt des Kindes zugeschnittenen Zugang ermöglichen. Die Konzeption der didaktischen Netze greift diese Idee auf, unterscheidet systematisch zwischen lebensweltlichen Dimensionen und fachlichen Perspektiven und bietet dafür eine erkenntnistheoretische Begründung, die im folgenden ausgeführt wird (siehe 5.2.3). Außerdem wird dargelegt, welchen Stellenwert die Verknüpfung lebensweltlicher Dimensionen und fachlicher Perspektiven für die Kompetenzentwicklung der Kinder haben kann (vgl. Ergänzung 27, S. 225-231). Damit entsteht ein heuristisches, ideengenerierendes Instrument, mit dem das didaktische Potenzial von Themenfeldern des Sachunterrichts erschlossen werden kann.[6]

5.2.3 Kompetenzen fördern im Spannungsfeld von Erfahrungs- und Fachbezug
Der jedem polaren Paar innewohnende lebensweltlich orientierte Blickwinkel bringt dabei die potenziellen Erfahrungen der Kinder ins Spiel, während die fachlich orientiert formulierte Perspektive den Blick auf Wissen richtet, das allgemein als gültig oder zumindest als bewährt angesehen wird.
Beide Pole kontrollieren sich gegenseitig.
Der fachlich geschulte Blick verringert das Risiko, dass der Unterricht sich im Kreis von Banalitäten und Alltagswissen der Kinder dreht. Und die Orientierung an lebensweltlich ausgerichteten Dimensionen grenzt das Risiko ein, dass Fachorientierung zu erfahrungsleeren Begriffen und Merksätzen führt.
Die Unterscheidung von „lebensweltlichen *Dimensionen*" und von „fachlichen Perspektiven" wird bewusst mit unterschiedlichen Begriffen hervorgehoben.
Mit der Unterscheidung von Dimensionen und Perspektiven soll das unterschiedliche Niveau der Abstraktionen und die unterschiedliche Schärfe der Beobachtung

deutlich werden, mit der man die Beziehungen des Einzelnen in seiner Lebenswelt erfassen kann.
Weiter oben wurde bereits darauf hingewiesen, dass der didaktisch motivierte Versuch, sich über die Lebenswelt anderer zu orientieren, dazu führt, Lebenswelten begrifflich zu strukturieren. Didaktisches Denken führt zur Einnahme der Rolle eines Beobachters von Lebenswelten anderer, konkret, der Schülerinnen und Schüler.
Nicht erst irgendwelche methodischen und didaktischen Unzulänglichkeiten führen dazu, dass man im Unterricht den unmittelbaren Bezug des Lernens zu den unmittelbaren Lebenswelterfahrungen von Schülerinnen und Schülern verlässt, sondern bereits die didaktischen Konstrukte selbst. Unterricht und Schule können deshalb nur um den Preis ihrer Selbstauflösung werden, was manche reformpädagogisch inspirierten Veränderungswünsche mitunter anstreben – wie das Leben.
Die Bezeichnung der ersten Stufe der Abstraktion mit dem Begriff „Dimensionen" soll deutlich machen, dass didaktisches Denken die Lebenswelt bereits unter bestimmten Hinsichten berücksichtigt. Diese Beschreibung von Lebenswelt unterscheidet schärfer verschiedene Aspekte als das Erleben in der Lebenswelt selbst. Aber diese Unterscheidung ist noch nicht so scharf wie die Beobachtung von Lebenswelt aus dem Blickwinkel von Fachtraditionen. Um dies deutlich zu machen, wird für die zweite Abstraktionsstufe der Ausdruck „fachlich orientierte Perspektive" genutzt.
Je schärfer die Perspektiven sind, also je spezialisierter der fachlich orientierte Blickwinkel ist, umso deutlicher lässt sich der interessierende Sachverhalt erfassen, allerdings um den Preis der Beschränkung. Der fachlich orientierte Blick mag zwar klarer sehen, aber bezahlt wird diese größere Schärfe durch einen geringeren Überblick.
Erkenntnistheoretisch liegt diesen Überlegungen Luhmanns Modell der Unterscheidung von Beobachtern erster und zweiter Ordnung zugrunde (vgl. z. B. Luhmann 1991, 235 ff.; ders. 1995, 32 ff.).
Auch das Erleben selbst, die Ebene der „persönlichen Sinngebung", ist bereits eine Beobachtung von Lebenswelt, denn auch im Erleben wird nur eine Auswahl möglicher Wahrnehmungen realisiert (vgl. Teil 3.2, S. 96 ff.). Beobachter erster Ordnung sind im Handeln verstrickt, nehmen einige Effekte wahr, stellen sich darauf ein, versuchen Änderungen, erproben neue Interpretationen, aber suchen dabei nicht die Distanz einer beobachtungsleitenden Idee.
Auf der Ebene der „Dimensionen der Lebenswelt" bewegt man sich bereits in der Rolle des Beobachters zweiter Ordnung, der versucht, Beobachtungen der unmittelbaren Beobachter zu beschreiben. Die fachlich orientierten Perspektiven stellen eine auf Vereinbarungen beruhende Weise von Beobachtungen dar, die (wissenschaftlichen) Standards unterzogen werden.
Etwas zuspitzend könnte man sagen: Das Dasein jedes Einzelnen spielt sich in der unmittelbaren Begegnung mit der Welt ab, die vielseitig, individuell, bruchstückhaft erlebt wird.

Mit den lebensweltlich orientierten Dimensionen wird versucht, diese individuellen Weisen der Weltbegegnung so zu beschreiben, dass Gemeinsamkeiten zwischen den individuellen Begegnungsweisen benannt werden können.

Fachlich, also zum Beispiel sozial- und naturwissenschaftlich ausdrückbare Erkenntnisse über die Wirklichkeit, kommen auf der Ebene der Dimensionen noch nicht ins Spiel. Im Vordergrund steht die handelnde, erlebende Auseinandersetzung mit der Wirklichkeit: reden, bewerten, beurteilen, ablehnen, kaufen, sich streiten und vertragen, etwas herstellen.

Erst die *fachlich orientierten Perspektiven* versuchen, die dabei zu machenden Erfahrungen mehr oder weniger formalisiert und mit mehr oder weniger weit gehendem Anspruch an methodisch gesicherte Nachvollziehbarkeit zu beschreiben.

Es wäre ein Missverständnis und eine Überformalisierung des Planungsmodells, wenn man die polaren Paare als „Eins-zu-eins-Zuordnungen" verstehen würde.

Die lebensweltlichen Dimensionen korrespondieren nicht eineindeutig mit den jeweiligen fachlichen Perspektiven. Letztere sind auch nicht per se die angemessenere Betrachtungsweise. Und schon gar nicht kommt es darauf an, einzelne Facetten eines Themenfeldes trennscharf genau einem polaren Paar zuzuordnen. Entscheidend ist, dass ein Themenfeld fachlich gehaltvoll und bezogen auf die Erfahrungen der Schüler erschlossen wird.

Nicht zuletzt ist diese Verbindung zwischen Lebenswelt- und Fachbezug eine wichtige Voraussetzung, um das didaktische Potenzial des Sachunterrichts für die Entwicklung der *Kompetenzen* von Kindern zu nutzen. Es gibt zwar zahlreiche Definitionen für Kompetenz (vgl. Bundesministerium für Bildung und Forschung 2003, 71ff.). Aber die für pädagogische Anwendung brauchbaren Vorstellungen von Kompetenz betonen recht einheitlich, damit sei ein Zusammenspiel von Fähigkeiten und Fertigkeiten gemeint, das es erlaubt, mehr oder weniger klar definierte Anforderungen für Handlungssituationen gerecht zu werden. Kompetenzen sind erlernbar und gründen auf das Zusammenwirken von Wissen, Einstellungen, Motiven, Werten und Erfahrungen, Fähigkeiten und Fertigkeiten.

Während Fertigkeiten und Qualifikationen eher auf die Erfüllung einer mehr oder weniger eng definierten Anforderung im Rahmen standardisierbarer Abläufe bezogen sind (vgl. Erpenbeck & v. Rosenstiel 2003; XI), beschreiben Kompetenzen das Vermögen, den Anforderungen eines komplexen Aufgabengebietes gerecht zu werden (ebd., S. XXXI). Fähigkeiten können entweder enger auf einzelne Aufgaben bezogen sein oder, ähnlich wie Kompetenzen, stärker die Selbstorganisation betonen. Um den Unterschied zwischen Fertigkeiten und Kompetenzen mit einigen Beispielen aus dem Sachunterricht zu veranschaulichen:

- Preise aus verschiedenen Katalogen sachgerecht in eine Tabelle einzutragen, ist eine Fertigkeit. Diese kann als Teil der Kompetenz angesehen werden, als Verbraucher vernünftig zu handeln.
- Mit konkreten Werkzeugen, Instrumenten und Geräten materialgerecht umzu-

gehen, ist eine Fertigkeit. Sie ist Teil der Kompetenz, ein Experiment zu planen und durchzuführen.
– Das Recherchieren von Internet-Informationen zur Vorbereitung eines Referates ist Ausdruck eines kompetenten Umgangs mit Medien. Dafür benötigt man Fertigkeiten wie das Bedienen eines PCs und das Beherrschen der nötigen Programme.

Die Übersicht „Kompetenzentwicklung in didaktischen Netzen – Zur Verknüpfung von Herausforderungen der Lebenswelt mit dem Lernangeboten von Fachkulturen" (vgl. Ergänzung 27, S. 225 ff.) veranschaulicht, wie das Denken in didaktischen Netzen dazu beitragen kann, Kompetenzbereiche des Sachunterrichts so zu bestimmen und zu konkretisieren, dass sowohl wichtige Dimensionen der Lebenswelt als auch fachliche Perspektiven berücksichtigt werden. Dazu wird für einzelne Kompetenzbereiche gezeigt
– inwieweit sie zur Bewältigung lebensweltlicher Anforderungen bedeutsam sind (*„Anschluss an Erfahrungen in der Lebenswelt"*)
– welche Orientierungsprobleme bzw. Fragen sich für Kinder im Umgang mit diesen Anforderungen stellen (*„typische Kinderfragen"*)[7]
– welches Sachwissen mit den Kompetenzbereichen verknüpft werden kann (*„Anschluss an die Fachperspektive"*)
– welchen spezifischen didaktischen Stellenwert der jeweilige Kompetenzbereich für den Sachunterricht hat (*Wissen vertiefen und erweitern; Verstehen entwickeln; Können fördern*)

**Kompetenzentwicklung in didaktischen Netzen –
zur Verknüpfung von Herausforderungen der Lebenswelt
mit den Lernangeboten von Fachkulturen**

Kompetenzbereich „Zusammenleben mit anderen verstehen und gestalten – die sozialwissenschaftlich orientierte Perspektive"
- *Anschluss an Erfahrungen in der Lebenswelt:* Menschen können unterschiedlich viel bestimmen, sie streiten und sie einigen sich; in Familien, unter Freunden, in der Schule, an anderen öffentlichen Orten verhält man sich unterschiedlich; Menschen haben verschiedene Gewohnheiten, Eigenschaften und Ziele
- *typische Kinderfragen:* Mag man mich? Warum streiten Menschen? Wie komme ich mit anderen zurecht? Was macht uns zusammen Spaß?
- *Anschluss an die eher soziologische Fachperspektive:* Beziehungen des Einzelnen zu anderen, zur Familie, zu Freunden, Bekannten, zur Schulklasse; Rollenmuster, Zwänge und Spielräume; Handlungsmotive, Bedingungen und Effekte zwischenmenschlichen Handelns; Werte, Normen, Regeln; ausgewählte Institutionen und ihre Aufgaben
- *Anschluss an die eher politische Fachperspektive:* Verfahren und Regeln zur Ent-

scheidungsfindung bei unterschiedlichen Überzeugungen, Absichten und Interessen; Einrichtungen und Institutionen für Mitbestimmung (Klassenrat, Gemeinde, andere staatliche Einrichtungen); demokratische Grundideen der Rechtfertigung und der Kontrolle von Macht (Wählbarkeit auf Zeit, Gewaltenteilung, verfassungsmäßige Regelungen); Rechte und Pflichten

didaktischer Stellenwert für den Sachunterricht
- *Wissen vertiefen und erweitern:* Unterschiede und Gemeinsamkeiten von Menschen bewusst machen; Menschen lassen sich in ihren Handlungen von unterschiedlichen Zielen, Gewohnheiten, Auffassungen, Bedürfnissen und Fähigkeiten leiten
- *Verstehen entwickeln:* Rechte und Pflichten tragen dazu bei, dass jeder die Möglichkeit hat, seine Interessen und Bedürfnisse angemessen zu vertreten; Achtung, Respekt und Rücksichtnahme erleichtern den Umgang der Menschen untereinander
- *Können fördern:* Rechte und Interessen wahrnehmen; Meinungsverschiedenheiten und Konflikte regeln; Kompromisse finden; Regeln aufstellen und kontrollieren

Kompetenzbereich „Ökonomisch Handeln: „Kaufen, Tauschen, Herstellen – die wirtschaftliche Perspektive
- *Anschluss an Erfahrungen in der Lebenswelt:* manches braucht man, manches hätte man gerne; nicht alle Wünsche lassen sich befriedigen; geben, nehmen, tauschen; Geld ausgeben und sparen; Güter herstellen und verbrauchen
- *Typische Kinderfragen:* Was möchte ich? Warum bekomme ich manchmal nicht, was ich möchte? Was brauche ich? Wie bekomme ich das? Was kann ich geben? Wie kann ich helfen?
- *Anschluss an die wirtschaftliche Fachperspektive:* Arbeitsteilung; Herstellung ausgewählter Güter; Bedarf und Bedarfsdeckung, Angebot und Nachfrage; vom Rohstoff zum Verbraucher; Funktion, Entstehung und Entwicklung von Märkten; Geld als universales Tauschmittel; Funktion und Gestaltung von Preisen, Verbraucherverhalten; Folgen wirtschaftlichen Handelns für Mensch und Umwelt

didaktischer Stellenwert für den Sachunterricht
- *Wissen vertiefen und erweitern:* Herstellung ausgewählter Produkte; der Weg ausgewählter Waren; wie funktioniert Geld? Unterscheidung von Bedürfnissen und Wünschen; wovon werden Kaufentscheidungen beeinflusst; erwünschte und unerwünschte Wirkungen von Produktion und Konsum
- *Verstehen entwickeln:* Einsicht in das Prinzip der Knappheit: zur Befriedigung von Wünschen und Bedürfnissen werden Zeit, Geld, Fähigkeiten und weitere materielle und immaterielle Mittel benötigt, die dann nicht mehr anders verwendet werden können

- *Können fördern:* Preise vergleichen; einfache Kosten-Nutzen-Betrachtungen bei der Beurteilung eigener Wünsche und Handlungsziele durchführen

Kompetenzbereich „Natürliche Phänomene und Gegebenheiten – die naturwissenschaftliche Perspektive"
- *Anschluss an Erfahrungen in der Lebenswelt:* Kinder suchen nach Erklärungen für (faszinierende) Naturphänomene und nehmen gerne Partei für Tier- und Umweltschutz. Sie haben viele Vermutungen und bereits die Erfahrung gemacht, dass manche ihrer Vorstellungen gelten, andere nicht.
- *Typische Kinderfragen:* Woher kommt der Regen? Wie funktioniert ein Magnet? Wie entstehen Blitz und Donner? Oder, allgemein: Wie kommt das? Wer hat Recht? Woher weiß man das?... Warum schädigen Menschen die Umwelt? Was kann ich tun?
- *Anschluss an die naturwissenschaftliche Perspektive mit eher physikalisch-chemischem Schwerpunkt:* Stoffe und ihre Eigenschaften; Stoffveränderungen (z.B. Verbrennung); energetische Abläufe, Eigenschaften von Körpern (Masse, Volumen, Gewicht); Kräfte und ihre Wirkungen (Magnetismus, Gewicht, Druck und Luftdruck); Licht und Schatten; Schall; Wetter; astronomische Phänomene
- *Anschluss an die naturwissenschaftliche Perspektive mit eher biologischem Schwerpunkt:* Formen und Vielfalt des Lebens; Eigenschaften ausgewählter Lebewesen und ihrer Beziehungen zur Umwelt; ausgewählte Lebensräume, energetischer und stofflicher Austausch; Bedürfnisse und Gefährdungen; Pflegen von Tieren und Pflanzen; Wachstum, Reifung, Lernen; Körper und Gesundheit; Gebrauch der Sinne

didaktischer Stellenwert für den Sachunterricht
- *Wissen vertiefen und erweitern:* angemessene Deutungen für ausgewählte naturwissenschaftlich erklärbare Phänomene kennen lernen; Zusammenwirken von Kräften und Bedingungen an Beispielen (z.B. Stromkreis; Schwimmen und Sinken; Licht und Schatten); sinnlich wahrgenommene Eigenschaften, instrumentell wahrnehmbare Eigenschaften, gemessene Eigenschaften; einfache Größen- und Gewichtsrelationen (z.B. kleiner als, schwerer als, genauso groß wie)
- *Verstehen entwickeln:* Grundverständnis naturwissenschaftlichen Arbeitens: Natur kann zwar von Menschen erforscht, genutzt und verändert, aber nicht hervorgebracht werden kann. Um ihre Abläufe zu erforschen, stellen wir Vermutungen an, die sich (im Experiment) prüfen lassen. Dazu muss man möglichst für andere verständlich klären und begründen, was man beobachten möchte und wie man das zuverlässig beobachten kann.
- *Können fördern:* Phänomene, Abläufe und Beobachtungen nachvollziehbar beschreiben und zunehmend fachliche Begriffe nutzen; Merkmale bestimmen

und zum Ordnen nutzen; einfache Messungen und Vergleiche durchführen können; einfache Experimente planen und durchführen; Beobachtungen, Vermutungen und Ergebnisse übersichtlich festhalten; Tabellen, Skizzen und Diagramme nutzen

Kompetenzbereich „Mit Technik umgehen – die technische Perspektive "
- *Anschluss an Erfahrungen in der Lebenswelt:* Vielfältiger Umgang mit Technik; Nutzung von Medien als Informations-, Kommunikations- und Informationstechnik; Bauen, Erfinden, Konstruieren, Montieren, Zerlegen; Neugier, wie etwas funktioniert
- *Typische Kinderfragen:* Wie funktioniert das? Was kann man damit machen? Was kann ich selber bauen?
- *Anschluss an die technische Fachperspektive:* Zweckorientierte Nutzung von Wissen und Erfahrung; ausgewählte Produktionsverfahren; Technik im Alltag; Versorgungs- und Entsorgungssysteme; soziale, wirtschaftliche und ökologische Aspekte der Technik, Risiken ausgewählter Technologien

didaktischer Stellenwert für den Sachunterricht
- *Wissen vertiefen und erweitern:* elementare technische Funktionsprinzipien; wichtige Erfindungen; Vor- und Nachteile ausgewählter technischer Produkte und Verfahren; Pflege und Wartung
- *Verstehen entwickeln:* Technische Produkte und Verfahren machen Wissen und Erfahrung nutzbar, um Ziele besser (angenehmer, billiger, schneller) zu erreichen; dabei treten erwünschte und unerwünschte Wirkungen auf
- *Können erweitern:* Werkzeuge und Verfahren sachgerecht unter Abwägung von Vor- und Nachteilen anwenden und ausgewählte Mittel für vorher geklärte Ziele entwerfen, bauen und konstruieren können

Kompetenzbereich „Sich im Raum orientieren – die geographische Perspektive"
- *Anschluss an Erfahrungen in der Lebenswelt:* unterschiedliche Nutzung von Räumen; Räume nutzbar machen; sich orientieren, Wege kennen, Wege finden; verschiedene Siedlungsformen; Landschaftsformen; private Räume, öffentliche Räume
- *Typische Kinderfragen:* Wie finde ich dorthin? Was gibt es dort/hier zu sehen, zu entdecken? Wie verhalte ich mich richtig? Was kann man hier/dort machen?
- *Anschluss an die geographische Fachperspektive:* natürliche Gegebenheiten des Raumes und deren Veränderungen durch Menschen; räumliche Ordnung, Klima und Wetter; Wechselwirkung zwischen natürlichen Gegebenheiten und menschlichen Siedlungs- und Produktionsweisen; Nutzung von Räumen; Orientierung in Räumen

didaktischer Stellenwert für den Sachunterricht
- *Wissen vertiefen und erweitern:* Die Nutzung von Räumen nach Transport, Wohnen, Produktion, Freizeit unterscheiden; an ausgewählten Beispielen das Zusammenspiel von natürlichen Gegebenheiten und Nutzungsinteressen kennen lernen; Karten, Kompass, Skizzen, andere Orientierungsmittel
- *Verstehen entwickeln:* Menschen werden in ihrem Zusammenleben durch Gegebenheiten des Raumes beeinflusst, können aber auch räumliche Gegebenheiten nutzen und verändern.
- *Können fördern:* Sich mit Karte und anderen Hilfsmitteln orientieren, eigene Wege finden, Räume angemessen nutzen

Kompetenzbereich „Wandel im Zusammenleben - die geschichtliche Perspektive"
- *Anschluss an Erfahrungen in der Lebenswelt:* greift die Kindern bereits zugängliche Erfahrung aus, dass sich die Bedingungen und Formen des Zusammenlebens verändern
- *Typische Kinderfragen:* Wie lebten Menschen früher? Wie wohnten sie? Wovon lebten sie? Durften Könige alles machen?
- *Anschluss an die geschichtliche Fachperspektive:* bearbeitet Veränderungen menschlicher Bedürfnisse und Gewohnheiten an Hand von Lebensbereichen, die auf Interesse der Kinder stoßen (Schule früher/ heute; Bekleidung, Spiel...); macht das Gewordensein heutiger Formen des Zusammenlebens bewusst und führt in den kritischen Gebrauch von Quellen ein

didaktischer Stellenwert für den Sachunterricht
- *Wissen vertiefen und erweitern:* ausgewählte Erscheinungen des Alltagslebens in früheren Zeiten; Herkunft regionaler Gebräuche und Sitten; Zeugnisse der Geschichte in der Region; ausgewählte Formen der Rechtfertigung von Macht und Herrschaft; die Gestaltbarkeit des Zusammenlebens durch menschliches Handeln bewusst machen
- *Verstehen entwickeln:* Heutige Lebensbedingungen sind auch vom Handeln und von Entscheidungen der Menschen früher beeinflusst; um frühere Entscheidungen und Handlungen zu beurteilen, muss man die Bedingungen früher einzubeziehen; unser Bild über früher gründet auf Quellen, die man auslegen muss
- *Können fördern:* Beim Urteilen und Handeln in der Gegenwart Vergangenheit angemessen berücksichtigen und verschiedene Arten von Quellen (Text, Bild, Gegenstände) sachgerecht nutzen

Kompetenzbereich „Sich mit anderen verständigen – die sprachliche Perspektive"
- *Anschluss an Erfahrungen in der Lebenswelt:* beachtet die Erfahrung, dass es verschiedene sprachliche Möglichkeiten gibt, sich auszudrücken, etwas mitzuteilen, etwas aufzunehmen – und dass man manchmal missverstanden wird

- *Typische Kinderfragen:* Wie kann ich das sagen? Warum hört man mir nicht zu? Warum machen die anderen manchmal nicht, was ich sage?
- *Anschluss an die sprachliche Fachperspektive:* stellt Wissen über Formen und Regeln der gesprochenen Sprache, über Informationsaufbereitung und -entnahme zur Verfügung; verschiedene Interpretationen; unterschiedliche Textarten (Erzählung, Sachtext, Geschichte, Beschreibung, Briefe, Gedichte, Leserbrief, Bewerbung...) und Sprechanlässe (spontan, geplant, Plauderei, Vortrag, Gespräch, Diskussion...); Bedingungen guten Zuhörens; Verständigung und Missverständnisse; Beziehungs- und Inhaltsaspekte der Sprache

didaktischer Stellenwert für den Sachunterricht
- *Wissen vertiefen und erweitern:* verschiedene Möglichkeiten der mündlichen und schriftlichen Informationsaufbereitung; Bedingungen der Verständigung
- *Verstehen entwickeln:* Äußerungen haben neben einem Inhaltsaspekt auch einen Beziehungsaspekt, den man berücksichtigen muss, um so verstanden zu werden, wie man etwas gemeint hat
- *Können fördern:* Verschiedene Darstellungsweisen angemessen nutzen, um Informationen zu erarbeiten und zur Präsentieren (Thesen, Kurzvortrag, Mindmap, Abbildungen, Tabellen, Diagramme, Portfolios)

Kompetenzbereich „Was ist erlaubt? Was ist gut und richtig? – die ethische Perspektive"
- *Anschluss an Erfahrungen in der Lebenswelt:* Kinder urteilen über gerecht und ungerecht und nutzen die Unterscheidung von gut und böse und (moralisch) richtig oder falsch; sie werden mit entsprechenden Erwartungen konfrontiert, erfahren Leid und haben Mitleid und empören sich über das, was ihnen als Missstand und Ungerechtigkeit erscheint
- *Typische Kinderfragen:* Warum sind Menschen manchmal böse? Wie kann man Ungerechtigkeit beseitigen? Warum müssen Menschen leiden?
- *Anschluss an die ethisch/philosophische Fachperspektive:* Anstöße darüber nachzudenken, was ein gelingendes Leben ist und was Verantwortung (vor sich selbst, vor anderen, vor Gott) bedeutet. Sie unterstützt die Haltung, dass Lebewesen wertvoll sind und Respekt verdienen und bahnt Einsicht in die verschiedenen Formen des Umgangs mit dem Wissen um die Endlichkeit des individuellen Daseins und der Begrenztheit des menschlichen Wissens (Glaube, Hoffnung, Erinnern, Trost, Trauer, Angst, Mut) an.

didaktischer Stellenwert für den Sachunterricht
- *Wissen vertiefen und erweitern:* Werte als Motiv und Richtschnur eigenen Handelns; Werte als Beurteilungsgrundlage für Handlungen anderer, personale und interpersonale Wertkonflikte; ausgewählte Wertsysteme (religiöse Werte, demokratische Grundwerte); Wandelbarkeit und Gültigkeit von Werten und deren Reichweite

- *Verstehen entwickeln:* Handlungen sind mit Wertentscheidungen verbunden. Damit das Zusammenleben mit anderen für alle zufriedenstellend wird, darf sich der Einzelne nicht nur am persönlichen Erfolg orientieren, sondern muss sich auch davon leiten lassen, anderen nicht bewusst einen unvertretbaren Schaden zuzufügen oder diesen in Kauf zu nehmen; gemeinsame Werte erleichtern die Verständigung über das, was erlaubt und nicht erlaubt sein sollte; einige Werte könnten sich als unverzichtbar erweisen (Würde des Einzelnen respektieren, Grenzen der persönlichen Freiheit bei Verletzung elementarer Rechte anderer...)
- *Können erweitern:* Zu eigenen und fremden Handlungen mit Bezug auf Werte Stellung nehmen können; Wertkonflikte erkennen können

Kompetenzbereich „Wahrnehmen und empfinden, darstellen und gestalten – die ästhetische Perspektive"
- *Anschluss an Erfahrungen in der Lebenswelt:* Kinder erfahren, dass Menschen mit unterschiedlichen Empfindungen auf Ereignisse und Situationen reagieren und ihre Empfindungen unterschiedlich ausdrücken
- *Typische Kinderfragen:* Woran erkennt man Freude, Wut, Stolz, Enttäuschung? Wie wirke ich auf andere? Was mag ich, was nicht? Was finde ich schön, was hässlich?
- *Anschluss an die ästhetische Fachperspektive:* Formen der Realitätswahrnehmung (z.B. Anschauen, Betrachten, Beurteilen, Träumen, Empfinden, Beobachten, Erforschen...); Leistungen und Grenzen der Sinne; Ausdrucksmöglichkeiten durch Musik, Tanz, Bewegung, Kleidung, Rollenspiel, Theater, Malen und Zeichnen, Werken und Bauen

didaktischer Stellenwert für den Sachunterricht
- *Wissen vertiefen und erweitern:* verschiedene Gefühle unterscheiden; Gefühle haben und zeigen; Wörter für Gefühle; Gefühle zur Sprache bringen; nichtverbale Ausdrucksformen von Gefühlen; Deutung von Ausdrucksweisen für Gefühle; Vielfalt von Sinnesempfindungen bewusst erleben
- *Verstehen entwickeln:* Wenn Menschen miteinander umgehen, sind auch immer Gefühle im Spiel, die manchmal richtig, manchmal falsch verstanden werden
- *Können erweitern:* Gefühle zur Sprache bringen und verschiedene Ausdrucksformen für die Darstellung von Gefühlen anwenden können

Ergänzung 27

Die Kompetenzbereiche sollen gewährleisten, wichtige Dimensionen des Zusammenlebens und Perspektiven der an den Sachunterricht anschließenden weiterführenden Fächer zu berücksichtigen.

Mit den ersten sechs Kompetenzbereichen werden diejenigen „großen Gebiete" erfasst, die in den Lehrplänen aller Länder auftauchen und die mit sozialwissenschaftlichen, wirtschaftlichen, naturwissenschaftlichen, technischen, geographischen und geschichtlichen Inhalten so etwas wie den klassischen Kern des Sachunterrichts markieren. Erstmals wurden sie, Überlegungen Köhnleins (1990) aufgreifend, im Zusammenhang mit dem Versuch formuliert, die fächerübergreifenden Anliegen des Sachunterrichts zu spezifizieren (Kahlert 1994). Sie entsprechen den fünf Perspektiven, die auch die Gesellschaft für Didaktik des Sachunterrichts zur Strukturierung des Sachunterrichts nutzt (vgl. Gesellschaft für Didaktik des Sachunterrichts 2002), weisen jedoch ökonomisches Handeln als eigenen Kompetenzbereich aus. Die weiteren Kompetenzbereiche „Sprache", „Ethik" und „Ästhetik" verdeutlichen Anschlussmöglichkeiten für die Zusammenarbeit mit anderen Schulfächern und damit für fächerübergreifendes Arbeiten über den Sachunterricht hinaus. Sie sollen vor allem darauf aufmerksam machen, dass Sachunterricht weitaus mehr zu bieten hat als mit Blick auf seine angestammten Gebiete sichtbar wird. Die Auseinandersetzung mit „Sachen" fordert immer auch Sprache heraus, gibt oftmals Anlass, über Werte und Normen nachzudenken und bietet viele Gelegenheiten, die persönliche Wahrnehmung und die persönlichen Ausdrucksweisen zu schulen.

Was die Verknüpfung von lebensweltlichen Dimensionen und fachlichen Perspektiven leisten kann, wird exemplarisch an Hand des Kompetenzbereichs „Kaufen, tauschen, herstellen und handeln – die wirtschaftliche Perspektive" ausgeführt (vgl. Ergänzung 29, S. 235). Ausgehend von der didaktischen Kernfrage, welche Bedeutung Unterrichtsinhalte mit ökonomischem Bezug für die Orientierung von Grundschulkindern sowie für ihr weiterführendes Lernen haben können (Ergänzung 29, Block 1), wird zunächst nach den Herausforderungen des ökonomischen Handelns in der Lebenswelt der Kinder gefragt sowie nach den Lernangeboten der fachlichen Perspektive (ebd., Block 2). Diese zweiseitige Blickrichtung schließt Themenbereiche auf, die sowohl für die sinnstiftende Orientierung des Kindes als auch für weiterführendes Lernen geeignet sind (ebd., Block 3).

Es würde hier zu weit führen, diese Konkretisierung für alle Kompetenzbereiche vorzunehmen. Und im Grunde ist dies auch nicht notwendig. Das didaktische Potenzial der einzelnen Kompetenzbereiche ist in Ergänzung 27 (S. 225-231) dargelegt, die Konkretisierung bis hin zu einzelnen Themenbereichen wurde exemplarisch in Ergänzung 29 (S. 234) ausgeführt.

Bereits Ende der siebziger Jahre haben Gertrud Beck und Claus Claussen darauf hingewiesen, dass in Zukunft eher die „didaktisch-curriculare Kompetenz" der Lehrerinnen und Lehrer an den einzelnen Schulen und weniger der Ideenreichtum von Rahmenplan-Gremien und anderen Zentralinstanzen ausschlaggebend für die Qualität des Sachunterrichts sein werden (Beck & Claussen 1976, 14).

Heute und in Zukunft gilt das erst recht, denn in dem Maße, wie sich die Lernvoraussetzungen der Kinder weiter ausdifferenzieren, kann man sich immer weniger darauf verlassen, dass fertig ausgearbeitete Unterrichtsmaterialien und Unterrichtsvorschläge ergiebigen Sachunterricht stiften. Und auch die Vorgaben von Kerncur-

ricula reichen dafür nicht aus, denn sie müssen ja von den Lehrkräften mit Inhalt gefüllt werden.
Die Arbeit mit den didaktischen Netzen ermöglicht es Lehrerinnen und Lehrern, ihre besonderen Kenntnisse und Sichtweisen zum Unterrichtsgegenstand einzubringen und ihre didaktisch-curriculare Kompetenz anzuwenden und auszubauen. Dies könnte, zum Beispiel im Rahmen von Programmen zur Schulentwicklung, zur Entwicklung eines schulspezifischen Curriculums führen.

5.2.4 Zwei Anwendungsbeispiele

Angesichts des Bildungswerts, der den einzelnen Kompetenzbereichen zukommt, ist es daher wohl nicht übertrieben, Sachunterricht als ein erstes Kerncurriculum für Demokratie und Kultur zu bezeichnen (vgl. Teil 3.5). Seine Inhalte berühren alle die vier Lernbereiche, die für den schulischen Erwerb grundlegender Basiskompetenzen als unverzichtbar gelten und „Modi der Weltbegegnung" (Baumert 2002, 106ff.) berühren: den sprachlichen, den naturwissenschaftlich-technischen, den historisch-gesellschaftlichen und den ästhetisch-expressiven Bereich (vgl. Tenorth 1994, 174; ders. 2005, 27).
Doch erst im Zusammenspiel der Kompetenzbereiche kommt dieses für das Zusammenleben in einer heterogenen Gesellschaft so wichtige Potenzial des Sachunterrichts zur Geltung. Wie die dabei entstehenden didaktischen Netze aussehen können, zeigen die Ergänzungen 30 und 31 (S. 236 und S. 237). Die Anordnung von didaktischen Netzen muss diesem Schema nicht folgen.
Neben der gewählten Anordnung sind auch Tabellen oder andere Systematisierungen möglich. Und es geht auch nicht darum, die mit dem Instrument generierten Facetten und Ideen zu einem Sachverhalt vollständig „abzuarbeiten".
Die Funktion des didaktischen Netzes besteht unter anderem auch darin, einen Überschuss an Möglichkeiten zu produzieren. Die Kompetenzbereiche dienen der *didaktischen Auslegung* von Inhalten. Im Vorfeld der konkreten Unterrichtsplanung sollen die *didaktischen Potentiale*, also die inhaltlichen Möglichkeiten des Unterrichtsgegenstands, weitgehend entfaltet werden. Auf dieser Grundlage kann dann ein Unterricht entworfen werden, der fachlich gehaltvoll und den jeweiligen Lernvoraussetzungen gemäß ist. Einstieg, Vertiefung, Verzweigung hängen von der konkreten Lerngruppe ab.
So wäre es zum Beispiel denkbar, in einer Klasse die Beobachtungen von Kondensationsphänomenen („nasse Scheiben") zum Anlass zu nehmen, Zusammenhängen zwischen Verdunstung, Kondensation und Niederschlägen nachzugehen (naturwissenschaftliche Perspektive; siehe Ergänzung 31, a). Dies könnte zur Frage fortgeführt werden, wie die Trinkwasserversorgung gesichert wird (technische Perspektive, b). Dadurch ergibt sich wiederum ein Bezug, um exemplarisch auf Aufgaben der Gemeinde einzugehen (soziologische Perspektive, c).

Diesem Unterrichtsverlauf läge die Intention zugrunde, eine technische Anwendung (Wasserwerk) von naturwissenschaftlichen Sachverhalten (Verdunstung etc.) unter anderem als Gemeinschaftsaufgabe erkennbar zu machen.

In einer anderen Klasse mit anderen Interessen und Lernvoraussetzungen würde der Lernanlass möglicherweise eher über Nutzungskonflikte bei der Verwendung von Wasser gegeben sein (siehe Ergänzung 31, soziologische Perspektive, 1). Über die Betrachtung von Bedingungen des Wasserreichtums und des Wassermangels (geographische Perspektive, 2) ließe sich das Thema bis hin zu ethischen Fragen über die Nutzung von Wasser weiterführen (3).

Hier läge die Intention zugrunde, die Selbstverständlichkeit, mit der wir Wasser nutzen und verschmutzen, in Frage zu stellen.

Praktische Hinweise zur Arbeit mit didaktischen Netzen

– Sie haben einen Themenbereich für den Sachunterricht gewählt?
– Beginnen Sie über das Thema aus dem Blickwinkel der verschiedenen Kompetenzbereiche nachzudenken (siehe vorher Ergänzungen 27 und 29, S. 225 ff. und S. 235).
– Wenn Sie Aufzeichnungen von Ihren ersten Ideen anfertigen, entsteht nach und nach Ihr didaktisches Netz.
– Entscheiden Sie, was von den Ideen und Facetten für Ihre Lerngruppe ergiebig ist (und warum).
– Können Sie dabei auch die Schüler einbeziehen?
– Lassen sich die ausgewählten Facetten mit Hilfe von Stationenarbeit bearbeiten?
– Warum tun Sie sich nicht mit Kolleginnen und Kollegen zusammen, die ihre Ideen zum didaktischen Netz beisteuern?
– Wäre das nicht etwas für die nächste Arbeitsgruppe zur Vorbereitung von Projekttagen?

Ergänzung 28

Denkbar wären noch viele andere Unterrichtsverläufe.

Was sinnvoll und ergiebig ist, hängt von den konkreten Lernvoraussetzungen in der Klasse ab.

Auch die Entscheidung darüber, ob ein Themengebiet mit den auszuwählenden Facetten eher als klassische Unterrichtseinheit, als Projekt oder auch in Form von Lernstationen zu bearbeiten ist, richtet sich nach den konkreten Unterrichtsbedingungen. Entscheidend ist, dass die Entfaltung des didaktischen Potentials eine sachorientierte Grundlage hervorbringt, die einen inhaltlich anspruchsvollen Unterricht ermöglicht und die flexibel genug ist, um den spezifischen Lernvoraussetzungen und -interessen der jeweiligen Lerngruppe Raum zu geben.

Denken in Kompetenzbereichen – didaktische Potenziale einer Verknüpfung von lebensweltlichen Dimensionen und fachlichen Perspektiven am Beispiel „Kaufen, tauschen, herstellen und handeln – die wirtschaftliche Perspektive"

1

Didaktische Kernfragen

Welchen Beitrag leisten Inhalte mit ökonomischem Bezug dazu, dass Kinder

- ihre Umwelt besser verstehen
- im Rahmen ihrer Möglichkeiten verantwortungsvoll und umsichtig handeln
- und Grundlagen für weiterführendes Lernen festigen?

⇓ ⇓

2

Herausforderungen der Lebenswelt

Kinder ...

... haben viele Wünsche und Bedürfnisse

... müssen damit zurechtkommen, dass längst nicht alle befriedigt werden können

... unterliegen den Verlockungen von Werbung, Waren und coolen Marken

... nehmen unterschiedliche Dienstleistungen in Anspruch

... sollen zunehmend selbstverantwortlich mit Geld umgehen und als Verbraucher handeln ...

Lerngebote der Fachperspektive

Antworten finden auf Fragen wie ...

... Was sind Bedürfnisse, was sind Wünsche?
... Wie kommen Preise zustande?
... Woran erkennt man gute Qualität?
... Wie vergleicht man Preise sinnvoll?
... Wo kommt die Ware her?
... Wer stellt sie her? Unter welchen Bedingungen?
... Wie wird die Umwelt durch Herstellung und Gebrauch beansprucht?

⇓ ⇓

3

Didaktische Verknüpfung zu Themenbereichen, wie z.B.

- Wünschen und Brauchen
- Wie verwende ich mein Taschengeld?
- Nicht alles, was Spaß macht, muss Geld kosten
- Wie kaufen wir richtig ein?
- Woher kommt die Schokolade?

Ergänzung 29

Beispiel eines didaktischen Netzes

Natürliche Phänomene und Gegebenheiten ↔ naturwissenschaftliche Perspektive

- lebensnotwendige Bedürfnisse
- Folgen von Mangel und Überfluss
- körperliche und emotionale Bedürfnisse

Kaufen, tauschen, herstellen und handeln ↔ wirtschaftliche Perspektive

- Nicht alle Wünsche lassen sich erfüllen
- Was alle wollen wird knapp und teuer
- Worauf achte ich beim Einkauf?
- Verbrauch und Abfall …

Wahrnehmen und empfinden, darstellen und gestalten ↔ ästhetische Perspektive

- Wir entwerfen Wunschkleidung
- Einrichtung und Gestaltung eines Klassenzimmers
- Nicht alles was nützlich ist, gefällt …

Wandel im Zusammenleben ↔ geschichtliche Perspektive

- Kleidung, Wohnung, Spiel, Ernährung früher
- Wo und wie wurden Güter hergestellt?
- Woher kamen sie? …

Mit Technik umgehen ↔ technische Perspektive

- Haltbarkeit von Spielzeug, Kleidung
- Konstruktion von Spielzeug
- ausgewählte Herstellungsverfahren

Wünschen und Brauchen

Was ist erlaubt? Was ist gut und richtig ↔ ethische Perspektive

- Was braucht man unbedingt?
- Was wünscht man sich?
- Was sind Wünsche?
- Muß ich alles haben, was ich haben kann?
- Arm und reich – nur eine Frage des Geldes?
- Luxus hier, Armut in anderen Teilen der Welt

Zusammenleben mit anderen ↔ sozialwiss. Perspektive

- Was beeinflusst Wünsche?
- Werbung und Mode
- In der Familie gibt es verschiedene Wünsche
- Nicht alle meine Wünsche lassen sich befriedigen
- Wünsche in unterschiedlichen sozialen Gruppen und in unterschiedlichen Kulturkreisen …

Sich mit anderen verständigen ↔ sprachliche Perspektive

- Produktinformationen lesen und verstehen
- Einen Beschwerdebrief schreiben
- Mein Wunschzettel
- Was verspricht uns die Werbung?
- Den Großeltern einen netten Brief schreiben

Sich im Raum orientieren ↔ geographische Perspektive

- Was wird hier hergestellt? Wohin wird geliefert?
- Woher kommen die Waren?
- Welche Einrichtungen in der Gemeinde sorgen für die Befriedigung unserer Bedürfnisse? …

Ergänzung 30

Beispiel eines didaktischen Netzes

Natürliche Phänomene und Gegebenheiten ↔ naturwissenschaftliche Perspektive

- Verdunstung, Kondensation, Niederschläge (a)
- feste, flüssige und gasförmige Stoffe
- Wasser als Lebensgrundlage
- Verschmutzungen von Wasser
- Wirkungen ausgewählter Schadstoffe …

Kaufen, tauschen, herstellen und handeln ↔ wirtschaftliche Perspektive

- Kosten der Wasserversorgung
- Preise für Trinkwasser und Abwasser im Vergleich
- Wasserverschmutzung als soziale Kosten
- Bedürfnis nach Wasser und Bedürfnis nach Getränken …

Wahrnehmen und empfinden, darstellen und gestalten ↔ ästhetische Perspektive

- Erlebnisse mit Wasser
- Stimmungen am Wasser
- Musik über/ zum Wasser
- Wasserszenen malen, gestalten …

Wandel im Zusammenleben ↔ geschichtliche Perspektive

- Wasserversorgung früher
- Fallstudien über Wasserverschmutzungen
- Umweltbelastungen durch Färber und Gerber
- Bewässerungskulturen …

Mit Technik umgehen ↔ technische Perspektive

- Bereitstellung von Trinkwasser (b)
- einfache Reinigungsverfahren
- Exkursion zu einem Wasserwerk …

Wasser und Wasserversorgung

Was ist erlaubt? Was ist gut und richtig ↔ ethische Perspektive

- Nutzung von Wasser und Störungen anderer Menschen (3)
- Bedrohung anderer Lebewesen
- Wasserreichtum hier und Wasserknappheit anderswo …

Zusammenleben mit anderen ↔ sozialwiss. Perspektive

- Nutzung von Wasser (als Trinkwasser, Abwasser, Freizeit, Transport, Lebensraum) (1)
- Nutzungskonflikte
- Versorgung mit Wasser als kommunale Aufgabe (c)
- Zugänge zu Ufern und Gewässern
- soziales Leben am Wasser …

Sich mit anderen verständigen ↔ sprachliche Perspektive

- Regeln für die Wassernutzung
- lautmalerische Eigenheiten: Wasser plätschert, rinnt, rieselt, tröpfelt …
- Erlebnisse mit/ am Wasser

Sich im Raum orientieren ↔ geographische Perspektive

- Klimazonen und Niederschläge (2)
- Wasserknappheit in ausgewählten Regionen der Erde
- Lebensbedingungen in ausgewählten Regionen
- geologische Bedingungen für Quellen und Wasservorräte …

Ergänzung 31

Das Instrument der didaktische Netze *ersetzt nicht* die auf die konkrete Lerngruppe bezogene didaktische Reflexion (vgl. Teil 5.4.1), kann aber die dafür nötigen Ideen liefern.

5.3 Das didaktische Netz – Einwände und Chancen

Das Instrument der „didaktischen Netze" wurde in seinen verschiedenen Entstehungs- und Entwicklungsphasen mit Anwendern aus unterschiedlichen Bereichen der Theorie und Praxis des Sachunterrichts beraten, erprobt und diskutiert.
Kolleginnen und Kollegen aus verschiedenen Fachrichtungen nahmen auf Tagungen dazu Stellung; Lehramtsstudierende, Lehrerinnen und Lehrer erprobten es in Fortbildungsveranstaltungen; mehr als zweihundert Seminarleiterinnen und -leiter aus der 2. Phase setzten sich mit dem Begründungszusammenhang auseinander, wendeten es an Beispielen an, gaben Verbesserungshinweise und äußerten Kritik. Dabei wurden wertvolle Anregungen gegeben und Einwände vorgetragen, die in die Weiterentwicklung des Konzepts eingingen.
Aber nicht jeder Einwand ist durch Verbesserung zu entkräften.
Vor allem auf diejenigen Einwände, die das Modell grundsätzlich in Frage stellen, soll deshalb kurz eingegangen werden (vgl. Ergänzung 32).

> **Einwände gegen „didaktische Netze"**
>
> – *Überfrachtung*: Das didaktische Netz überfrachtet den Unterricht. Man könne nicht alle Aspekte im Unterricht bearbeiten.
>
> – *Klebekonzentration*: Die Vielzahl der Ideen ist didaktisch nicht mehr eindeutig beherrschbar. In der Praxis könnte dies Lehrerinnen und Lehrer dazu verleiten, Inhalte beliebig zusammenzuführen. Damit würde man nicht das in der Sache fundierte fächerübergreifende Arbeiten fördern, sondern einer „Klebekonzentration" Vorschub leisten.
>
> – *Reines Brainstorming*: Die den konkreten Netzen zugeordneten Inhalte würde man auch durch Brainstorming finden.

Ergänzung 32

Zum Einwand der Überfrachtung soll noch einmal betont werden, dass es ausdrücklich nicht das Ziel ist, alle Aspekte zu bearbeiten. Dies wäre eine Didaktik nach dem Gießkannenprinzip: viel ausschütten, in der Hoffnung, es werde schon etwas davon nützlich werden.
Das didaktische Netz ist kein vollständig abzuarbeitender Aufgabenkatalog, sondern ein Instrument zur Generierung von Ideen. Überschuss an Ideen ist erwünscht. Die

Möglichkeit, aus eigenen Ideen auszuwählen, macht es eher wahrscheinlich, dass ein hochwertiges Ergebnis entsteht, als die Beschränkung auf ein minimalistisches Programm, das sich mit einigen wenigen oder gar einer einzelnen Idee zufrieden gibt.

Zudem erlaubt die Entfaltung des didaktischen Potenzials es den Lehrerinnen und Lehrern, sich einen Überblick über die Einbettung der ausgewählten Inhalte in weitere Sachbezüge zu verschaffen. Diese gewünschte Klärung von übergreifenden Zusammenhängen ermöglicht es, eine sinnvolle Verknüpfung von Fachperspektiven vorzunehmen.

Damit zusammen hängt die Antwort auf den Einwand, das didaktische Netz begünstige eine Klebekonzentration, indem irgendwie passende Einzelelemente wahllos miteinander verbunden würden.

Dieser Einwand ist gewichtig. Er ist typisch für die Ambivalenz eines jeden Instruments. Ein Instrument an sich garantiert nicht den Nutzen. Auch mit einem Hammer kann man Sinnvolles, Nützliches, Hervorragendes schaffen, aber einigen Schaden anrichten.

Wenn man eine sinnvolle, vielperspektivische Entfaltung von Unterrichtsinhalten anstrebt, können didaktische Netze Hilfestellung bieten. Sie helfen, das inhaltliche Feld für didaktische Entscheidungen abzustecken, aber sie ersetzen diese Entscheidungen nicht.

Ob die gefundenen Inhalte didaktisch gehaltvoll zu einem sinnvollen fächerübergreifenden Unterricht führen oder lediglich irgendwie passend zusammengefügt werden, hängt von der Professionalität und dem Verantwortungsbewusstsein der Lehrerinnen und Lehrer ab. Aber diese intervenierenden Bedingungen gelten für jede Unterrichtskonzeption und für jeden Unterrichtsvorschlag. Auch dann, wenn man einen in der Sache fundierten fächerübergreifenden Unterricht detailliert vorstellt, besteht keine Garantie, dass die zugrundeliegenden didaktischen Leitideen von jedem Nutzer auch wirklich berücksichtigt und umgesetzt werden.

Der dritte Einwand, beim didaktischen Netz handele es sich um eine Art Brainstorming, liegt nahe. Didaktische Netze sollen ja gerade Ideen anstoßen, hervorbringen, aufgreifen und zusammenbinden. Dabei ist die Suchrichtung jedoch nicht so beliebig wie bei einem Brainstorming. Ehe man das Modell nutzt, sollte man sich mit der besonderen Leistungsfähigkeit der jeweiligen fachlichen Perspektive und der korrespondierenden lebensweltlichen Dimension auseinander gesetzt haben (Ergänzung 27). Dann wächst die Wahrscheinlichkeit, dass die Anwendung des Instruments nicht zu einem beliebigen Brainstorming führt, sondern didaktisches Denken so konzentriert, dass es gelingt, ein Netz zu knüpfen zwischen

- dem Streben von Kindern, ihre Umwelt zu verstehen und zunehmend selbstständig zu gestalten
- und dem, was fachlich gesichertes Wissen dazu beitragen kann.

5.4 Beispiele für Unterrichtsvorhaben

5.4.1 Der Stellenwert didaktischer Netze für die Planung von Sachunterricht

Die Arbeit mit didaktischen Netzen bietet die Möglichkeit, die für einen Themenbereich sachlich ergiebigen und für die Schülerinnen und Schüler potenziell bildungswirksamen Unterrichtsinhalte zu erfassen. Das Instrument schafft damit die Grundlagen für die Unterrichtsplanung. Aber es ersetzt sie nicht.

Im Zusammenhang mit den Überlegungen über die spezifischen Leistungen der polaren Paare (Ergänzung 27, S. 225–231) stellen didaktische Netze ein Denk- und Strukturierungswerkzeug dar.

Sie sollen dazu dienen, den didaktischen Reichtum, den Gehalt eines Inhalts zu erschließen.

Wie jedes Werkzeug können didaktische Netze die Bearbeitung von Aufgaben unterstützen, aber Qualität der Planung nicht garantieren. Diese mag zwar mit einem Werkzeug leichter zu sichern sein, hängt aber letztlich mehr von den Überlegungen und dem Ideenreichtum der Anwender als vom Werkzeug selbst ab.

Die „Verfertigung" des Unterrichts ist ein kreativer Akt, für den Instrumente, aber keine Rezept-Vorlagen zur Verfügung gestellt werden können.

Beispiele, wie sie im Folgenden angeboten werden, haben vor allem die Funktion, Anwendungsmöglichkeiten des didaktischen Netzes zu veranschaulichen. Sie sollten nicht als Gebrauchsanleitung oder gar als Unterrichtsrezepte missverstanden werden.

Die erste Entscheidung nach der Konstruktion eines didaktischen Netzes muss die Frage beantworten, was von dem entfalteten Potenzial im Unterricht umgesetzt werden soll – und warum. Dies führt zu didaktisch-methodischen Überlegungen, deren Notwendigkeit bereits an anderer Stelle dargelegt worden ist (Teil 5.1, S. 203 ff.). Im Abschnitt 5.4.4 (S. 248 ff.) findet sich ein Beispiel für eine solche Analyse.

In einem zweiten Schritt geht es darum, der inhaltlichen Auswahlentscheidung ein thematisches Profil zu geben.

Faktisch geschieht das in enger Anbindung an die Konkretisierung der Lernziele. Die didaktisch-methodische Reflexion gibt Aufschluss über den Stellenwert des Unterrichtsinhalts für die Lernenden. Die Konkretisierung in Form erweisbarer Lernziele (vgl. S. 253) erfordert es zu klären, was realistisch im Unterricht erreicht werden kann. Nach und nach entsteht so aus dem Unterrichtsinhalt das Thema, das sowohl der didaktisch-methodischen Analyse als auch den angestrebten Lernzielen gerecht wird.

Wenn sich die Vorstellungen über die inhaltliche Schwerpunktsetzung, das Thema sowie über die Ziele konkretisiert haben, lassen sich erste Überlegungen über den sinnvollen Verlauf der einzelnen Unterrichtsvorhaben anstellen. Dafür kann es zunächst nützlich sein, sich den Unterrichtsverlauf nicht nur begrifflich, sondern auch szenisch, als aufeinander abgestimmte mögliche Ereignisse vorzustellen.

Die *szenische Vorstellung* von Schüleraktivitäten als geplante *Ereignisse* beugt der Gefahr vor, dass Tragfähigkeit und Stimmigkeit der Planung buchstäblich nur auf dem Papier stehen. In solchen Fällen passen dann zwar die Begriffe zueinander, das heißt, die Planung wirkt stimmig beschrieben. Aber ihr korrespondiert keine oder nur eine blasse Vorstellung über das angestrebte Geschehen. Dies lässt sich dichter und realitätsnäher in Situations- und Ereignisbildern, also unter Nutzung auch des „bildlichen Wissens" (vgl. Teil 3.3.4, S. 118 f.), erfassen als durch den ausschließlichen Gebrauch von Begriffen.

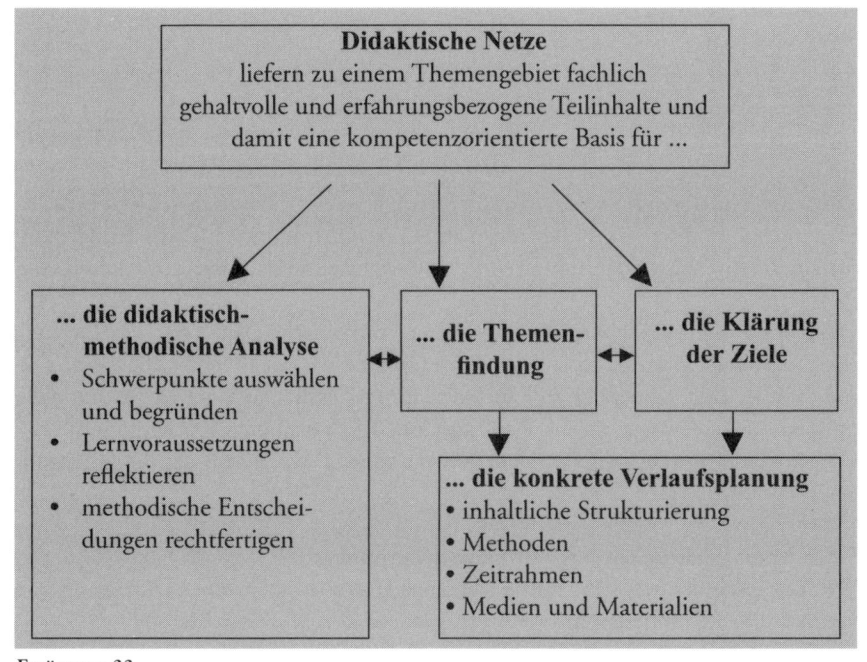

Didaktische Netze
liefern zu einem Themengebiet fachlich gehaltvolle und erfahrungsbezogene Teilinhalte und damit eine kompetenzorientierte Basis für ...

... die didaktisch-methodische Analyse
- Schwerpunkte auswählen und begründen
- Lernvoraussetzungen reflektieren
- methodische Entscheidungen rechtfertigen

... die Themenfindung

... die Klärung der Ziele

... die konkrete Verlaufsplanung
- inhaltliche Strukturierung
- Methoden
- Zeitrahmen
- Medien und Materialien

Ergänzung 33

Die allmähliche Verfertigung von didaktisch-methodischer Analyse, Thema und Lernzielen macht Unterrichtsplanung zu einem kreativen Prozess, bei dem sich die Überlegungen auf den verschiedenen Entscheidungsfeldern (vgl. Ergänzung 33) gegenseitig beeinflussen.
Es würde die planerische Kreativität unnötig blockieren, würde man bei der Verfertigung der Planung bereits ein starres Schema einhalten, nach dem zuerst die didaktische Analyse, dann das Thema, dann die Lernziele oder eine andere Reihenfolge zu bearbeiten wäre.
Jeder, der Unterrichtsplanung aus eigener Praxis kennt, hat erfahren, dass die Überlegungen zu den unterschiedlichen Entscheidungsfeldern sich wechselseitig beeinflussen.

Ein Gedanke in der didaktischen Analyse wirkt sich auf die Formulierung der Lernziele aus. Bei der Formulierung der Lernziele stellt sich heraus, dass die noch eher allgemein gehaltenen Überlegungen der didaktischen Analyse in einzelnen Bereichen zu spezifizieren sind. Erste Ideen für die methodische Umsetzung werden wieder verworfen, weil Zweifel entstehen, ob die zunächst ins Auge gefasste Arbeitsform mit der Lerngruppe bereits realisierbar ist. Diese Revision hat möglicherweise wieder Auswirkungen auf die Lernziele, die man ohne diese Arbeitsform nicht erreichen oder nicht erweisen kann. Man wird möglicherweise daher andere Ziele vorschalten müssen …

Nach und nach gewinnt so die Planung Konturen. Entscheidend ist, dass die Planung am Ende fundiert und in sich stimmig ist und begründet werden kann. Wie das Planungsergebnis zustande kommt, ist nebensächlich.

Im Folgenden sollen Anwendungsmöglichkeiten in verschiedenen Bereichen und auf unterschiedlichen Konkretisierungsebenen veranschaulicht werden.

Zunächst wird gezeigt, wie das inhaltliche Angebot des didaktischen Netzes zusammen mit methodischen Überlegungen zu Lernschwerpunkten für eine Stunde bzw. für eine mehrere Stunden umfassende Unterrichtseinheit entwickelt werden kann (5.4.2).

Dann wird auf Möglichkeiten hingewiesen, didaktische Netze zur Vorbereitung eher offenerer Unterrichtsformen wie Stationenarbeit und Projektarbeit einzusetzen (5.4.3). Und schließlich soll an Hand einer klassischen Unterrichtsstunde ein Beispiel für die Umsetzung der Planungsansprüche angeboten werden (5.4.4).

Die Anwendungen der didaktischen Netze beziehen sich jeweils auf die Ergänzungen 30 oder 31 (vgl. S. 236 f.).

5.4.2 Vom didaktischen Netz zu Lernschwerpunkten

Wie in Abschnitt 5.1.3 (S. 206 ff.) dargelegt, gehört auch die Entwicklung von methodischen Kompetenzen zu den Aufgaben des Sachunterrichts.

Im Optimalfall müsste zu jeder Planungseinheit, worunter hier eine Unterrichtsstunde, eine Doppelstunde oder eine inhaltlich zusammenhängende Einheit von mehreren Stunden verstanden werden soll, angegeben werden, welche Fortschritte auf der *inhaltlichen Ebene* der Kenntnisse, des Wissens und der Einsichten sowie auf der *methodischen Ebene* der Fertigkeiten, Fähigkeiten und des Könnens angestrebt werden.

Erst in der Kombination von Inhalt und Methode, also von zuverlässigen Kenntnissen über die Umwelt und von geeigneten Verfahren zur Verarbeitung von Umwelteindrücken, erschließt sich Umwelt in Richtung angemesseneren Verstehens (vgl. Teil 3.3, S. 108 ff.).

Inhalte ohne Weiterentwicklung der methodischen Kompetenzen bleiben anwendungsarm und werden zu trägem, unverstandenem Wissen. Methodische Kompetenzen wiederum können nicht ohne Inhalte, für die man sich interessiert, erwor-

ben werden. Die Anwendung von Methoden ohne herausfordernde Aufgaben führt nur zu einem inhaltsarmen Trainieren bloßer Techniken.
Erst die Kombination aus inhaltlicher Herausforderung und einsichtsvoll angewandtem und umgesetztem Verfahren ermöglicht Fortschritt im Verstehen, das ja sowohl belastbares Wissen als auch Einsicht in die (methodische) Gewinnung, Absicherung und Begrenzung des Wissens erfordert (vgl. Teil 3.3, S. 108 ff., und 5.1, S. 203 ff.).
Der Anspruch, zu jeder Planungseinheit die angestrebten Lernfortschritte sowohl auf der inhaltlichen als auch auf der methodischen Ebene anzugeben, ist allerdings weitreichend.
Wenn weiter oben vom Optimalfall gesprochen wird, dann soll damit eine Aufforderung formuliert, nicht der Normalfall behauptet werden. Es wäre wünschenswert, wenn sich zu jeder Planungseinheit angeben ließe, welche Lernfortschritte auf der inhaltlichen und auf der methodischem Ebene angestrebt werden.
Ergänzung 34 zeigt an einem Beispiel, wie die inhaltlichen Angebote des didaktischen Netzes zum Thema Wasser (vgl. Ergänzung 31, S. 237) und die für den Sachunterricht geeigneten Methoden zu verschiedenen *Lernschwerpunkten* verdichtet werden können.
Die Formulierung Lernschwerpunkte soll deutlich machen, dass es sich dabei um zielorientierte Überlegungen handelt, die methodische und inhaltliche Ansprüche einschließen. Aber sie sind noch nicht so weit konkretisiert, dass sie als Lehrziele mit beobachtbaren Indikatoren formuliert werden. Dies wäre der nächste Schritt.
Um Missverständnisse zu vermeiden sei noch einmal betont, dass mit den Lernschwerpunkten nicht weniger, aber auch nicht mehr als eine erste Konkretisierung von Überlegungen hin zu sinnvollen Zielen angeboten wird, die inhaltliche und methodische Kompetenzen berücksichtigen.
Die in Ergänzung 34 formulierten Lernschwerpunkte können Grundlagen für ganz unterschiedliche Stundenentwürfe bieten. Erst die weitere Berücksichtigung von Lernvoraussetzungen, methodischen Überlegungen zum Arrangement des Unterrichts, zeitlich-räumlichen Lernbedingungen und vielen mehr führt zu den Lernangeboten, die für die jeweilige Lerngruppe optimal sind.

Vom didaktischen Netz zu Lernschwerpunkten
– Beispiel Wasser und Wasserversorgung –

Ausgewählte Inhalte aus dem didaktischen Netz (vgl. S. 237)	relevante methodische Kompetenzen für den Sachunterricht (S. 211 ff.)	Lernschwerpunkte setzen
zum Kompetenzbereich „natürliche Phänomene und Gegebenheiten"	aus (d): Gezielt Vermutungen prüfen – Experimente und technische Konstrukte planen, entwerfen und durchführen	Wo bleibt das Wasser aus der Pfütze? Sammeln von Vermutungen; Überlegungen, wie man eine Pfütze im Modell nachstellen kann; Experimente überlegen und durchführen bei der Wärmezufuhr zur Modellpfütze variiert wird
• Verdunstung, Kondensation, Niederschläge	• Experimente planen, durchführen, auswerten	
zum Kompetenzbereich „mit Technik umgehen"	aus (b): Beschaffen, Interpretieren und Bewerten von Informationen – sich systematisch sachkundig machen • Nutzung von Sachbüchern, Dateien, des Internets zur Informationsbeschaffung • Markieren von Informationen, Herausschreiben von Informationen; Zusammenfassung erstellen • Informationen schriftlich festhalten, protokollieren	mit Hilfe verschiedener Informationsmedien den Weg des Wassers von der Quelle zum Haushalt auf einer Wandzeitung als Information für andere zusammenstellen
• Bereitstellung von Trinkwasser		
zum Kompetenzbereich „Zusammenleben mit andern" • Versorgung mit Wasser als kommunale Aufgabe • Nutzung von Wasser (als Trinkwasser, Abwasser, Freizeit, Transport, Lebensraum)	• Vorbereitung und Durchführung einer Erkundung	Exkursion zum Wasserwerk planen, Fragen erarbeiten, Befragung durchführen, gezielt Informationsmaterial auswerten

Ergänzung 34

5.4.3 Beispiele für offene Lernarrangements

Auch wenn offene Lernangebote wie Stationenarbeit oder projektorientiertes Arbeiten inhaltlich nicht detailliert geplant werden können, gilt auch für die offenen Formen, dass eine Auswahl von Lernangeboten getroffen und, je nach Lerngruppe, mehr oder weniger stark vorstrukturiert wird. Auch dafür lässt sich auf das didaktische Netz zurückgreifen.

So könnte zum Beispiel ein am didaktischen Netz zum Themenschwerpunkt Wasser- und Wasserversorgung (vgl. Ergänzung 31, S. 237) orientierter Lernzirkel für die *Stationenarbeit* folgende Stationen umfassen:

Station 1: Nutzung von Wasser
Die Kinder erarbeiten sich auf der Grundlage verschiedener bereit gestellter Materialien mit kurzen Texten und Abbildungen über die Wassernutzung eine Übersicht über die Verwendungsmöglichkeiten von Wasser.

Arbeitskarte: Nutzung von Wasser
– Suche aus den Büchern und Zeitschriften 8–10 Situationen heraus, in denen wir Menschen Wasser verwenden!
– Schreibe diese Verwendung übersichtlich und in Stichwörtern in dein Sachunterrichtsheft!
– Überlegt in eurer Gruppe, bei welchen Nutzungsweisen es zu Streit kommen kann! Warum?

Station 2: Reinigung von Wasser durch Filtration
Hier steht die Reinigung von Wasser durch Erdschichten im Mittelpunkt. Damit die Schülerinnen und Schüler das Grundprinzip des Herausfilterns von kleinen Teilchen erkennen, wird ein Filtrationsversuch durchgeführt. Dazu werden zwei verschiedene Filtertechniken angewendet. Ein Filteraufbau enthält lediglich eine Filtrationsstufe (A). Der andere Filteraufbau enthält verschiedene Kiesel- und Sandschichten, angeordnet in einer Glasröhre und abgedichtet mit einem Papierfilter (B).

Arbeitskarte: Reinigung von Wasser durch Filtration
– Du weißt, dass Quellwasser reines, frisches Trinkwasser ist. Hier lernst du das Prinzip kennen, wie Wasser von den verschiedenen Erdschichten gereinigt wird.
– Schütte zu dem reinen Wasser im Glas die auf den Schälchen befindlichen und gekennzeichneten Stoffe!
– Schütte die Hälfte dieses Gemisches durch den Filteraufbau A! Die andere Hälfte schütte bitte durch den Filteraufbau B. Was beobachtest du? Versuche eine Erklärung!

- Schau dir die Skizze über den Weg des Wassers vom Regen bis zur Quelle im Sachbuch, S. 23, an! Erkennst du das gemeinsame Prinzip? Versuche, es zu formulieren!

Station 3: Vom Grundwasser zum Wasser aus der Leitung
Hier erstellen die Kinder aus bereitgestellten Abbildungen und kurzen, informierenden Texten eine Skizze, die als Grundlage zur Erstellung einer Wandzeitung über den Weg des Wassers dienen soll. Die Skizzen der einzelnen Gruppen werden später im Klassenplenum vorgestellt und beraten. Aus den Stärken und Schwächen der einzelnen Skizzen ergibt sich dann die von der Klasse gemeinsam gestaltete Wandzeitung.

Arbeitskarte: Vom Grundwasser zum Wasser aus der Leitung
- Die Kopien, die du hier findest, informieren dich über den Weg des Wassers vom Grundwasser bis zum Verbraucher.
- Schaue dir zusammen mit deinen Gruppenmitgliedern die Abbildungen und Texte an!
- Versuche zunächst mündlich, den Weg des Wassers zu beschreiben!
- Überlegt euch, welche Stationen wichtig sind und mit welchen Wörtern man die Station am besten erklären kann!
- Arbeitet eine Skizze aus, die anderen den Weg des Wassers erklärt!
- Wer von euch wird der Klasse die Skizze vorstellen?

Station 4: Stimmungen am Wasser
An dieser Station sind Fotos und Abbildungen von Gemälden zusammengestellt, die Szenen am Wasser wiedergeben. Die Kinder sollen die Szenen in Ruhe betrachten und versuchen, ihre Gefühle dabei wiederzugeben.

Arbeitskarte: Stimmungen am Wasser
- Du sieht auf den Fotos und Abbildungen verschiedene Szenen am Wasser.
- Betrachte jede dieser Szenen in Ruhe!
- Welche Szene findest du am schönsten? Welche findest du langweilig?
- Versuche, den anderen in deiner Gruppe deine Entscheidung zu erklären!
- Haben einige aus der Gruppe gleiche Entscheidungen getroffen? Sind auch die Begründungen gleich?

Station 5: Regeln für die Wassernutzung
Hier sollen die Kinder üben, ihre Einsichten in einer für alle akzeptablen sprachlichen Form auszudrücken. Die in den Gruppen erarbeiteten Regeln werden der gesamten Klasse vorgestellt, die wiederum einen gemeinsam getragenen Katalog von Umgangsregeln mit Wasser verfasst.

Beispiele für Unterrichtsvorhaben | 247

> Arbeitskarte: Regeln für die Wassernutzung
> – Ihr habt euch bereits über verschiedene Formen der Wassernutzung und über mögliche Streitpunkte informiert.
> – Überlegt in der Gruppe zusammen, was man beim Umgang mit Wasser unbedingt beachten sollte!
> – Eine/r von euch sollte dies in Stichwörtern festhalten.
> – Bildet aus den Stichwörtern kurze Sätze, die als Regeln für die Wassernutzung gelten sollen!
> – Wer stellt die Regeln der ganzen Klasse vor?

Diese Vorschläge verstehen sich als Anregungen, die Arbeitsmöglichkeiten mit dem didaktischen Netz veranschaulichen sollen.

Dies gilt auch für die hier noch kurz skizzierte Möglichkeit, das didaktische Netz für die *Planung eines Projektes* einzusetzen.

Je nach Lernvoraussetzungen bietet es sich an, bei der Projektplanung die Schülergruppe, sei es eine Klasse oder verschiedene Klassen, an der Entstehung des didaktischen Netzes zu beteiligen.

Nachdem das Rahmenthema (wie zum Beispiel Wasser) festliegt, können einzelne Gruppen in der Klasse Ideen sammeln. Was ist interessant zum Themengebiet Wasser? Was davon soll bearbeitet werden?

Es ist aber auch möglich, dass jeweils einzelne Klassen zu einzelnen Perspektiven ihre Ideen zusammenstellen und ein Projektausschuss für die Schule daraus Teilprojekte erarbeitet, aus denen Schülerinnen und Schüler dann auswählen können.

Dort, wo eine intensive Schülerbeteiligung in der Vorbereitungsphase nicht als möglich oder sinnvoll angesehen wird, kann eine aus Lehrerinnen und Lehrern bestehende Projektgruppe ein didaktisches Netz erarbeiten, das dann als Ideen- und Anregungsgrundlage von den einzelnen Klassen beraten wird.

Dabei wählt man aus den zusammengestellten Anregungen, die durch gut begründete Ideen jederzeit zu ergänzen sind, Themenschwerpunkte, berät das gewünschte Projektziel, die dafür nötigen Arbeitsschritte, die Aufgabenverteilung sowie Ort und Zeitpunkt von Reflexionen über den Stand des Projekts.

Auf der Grundlage des didaktischen Netzes zum Thema Wünschen und Brauchen (Ergänzung 30, S. 236) könnte sich zum Beispiel das Projektthema „Augen auf beim Einkaufen" ergeben.

Projektziel könnte zum Beispiel sein, für die Schüler der Schule eine Broschüre zu erarbeiten, die Anregungen zum umsichtigen Einkaufen bietet und Einkaufshilfen für ausgewählte Produkte. Einzelaufgaben, die im Rahmen des Projekts von unterschiedlichen Gruppen zu erarbeiten sind, wären unter anderem
– Planung und Durchführung einer Umfrage an der Schule/ bei Eltern … worauf man beim Einkauf achtet (Gruppe 1)

- Auswertung von Schriften und anderen Informationen von Verbraucherverbänden etc. (Gruppe 2)
- Vergleich der Umfrageergebnisse mit den Ergebnissen der Auswertung; Festlegung der Informationsschwerpunkte (Gruppe 1 und 2)
- Zusammenstellung von Werbung für ausgewählte Produkte. Eventuell Befragung von nicht in dieser Gruppe arbeitenden Kindern, wie die jeweilige Werbung wirkt. Zusammenstellung einer Collage aus Werbung und Reaktionen der Befragten (Gruppe 3)
- Erstellung einer Fotodokumentation über die Präsentation ausgewählter Produkte in verschiedenen Geschäften (Gruppe 4)
- Recherche und Zusammenstellung von Informationen, die Auskunft über Angebote/Konsumgewohnheiten früher zu ausgewählten Produkten bietet (Bücher in der Bibliothek, Befragung von Großeltern etc.) (Gruppe 5)
- Begleitende Begutachtung und Auswertung der Teilaufgaben durch eine Redaktionsgruppe; Vorschläge und Abstimmung von Gestaltungswünschen für die Broschüre (Gruppe 6)

5.4.4 Beispiel für eine detailliert geplante Unterrichtsstunde

Die folgende Stunde (S. 249 ff.) wurde in einer 2. Klasse in Baden-Württemberg gehalten; die Klasse war dem Unterrichtenden vorher nicht bekannt. Über die Klassenlehrerin konnten Informationen eingeholt werden. Das didaktische Netz zum Themengebiet Wünschen und Brauchen (vgl. Ergänzung 30) lag der Unterrichtsplanung zugrunde.

Zunächst zeigt die Formulierung des Stundenthemas den Aspekt, um den es bei dieser Auseinandersetzung mit Wünschen und Bedürfnissen gehen soll. Es wird versucht, elementares Verständnis für den Unterschied zwischen Wünschen und Brauchen grundzulegen.

Die Sachanalyse (Punkt 1, Kurze Überlegungen zur Sache) setzt sich mit Versuchen auseinander, den Unterschied zwischen Wünschen und Brauchen zu erfassen. Anschließend werden die in der didaktisch-methodischen Reflexion angestellten Überlegungen zu den themenbezogenen Lernvoraussetzungen der Kinder dieser Altersgruppe (2.1), zu den Umständen des Unterrichtens in einer unbekannten Klasse (2.2) sowie zum Aufbau der Stunde dargelegt (2.3).

Die Formulierung der Lehrziele (3.) erfolgt bewusst so konkret, dass es zumindest im Prinzip möglich ist, durch Beobachtung von Tätigkeiten der Schüler zu beurteilen, ob die Unterrichtsziele mit hinreichend akzeptabel erscheinender Wahrscheinlichkeit erreicht worden sind.

Damit soll keiner schlichten Vorstellung von einer engen Kopplung zwischen Lehrabsicht und Lernerfolg eine Hintertür geöffnet werden. Aber die Nicht-Determinierbarkeit des Lernens bedeutet ja nicht, dass man als Lehrender keine Vorstellungen darüber hätte, welche Ereignisse dafür sprechen, dass die Schüler erwünschten

Zielen näher kommen. Würde man nicht versuchen, die „Erweisbarkeit" (Klafki 1996, 280) des angestrebten Lernerfolgs anzugeben, wäre über den Nutzen von Unterricht keine Verständigung möglich.

Die Verlaufsplanung ist in Anlehnung an die Ausführungen über die Dramaturgie des Unterrichts (vgl. Kapitel 5.1, S. 203 ff.) in Phasen strukturiert.

Die gewählte Aufteilung in Spalten dient dazu, sich der Teilinhalte in ihrer sachlich angemessenen Reihenfolge zu versichern (Spalte 1), den Unterrichtsablauf zu konkretisieren (Spalte 2) und den didaktischen Stellenwert der jeweiligen Phase zu klären (Spalte 3).

Die Darstellung des Unterrichtsgeschehens in Spalte 2 beginnt bewusst immer mit dem, was Schülerinnen und Schüler tun sollen. Im Mittelpunkt des Unterrichts stehen die für sinnvoll und/ oder notwendig erachteten Schüleraktivitäten. Aus den angestrebten Schülertätigkeiten sollte sich das Lehrerverhalten bestimmen – nicht umgekehrt.

Schließlich werden zum Schluss Alternativen angedeutet und das geplante Tafelbild sowie weiteres Arbeitsmaterial dokumentiert.

Thema der Stunde: Die Unterscheidung von Wünschen und Brauchen

1. Kurze Überlegungen zur Sache
2. Didaktisch-methodische Vorüberlegungen
2.1 Reflexion des Unterrichtsthemas mit Bezug auf die Lernvoraussetzungen der Schüler
2.2 Die besonderen Umstände der Unterrichtsstunde in einer unbekannten Klasse
2.2 Zum Aufbau der Unterrichtsstunde
3. Lernziele der Stunde
4. Verlaufsplanung
Literatur

1. Kurze Überlegungen zur Sache
Die Unterscheidung von Wünschen und Brauchen
– führt zu Fragen nach dem Ursprung und der Entwicklung menschlicher Bedürfnisse,
– stößt Überlegungen über die Bewertbarkeit individueller Lebensziele an,
– und berührt normative Überlegungen darüber, wie die in jeder Gesellschaft knappen Ressourcen zur Befriedigung von Bedürfnissen einzusetzen sind (vgl. das didaktische Netz, Ergänzung 30, S. 236).

In Disziplinen wie Soziologie, Ökonomie, Psychologie, Philosophie, Ethik und Anthropologie hat es zwar immer wieder Versuche gegeben, allgemein akzeptierbare Antworten auf Fragen nach dem Ursprung, der Bewertbarkeit und der optimalen Befriedigung menschlicher Bedürfnisse zu finden. Als Beispiele seien hier lediglich die Maslowsche Bedürfnishierarchie, Marcuses Unterscheidung von „richtigen" und „falschen" Bedürfnissen, Kurt Lewins Unterscheidung von „Quasibedürfnissen" und „echten Bedürfnissen" oder Ortega y Gassets Provokation: „Objektiv notwendig ist nur das Überflüssige", genannt.

Aber die Verbindung des Wünschens und Brauchens mit individuellen Glücks- und Entsagungserlebnissen begrenzt die Reichweite von Bestrebungen, eine allgemein gültige Grenze zwischen dem zu ziehen, was Menschen unbedingt zum Leben brauchen, und dem, was sich dem Bereich von Wünschen zuordnen ließe, die befriedigt werden *können*, aber nicht *müssen*.

Schließlich sieht die moderne Verbraucherforschung die Entstehung von Präferenzen der Bedürfnisbefriedigung als einen Prozess an, in dem neben den persönlichen Werten und Normen und den zur Verfügung stehenden Mitteln zur Bedürfnisbefriedigung unter anderem Einflüsse von Bezugsgruppen und Meinungsführern sowie die Angebotspräsentation eine Rolle spielen (vgl. Kahlert & Engelhardt 1997; Kaminski 1981, 11 ff., Meixner 1993; Moser u. a. 1978).

Obwohl es in Bezug auf die Objekte des Begehrens keine *scharfe* und *eindeutig zu ziehende* Grenze zwischen Brauchen und Wünschen gibt, lassen sich beide Lebensäußerungen unterscheiden.

„Brauchen" ist deutlicher als „Wünschen" mit der Kategorie der Notwendigkeit gekoppelt.

So brauchen Menschen Nahrung, Bekleidung, Behausung und – wahrscheinlich – Zuwendung, persönlichen Gestaltungsspielraum und eine Grundorientierung für den Umgang mit dem Bewusstsein, dass es Zukunft gibt: Hoffnung, Glaube, Kalkül. (Braucht man nicht auch Wünsche?) Zwar sind diese lebensnotwendigen Dimensionen des „Brauchens" individuell, kulturell und historisch unterschiedlich ausgeprägt, aber allgemein gilt, dass bei dauerhaftem Entzug einer oder mehrerer dieser Dimensionen der Organismus und die Psyche des Einzelnen Schaden nehmen. In diesem Sinne enthält das Brauchen die Komponente „lebensnotwendig". Daneben gibt es ein „Brauchen", das eher die Komponente „nützlich" betrifft und zielbezogen ist. Um eine beabsichtigte Handlung auszuführen oder etwas zu erreichen, braucht man in der Regel Hilfsmittel, wie Werkzeuge, Instrumente, Rohstoffe, aber auch Wissen – und oft die Hilfe anderer.

Beide Komponenten des Brauchens verweisen mehr oder weniger auf Notwendigkeit: notwendig, um zu leben; notwendig, um ein bestimmtes Ziel zu erreichen. Zugespitzt könnte man sagen: Im Brauchen ist niemand frei.

Im Wünschen dagegen zunächst einmal doch.

Mit Ausnahme von Extremsituationen (der Verhungernde wünscht sich Nahrung) können sich Wünsche auf beliebige Situationen, Objekte, Personen richten.

Wünschende sind frei, ihren konkreten Wunsch aufzugeben oder ihn durch einen anderen zu ersetzen, ohne Schaden zu nehmen – bis der Wunsch vom Wünschenden Besitz ergreift und in das zwingendere Brauchen umschlägt. Wünsche können, solange man sie hegt und pflegt, das Dasein bereichern, denn sie regen die Phantasie an und geben der Hoffnung Bilder. Insofern haben Wünsche ihre Heimat im Reich der Freiheit. Doch wenn man sie befriedigen *will,* führen sie in das Reich der Notwendigkeit.

Plötzlich wirkt als Zwang zum Haben, was man eben noch als auf- und anregende Phantasie erlebt hat. Man braucht Mittel und Zeit, um den Wunsch zu befriedigen. Und weil diese Mittel, gemessen an der Fülle von Wünschen, in der Regel knapp sind, schlägt der Reichtum des Wünschens in den Mangel des Haben-Wollens um. Die Sozialphilosophie Erich Fromms mit ihrer Unterscheidung zwischen der Haben- und Seinsorientierung arbeitet unter anderem dieses Umschlagen von Wünschen, die das Dasein bereichern, in das Haben-Wollen, das das Dasein verarmt, heraus (vgl. Fromm 1979, 73 ff.; 1991, 15 ff.).

2. Didaktisch-methodische Vorüberlegungen

2.1 Reflexion des Unterrichtsthemas mit Bezug auf die Lernvoraussetzungen der Schüler

Mit dem Eintritt in die Grundschule differenziert sich für die Schüler die Rolle als zunehmend eigenständiger Verbraucher aus:

Die Ausweitung der von Erwachsenen nicht beaufsichtigten Zeit – zunächst auf dem Schulweg, zum Teil in den Pausen, später in der Zeit nach dem Unterricht – schafft immer mehr Gelegenheiten, das oft schon vorhandene Taschengeld für kleinere Käufe nach eigenem Ermessen auszugeben.

In der Klasse entwickeln sich Sozialbeziehungen, die auch von statuszuweisenden Konsumobjekten beeinflusst werden.

Das bisher bei Geschmacks- und Präferenzfragen eher dominierende Elternhaus bekommt immer deutlicher Konkurrenz durch Meinungsführer unter den Kindern und durch außerfamiliale Bezugsgruppen (vgl. Meixner 1993, 5 f.).

Für die Kinder intensiviert sich die Wahrnehmung von Unterschieden in den Konsummöglichkeiten. So machen unter anderem Kleidung, Schulausrüstung, mitgebrachtes Spielzeug, Erzählungen über die im Haushalt vorhandenen Spielmöglichkeiten sowie über technische Ausstattungen und über das „starke" Auto der Eltern zunehmend erfahrbar, dass Familien über unterschiedliche Konsumgewohnheiten und -möglichkeiten verfügen.

Um den Schülern zu helfen, in der sich zunehmend verdichtenden Konsumwelt Orientierung zu finden, kann Schule unter anderem versuchen, dem eher spontanen, sinnlich-triebhaften Begehren und Haben-Wollen die Selbstbeobachtung durch Bewusstsein und Nachdenken zur Seite zu stellen: Woher kommen (meine) Wünsche? Von wem und wodurch werden sie beeinflusst? Was muss ich unbedingt haben? Brauche ich wirklich alles, was ich will? – Wenn es der Schule gelingt, die Heranwachsenden an diese und weitere Fragen heranzuführen, dann erhöht sie die Wahrscheinlichkeit, dass Konsumentscheidungen abwägend, bewusst, innehaltend – und damit verantwortlicher und eher selbstbestimmend – getroffen werden als bei der schnelllebigen kurzen Kopplung zwischen Angebot und Begehren.

Die Unterscheidung von Wünschen und Brauchen ist ein erster Schritt zu dieser bewussten Befragung des eigenen Wollens und kann am Erfahrungshorizont der Schüler ansetzen.

Längst haben die Schüler Erfahrungen mit Wünschen, verwirklichten und abgeschlagenen, gemacht. Sie beginnen, ein Bewusstsein dafür zu entwickeln, dass es Wünsche gibt, die sich nur schwer oder gar nicht erfüllen lassen. Dabei werden in dieser Altersgruppe die Ursachen für nicht verwirklichte Wünsche wohl noch personifizierend vor allem auf die Eltern bezogen, die manches nicht erfüllen wollen oder können.

Um dazu beizutragen, die bereits erfahrene und sich wahrscheinlich noch weiter verschärfende Diskrepanz zwischen den eigenen Wünschen und den Möglichkeiten zu ihrer Befriedigung zu verstehen und zu bewältigen, lassen sich
– Einsichten in die Bedingungen anbahnen, die die Befriedigung von Wünschen ermöglichen, einschränken und verhindern (wirtschaftliche Dimension, vgl. das didaktische Netz, Ergänzung 29)
– Reflexionen anstoßen, die das eigene Wünschen hinterfragen (ethische und soziologische Dimension; vgl. das didaktische Netz, Ergänzung 29)

Die hier ausgearbeitete Unterrichtsstunde versucht, das Bewusstsein für den Unterschied zwischen Wünschen und Brauchen zu schärfen und damit eine Grundlage für die kritische Selbstbetrachtung des Begehrens zu legen.

Dabei geht es vor allem darum, die Unterscheidung zwischen Brauchen und Wünschen deutlich erfahrbar und nachvollziehbar zu machen. Diese Unterscheidung kann den Schülern helfen, mit Entsagungen umzugehen. Sie hilft ihnen zu erkennen, dass sie nicht unbedingt alles brauchen, was sie sich wünschen. Zudem bietet diese Unterscheidung im weiteren Verlauf der Unterrichtseinheit Anknüpfungsmöglichkeiten, um Verständnis für das Verhalten anderer, hier vor allem der Eltern, anzubahnen.

Diese müssen zunächst dafür sorgen, dass das, was alle Familienmitglieder regelmäßig brauchen, zur Verfügung steht. Später lassen sich Betrachtungen darüber anschließen, was man außer den kaufbaren Gütern noch zum Leben braucht und wovon es abhängt, ob jemand sich wohl fühlt, zufrieden oder gar glücklich ist. Schließlich lassen sich im weiteren Verlauf der Einheit erste Einsichten darüber anbahnen, wie Werbung gezielt Wünsche weckt.

2.2 Die besonderen Umstände der Unterrichtsstunde in einer unbekannten Klasse

Das konkrete Unterrichtsthema wurde in Absprache mit der Klassenlehrerin festgelegt. Dabei spielen neben den oben dargelegten grundsätzlichen Überlegungen über die Unterschiede zwischen Wünschen und Brauchen auch eine Rolle, dass dem Unterrichtenden die Schüler als Personen nicht bekannt waren. Daher wurden bei der Themenfindung Inhalte ausgeklammert, deren Behandlung einen besonderen Umgang mit den sozialen und familialen Lebensbedingungen der Schüler voraussetzen würde. Dazu gehört zum Beispiel die Thematisierung von Wünschen, die sich auf das Verhalten der Eltern und auf emotionale Zuwendungen beziehen, oder die Unterscheidung von Wünschen, die man mit Geld befriedigen kann, von jenen Wünschen, die sich nicht durch Kaufen befriedigen lassen.

Zwar sollten in dieser Stunde solche überaus wichtigen Inhalte keinesfalls tabuisiert werden, wenn die Schüler sie ansprechen. Es wurde aber darauf verzichtet, diese Inhalte in der Unterrichtsplanung gezielt anzusteuern. Weil diese Inhalte sehr eng mit den sozialen und familialen Lebensbedingungen der Schüler verknüpft sind, sollte man gut über diese Bedingungen Bescheid wissen, um das Risiko klein halten zu können, dass jemand sich stigmatisiert, zurückgesetzt oder benachteiligt fühlt.

Ein weiterer Aspekt des Unterrichtens in einer gänzlich unbekannten Klasse ist eher pragmatischer Natur.

In der zweiten Phase der Unterrichtsstunde werden Wünsche der Kinder veranschaulicht. Der dabei betriebene Aufwand zur Herstellung der benötigten Medien (Angebotscollagen und weitere Abbildungen) rechtfertigt sich aus den besonderen Bedingungen dieser Stunde. In einer bekannten Klasse würde man die Kinder einige Zeit vor Beginn der Unterrichtseinheit bitten, nach und nach Kataloge und Prospekte mitzubringen.

2.3 Zum Aufbau der Unterrichtsstunde

Die hier ausgearbeitete Unterrichtsstunde beginnt mit einem kurzen, improvisierten Hörspiel, das den Konflikt zwischen einer Tochter und einer Mutter um den Kauf eines Kleidungsstücks (Dino-Pullover) darstellt. Da ähnliche Konflikte den Schülern vertraut sein dürften, werden sie durch den Einstieg motiviert, ihre Erfahrungen zu schildern. Zu erwarten ist, dass sie dabei, wie im Hörspiel, die Begriffe „Brauchen" und „Wünschen" verwenden, ohne sie deutlich voneinander zu unterscheiden. Im Folgenden geht es darum, diese Unterscheidung zu schärfen.

Um das Wünschen für die Kinder lebendig, ja „spürbar" werden zu lassen, haben Schüler im Anschluss an die Einstiegsphase Gelegenheit, aus einem Angebot kindorientierter Konsumgüter (Collage) vier Gegenstände auszuwählen, die sie sich besonders wünschen. In dieser Phase fällen die Schüler eigene Entscheidungen. Sie werden sich mit Nachbarn über Gründe für ihre Wahl unterhalten und sich zum Teil beraten. Die anschließende Sammlung und Abbildung der Wünsche an der Magnettafel wirkt als „sanfte" Überleitung von der vermutlich intensiv erlebten Auswahlphase zur sachlichen Erarbeitung. Zwar müssen die Schüler ihre Aufmerksamkeit zunächst von den verlockenden Angeboten abwenden. Doch die an der Tafel anzubringenden Abbildungen dürften ebenfalls einen hohen Aufmerksamkeitswert bieten.

Die zur Einleitung der Erarbeitungsphase gestellte Aufgabe, die gesammelten Wünsche zu ordnen und Oberbegriffe zu finden, bietet eine elementare Einführung in Warenkunde und strukturiert die Vielfalt der genannten Wünsche. Um die Überleitung zum „Brauchen" auch sinnlich einprägsam zu gestalten, wird in der Mitte des Klassenzimmers ein Laib Brot platziert.

In seiner Schlichtheit bietet das Brot auch einen sinnlichen Kontrast zu der bunten Fülle der Wünsche. Damit wird die Aufmerksamkeit der Schüler auf das „Brauchen" gerichtet. Sie wählen nun aus den vom Lehrer mitgebrachten Gegenständen jene aus, die man – wie das Brot – täglich zum Leben braucht, und platzieren diese Gegenstände in ein „Brauchfeld" (ggf. in eine „Brauchkiste"). Zu vermuten ist, dass sich dabei ein Gespräch darüber entwickelt, ob die jeweils in die Brauchkiste gelegten Gegenstände so unentbehrlich sind, wie das tägliche Brot. Weitere Gegenstände kommen in ein „Wunschfeld"; ein Teil der mitgebrachten Gegenstände bleibt zunächst übrig. Um die Unterscheidung visuell noch mehr zu stützen, sind das „Brauch"- und das „Wunschfeld" in den gleichen Farben gehalten wie der entsprechende Tafelanschrieb. Von der Planung her ist zunächst nur vorgesehen, gegenständliche Objekte des Brauchens anzusprechen. Eine Vertiefung auf zwischenmenschliche Dimensionen wie Zärtlichkeit, Geborgenheit, Freundschaft erfolgt (laut Absprache mit der Lehrerin) in einer eigens dafür vorgesehenen Unterrichtsstunde. Sofern Schüler von sich aus die zwischenmenschliche Dimension ansprechen, werden diese Impulse aufgegriffen.

Die noch nicht eingeordneten Gegenstände, die man sich offenbar weder wünscht noch unbedingt zum Leben braucht, die aber auch nicht unnütz sind, helfen in der Vertiefungsphase das „Brauchens" weiter zu differenzieren. Die Schüler erkennen, dass man etwas braucht, wenn man ganz bestimmte Handlungen ausführen will. Diese Einsicht in die zweckgebundene Dimension des „Brauchens" wird durch ein kurzes Spiel vertieft.

In der abschließenden Phase werden zur Ergebnissicherung die drei unterschiedlichen Kategorien des Begehrens (Wünschen, lebensnotwendiges Brauchen, zweckorientiertes Brauchen) noch einmal mit Stellschildern an den Gegenständen verdeutlicht. Ebenfalls der Ergebnissicherung dient die anwendungsorientierte Rückkehr zum Ausgangspunkt der Stunde. Der Lehrer zieht das Streitobjekt (einen Dino-Pullover) hervor und bittet die Schüler, zu entscheiden, ob der Pullover eher in das Brauchfeld oder eher in das Wunschfeld gehört. Dabei kommt es nicht auf die „richtige" Zuordnung an, sondern auf die Begründung für die Zuordnung.

Auf den Einsatz eines Arbeitsblattes wurde bewusst verzichtet. Da sich Wünschen und Brauchen auf Objekte beziehen, sollten möglichst die Gegenstände selbst im Mittelpunkt der Stunde stehen. Das steht nicht im Widerspruch zu der Arbeit mit Abbildungen zu Beginn der Stunde. Die Abbildungen stellen eine realistische Begegnung mit Wünschen dar und versinnbildlichen, was Wünsche auch darstellen: Fantasiereisen in das (ständig seinen Ort wechselnde) Reich des Glücks.

3. Lernziele der Stunde

Die Schüler sollen kindorientierte Konsumangebote zur Befriedigung materieller Wünsche nach warenkundlichen Oberbegriffen (Spielzeug, Kleidung, Süßigkeiten, ggf. weitere) ordnen können.

Die Schüler sollen die Kategorie „Brauchen" und „Wünschen" unterscheiden können, indem sie Gegenstände aus ihrer Alltagswelt einem „Brauchfeld" und einem „Wunschfeld" begründet zuordnen.

Die Schüler sollen erkennen, dass „Brauchen" neben einer „lebensnotwendigen" auch eine „zweckorientierte" Dimension hat, indem sie Gegenstände auswählen, die sie für die Ausführung von konkreten Handlungen brauchen.

4. Verlaufsplanung

Teilinhalt	Geplantes Unterrichtsgeschehen	Didaktischer Kurzkommentar
Phase I: Motivation und Problemstellung (5–10 Min)		
Verwenden der Begriffe „Wünschen" und „Brauchen" in einem alltäglichen Streit	– Schüler hören die Auseinandersetzung eines Mädchens mit ihrer Mutter über den Kauf eines gewünschten Pullovers (Kurzhörspiel, siehe S. 259) und berichten von ähnlichen Erfahrungen. – Im Unterrichtsgespräch wird der Kern des Konflikts herausgestellt; Lehrer fertigt Tafelbild 1 an.	Entwicklung des Stundenthemas durch Aktivierung der Schülererfahrung

Phase II: Bereitstellung (etwa 10 Min)		
Identifizierung von Wünschen aus einem vorgegebenen Angebot	– Schüler wählen auf Bitten des Lehrers aus verschiedenen Angeboten für Kinder (Collage) je vier Gegenstände, die sie sich besonders wünschen, aus und markieren diese Gegenstände; Austausch mit dem Nachbarn. – Sammlung (einer Auswahl) der Schülerwünsche mit Hilfe von Abbildungen an der Magnettafel (Tafelbild 2 und 3 a)	Nachdem die Schüler zuvor spontan einige Wünsche genannt haben, macht die Auswahl gewünschter Artikel aus einem vorgegebenen Angebot erfahrbar, dass Wünsche auch „geweckt" werden.
Phase III: Erarbeitung (etwa 10–15 Min)		
Spielzeug, Süßigkeiten Kleidung, … als Sammelbegriffe zur Strukturierung des Konsumangebots	– Schüler ordnen (ggf. auf Anregung des Lehrers) die abgebildeten Wunschobjekte (an der Magnettafel) und formulieren Oberbegriffe. – Lehrer fertigt Tafelbild 3 b an. Ggf. liest ein Schüler das Tafelbild 3 noch einmal vor.	Die Abbildungen machen die Vielfalt der Warenwelt eher nachvollziehbar als ein Tafelanschrieb und lassen sich leichter gruppieren als angeschriebene Wörter.
Brauchen in der Bedeutung „lebensnotwendig"	– Ein vom Lehrer für alle gut sichtbar platzierter Laib Brot wirkt als stummer Impuls und provoziert die Frage: Wünschen wir uns das auch? (Ggf. verbaler Impuls durch Lehrer nötig.) Nachdem die Schüler festgestellt haben, dass man Brot (ständig/jeden Tag) zum Leben braucht, fertigt Lehrer Tafelbild 4 a an.	Der als ein stummer Impuls präsentierte Brotlaib bietet in seiner Schlichtheit einen sinnlichen Kontrast zur Warenwelt der Wünsche.
Unterscheidung von Wünschen und Brauchen	– Schüler wählen verschiedene, vom Lehrer bereitgestellte Gegenstände aus, die ebenfalls in das „Brauchfeld" gehören, platzieren diese Gegenstände und begründen ihre Wahl. – Im Klassengespräch wird ggf. geklärt, ob im „Brauchfeld" nur das liegt, was man unbedingt zum Leben braucht. Ggf. nehmen die Schüler wieder Gegenstände heraus. – Während die Schüler den Inhalt des „Brauchfeldes" zusammenfassen, fertigt Lehrer Tafelbild 4 b an. Weitere Gegenstände werden nun in ein Wunschfeld gelegt.	Der Umgang mit den Gegenständen beim Auswählen und Hineinlegen in die Felder verstärkt den Effekt des Unterscheidens. Die Unterscheidung wird „gehandhabt".

Phase IV: Vertiefung (etwa 10–15 Min)

Manche Gegenstände werden gebraucht, weil sie für bestimmte Tätigkeiten nützlich sind.	– Nachdem einige Gegenstände weder im Brauchfeld noch im Wunschfeld eingeordnet worden sind, gibt der Lehrer einen Impuls: „Da bleibt ja einiges liegen."
	 – Schüler stellen fest, dass man einige der übrig gebliebenen Dinge manchmal braucht, um eine ganz bestimmte Handlung auszuführen.
	 – Schüler bilden Gruppen und suchen aus einer vom Lehrer bereitgestellten Auswahl verschiedener Gebrauchsgegenstände die Dinge heraus, die sie für eine zuvor vom Lehrer zugeflüsterte Handlung benötigen:
	   – ein Fahrrad flicken
	   – einen Brief schreiben
	   – ein Bild aufhängen
	 – Schüler stellen die von ihnen ausgesuchten Gebrauchsgegenstände vor. Jeweils die anderen Schüler versuchen zu erschließen, für welche Tätigkeiten die Gegenstände gebraucht werden.
	 Die Gegenstände kommen in ein drittes Feld, das vom Lehrer mit dem Schild „nützliche Dinge" markiert wird. (ggf. Anfertigung des Tafelbildes 5)
		Die übrig gebliebenen Gegenstände „sprechen" für eine weitere Unterscheidung des „Brauchens"

Phase V: Sicherung und Anwendung (etwa 5 Min)

Wünschen und Brauchen werden im Hörspiel nicht auseinandergehalten	– Die Schüler werden gebeten, die Unterschiede zwischen den drei Feldern noch einmal in eigenen Worten zu formulieren. – Lehrer präsentiert einen Pullover, wie er im eingangs gehörten Streit von Mutter und Tochter erwähnt wurde. Auf die Frage, in welches Feld dieser Pullover nun gehört, wenden die Schüler ihr erworbenes Wissen an (z. B.: „Stefanie braucht den Pullover, wenn sie unbedingt das Gleiche tragen möchte, wie die anderen"). Falls noch Zeit vorhanden ist: „Wozu braucht ihr die vielen Dinge, die ihr euch gewünscht habt?"	Die Schüler sollen nun deutlicher zwischen „Wünschen" und „Brauchen" unterscheiden können. Dabei kommt es nicht darauf an, dass die Schüler den Pullover in das „richtige" Feld einordnen, sondern dass sie ihre Entscheidung begründen können.

Alternativen

Zu Phase I/ II: Falls das Hörspiel nicht als Impuls für die Nennung von eigenen Wünschen wirkt, werden die Schüler gebeten, sich (möglichst mit geschlossenen Augen) auf drei „Sachen" zu konzentrieren, die sie sich ganz besonders wünschen. So ließe sich dem individuellen und persönlichen Charakter des Wünschens Rechnung tragen, ehe die Wünsche auf ein vorgegebenes Angebot gerichtet werden.

Zu Phase IV: Wenn sich im Verlauf der Stunde abzeichnet, dass für die Gruppenarbeit in Phase IV nicht genügend Zeit bleibt, dann kann die Auswahl der Gegenstände von einzelnen Schülern vor der Klasse vorgenommen werden.

Geplantes Tafelbild

Brauchen wir alles, was wir uns wünschen? (1)			
(2) (Abbildungen der gewünschten Gegenstände mit Karten an der Magnettafel)	Wir haben viele *Wünsche*. (3 a) – Spielzeug – Kleidung – Süßigkeiten – Bälle – Radio … (3 b)	Zum Leben *brauchen* wir *unbedingt*: (4) – Nahrungsmittel – Wasser/ Getränke – Kleidung – eine Wohnung	*Nützliche* Gegenstände (5) – Hammer – Nagel – Flickzeug …

Anmerkung: Die kursiven Wörter werden in Farbe geschrieben. Tafelanschrift (5) entfällt eventuell

Text des Hörspiels

Stefanie:	Guck mal, Mami! Der Pullover hier im Schaufenster. Der ist stark!
Mutter:	Du meinst den Pullover dort? Den da, der auf dem Regal liegt?
Stefanie:	Nein, den doch nicht. Ich meine den hier vorne. Den hier. Hier gleich hinter der Scheibe. Den mit dem großen Dino drauf.
Mutter:	Ach, diesen hier. – Hooo, der ist aber teuer!
Stefanie:	Ist aber auch ein Dino-Pullover. Ich finde, der Dinosaurier darauf ist so lustig.
Mutter:	Dino hin, Dino her. Der ist einfach viel zu teuer.
Stefanie:	Ich möchte so einen Pullover so gerne haben. Mami, so einen wünsche ich mir.
Mutter:	Hör mal, Stefanie. Du hast doch gerade erst vor zwei Wochen einen neuen Pullover bekommen. Du hast zur Zeit drei Pullover. Das reicht doch wohl erst einmal.
Stefanie:	Aber ich habe keinen Dino-Pullover!
Mutter:	Na und? Also, Stefanie, bitte! Deine Pullover haben dir bisher alle gut gefallen. Und außerdem sind sie alle schön warm. Das ist doch die Hauptsache!
Stefanie:	Aber der da im Fenster ist noch viel toller. Den wünsche ich mir so sehr.
Mutter:	Nun gib endlich Ruhe! Du hast drei schöne warme Pullover. Du brauchst zur Zeit keinen neuen.
Stefanie:	Aber die anderen in meiner Klasse haben auch so einen Pullover mit einem Dinosaurier drauf.
Mutter:	Wer – die anderen?
Stefanie:	Na, Mark, Rosi und Sabine.
Mutter:	Na und. Erst einmal musst du noch lange nicht alles haben, was die anderen tragen. Und zweitens sag ich noch einmal: Du hast genügend Pullover. Die sind schön und warm. Im Moment brauchst du wirklich keinen neuen.
Stefanie:	Brauche ich aber doch!

Verwendete Literatur
Fromm, E. (1979): Haben und Sein. Die seelischen Grundlagen der neuen Gesellschaft, München.
Fromm, E. (1991): Vom Haben zum Sein. Wege und Irrwege der Selbsterfahrung, Weinheim und Basel, 4. Auflage.
Kahlert, J. & Engelhardt, W. (1997): Kinder brauchen Wünsche. In: Sache Wort Zahl, H.12, 4–11.
Kaminski, H. (1981): Bedürfnisse. Ein Unterrichtsmodell. Bad Heilbrunn.
Meixner, J. (1993): Kinder, Konsum, Werbung. Erkenntnisse aus der Praxis. In: Grundschulmagazin, Heft 11, 4–7.
Moser, S., Ropohl, G. & Zimmerli, W. Ch. (Hrsg.) (1978): Die „wahren" Bedürfnisse oder: Wissen wir, was wir brauchen? Basel, Stuttgart.

In diesem Kapitel ging es darum …
… herauszuarbeiten, worauf sich die Planung von Sachunterricht konzentrieren sollte.
Es gehört zum professionellen Anspruch an Lehrerinnen und Lehrer des Sachunterrichts, die Auswahl der im Unterricht behandelten Inhalte didaktisch begründen zu können und die Sachbegegnung methodisch angemessen zu strukturieren.
Damit Sachunterricht nachhaltig wirksame Grundlagen für den Aufbau zuverlässiger und belastbarer Vorstellungen der Kinder über ihre Umwelt schaffen kann, muss er anschlussfähig sowohl für die Erfahrungen der Schülerinnen und Schüler als auch für das Potenzial von Fachkulturen sein.
Angesichts der raschen Zunahme und Veränderung des Wissens, das für das Verständnis von Umweltgegebenheiten und -beziehungen bedeutsam sein kann, ist es nicht sinnvoll, Inhalte des Sachunterrichts in Form eines Stoffkatalogs festzuschreiben. Um Beliebigkeit bei der Stoffauswahl zu verhindern, ist es jedoch erforderlich, die didaktische Ergiebigkeit von Unterrichtsinhalten zu gewährleisten, zu sichern und zu begründen.
Mit der Konzeption der didaktischen Netze wurde ein Planungsinstrument bereit gestellt, mit dem sich das didaktische Potenzial von Unterrichtsinhalten unter Berücksichtigung von bedeutsamen Dimensionen der Lebenswelt und fachlich gesicherten Wissens entfalten lässt.
Zusammen mit begründet ausgewählten methodischen Kompetenzen, die mit Sachunterricht angestrebt werden sollen, lassen sich mit Hilfe der Inhalte aus einem themenbezogenen didaktischen Netz gehaltvolle Lernschwerpunkte für die geplante Unterrichtseinheit und/oder Stunde entwickeln.
Allerdings können auch didaktische Netze Lernerfolg nur wahrscheinlicher machen, nicht garantieren. Darum handelt das nächste Kapitel von der Analyse durchgeführten Sachunterrichts.

So könnten Sie Ihre Lernergebnisse anwenden und sichern:

1. *Wählen Sie aus dem für Sie gültigen Lehrplan einen Themenbereich des Sachunterrichts aus und begründen sie die Bedeutung dieses Themenbereichs mit den Überlegungen in Teil 5.1.2. Wenn Sie in arbeitsgleichen Gruppen arbeiten, können Sie ihre Argumente miteinander vergleichen.*

2. *Suchen Sie aus den Grundschulzeitschriften wie Grundschule, Grundschulunterricht oder Sache Wort Zahl zwei Artikel heraus, die praktische Anregungen für den Sachunterricht geben. Welche Methoden (vgl. Ergänzung 26, S. 212ff.) kommen zur Anwendung? Welche methodischen Kompetenzen (Ergänzung 25, S. 211f.) können Ihrer Auffassung nach in diesem Unterricht erworben werden? Welche werden vorausgesetzt?*

3. *Kluge Philosophen und Erzieher haben schon immer darauf geachtet, Lernende nicht zu schnell mit fertigem Wissen zu konfrontieren, sondern sie anzuregen, über Phänomene, Beobachtungen, Probleme zunächst selbst nachzudenken. Sokrates ließ in seinen „Dialogen" zunächst die Schüler sprechen, dann sprach er zu ihnen; von Cicero ist die Aussage überliefert „Vielen, die lernen wollten, ist die Vormundschaft deren, die lehren, ein Hemmnis" (zitiert nach Montaigne 1580/1992, 186). Bringen Sie diese Aussage in Verbindung mit den Ausführungen über den auf S. 217 beschriebenen Gefahren, „träges Wissen" aufzubauen. Haben Sie aus Ihren eigenen Lernerfahrungen Beispiele, die anschaulich machen, wie Wissen, das zu schnell angeboten wird, das eigene Verstehen behindert?*

4. *Nehmen Sie Stellung zu der Aussage (Teil 5.2.1, S. 217ff.), dass Unterricht nicht wirklich an die Erfahrungen der Kinder anknüpfen kann, sondern dass er anschlussfähig sein muss für die Erfahrungen der Kinder.*

5. *Stellen Sie, alleine oder in Kooperation mit anderen, eine Liste von 3 bis 5 Themengebieten zusammen, die Ihrer Auffassung nach im Sachunterricht behandelt werden sollten. Sind diese Themengebiete mit den polaren Paaren (Ergänzung 27, S. 225ff.) zu erschließen? Versuchen Sie, diejenigen polaren Paare zu identifizieren, die am ehesten für das Themengebiet geeignet sind. In Ergänzung 27 ist der didaktische Stellenwert des jeweiligen polaren Paares erläutert. Versuchen Sie den didaktischen Stellenwert der ausgewählten Themengebiete mit diesen Überlegungen zu begründen.*

6. *Ergänzung 29 gibt an Hand des polaren Paares „kaufen, tauschen, herstellen und handeln – die ökonomische Perspektive" einen Versuch wieder, die Anschlussfähigkeit des polaren Paares sowohl mit Bezug auf wahrscheinliche Schülererfahrungen als auch mit Bezug auf fachliche Angebote zu konkretisieren. Versuchen Sie dies mit einer ähnlichen Struktur für ausgewählte andere polare Paare. Im Seminar an der Universität oder in der 2. Ausbildungsphase können Sie Ihre Ergebnisse miteinander vergleichen und auf diese Weise arbeitsteilig alle polaren Paare konkretisieren. So*

schaffen Sie sich eine von Ihrer Gruppe getragenen Grundlage, um die Bedeutung von Themen und Inhalten des Sachunterrichts zu beurteilen.
7. *Suchen Sie sich ein Themengebiet aus dem Lehrplan heraus und erschließen Sie es arbeitsteilig mit Hilfe der didaktischen Netze (vgl. als Beispiele Ergänzungen 30 und 31, S. 236 f.).*
8. *Konkretisieren Sie in Anlehnung an Ergänzung 34 (S. 244) die Lernschwerpunkte unter Berücksichtigung auch methodisch orientierter Zielsetzungen.*

Wenn Sie an einzelnen Fragen weiterarbeiten möchten …
Ein klassischer und immer noch lesenswerter Aufsatz zur didaktischen Analyse stammt von Klafki 1958.

Anregungen zur systematischen Förderung von methodischen Kompetenzen im Sachunterricht finden sich bei Meier 1997; einen Überblick über die Bedeutung methodischer Kompetenzen arbeitet Ragaller 2000 heraus, Methoden mit Bezug zum Problemlösen hat Knoll 1985, 47–51, zusammengestellt. Eine Ausdifferenzierung methodischer Vorgehensweisen im Sachunterricht und der Begründung von entsprechenden Prinzipien und Arbeitsformen findet sich in Kahlert u.a. 2007, Teil 4.1, 389 ff.

Wer sich für die spezielle Fachperspektive einzelner fachlicher Dimensionen interessiert, kann diese nachlesen in Kahlert u.a. 2007, Kapitel 2.3.1, S. 129ff. Der Beitrag des Sachunterrichts zu verschiedenen fächerübergreifenden Bildungsaufgaben finden sich näher beschrieben in ebd., Teil 2.3.2, 179 ff.

Einen Überblick über verschiedene Formen offenen Unterrichts wie Wochenplanarbeit und Stationenarbeit bietet Hell 1993. Über Lernzirkel informiert Krebs & Faust-Siehl 1993. Grundlagen zur Projektarbeit stellen Frey 1993 und mit Bezug auf die Grundschule Hänsel 1992 dar.

Einen anderen Ansatz, an lebensweltlichen Herausforderungen anzuknüpfen, entwickeln mit der Thematisierung von „Umgangsweisen" als Gegenstand des Sachunterrichts Pech & Rauterberg 2008. Zur Kritik dieses Vorgehens aus wissenschaftstheoretischer Perspektive siehe Einsiedler 2009, 73 f.

Erläuterungen zum Kompetenzbegriff und zur Entwicklung von Kompetenzen im Sachunterricht finden sich in Giest, Hartinger & Kahlert 2008 und in Lauterbach, Hartinger, Feige & Cech (2007), speziell zur Politischen Bildung in der Grundschule siehe Richter 2007.

Anmerkungen
1 Das Verständnis von Didaktik ist heute nicht eindeutig. Der Begriff ist abgeleitet aus verschiedenen griechischen Wörtern wie „didactos" (lehrbar, gelehrt, unterrichtet), „didaskalia" (u. a.: Lehre, Belehrung, Unterricht) (vgl. Kron 1993, 40). Man versteht heute darunter entweder sehr allgemein die „Wissenschaft vom Lehren und Lernen", eingeschränkter die „Theorie oder Wissenschaft vom Unterricht", eine „Theorie der Bildungsinhalte" eine „Theorie der Steuerung von Lernprozessen" oder lediglich eine „Anwendung psychologischer Lehr- und Lerntheorien" (vgl. Kron 1993, 42 ff.).
2 Nach griechisch „methodos" (meta: u. a. nach; hodos: der Weg), also der Weg zu etwas hin.
3 Die Unterscheidung zwischen Dramaturgie und tätigkeitsbezogenen Arrangements ist m. E. grundlegender als die Unterscheidung von Methoden auf der Makroebene und Mikroebene des Unterrichts bei Ragaller 2000, 179. Auf Makroebene sei von der Unterrichtsmethode (im Singular) als „gestaltgebender Bestandteil einer Unterrichtskonzeption" (ebd.) zu sprechen; auf der Mikroebene würde man unter Methoden „vielfältige Verfahren unterrichtlichen Lernens" (ebd., 181) verstehen. Allerdings halten wir es für wichtig, dass die Gestaltgebung von Unterricht unabhängig von einer konkreten Konzeption bedacht wird. Ob Unterricht als offener, frontaler, projektorientierter und wie immer konzeptionell zugeschnittener Unterricht konzipiert wird, er sollte einer Gestalt folgen,

die zumindest grundlegende Elemente miteinander verknüpft. Die Abstimmung solcher grundlegenden Elemente wird als „Dramaturgie" bezeichnet. Unterricht, dem diese dramaturgische Gliederung fehlt, ist kein guter Unterricht.
4 Ich greife hier eine Anregung auf, die mir Roland Lauterbach in einer Diskussion über die konzeptionellen Grundlagen der „didaktischen Netze" gegeben hat.
5 Detailliert lässt sich über einige der dabei entstandenen Wissenschaftsdisziplinen und Fachtraditionen nachlesen bei Serres 1998 und Wilson 2000.
6 Zur Notwendigkeit polarer Zugriffe bei der didaktischen Auslegung von Inhalten vgl. Klafki 1996, 121 f. Bereits Schleiermacher wies in seiner pädagogischen Vorlesung im Jahre 1826 auf den doppelten Bezugsrahmen pädagogischen Handelns hin. Dieses müsste sowohl den Gegenwartsbedürfnissen der zu Erziehenden als auch den Anforderungen der Zukunft gerecht werden. „Je mehr sich beides durchdringt, um so sittlich vollkommener ist die pädagogische Tätigkeit. Es wird sich aber beides desto mehr durchdringen, je weniger das eine dem anderen aufgeopfert wird." (Schleiermacher 1957, 48). Bereits Mead (1927/1983) hatte darauf aufmerksam gemacht, Perspektiven seien „in ihrer wechselseitigen Bezogenheit aufeinander die Natur, die die Wissenschaft kennt." (ebd., 213).
7 Um Missverständnissen vorzubeugen: Hier wird nicht behauptet, typische Kinderfragen auf der Basis langwieriger empirischer Erhebungen zu identifizieren. Es geht hier vielmehr darum, Studierende sowie Lehrerinnen und Lehrer im Zusammenhang mit dem jeweiligen Kompetenzbereich für Orientierungsprobleme und Fragen zu sensibilisieren, mit denen Kinder im Umgang mit ihrer Umwelt konfrontiert sind und die Lernen anstoßen bzw. motivieren können. Die Kinder einer Klasse werden mit Sicherheit viele weitere konkrete Fragen haben, die sich, zumindest teilweise, den Orientierungsfragen zuordnen lassen.

6 Sachunterricht analysieren

> *„Ja, mach nur einen Plan. Sei nur ein großes Licht!*
> *Und mach dann noch 'nen zweiten Plan.*
> *Gehn tun sie beide nicht."*
> Bertholt Brecht 1928

Dies kommt zur Sprache...

Die Berücksichtigung von Lernvoraussetzungen der Kinder, ihrer Vorerfahrungen, die Ausrichtung der Unterrichtsplanung an den jeweils besten verfügbaren Theorien und Erkenntnissen über den Unterrichtsgegenstand und die Orientierung des Lehrens an den als gültig akzeptierten Ergebnissen der Lehr-Lernforschung können Unterrichtserfolg wahrscheinlicher machen. Garantieren können sie ihn nicht.

Zwischen den Lernangeboten der Lehrerinnen und Lehrer und den Lernprozessen, die Schülerinnen und Schüler daraus machen, gibt es keine direkte Kopplung.

Im Folgenden wird zunächst dargelegt, warum deshalb die Beobachtung und Reflexion eigenen Unterrichts unverzichtbar für professionelles Handeln im Sachunterricht ist (6.1). Die anschließenden Teile arbeiten einige grundsätzliche Schwierigkeiten dabei heraus (6.2) und stellen ein Instrument vor, das Lehrerinnen und Lehrer bei der Beobachtung und Reflexion eigenen Unterrichts unterstützen soll (6.3).

6.1 Feinabstimmung zwischen Lehren und Lernen

Folgt man einer moderat konstruktivistischen Interpretation des Lernens, nach der Lernende aus den Angeboten der Umwelt ihren Lernprozess selbst gestalten (vgl. Kapitel 3.5, S. 135 ff.), dann kann man nicht von einer direkten Umsetzung des geplanten in den tatsächlich wirkenden Unterricht ausgehen.

Lehrerinnen und Lehrer schaffen mit ihren Arrangements eine *Lernumgebung*. Unterrichtsplanung zielt dabei darauf, Lernumgebungen so zu arrangieren, dass intendierte Lernprozesse möglichst wahrscheinlich werden. Subjektiv wirksame *Lernsituationen* für die einzelnen Schülerinnen und Schüler entstehen jedoch erst, wenn Lernende den *für sie* interessanten Zugang finden, Bezüge *zu ihren* Erfahrungen herstellen, *eigene Wege* für die Bearbeitung von Aufgaben und Problemen entdecken und sich *individuell* mit den Vorschlägen und Kritiken anderer auseinander setzen.

Lernumgebungen im Sachunterricht mögen nach allen Regeln des „state-of-the-art", also einschlägiger Bezugsdisziplinen und Fachdidaktiken, gestaltet sein, doch letztlich entscheiden die subjektiven Wahrnehmungen, die subjektiv verfügbaren Assoziationen und damit die individuellen kognitiven Konstruktionen darüber, welche tatsächlichen Effekte bei den Schülerinnen und Schülern erreicht werden. Die Planung gibt darüber keine Gewissheit, ja für sich alleine nicht einmal Indizien.
Erfolg des Unterrichts erweist sich erst im Nachhinein. Auf mittlere und lange Sicht zeigt sich an der Lernentwicklung der Schülerinnen und Schüler, ob Unterricht hinreichend wirksam in Bezug auf die Ansprüche gewesen ist. Kurzfristig ermöglicht es die Auswertung relevanter Beobachtungen zu beurteilen, ob das Lerngeschehen den Intentionen entspricht.
Tests, Leistungskontrollen und andere Beobachtungen der Lernentwicklung im Nachhinein geben dabei über die Ergebnisse mehr oder weniger lange vorausgegangenen Unterrichts Aufschluss. Sie offenbaren – bestenfalls – was gelungen bzw. misslungen ist. Dies kann Hinweise für die zukünftige Gestaltung des Unterrichts geben, ist aber in der Regel ohne Rückwirkung auf das Lerngeschehen, das den ermittelten Kenntnissen, Fähigkeiten und Fertigkeiten zugrunde gelegen hat.
Für die Feinabstimmung zwischen dem Angebot der Lehrenden und den Verarbeitungsweisen der Schüler kommen diese Ex post-Beobachtungen zu spät. Um während des Unterrichtens rückkoppelnd auf das Lerngeschehen einwirken zu können, müssen Lehrerinnen und Lehrer den Umgang der Schülerinnen und Schüler mit den Lernangeboten möglichst „just in time", während des Unterrichts oder zeitnah zum Unterricht, beobachten, interpretieren und handelnd verarbeiten.
Dass dies in der Praxis nicht einfach umzusetzen ist, macht folgende Beobachtung anschaulich:
Während eines Pausengesprächs im Lehrerzimmer erwähnt eine Lehrerin die Fehlleistung einer „sonst guten Schülerin" aus der dritten Klasse.
In der zweiten Stunde, im Sachunterricht, hatten die Schüler heraus gearbeitet, dass für die Verbrennung Luft benötigt würde. In einer abschließenden Kontroll-phase sollten die Schüler ihr Wissen anwenden. Dazu bekamen sie Arbeitsblätter vorgelegt, auf denen zwei verschieden große geschlossene Glasgefäße abgebildet waren. In jedes Gefäß war eine brennende Kerze eingezeichnet. Darunter stand die Frage: „Welche Kerze brennt länger?"
Die Lehrerin äußert sich erstaunt darüber, dass die betreffende Schülerin nicht die Kerze im linken (größeren) Behälter, sondern die rechte Kerze angekreuzt hatte.
Um zu demonstrieren, dass die Aufgabe leicht gewesen sei, holt die Lehrerin das Arbeitsblatt hervor – und sieht plötzlich die Antwort der Schülerin in einem anderen Licht.
Nun bemerkt sie, dass die beiden Kerzen nicht genau gleich groß gezeichnet waren. Die Kerze im rechten Glas wirkte ein wenig kleiner als die Kerze im linken Gefäß.

Die Schülerin hatte deshalb möglicherweise die Frage „Welche Kerze brennt länger?" anders begriffen, als sie gemeint war. Statt die Frage im gemeinten Sinne „wird länger brennen" zu verstehen, dachte die Schülerin an die Frage „Welche Kerze brennt schon länger?" Und da die Kerze rechts etwas kleiner als die Kerze auf der linken Seite erschien, lag die Antwort für die Schülerin auf der Hand...
Im Unterricht hatte die Lehrerin keine Gelegenheit gefunden, ihre Beobachtung einer scheinbar falschen Schülerantwort aus einer anderen Sicht zu interpretieren. Erst das eher zufällig zustande gekommene Gespräch im Lehrerzimmer führte zu einer Rekonstruktion der Beobachtung aus einer anderen Perspektive, die zusätzlich Aufschluss über mögliche Verarbeitungsweisen der Schülerin gegeben hat.
Für den Eindruck, den die Lehrerin von der Schülerleistung hat, ist dieser Perspektivenwechsel grundlegend.
Das, was gerade noch wie ein Fehler erschien, sah nun so aus, als könnte es auch Ergebnis einer sehr genauen Wahrnehmung der Schülerin und einer nicht ganz eindeutigen Aufgabenstellung sein.
Dieses Beispiel veranschaulicht, wie schwierig es ist, beim Unterrichten angemessen wahrzunehmen und zu interpretieren, wie die Schülerinnen und Schüler sich mit den angebotenen Impulsen auseinander setzen.
Dabei gilt die Beobachtung der Reaktionen Lernender auf Lernangebote als notwendig für jeden Unterricht.
Gerade weil Intention und Wirkung nicht zur Deckung gebracht werden können, gehört es zum professionellen Handeln, sich Rechenschaft über das Verhältnis von intendiertem Lernen und voraussichtlich stattgefundenem Lernen zu geben (vgl. Helsper & Keuffer 1996, 82; Terhart 1995 a, b).
Zudem belegen Ergebnisse der Unterrichtsforschung, dass besonders jene Lehrerinnen und Lehrer erfolgreich sind, denen es gelingt, „adaptiv" zu unterrichten, also ihre Lehrangebote an die Bedürfnisse und Fähigkeiten der Schüler anzupassen (vgl. Apel 1999, 154 f.).
Daher genügt es nicht, Unterricht zu „erteilen".
Vielmehr ist es erforderlich, den Unterricht am beobachtbaren Lernen der Schüler auszurichten, nicht nur am intendierten Ergebnis und an den entsprechend geplanten Vorstufen.

6.2 Eine professionelle Herausforderung – eigenes Handeln beobachten

Um ihrer Rolle als „pädagogisch-psychologischer Berater" (Weinert 1998, 109) gerecht zu werden, sollten Lehrerinnen und Lehrer versuchen, sich ein angemessenes Bild davon zu machen, wie Schülerinnen und Schüler auf die jeweiligen Unterrichtsangebote reagieren.

Dazu ist es erforderlich, diejenigen Ereignisse und Indizien zu erfassen und zu interpretieren, die Aufschluss darüber geben können, ob das Unterrichtsgeschehen produktives Lerngeschehen darstellt.
Wie verarbeiten die Schüler die gegebenen Impulse und Erklärungen? Welche Indizien für gelingende bzw. misslingende Lernvorgänge lassen sich feststellen? Wo treten Verständigungsschwierigkeiten auf? Ist es gelungen, Vorerfahrungen zu aktivieren? Welche nicht vorhergesehenen Lernanlässe bieten sich während des Unterrichtens und könnten aufgegriffen werden?
In der Praxis stößt die Einlösung dieses Anspruchs allerdings auf erhebliche Schwierigkeiten.
Lernen findet individuell statt, aber während des Unterrichtens sind die Möglichkeiten begrenzt, Indizien für Verarbeitungsweisen einzelner Schüler zu sammeln (vgl. Schön 1983, 332 f.).
Weil Unterricht nicht angehalten werden kann wie ein Videomitschnitt über Unterricht, sind Lehrende gezwungen, selektiv zu beobachten.
Für sie sind zunächst einmal die Schülerreaktionen bedeutsam, die es ermöglichen, Handeln fortzusetzen. Ihre Aufmerksamkeit wird beansprucht von der Aufgabe, jenes Schülerverhalten zu beobachten, das anschlussfähig für eigenes Handeln ist bzw. für jenes, das die Fortsetzung des Unterrichtens gefährdet – und das dann als „Störung" sanktioniert wird.
Schüleräußerungen, ob verbal, mimisch oder gestisch, die Lehrerinnen und Lehrern im Moment des unterrichtlichen Handelns nicht als anschlussfähig erscheinen, haben so weniger Chancen, beachtet zu werden – obwohl sie möglicherweise Indizien für Lern- und Verstehensprozesse geben würden.
Dass darunter die Aufmerksamkeit von Lehrerinnen und Lehrern für Lernprozesse leidet, legen auch Untersuchungen zum Lehrerhandeln nahe.
Danach würden Lehrer sich beim Unterrichten eher auf die ganze Klasse konzentrieren, weniger auf die individuellen Lernschwierigkeiten und -ereignisse (vgl. Bromme 1992, 83 ff.). Und Detailstudien über reale Unterrichtsverläufe offenbaren immer wieder missverständliche Situationsinterpretationen und damit eine nicht effektive Lehrer-Lerner-Kommunikation (vgl. z. B. Maier 1996).
Der Handlungsdruck beim Unterrichten bedeutet jedoch nicht, dass die Selektivität der jeweiligen Beobachtungen zwangsläufig ist.
Zumindest für einen begrenzten Zeitraum können Beobachtungen gezielt auf Indizien gerichtet werden, die näheren Aufschluss darüber geben, was Lernen und Verstehen fördert bzw. erschwert.
Gegen diese gezielte Förderung von Beobachtungen eigenen Unterrichts ließe sich einwenden, dass Lehrerinnen und Lehrer damit kein objektives Bild über den Lern- und Verstehensprozess ihrer Schülerinnen und Schüler gewinnen könnten.
Dieser Einwand würde allerdings den Anspruch an Beobachtungen im Rahmen unterrichtlichen Handelns zu stark „verobjektivieren" und die Nutzung von Möglichkeiten zur Verbesserung der Feinabstimmung verhindern.

Weil Erfolg des Unterrichtens nicht rezepthaft herbeigeführt werden kann, ist unterrichtliches Handeln auch experimentelles, auf Vermutungen gestütztes Handeln. Lehrerinnen und Lehrer stellen während des Unterrichtens ohnehin interpretierende Beobachtungen an und operieren mit Annahmen über ihre Schülerinnen und Schüler.

- Dem Unterrichten liegen mehr oder weniger gut begründete Vermutungen zugrunde, dass man die Lernvoraussetzungen der Schüler einigermaßen trifft, ihr Interesse mit dem Unterrichtsinhalt wenigstens berührt wird und dass die Art und Weise, wie der Unterrichtsinhalt behandelt wird, auch Wirkungen hat, die sich in Richtung von Intentionen bewegen.
- Lehrerinnen und Lehrer müssen sich im Prinzip darum bemühen, Beobachtungen zu machen, die ihre Vermutungen entweder bestätigen oder korrigieren, wollen sie nicht auf Dauer an den Schülern vorbei oder nach dem Prinzip Zufall unterrichten. Dabei stützen sie sich auf Gründe, die es ihnen erlauben, ihre Beobachtungen für hinreichend gültig *zu halten*. Anderenfalls würden sie aus ihren Beobachtungen keine Schlussfolgerungen ziehen können.
- Schließlich setzen die Lehrerinnen und Lehrer ihre Beobachtungen in Beziehung zu ihren Annahmen. Dabei lassen sie sich von den verschiedensten Theorien leiten, zum Beispiel darüber wie man erkennt, ob Schüler aufmerksam sind, welche Ursachen „Störungen" haben, wie man fragen muss, um Lernzuwachs ermitteln zu können oder woran es liegt, wenn Lehrabsicht und Lernerfolg, geplanter Unterrichtsverlauf und tatsächliches Geschehen auseinanderklaffen.

Diese, das unterrichtliche Handeln begleitenden „Theorien", mögen elaboriert oder eher schlicht sein, eigenwillig oder sehr verbreitet – entscheidend ist, dass sie als Elemente eines Handlungsskripts für Unterrichten wirken. Sie liefern die Bedeutung für das, was Lehrerinnen und Lehrer beobachten, beeinflussen, worauf sich ihre Aufmerksamkeit richtet und damit auch, wie Lehrerinnen und Lehrer handeln.

Allgemein gilt, dass sich in Interaktionssituationen, bei denen man auf der Grundlage von Eindrücken über die Interaktionspartner, im Falle des Unterrichts also die Schüler, handelt, die scharfe Trennung zwischen (eher subjektiven) Überzeugungen und (eher intersubjektiv) gesichertem Wissen über die anderen nicht aufrechterhalten lässt (vgl. Brophy 1991; Grossman u. a. 1989).

So müssen Lehrer mit Vermutungen operieren. Sie sind darauf angewiesen, Beobachtungen zu machen, die ihre Vermutungen entweder vorläufig bestätigen oder verwerfen. Dabei zeigen sie ein unterschiedliches Maß an Vertrauen in die Zuverlässigkeit und Gültigkeit ihrer Interpretationen. Und ihre Beobachtungen sowie die Interpretation ihrer Beobachtungen sind von Theorien über das soziale Geschehen Unterricht sowie über das Handeln von Lehrern und Schülern beeinflusst.

Das hat Erziehungswissenschaftler immer wieder dazu bewegt, das Unterrichten selbst zur Quelle pädagogischer Erkenntnisse zu erklären.

- Bereits John Dewey stellte Überlegungen über den „Lehrer als Forscher" (Dewey 1935, 123 f.) an. Die Erziehung ist für ihn eine Tätigkeit, „die in sich selbst die Wissenschaft enthält" (ebd. 141).
- Heinrich Roth spricht von einer „intuitiven Hermeneutik" der Erziehungswirklichkeit (1964, 184).
- Die pädagogische Handlungsforschung hat sich an der Leitidee entwickelt, „Praktiker zum Mitforscher in seinen eigenen Angelegenheiten" (Marotzki 1995, 122) zu machen (siehe auch Altrichter & Posch 1994, 11 ff.).

Die im Folgenden angebotenen „Reflexionshilfen" zielen nicht in erster Linie auf die Ermittlung intersubjektiv gesicherten Wissens über die lernenden Schüler, sondern auf die Erweiterung und Präzisierung der ohnehin immer vorhandenen Interpretationen über die lernenden Schüler (beliefs).

Damit folgen die „Reflexionshilfen" dem Konzept, Praxis zu verbessern, indem man die Aufmerksamkeit für relevante Ereignisse erhöht (vgl. Altrichter & Posch 1994, 259 ff.; Day 1993, 88).

Ist der Einstieg gelungen? Gibt es Indizien, die dafür oder auch dagegen sprechen, dass das Interesse der Schüler geweckt werden konnte? An welchen Stellen ist der Übergang von dem zunächst eher spontanen Interesse zur vertiefenden Bearbeitung geglückt? Was spricht für, was gegen die Erwartung, dass es Lernfortschritte gegeben hat?

Ziel solcher gezielten Beobachtungen des Unterrichtsgeschehens ist es, auf die ablaufenden psychologischen Prozesse angemessener Bezug zu nehmen (Prell 2000, 238), das heißt letztlich, die Wahrscheinlichkeit zu erhöhen, dass Lehren sinnvolles Lernen zur Folge hat. Das bedeutet nicht notwendigerweise eine Deckungsgleichheit zwischen Planung und realem Geschehen.

Selbst wenn die Planung getreu umgesetzt werden konnte, mag es sich im Verlauf des Unterrichtens erweisen, dass einzelne Phasen, Impulse oder Tätigkeiten weniger fruchtbar waren als erwartet. Und umgekehrt gilt, dass selbst erhebliche Abweichungen vom Plan sinnvolles Lerngeschehen ermöglicht haben können.

6.3 Beobachtungs- und Reflexionshilfen

Die hier angebotenen Beobachtungs- und Reflexionshilfen konzentrieren sich auf Phasen und Ereignisse des Unterrichts, die im Kapitel 5.1 (vgl. S. 203 ff.) als bedeutsam für die Strukturierung des Unterrichtsgeschehens dargelegt worden sind. Sie sollen Lehrerinnen und Lehrern vor oder während des Unterrichts als Erinnerungsstütze dienen, um jene Indizien zu erfassen, die Aufschluss über die Qualität von Lern- und Verstehensprozessen geben können. Nach dem Unterricht können sie helfen, das Geschehen lernprozessorientiert zu rekapitulieren und zu interpretieren.

Dazu wird empfohlen, sich Schwerpunkte zu setzen, das heißt, nur einzelne Module (A.-H.) auszuwählen.

Modul A: Lernvoraussetzungen
Dieses Modul unterstützt Beobachtungen, die Aufschluss darüber geben können, wie weit es gelingt, das Vorwissen der Schülerinnen und Schüler zu aktivieren. Lernen am Unterrichtsinhalt setzt voraus, dass Schülerinnen und Schüler den Unterrichtsinhalt in Beziehung zu bereits vorhandenem Wissen, zu Kenntnissen und Erfahrungen setzen können (vgl. Teil 3.4, S. 121 ff.).
Die den Unterricht planenden Lehrerinnen und Lehrer sind letztlich darauf angewiesen, mit mehr oder weniger gut begründbaren Vermutungen über die Lernvoraussetzungen zu operieren. Dieses Modul zur Selbstbeobachtung richtet daher die Aufmerksamkeit darauf, Anhaltspunkte für die inhaltsbezogenen Lernvoraussetzungen der Schülerinnen und Schüler zu gewinnen.

A. Lernvoraussetzungen

1 Die Schüler brachten folgendes Vorwissen/ folgende Erfahrungen in den Unterricht ein …
2 Hinweise darauf sehe ich in Äußerungen und/ oder Verhaltensweisen wie…
3 Das Vorwissen und die Erfahrungen der Schüler zum Unterrichtsgegenstand waren recht einheitlich (trifft voll zu 5 … 4 … 3 … 2 … 1 trifft nicht zu)
4 Dafür habe ich folgende Hinweise …
5 Erwartet hatte ich folgendes Vorwissen/ folgende Erfahrungen …
6 Überrascht war ich von …
7 Das Vorwissen stammt vermutlich aus folgenden Quellen … (ggf. Rückseite einbeziehen)
8 Dafür habe ich folgende Hinweise …
9 So könnte ich das Vorwissen stärker aktivieren …

Modul B: Interesse
Bereits an anderer Stelle wurde dargelegt, dass erfolgreiches Lehren die Aktivierung des Interesses der Lernenden voraussetzt (vgl. Teil 5.1, S. 203 ff.).
Lernende müssen die Erwartung aufbauen können, es lohne sich, sich dem Gegenstand zuzuwenden. Woran erkennen Lehrerinnen und Lehrer, dass dies geschieht? Welche Anhaltspunkte haben sie, wenn sie die Motivation der Kinder beurteilen? Beobachtungen und Reflexionen in Bezug auf das Interesse der Schülerinnen und Schüler möchte das zweite Modul anregen.

B. Interesse

1. Interesse am Unterrichtsgegenstand war bei den meisten Schülern bemerkbar (trifft voll zu 5 … 4… 3 … 2 … 1 trifft nicht zu)
2. Dafür habe ich folgende Hinweise …
3. Interesse am Unterrichtsgegenstand entwickelte sich vermutlich, weil …
4. Meine Vermutung stütze ich auf folgende Äußerungen/ Verhaltensweisen der Schüler …
5. Das Interesse der Schüler war gering. Vermutlich weil …
6. Für meine Vermutung habe ich folgende Hinweise …
7. Um das Interesse stärker zu stimulieren, wäre es sinnvoll …

Modul C: Tätigkeitsleitende Aufgaben
Wie in Kapitel 5.1 (S. 203 ff.) dargelegt, führt die Erstbegegnung mit einem Sachverhalt dann zu zielgeleitetem Lernen, wenn aus dem spontanen Interesse eine Aufgabe erwächst, die Schülerinnen und Schüler herausfordert und die deshalb ihre Tätigkeiten eine ausreichende Zeit lang leiten kann. Aus der anfänglichen Begegnung mit einem Unterrichtsgegenstand muss für die Schüler ein *Anliegen* erwachsen, sich mit dem Gegenstand auseinander zu setzen.
Dieses Modul konzentriert sich auf die Unterstützung von Beobachtungen, die es ermöglichen zu beurteilen, ob aus der ersten Begegnung mit dem Inhalt für die Schüler einsichtige und sinnvolle Arbeitsschritte entwickelt worden sind.

C. Tätigkeitsleitende Aufgaben

1. Aus der Begegnung mit dem Unterrichtsgegenstand entwickelten sich für die Schüler einsichtige/ sinnvolle Aufgaben (ja/ nein)
2. Dafür habe ich folgende Hinweise …
3. Diese tätigkeitsleitenden Aufgaben entwickelten sich durch …
4. Folgende Hinweise lassen vermuten, dass Schüler die Aufgabe(n) nicht einsichtig/ sinnvoll fanden …
5. Für wie viele Schüler trifft das vermutlich (grob geschätzt) zu ?
6. Falls die Aufgaben nicht allen Schülern hinreichend einsichtig geworden sind, dann lag das vermutlich an …
7. Dafür habe ich folgende Hinweise…
8. So hätte ich Schülern die Aufgabe(n) hinreichend einsichtig machen können …

Modul D: Aktivierung der Schüler
Mit diesem Modul werden Beobachtungen angestoßen, die zusätzlichen Auf-schluss darüber geben sollen, ob es gelungen ist, Schüler für die Gestaltung des Lernprozesses zu aktivieren.

> **D. Qualität des Lernens: Aktivierung der Schüler**
>
> 1 Die weitere Vorgehensweise zur Bearbeitung der Aufgabe(n) entwickelte sich vor allem durch …
> 2 Folgende Vorschläge von Schülern konnten nicht umgesetzt werden …
> 3 Dies hatte folgende Gründe…
> 4 Die Schüler eigneten sich neues Wissen/ neue Fähigkeiten an/ festigten erworbenes Wissen/ Fähigkeiten, indem sie …
> 5 Die unter (4) genannten Erarbeitungsformen schienen mir aus folgenden Gründen sinnvoll …
> 6 Im Nachhinein fallen mir folgende weitere Möglichkeiten ein, die Schüler zu aktivieren …

Modul E: Lernintensive Ereignisse
Dieses Modul richtet die Aufmerksamkeit darauf Situationen zu identifizieren, die als besonders lernfördernd angesehen werden können.

> **E. Qualität des Lernens: lernintensive Ereignisse**
>
> 1 Folgende Schülertätigkeiten/-äußerungen haben mir gezeigt, dass die Schüler Lernfortschritte machen …
> 2 Diese Äußerungen zeigen, dass die Schüler …
> 3 Folgende Äußerungen/ Verhaltensweisen der Schülerinnen/ Schüler halte ich für bemerkenswert …
> 4 Bemerkenswert sind diese Äußerungen/ Verhaltensweisen meines Erachtens, weil …
> 5 Folgende Äußerungen/ Verhaltensweisen der Schülerinnen/ Schüler haben mich überrascht …
> 6 Im Nachhinein fallen mir weitere Möglichkeiten zur Schaffung/ Nutzung lernintensiver Ereignisse ein …

Modul F: Schwierigkeiten
In der perspektivischen Auseinandersetzung mit dem Unterrichtsgegenstand, beim Bearbeiten und Erarbeiten, tauchen Schwierigkeiten auf, die Lernen herausfordern, fördern aber auch blockieren und beenden können.
Dieses Modul soll die Aufmerksamkeit für Situationen unterstützen, die als Hinweise für Lern- und Verstehensschwierigkeiten angesehen werden können.

F. Qualität des Lernens: Schwierigkeiten

1 Folgende Schwierigkeiten für die Schüler sind mir aufgefallen …
2 Diese Schwierigkeiten sind meines Erachtens auf folgende Ursachen zurückzuführen …
3 Folgende Schwierigkeiten waren vermutlich für den Lernprozess förderlich …
4 Hinweise dafür sind …
5 Folgende Schwierigkeiten haben vermutlich den Lernprozess eher behindert …
6 Hinweise dafür sind …
7 Folgende Hilfestellungen hätte ich geben können …

Modul G: Wahrnehmbarer Ertrag des Unterrichts für die Schüler
Zu einem erfolgreichen Lehr-Lern-Geschehen gehört es, dass der Unterricht zu einem für die Schüler erkennbaren Ergebnis führt. Dieses Modul richtet daher die Aufmerksamkeit auf Hinweise, die Aufschluss darüber geben können, ob Schülerinnen und Schüler bewusst Ergebnisse ihrer Arbeitsanstrengungen wahrgenommen haben.

G. Wahrnehmbarer Ertrag des Unterrichts für die Schüler

1 Die Unterrichtsstunde führte zu folgenden wahrnehmbaren Ergebnissen…
2 Wahrnehmbar wurden diese Ergebnisse durch …
3 Die meisten Schüler haben diese Ergebnisse vermutlich auch wahrgenommen
(trifft voll zu 5 … 4 … 3 … 2 … 1 trifft nicht zu).
4 Hinweise dafür sind …

> 5 Wenn Schüler diese Ergebnisse nicht wahrgenommen haben, lag das vermutlich an ... (ggf. Rückseite einbeziehen)
> 6 So hätte ich die Ergebnisse deutlicher machen können ...

Modul H: Ertrag des Unterrichts
Damit sollen zusätzliche Beobachtungen angeregt werden, die es ermöglichen, den Erfolg des Unterrichts zu beurteilen.

> **H. Ertrag des Unterrichts**
>
> 1 In der Unterrichtsstunde haben Schülerinnen und Schüler vermutlich Folgendes gelernt ...
> 2 Hinweise dafür sind ...
> 3 Die meisten Schüler haben dies vermutlich gelernt
>   (trifft voll zu 5 ... 4 ... 3 ... 2 ... 1 trifft nicht zu).
> 4 Meine Vermutung stütze ich auf ...
> 5 Der Ertrag des Unterrichts wurde beeinträchtigt durch ...
> 6 Um den Lernertrag zu verbessern würde ich das nächste Mal ...

Eingesetzt werden können die Reflexionshilfen flexibel.
Sie können sich dafür entscheiden, eine Zeit lang Schwerpunkte zu setzen, zum Beispiel bewusst auf Schwierigkeiten zu achten (F) oder auf beobachtbare Indizien für das, was Schüler als Ergebnis des Unterrichts wahrgenommen haben (G).
Wenn man dies mit Hilfe der Module einige Wochen trainiert, wächst die Wahrscheinlichkeit, dass Unterricht verstärkt unter diesen Gesichtspunkten geplant, interpretiert und gestaltet wird. Möglich ist auch, mit Kolleginnen und Kollegen zu verabreden, regelmäßig einige Reflexionsmodule zu bearbeiten, sich über die Ergebnisse zu verständigen und so Anregungen für das Unterrichten zu bekommen.

> **So können Sie die Reflexionshilfen nutzen:**
>
> – Kopieren, ggf. vergrößern und auf Karteikarte kleben
> – vor dem Unterricht: Entscheidung treffen, worauf Sie besonders achten wollen; entsprechende(s) Modul(e) auswählen; zu Beginn höchstens zwei
> – während des Unterrichts: Module als Erinnerungshilfen gut sichtbar auf das Pult legen
> – nach dem Unterricht: mit Hilfe der Module Beobachtungen in Erinnerung rufen, ggf. mit Benutzung der Rückseite; evtl. Notizen machen
> – zunächst nur wenige Module einsetzen; mit wenigen Unterrichtsstunden beginnen (eine in der Woche, eine alle zwei Tage, eine pro Tag; besser weniger Stunden regelmäßig als zu viele Stunden einmalig)
> – evtl. mit Kolleginnen und Kollegen ausgewählte Module parallel einsetzen; Erfahrungen austauschen, Konsequenzen beraten

Ergänzung 35

Vorlaufversionen der Beobachtungs- und Reflexionshilfen wurden mit Lehrerinnen und Lehrern sowie, mit Unterstützung von Seminarrektorinnen und -rektoren, auch in der 2. Ausbildungsphase eingesetzt.
Dabei erinnerten sie sich an Ereignisse, die sie während des Unterrichts eher übersehen hatten. Außerdem fielen ihnen bemerkenswerte Äußerungen der Schüler ein. Auch das eigene Lehrangebot wurde überdacht. So kamen, mit wenig Zeitaufwand, Ereignisse ins Bewusstsein, die den Blick für den eigenen Unterricht erweiterten.

6.4 Schlussbemerkung: eine Haltung der Achtsamkeit einnehmen und fördern

Sorgfältige Beobachtung macht Sachunterricht noch nicht besser, kann aber dazu führen, ihn mit Blick auf die Lern- und Verstehensprozesse der Schüler angemessener zu erfassen.
Lehrerinnen und Lehrer des Sachunterrichts könnten somit gegenüber ihren Schülerinnen und Schülern jene Haltung zur Umwelt einnehmen, von der wir hoffen können, dass Sachunterricht zu ihrer Verbreitung beitragen kann: Sich bemühen, Umwelt differenziert wahrzunehmen, umsichtig zu interpretieren und sie unter Beachtung von Grenzen der eigenen Vorstellungen und des eigenen Wissens mit zu gestalten.
In einer solchen Haltung der Achtsamkeit drückt sich Respekt vor der Unverfügbarkeit einer Welt aus, die viel mehr an Komplexität bietet als jeder Einzelne je wird bewältigen können. Möglicherweise gehört es zu den Paradoxien unserer Existenz, dass wir diese äußere Komplexität produzieren, indem wir versuchen, ihr gerecht zu werden.

In dem Maße, wie wir unsere Umwelt erschließen und unsere Persönlichkeit dabei bilden, erzeugen und sehen wir eine ständig wachsende Vielfalt an Aspekten, Ereignissen und Zusammenhängen. Je differenzierter unsere Eindrücke, Kenntnisse und Einsichten dabei werden, um so komplexer erscheint uns die Welt. Diese Komplexität einzuholen, sie beherrschen zu wollen, endet daher entweder in ignoranter Hybris oder in der Gehetztheit jenes Hasen, der im Wettlauf mit dem Igel immer zu spät kam. Er scheiterte, weil er betrogen wurde.
Dies ist die vordergründige und letztlich auch fatalistische Sicht der Dinge.
Denn im Grunde scheiterte der Hase an sich selbst. Er ignorierte die Anzeichen, die ihm nahelegten, dass seine Mittel nicht angemessen sind, um *dieses* Spiel zu gewinnen.
Statt wieder und wieder zu versuchen noch schneller zu rennen und somit immer mehr vom gleichen, erfolglosen Mittel einzusetzen, hätte der Hase sich besser nach anderen Mitteln umsehen sollen. Und wenn er keine besseren Mittel zur Verwirklichung seines Zieles gefunden hätte, wäre ihm immer noch die Möglichkeit geblieben, aus dem Spiel auszusteigen und sich etwas anderem zu widmen. Im Zusammenspiel des Willens zur Gestaltung und der Einsicht in Grenzen liegt die Chance zur Freiheit.
Wie auch sonst im Alltag, so trifft man auch in der Schule auf Bedingungen, die es mitunter schwer machen, den eigenen Ansprüchen gerecht zu werden.
Sie dennoch nicht aufzugeben, sondern sie als Haltung zu pflegen, gehört möglicherweise zur Ethik des Lehrerberufs, wohl gerade auch im Sachunterricht, der Kinder unterstützen möchte, sich die Welt zu erschließen. Und wäre es nicht möglich, dass Lehrerinnen und Lehrer auch Selbst-Bildung erfahren und betreiben, indem sie sich im Sachunterricht für die Bildung ihrer Schülerinnen und Schüler engagieren, zielstrebig und achtsam zugleich?
Die Antwort auf diese Frage kann ein Buch nicht geben. Wir müssen sie in der Praxis suchen.
Jede(r) für sich.
Aber man könnte sich gelegentlich einander helfen. Wenn man nur wollte.

In diesem Kapitel ging es darum …
… daran zu erinnern, dass Lernen zwar durch Arrangements von möglichst geeigneten Lernumgebungen angeregt, aber nicht mit Sicherheit veranlasst werden kann. Ebenso wichtig wie die überlegte, sorgfältige Planung und umsichtige Durchführung von Sachunterricht ist daher die zeitnahe Analyse des stattgefundenen Unterrichts.
Eine besondere professionelle Herausforderung für Lehrerinnen und Lehrer des Sachunterrichts stellt es dar, sich mit ihren Lernangeboten an den Verarbeitungsprozessen der Schülerinnen und Schüler zu orientieren.

Dazu ist es erforderlich, während des Unterrichtens Indizien für die wahrscheinlichen Verarbeitungsprozesse der Schüler zu identifizieren, zu interpretieren und das eigene Handeln darauf abzustimmen.

Allerdings wird die Aufmerksamkeit von Lehrerinnen und Lehrern beim Unterrichten eher von der Gestaltung von Gruppenprozessen als von den Verarbeitungsweisen einzelner Schüler in Anspruch genommen. Darum wurden Beobachtungs- und Reflexionshilfen angeboten, die während und nach dem Unterricht die Aufmerksamkeit auf Indizien für wahrscheinliche Lernprozesse ausrichten sollen.

So könnten Sie Ihre Lernergebnisse anwenden und sichern:
1. *Die Beobachtung eigenen Unterrichts gleicht ein wenig der Quadratur des soziologischen Teufelskreises: Man kann im Grunde nicht in Interaktion mit anderen handeln und das Handeln vollständig in seiner Wirkung auf andere beobachten. Nehmen Sie zu dieser Aussage Stellung! Können Sie Beispiele außerhalb des Unterrichts anführen, die diese Aussage veranschaulichen?*
2. *Warum ist es trotzdem sinnvoll, eigenen Unterricht gezielt zu beobachten?*
3. *Vergleichen Sie die Module zur Beobachtung und Reflexion eigenen Unterrichts mit den Vorschlägen zur Strukturierung des Unterrichtsgeschehens in Teil 5.1 (S. 203 ff.). Lassen sich die Module den dort dargelegten dramaturgischen Elementen des Unterrichts zuordnen?*
4. *Nutzen Sie Praktika im Studium, um Erfahrungen mit den Beobachtungsmo-dulen zu sammeln. Sie können diese einzeln für sich anwenden oder auch zusammen mit einem Beobachter, der sich Ihren Unterricht anschaut. Referendare können sie mit anderen Teilnehmerinnen und Teilnehmern des Seminars einsetzen.*
5. *Lehrerinnen und Lehrer können Praktika von Studierenden, Hospitationen von Referendaren oder die Kooperation mit Kollegen oder Kolleginnen nutzen, um durch einen Vergleich von Selbst- und Fremdbeobachtung die Fähigkeit zur Wahrnehmung eigenen Unterrichts zu schärfen.*

Wenn Sie an einzelnen Fragen weiterarbeiten möchten ...
Einen Überblick über die Forschung zur Selbstbeobachtung eigenen Unterrichts gibt Prell 2000.

In die Aktionsforschung führen Altrichter & Posch 1994 ein. Dieses Buch enthält auch zahlreiche Praxisvorschläge zur Organisation von Unterrichtsbeobachtung und Reflexion, unter anderen mit Hinzuziehung von Fremdbeobachtern.

Terhart 1995 a, b arbeitet heraus, warum die Beobachtung eigenen Unterrichts zum professionellen Handeln gehört.

Ein Standardwerk für die Beurteilung von Reflexion über die eigenen Handlungen stellt Schön 1983 dar. Dass Lehrerinnen und Lehrer dabei durchaus als Forscherinnen und Forscher tätig sind, stellt bereits Dewey 1935 heraus.

Wichtige Prinzipien des Unterrichts im Hinblick auf die Analyse und Gestaltung von Unterricht werden dargestellt in Kiel 2008.

Literaturverzeichnis

Ackermann, P. (1976): Einführung in den sozialwissenschaftlichen Sachunterricht. München.
Adamina, M. (2004): „Natur – Mensch – Mitwelt" – ein Konzept zum Sach- und Sozialunterricht in der deutschen Schweiz. In: Kaiser, A. und Pech, D. (2004): Neuere Konzeptionen und Zielsetzungen im Sachunterricht. Baltmannsweiler, 180–187.
Aebli, H. (1971): Vorwort zu J. Piaget: Psychologie der Intelligenz. Olten, I–XXI.
Aebli, H. (1980): Denken, das Ordnen des Tuns, Band I, Kognitive Aspekte der Handlungstheorie. Stuttgart.
Aebli, H. (1981): Denken, das Ordnen des Tuns, Band II, Denkprozesse. Stuttgart.
Aebli, H. (1987): Grundlagen des Lehrens. Eine Allgemeine Didaktik auf psychologischer Grundlage. Stuttgart.
Altrichter, H. und Posch, P. (1994): Lehrer erforschen ihren Unterricht. Bad Heilbrunn.
Apel, H. J. (2000): „Verständlich unterrichten – Chaos vermeiden". Unterrichtsmethode als strukturierende Lernhilfe. In: Seibert, a.a.O., 139–159.
Appleton, K. (2003): How Do Beginning Primary School Teachers Cope with Science? Toward an Understanding of Science Teaching Practice. In: Research in Science Education 33. Netherlands, 1–25.
Arbeitsgruppe für Unterrichtsforschung (Hrsg.) (1971): Weg in die Naturwissenschaft. Ein verfahrensorientiertes Curriculum im 1. Schuljahr. Stuttgart.
Arbeitsgruppe für Unterrichtsforschung (Hrsg.) (1977 a): Kinder und ihre natürliche Umwelt. Naturwissenschaftlich-orientiertes Curriculum für den Sachunterricht in der Grundschule. Planungshilfen und Unterrichtsbeispiele, 1. Lernjahr, 1. Halbband. Frankfurt am Main u.a.
Arbeitsgruppe für Unterrichtsforschung (Hrsg.) (1977 b): Kinder und ihre natürliche Umwelt. Naturwissenschaftlich-orientiertes Curriculum für den Sachunterricht in der Grundschule. Planungshilfen und Unterrichtsbeispiele, 1. Lernjahr, 2. Halbband. Frankfurt am Main u.a.
Arbeitsgruppe Pädagogisches Museum (Hrsg.) (1981): Hilfe Schule! Ein Bilder-Lese-Buch über Schule und Alltag. Von der Armenschule zur Gesamtschule, 1827 bis heute. Berlin.
Arbeitskreis Grundschule (Hrsg.) (1978): Handeln und Erkennen im Sozialbereich. Soziales Lernen – Sachunterricht. Frankfurt am Main.
Atkinson, R. L.; Atkinson, R. C.; Smith, E. E.; Bem, D. J. und Nolen-Hoeksema, S. (1993): Introduction to Psychology. Eleventh Edition. Fort Worth u.a.
Aurand, K.; Hazard, B. und Tretter, F. (Hrsg.) (1993): Umweltbelastungen und Ängste. Opladen.
Aust, S. (1975): Der situationsbezogene und problemorientierte Ansatz der Didaktik. Eine Chance für den Sachunterricht in der Grundschule. In: Katzenberger, a.a.O., 545–593.
Ausubel, D. T. (1973): Entdeckendes Lernen. In: Neber, a.a.O., 28–69.
Autorengruppe Bildungsberichterstattung (HG) (2008): Bildung in Deutschland 2008. Ein indikatorengestützter Bericht mit einer Analyse zu Übergängen im Anschluss an den Sekundarbereich I. Bielefeld: W. Bertelsmann. http://www.bildungsbericht.de/daten2008/bb_2008.pdf, 3.7.2008
Bahrdt, H. P. (1985): Schlüsselbegriffe der Soziologie. Eine Einführung mit Lehrbeispielen. München.
Baier, H. (1999): Die Schule im Schulgarten. Zum Verhältnis Umwelterziehung, Schule und Schulgarten. In: Baier u.a., a.a.O., 15–33.
Baier, H.; Gärtner, H.; Marquardt-Mau, B. und Schreier, H. (Hrsg.) (1999): Umwelt, Mitwelt, Lebenswelt im Sachunterricht. Bad Heilbrunn.
Baker, R. G. (1968): Ecological Psychology. Concepts and Methods for Studying the Environment of Human Behavior. Stanford.
Bateson, G. (1992): Ökologie des Geistes, 4. Auflage. Frankfurt am Main.
Bauer, H. F.; Engelhardt, W.-D.; Glöckel, H.; Knoll, J. und Rabenstein, R. (1971): Fachgemäße Arbeitsweisen im Sachunterricht. Bad Heilbrunn.

Baumert, J. (2002): Deutschland im internationalen Bildungsvergleich. In: Killius, N.; Kluge, J. und Reisch. L. (Hrsg.): Die Zukunft der Bildung. Frankfurt am Main, 100–150.
Bäuml-Roßnagl, M.-A. (1989): Kinder und Sachen in der heutigen Lebenswelt als Gegenstand schulischen Lernens. In: Sachunterricht und Mathematik in der Primarstufe, Nr. 9, 382–388.
Bausinger, H. (1990): Heimat in einer offenen Gesellschaft. Begriffsgeschichte als Problemgeschichte. In: Bundeszentrale für politische Bildung, a.a.O., 76–90.
Beck, G. (1993): Lehren im Sachunterricht. In: Die Grundschulzeitschrift, H. 76, 6–8.
Beck, G. und Claussen, C. (1976): Einführung in die Probleme des Sachunterrichts. Kronberg/ Ts.
Beck, G.; Scholz, G. und Walter, Ch. (1991): Szenen – Absichten – Deutungen. Zwei Jahre Auseinandersetzung mit moralischen Fragen. In: Die Grundschulzeitschrift, 50, 14–19.
Beck, G. und Scholz, G. (1995): Soziales Lernen. Kinder in der Grundschule. Reinbek.
Beck, U. (1986): Risikogesellschaft. Auf dem Weg in eine andere Moderne. Frankfurt am Main.
Beck, U. und Beck-Gernsheim, E. (Hrsg.) (1994): Riskante Freiheiten. Frankfurt am Main.
Beilin, H. (1993): Konstruktivismus und Funktionalismus in der Theorie Jean Piagets. In: Edelstein und Hoppe-Graff, a.a.O., 28–67.
Bell, D. (1979): Die nach-industrielle Gesellschaft. Frankfurt/ New York.
Berger, P. L. und Luckmann, T. (1980): Die gesellschaftliche Konstruktion der Wirklichkeit. Eine Theorie der Wissenssoziologie. Frankfurt am Main.
Biester, W. (1997): Technik verstehen. In: Grundschule, H. 10, 20–22.
Bildungskommission NRW (Hrsg.) (1995): Zukunft der Bildung. Schule der Zukunft. Neuwied.
Blaseio, B. (2007): Sachunterricht in den EU-Staaten – ein Überblick. In: Kahlert, u.a., a.a.O., 281-291.
Böhme, G. (1997): The structures and prospects of knowledge society. In: Social Science Information, 36. Jg., H. 3, 447–468.
Bollmann, H. und Warm, U. (1979): Kommunikative Handlungsfähigkeit durch Rollenspiel. In: Silkenbeumer, a.a.O., 129–150.
Bollnow, O. F. (1968): Der Erfahrungsbegriff in der Pädagogik. In: Zeitschrift für Pädagogik, H. 3, 221–252.
Bolscho, D. (1978): Lehrpläne zum Sachunterricht. Köln.
Bolscho, D. und Ingram, D. (1978): Sozialerziehung konkret – Spiele, Materialien und Planungshilfen für eine systematische Sozialerziehung. In: Arbeitskreis Grundschule, a.a.O., 64–81.
Bos, W.; Lankes, E.-M.; Schwippert, K.; Valtin, R.; Voss, A.; Badel, I. und Plaßmeier, N. (2003). Lesekompetenzen deutscher GrundschülerInnen am Ende der vierten Jahrgangsstufe im internationalen Vergleich. Münster.
Brecht, B. (1928/ 1968): Das Lied von der Unzulänglichkeit menschlichen Strebens. In: Die Dreigroschenoper (1928), hier: Frankfurt am Main 1968, 77.
Bredderman, T. (1983): Effects of Activity-based Elementary Science on Student Outcomes: A Quantitative Synthesis. In: Review of Educational Research, 4, 499–518.
Brophy, J. (Hrsg.) (1991): Advances in Research on Teaching, Vol. 2. Greenwich.
Bruner, J. F. (1973): Der Akt der Entdeckung. In: Neber, a.a.O., 15–27.
Bruner, J. S. (1974): Entwurf einer Unterrichtstheorie. Düsseldorf/ Berlin.
Bruner, J. S. u.a. (1971): Studien zur kognitiven Entwicklung. Stuttgart.
Bundesministerium für Bildung und Forschung (Hrsg.) (2003): „Zur Entwicklung nationaler Bildungsstandards". Bonn.
Bundesministerium für Familie, Senioren, Frauen und Jugend (Hrsg.) (1998a): Kinder und ihre Kindheit in Deutschland. Eine Politik für Kinder im Kontext von Familienpolitik. Stuttgart/ Berlin/ Köln.
Bundesministerium für Familie, Senioren, Frauen und Jugend (Hrsg.) (1998b): Die Familie im Spiegel der amtlichen Statistik, 3. aktualisierte und erweiterte Neuauflage. Bonn.
Bundeszentrale für politische Bildung (Hrsg.) (1990): Heimat. Analysen, Themen, Perspektiven. Bonn.

Bundeszentrale für Politische Bildung (2008): Erwerbstätigkeit von Eltern nach Zahl der Kinder, http://www.bpb.de/files/2HLA66.pdf, 1.4.2009.
Burk, K. (1977): „Lernbereich" – was ist das? In: Westermanns Pädagogische Beiträge, H.1, 28–34.
Cellérier, G. (1993): Strukturen und Funktionen. In: Edelstein und Hoppe-Graff, a.a.O., 68–91.
Ceruti, M. (1991): Der Mythos der Allwissenheit und das Auge des Betrachters. In: Watzlawick und Krieg, a.a.O., 31–60.
Claar, A. (1993): Detailanalyse der Begriffkonstruktion: Die Integration von Teilbegriffen am Beispiel der Bank. In: Edelstein und Hoppe-Graff, a.a.O., 156–177.
Cogan, J. F. und Derricott, R. (1996): The effects of educational reform on the content and status of the social subjects in England and Wales and the USA: a case study. In: International Review of Education, 6, 623–646.
Comenius, J. A. (1657/ 1954): Grosse Didaktik. In neuer Übersetzung herausgegeben von A. Flitner. Düsseldorf und München.
Dammer, K. (1996): Was wissen wir über den Aufbau von Erkenntnisstrukturen bei Kindern? In: Erdmann, J. W.; Rückriem, G. und Wolf, E. (Hrsg.): Kindheit heute. Differenzen und Gemeinsamkeiten. Bad Heilbrunn, 157–169.
Damon, W. (1984): Die soziale Welt des Kindes. Frankfurt am Main.
Damon, W. und Hart, G. (Hrsg.) (1988): Self-understanding in childhood and adolescence. Cambridge u.a.
Daum, E. (1999): Von der Lebenswelt zum „eigenen Leben". Sachunterricht zwischen Illusion und Wirklichkeit. In: Baier u.a., a.a.O., 169–180.
Day, C. (1993): Reflection: a necessary but not sufficient condition for professional development. In: British Educational Research Journal, Vol. 19, Nr. 1, 83–93.
Derbolav, J. (1974): Handeln, Handlung, Tat, Tätigkeit. In: Ritter, J. (Hrsg.): Historisches Wörterbuch der Philosophie, Band 3, G–H. Darmstadt, 992–994.
Detzer, K. A. (1999): Homo oeconomicus und homo faber – dominierende Leitbilder oder Menschenbilder in Wirtschaft und Technik? In: Oerter, a.a.O., 99–115.
Deutsche UNESCO-Kommission (Hrsg.) (1997): Lernfähigkeit: Unser verborgener Reichtum. Neuwied u.a.
Deutscher Bildungsrat (1972): Strukturplan für das Bildungswesen, 4. Auflage. Stuttgart.
Dewey, J. (1910/ 1951): Wie wir denken. Eine Untersuchung über die Beziehung des reflektiven Denkens zum Prozeß der Erziehung. Zürich.
Dewey, J. (1935): Die Quellen einer Wissenschaft von der Erziehung. In: Dewey und Kilpatrick, a.a.O., 102–141.
Dewey, J. (1976): The Child and the Curriculum. In: The middle works (1899–1924). Volume 2 (1902–1903). Carbondale/ Edwardsville, 273–291.
Dewey, J. (1984): Construction and Criticism. In: Ders.: Later Works, Band 5, Carbondale, 127–143.
Diesterweg, F. A. (1838/ 1975): Wegweiser für deutsche Lehrer, 2. Auflage. Essen. Auszugsweise in: Günther, K.-H. u.a. (1975): Quellen zur Geschichte der Erziehung, 7. Auflage. Berlin, 230–238.
Dietrich, T. (1988): Zeit- und Grundfragen der Pädagogik, 4. Auflage. Bad Heilbrunn.
Ditt, K. (1990): Die deutsche Heimatbewegung 1871–1945. In: Bundeszentrale für politische Bildung, a.a.O., 135–154.
Dolch, J. (1965): Lehrplan des Abendlandes. Zweieinhalb Jahrtausende seiner Geschichte. Ratingen.
Dollase, R. (1997): Auskünfte über Kinder. Nutzen der Entwicklungspsychologie für die pädagogische Praxis. In: Gesing, H. (Hrsg.): Pädagogik und Didaktik der Grundschule. Neuwied, 45–61.
Drosdowski, G. u.a. (Hrsg.) (1970): Das Bedeutungswörterbuch. Duden, Band 10, Mannheim/ Wien/ Zürich.
Dubs, R. (1995): Konstruktivismus: Einige Überlegungen aus der Sicht der Unterrichtsgestaltung. In: Zeitschrift für Pädagogik, H. 6, 889–903.

Duismann, G. H. und Plickat, D. (1999): Umwelt und Lebenswelt ohne Technik? Zu einem „herausfordernden" didaktischen Problem. In: Baier u.a., a.a.O., 195–212.
Duit, R. (1995): Zur Rolle der konstruktivistischen Sichtweise in der naturwissenschaftsdidaktischen Lehr- und Lernforschung. In: Zeitschrift für Pädagogik, H. 6, 905–923.
Duit, R. (1997): Alltagsvorstellungen und Konzeptwechsel im naturwissenschaftlichen Unterricht – Forschungsstand und Perspektiven für den Sachunterricht in der Primarstufe. In: Köhnlein; Marquardt-Mau und Schreier, a.a.O., 233–246.
Duncker, L. (1992): Der Erziehungsanspruch des Sachunterrichts. Anthropologische Aspekte eines Begründungszusammenhangs. In: Lauterbach u.a., a.a.O., 66–82.
Duncker, L. (1994): Der Erziehungsanspruch des Sachunterrichts. In: Duncker und Popp, a.a.O., 29–40.
Duncker, L. (1999): Perspektivität und Erfahrung. Kontrapunkte moderner Didaktik. In: Die Deutsche Schule, 5. Beiheft, 44–57.
Duncker, L. und Hohberger G. (1980): Mehrperspektivität und Handlungsfähigkeit im Unterrricht. Konzeption und Beispiele zu einer alltagsorientierten Didaktik. In: Ziechmann, a.a.O., 59–95.
Duncker, L. und Popp W. (Hrsg.) (1994): Kind und Sache. Zur pädagogischen Grundlegung des Sachunterrichts. Weinheim/ München.
Duncker, L. und Popp, W. (1994 a): Der schultheoretische Ort des Sachunterrichts. In: dies., a.a.O., 15–28.
Duncker, L. und Popp, W. (Hrsg.) (1997): Über Fachgrenzen hinaus. Chancen und Schwierigkeiten des fächerübergreifenden Lehrens und Lernens. Band I: Grundlagen und Begründungen. Heinsberg.
Duncker, L.; Scheunpflug, A. und Schulheis, K. (2004): Schulkindheit. Anthropologie des Lernens im Schulalter. Stuttgart.
Eckardt, P.-D. (1974): Sachunterricht. Analyse und Kritik. Ratingen/ Kastellaun/ Düsseldorf.
Edelmann, W. (1996): Lernpsychologie, 5. vollst. überarb. Auflage. Weinheim.
Edelstein, W. (1993): Soziale Konstruktion und die Äquilibration kognitiver Strukturen: Zur Entstehung individueller Unterschiede in der Entwicklung. In: Edelstein und Hoppe-Graff, a.a.O., 92–106.
Edelstein, W. und Hoppe-Graff, S. (Hrsg.) (1993): Die Konstruktion kognitiver Strukturen. Perspektiven einer konstruktivistischen Entwicklungspsychologie. Bern u.a.
Einsiedler, W. (1975): Arbeitsformen im modernen Sachunterricht der Grundschule. Begründung, Beschreibung, Unterrichtsgestaltung, 5. Auflage. Donauwörth.
Einsiedler, W. (1979): Konzeptionen des Grundschulunterrichts. Bad Heilbrunn.
Einsiedler, W. (1992): Kategoriale Bildung im Sachunterricht der Grundschule. In: Pädagogische Welt, H. 11, 482–486.
Einsiedler, W. (1994 a): Der Sachunterricht in der Grundschule als Voraussetzung für Allgemeinbildung. In: Grundschulmagazin, 9, H. 2, 38–42.
Einsiedler, W. (1994 b): Aufgreifen von Problemen – Gespräche über Probleme – Problemorientierter Sachunterricht in der Grundschule. In: Duncker und Popp, a.a.O., 199–212.
Einsiedler, W. (1997 a): Probleme und Ergebnisse der empirischen Sachunterrichtsforschung. In: Marquardt-Mau u.a., a.a.O., 18–42.
Einsiedler, W. (1997 b): Grundlegende Bildung durch Sachunterricht. In: Direktorium des Instituts für Grundschulpädagogik (Hrsg.): Grundlegung von Bildung in der Grundschule von heute. Potsdam, 157–161.
Einsiedler, W. (1997 c): Grundschulkinder und die Lebenswelt Medien. In: Lompscher, J. u.a. (Hrsg.): Leben, Lernen und Lehren in der Grundschule. Neuwied, 129–143.
Einsiedler, W. (2000): Bildung grundlegen und Leisten lernen in der Grundschule. In: Kahlert; Inckemann und Speck-Hamdan, a.a.O., 37–49.
Einsiedler, W. (2001): Empirische Forschung zum Sachunterricht. In: Spreckelsen, K.; Hartinger, A. und Möller, K. (Hrsg.): Ansätze und Methoden empirischer Forschung zum Sachunterricht. Bad Heilbrunn.

Einsiedler, W. (2009): Neuere Ergebnisse der entwicklungs- und der kognitionspsychologischen Forschung als Grundlage der Didaktik des Sachunterrichts. In: Zeitschrift für Grundschulforschung, H. 1, 61–76.

Einsiedler, W. und Rabenstein, R. (Hrsg.) (1985): Grundlegendes Lernen im Sachunterricht. Bad Heilbrunn.

Einsiedler, W. und Schirmer, G. (1986): Sachunterrichtsreform und Unterrichtsgestaltung. Eine Analyse von Schülerarbeitsmappen 1968–1981. In: Die Deutsche Schule, 3, 316–326.

Einsiedler, W.; Götz, M.; Hacker, H.; Kahlert, J.; Keck, R. und Sandfuchs, U. (Hrsg.) (2005): Handbuch Grundschulpädagogik und Grundschuldidaktik. Bad Heilbrunn.

Erpenbeck, J. und Rosenstiel, L. v. (2003): Einführung. In: dies. (Hrsg.): Handbuch Kompetenzmessung. Erkennen, verstehen und bewerten von Kompetenzen in der betrieblichen, pädagogischen und psychologischen Praxis. Stuttgart, S. IX–XL.

Eurydice – das Bildungsinformationsnetz in der Europäischen Union (Hrsg.) (1994): Die Bildung im Elementar- und Primarbereich in der Europäischen Union. Brüssel.

Fahn, K. (1988): Das Methodenproblem im Sachunterricht in der Grundschule.

Faust-Siehl, G. u.a. (1996): Die Zukunft beginnt in der Grundschule. Empfehlungen zur Neugestaltung der Grundschule. Frankfurt am Main.

Faust-Siehl, G. und Schweitzer, F. (1991): Rettung unter Einsatz eigenen Lebens? Begründungsansätze und pädagogische Chancen in Moraldiskussionen mit Grundschulkindern. In: Die Grundschulzeitschrift, 5, Nr. 50, 42–45.

Faust-Siehl, G. und Speck-Hamdan, A. (1998): Sich in anderen sehen: Fremd- und Selbstwahrnehmung im Grundschulalter. In: Kahlert, a.a.O., 111–126.

Feffer, M. H. und Gourevitch, V. (1982): Kognitive Aspekte der Perspektivenübernahme bei Kindern. In: Geulen, a.a.O., 205–222.

Fend, H. (1981): Theorie der Schule. München u.a.

Fikenscher, F.; Rüger, K. und Weigand, G. (1963): Die weiterführende Heimatkunde im 4. Schuljahr. Ansbach.

Flitner, A. (1996): Schule. In: Krüger, H. H. und Helsper, W. (Hrsg.): Einführung in Grundbegriffe und Grundfragen der Erziehungswissenschaft, 2. Auflage. Opladen, 167–176.

Foerster, H. v. (1997): Entdecken oder Erfinden. Wie lässt sich Verstehen verstehen? In: derselbe: Einführung in den Konstruktivismus, 3. Auflage. München/ Zürich, 41–88.

Fölling-Albers, M. (1989): Einführung. In: dies. (Hrsg.): Veränderte Kindheit – Veränderte Grundschule. Frankfurt am Main, 12–14.

Fölling-Albers, M. (2001): Veränderte Kindheit – revisited. Konzepte und Ergebnisse sozialwissenschaftlicher Kindheitsforschung der vergangenen 20 Jahre. In: Fölling-Albers, M.; Richter, S.; Brügelmann, H. und Speck-Hamdan, A. (Hrsg.): Jahrbuch Grundschule III, Seelze/ Velber, 10–51.

Fölling-Albers, M. (2005): Soziokulturelle Bedingungen der Kindheit. In: Einsiedler, W.; Götz, M.; Hacker, H.; Kahlert, J.; Keck, R.W. und Sandfuchs, U. (Hrsg.): Handbuch Grundschulpädagogik und Grundschuldidaktik, 2. Auflage. Bad Heilbrunn, 155–166.

Franz, U. (2006): Die Bedeutung von Unterrichts- und Lehrervariablen für den Wissenserwerb und die Interessenförderung im naturwissenschaftlichen Sachunterricht – Eine empirische Studie zum Thema „Strom". Unveröff. Dissertation.

Frey, K. (1993): Die Projektmethode, 5. Auflage, Weinheim/ Basel.

Frühwald, W. (1997): Zeit der Wissenschaft. Forschungskultur an der Schwelle zum 21. Jahrhundert. Köln.

Gadamer, H. G. (1967): Kleine Schriften I. Philosophische Hermeneutik. Tübingen.

Gardner, H. (1996): Der ungeschulte Kopf. Wie Kinder denken. Stuttgart.

Gärtner, H. (1978): Zur Geschichte des Sachunterrichts. In: Heuß, a.a.O., 9–41.

Gebauer M. und Harada, N. (2005): Naturkonzepte und Naturerfahrung bei Grundschulkindern – Ergebnisse einer kulturvergleichenden Studie in Japan und Deutschland. In: Cech, D. und Giest, H. (Hrsg): Sachunterricht in Praxis und Forschung. Bad Heilbrunn, 191–206.

Gebhard, U. (1993): Kind und Natur. Die Bedeutung der Natur für die psychische Entwicklung. Opladen.

Gehlen, A. (1961): Anthropologische Forschung. Zur Selbstbegegnung und Selbstentdeckung des Menschen. Reinbek.

Gell-Mann, M. (1994): Das Quark und der Jaguar. München.

George, S. und Prote, I. (Hrsg.) (1996): Handbuch zur politischen Bildung in der Grundschule. Schwalbach.

Geppert, U. (1997): Entwicklung lern- und leistungsbezogener Motive und Einstellungen: Literaturüberblick. In: Weinert und Helmke a.a.O., 45–58.

Gerstenmaier, J. und Mandl, H. (1995): Wissenserwerb unter konstruktivistischer Perspektive, In: Zeitschrift für Pädagogik, Nr. 6, 867–888.

Gesellschaft für Didaktik des Sachunterrichts (GDSU) (1999): Positionspapier zum Sachunterricht. In: Gesellschaft für Didaktik des Sachunterrichts (GDSU) (Hrsg.): GDSU-Dokumentation, 1992–1999. Vechta, 16–19.

Gesellschaft für Didaktik des Sachunterrichts (GDSU) (2001): Perspektivrahmen Sachunterricht. In: dies. (Hrsg.): GDSU-Info, Nr. 18, 4–15.

Gesellschaft für Didaktik des Sachunterrichts (GDSU) (Hrsg.) (2002): Perspektivrahmen Sachunterricht. Bad Heilbrunn.

Geulen, D. (Hrsg.) (1982): Perspektivenübernahme und soziales Handeln. Texte zur sozial-kognitiven Entwicklung. Frankfurt am Main.

Gibbons, M. u.a. (1995): The New Production of Knowledge. Dynamics of Science and Research in Contemporary Societys. London u.a.

Giel, K. (1975): Vorbemerkungen zu einer Theorie des Elementarunterrichts. In: Giel, K. u.a. (Hrsg.): Stücke zu einem mehrperspektivischen Unterricht. Aufsätze zur Konzeption 2. Stuttgart, 8–181.

Giel, K. (1994): Versuch über den schulpädagogischen Ort des Sachunterrichts. Ein philosophischer Beitrag zum Curriculum Sachunterricht. In: Lauterbach, u.a. (1994): a.a.O., 18–50.

Giel, K. (2001): Zur Revision des „Mehrperspektivischen Unterrichts" (MPU). In: Köhnlein und Schreier, a.a.O., 201–216.

Giel, K.; Hiller, G. und Krämer, H. (1974): Stücke zu einem mehrperspektivischen Sachunterricht. Aufsätze zur Konzeption 1. Stuttgart.

Giel, K.; Hiller, G. und Krämer, H. (1974 a): Probleme der Curriculumkonstruktion in Vor- und Grundschule. In: Giel; Hiller und Krämer, a.a.O., 12–33.

Giel, K.; Hiller, G. und Krämer, H. (1975): Stücke zu einem mehrperspektivischen Sachunterricht. Aufsätze zur Konzeption 2. Stuttgart.

Giest, H. (2007a): Kognitive Entwicklung. In: Kahlert, u.a., a.a.O., 328–337.

Giest, H. (2007b): Methodisches Erschließen. In: Kahlert, u.a., a.a.O., 100–103.

Giest, H.; Hartinger, A. und Kahlert, J. (Hrsg.) (2008a): Kompetenzniveaus im Sachunterricht. Klinkhardt Verlag. Bad Heilbrunn.

Giest, H.; Hartinger, A. und Kahlert, J. (2008b): Auf dem Weg zu einem sachunterrichtlichen Kompetenzmodell. In: Giest u.a., a.a.O., 155–180.

Gläser, E. (2005): Perspektivität als eine Leitlinie didaktischen Denkens und Handelns – Eine Studie zum ökonomischen Wissen und Verstehen von Grundschulkindern. In: Hartinger, A. und Kahlert, J. (Hrsg.): Förderung des wissenschaftlichen Nachwuchses im Sachunterricht. Bad Heilbrunn, 69–83.

Gläser, E. (2007): Entwicklung des ökonomischen Denkens. In: Kahlert, u.a., a.a.O., 358–361.

Glasersfeld, E. v. (1997): Wege des Wissens. Konstruktivistische Erkundungen durch unser Denken. Heidelberg.
Glöckel, H. (1996): Vom Unterricht, 3. Auflage. Bad Heilbrunn.
Glöckel, H.; Rabenstein, R.; Drescher, W. und Kreiselmeyer, H. (Hrsg.) (1992): Vorbereitung des Unterrichts. Bad Heilbrunn.
Glumpler, E. und Wittkowske, S. (Hrsg.) (1996): Sachunterricht heute. Zwischen interdisziplinärem Anspruch und traditionellem Fachbezug. Bad Heilbrunn.
Goffman, E. (1994): Interaktion und Geschlecht. Frankfurt am Main/ New York.
Goldstein, R. (1995): Ecole et société des politiques aux pratiques. Lyon.
Goodson, I. F. (1999 a): Schulfächer und ihre Geschichte als Gegenstand der Curriculumforschung im angelsächsischen Raum. In: Goodson u.a., a.a.O., 29–46.
Goodson, I. F. (1999 b): Entstehung eines Schulfaches. In: Goodson u.a., a.a.O., 151–176.
Goodson, I. F.; Hopmann, St. und Riquarts, K. (Hrsg.) (1999): Das Schulfach als Handlungsrahmen. Vergleichende Untersuchung zur Geschichte und Funktion der Schulfächer. Köln.
Götz, M. (2005): Heimat als Bezugsfeld der Heimatkunde und des Sachunterrichts. In: Einsiedler u. ., a.a.O., 596–604.
Götzfried, W. (1997): Bedeutungsvolles Wissen im Sachunterricht aufbauen. In: Grundschule, H. 10, 13–16.
Greeno, J. G. und Riley, M. S. (1984): Prozesse des Verstehens und ihre Entwicklung. In: Weinert und Kluwe, a.a.O., 252–274.
Greven, J. und Letschert, J.F.M. (2004): Welt- und Umweltkunde in den Niederlanden. In: Kaiser, A. und Pech, D. (2004): Neuere Konzeptionen und Zielsetzungen im Sachunterricht. Baltmannsweiler, 170–179.
Grimm, J. und Grimm, W. (Hrsg.) (1862): Deutsches Wörterbuch, Band 3. Leipzig.
Gross, P. (1994): Die Multioptionsgesellschaft. Frankfurt am Main.
Grossman, P. L. u.a. (1989): Teachers of substance: subject matter knowledge for teaching. In: Reynolds, M. C. (Hrsg.): Knowledge Base for the Beginning Teacher. Oxford, 23–36.
Gruber, H.; Mandl, H. und Renkl, A. (2000): Was lernen wir in der Schule und Hochschule: Träges Wissen? In: Mandl und Gerstenmaier, a.a.O., 139–156.
Gudmundsdottir, S. (1990): Curriculum Stories. Four Case Studies of Social Studies Teaching. In: Day, Ch. (Hrsg.): Insights into Teachers' Thinking and Practice. London, 107–118.
Habermas, J. (1985): Untiefen der Rationalitätskritik. In: ders.: Die neue Unübersichtlichkeit. Frankfurt am Main, 132–137.
Habermas, J. (1988a): Theorie des kommunikativen Handelns. Erster Band. Frankfurt am Main.
Habermas, J. (1988b): Theorie des kommunikativen Handelns. Zweiter Band. Frankfurt am Main.
Habermas, J. und Luhmann, N. (1971): Theorie der Gesellschaft oder Sozialtechnologie – Was leistet die Systemforschung? Frankfurt am Main.
Hacker, W. (1978): Allgemeine Arbeits- und Ingenieurspsychologie. Bern.
Hagstedt, H. und Spreckelsen, K. (1986): Wie Kinder physikalischen Phänomenen begegnen. In: Sachunterricht und Mathematik in der Primarstufe, 9, 318–323.
Hahn, W. und Hiller, G. H. (1975): Mehrperspektivischer Sachunterricht. Vier Aspekte eines Begründungszusammenhangs. In: Giel u.a., a.a.O., 182–192.
Hamann, B. (1982): Pädagogische Anthropologie. Bad Heilbrunn.
Hänsel, D. (1980): Didaktik des Sachunterrichts. Sachunterricht als Innovation der Grundschule. Frankfurt am Main u.a.
Hänsel, D. (Hrsg.) (1992): Das Projektbuch Grundschule, 4. Auflage. Weinheim und Basel.
Harada, N. (2007): Integrative Zugänge im Lebenskundeunterricht Japans. In: Kahlert, u.a., a.a.O., 292–296.
Harlen, W. (Ed.) (1983): New trends in primary school science education, Vol. 1. Paris.

Harms, G. (1989): Lebensumwelten heutiger Kinder. In: Grundschule, H. 5, 13–15.
Harms, H. und Breit, G. (1990): Zur Situation des Unterrichtsfachs Sozialkunde/ Politik und der Didaktik des politischen Unterrichts aus der Sicht von Sozialkundelehrerinnen und -lehrern. Eine Bestandsaufnahme des Jahres 1989. In: Breit, G. und Massing, P. (Hrsg.): Grundfragen und Praxisprobleme der politischen Bildung. Bonn, 53–65.
Hartinger, A. (1997): Interessenförderung. Eine Studie zum Sachunterricht. Bad Heilbrunn.
Hartinger, A. (2002): Selbstbestimmungsempfinden in offenen Lernsituationen. Eine Pilotstudie zum Sachunterricht. In: Spreckelsen u.a., 174–184.
Hartinger, A. (2007): Interessen entwickeln. In: Kahlert, u.a., a.a.O., 118–122.
Hartinger, A. (2007a): Empirische Zugänge. In: Kahlert, u.a., a.a.O., 53–58.
Hartinger, A.; Bauer, R. und Hitzler, R. (Hrsg.) (2008): Veränderte Kindheit: Konsequenzen für die Lehrerbildung, Bad Heilbrunn.
Hartinger, A.; Giest, H. und Kahlert, J. (2008): Kompetenzniveaus im Sachunterricht. Eine Einführung in den Forschungsband. In: Giest u.a., a.a.O., 7–14.
Hartinger, A. und Kahlert, J. (Hrsg.) (2005): Förderung des wissenschaftlichen Nachwuchses im Sachunterricht. Perspektiven fachdidaktischer Forschung. Bad Heilbrunn.
Hasse, J. (2007): Entwicklung von Raumbewusstsein. In: Kahlert, u.a., a.a.O., 362–366.
Hasselhorn, M. und Mähler, C. (1998): Wissen, das auf Wissen baut: Entwicklungspsychologische Erkenntnisse zum Wissenserwerb und zum Erschließen von Wirklichkeit im Grundschulalter. In: Kahlert, a.a.O., 73–89.
Haug, J. (1974): Verordnetes oder forschendes Lernen? Beispiele aus dem Sachunterricht. In: Die Grundschule, 368–375.
Heidegger, M. (1927/ 1977): Sein und Zeit, 14. Auflage. Tübingen.
Hell, P. (Hrsg.) (1993): Öffnung des Unterrichts in der Grundschule. Donauwörth.
Heller, A. (1978): Das Alltagsleben. Versuch einer Erklärung der individuellen Reproduktion. Frankfurt am Main.
Helmke, A. (1998): Vom Optimisten zum Realisten? Zur Entwicklung des Fähigkeitsselbstkonzeptes vom Kindergarten bis zur 6. Klassenstufe. In: Weinert, a.a.O., 115–132.
Helmke, A. und Schrader, F.-W. (1998): Entwicklung im Grundschulalter. In: Pädagogik, 6, 24–28.
Hemmer, K. P. (1982 a): Schule und Stadtteilbibliothek. Ein Beitrag zur Erschließung großstädtischer Lebenswelt von Grundschulkindern. In: Hemmer, a.a.O., 97–125.
Hemmer, K. P. (Hrsg.) (1982b): Sachunterricht Gesellschaft, 1–4. München.
Hempel, M. (2007): Geschlechtsspezifische Differenzen. In: Kahlert, u.a., a.a.O., 372-377.
Henninger, M. und Mandl, H. (2000): Vom Wissen zum Handeln – ein Ansatz zur Förderung kommunikativen Handelns. In: Mandl und Gerstenmaier, a.a.O., 197–219.
Hentig, H. v. (1993): Die Schule neu denken. München/ Wien.
Hentig, H. v. (1999): Menschenbilder in Bildung und Erziehung. In: Oerter, a.a.O., 143–149.
Heran-Dörr, E. (2006): Entwicklung und Evaluation einer Lehrerfortbildung zur Förderung der physikdidaktischen Kompetenz von Sachunterrichtslehrkräften. Berlin.
Heran-Dörr, E. und Kahlert, J. (2009): Welche Medien nutzen Sachunterrichtslehrkräfte bei der Vorbereitung auf naturwissenschaftlichen Sachunterricht? In: Lauterbach, R.; Giest, H. und Marquardt-Mau, B. (Hrsg.): Lernen und kindliche Entwicklung. Elementarbildung und Sachunterricht. Bad Heilbrunn, 157–164.
Hermann, T. (1978): Psychologie und die „wahren Bedürfnisse". In: Moser u.a., a.a.O., 51–66.
Heuß, G. (Hrsg.) (1978): Lehrbereich Sachunterricht. Einführung in das Studium des Sachunterrichts der Grundschule. Donauwörth.
Hielscher, H. (1974): Ziele und Inhalte einer systematischen Sozialerziehung im Kindesalter. In: Heuer, G. u.a. (Hrsg.): Materialien zur sozialen Erziehung im Kindesalter. Heidelberg, 15–30.

Hielscher, H. (1975): Förderung der Kooperation – ein Beitrag der Sozialerziehung. In: Die Grundschule, 7, Nr. 7, 8–14.
Hiller, G. G. (1994): Sachunterricht – über die unterrichtliche Konstruktion von Kind und Wirklichkeit. In: Grundschule (1994), H. 6, 27–31.
Hiller, G. G. und Popp, W. (1994): Unterricht als produktive Irritation – oder: Zur Aktualität des Mehrperspektivischen Unterrichts. In: Duncker und Popp, a.a.O., 93–116.
Hiller-Ketterer, I. und Hiller, G .G. (1978): Mehrperspektivischer Unterricht – dargestellt am Beispiel einer „Sprudelfabrik". In: Arbeitskreis Grundschule, a.a.O., 82–103.
Höcker, G. (1968): Inhalte des Sachunterrichts im 4. Schuljahr. Eine kritische Analyse. In: Die Grundschule, 3, 10–14.
Holl-Giese, W. (2005): Das geographische Weltwissen der Sieben- bis Zehnjährigen. In: Grundschule 2005, H.11, 44–45.
Holtappels, H. G. (1998): Lebenswelt von Kindern – Sozialwissenschaftliche Erkenntnisse und Orientierungen für die Grundschule. In: Kahlert, a.a.O., 47–71.
Holzhey, H. (1989): Problem. In: Ritter, J. und Gründer, K. (Hrsg.): Historisches Wörterbuch der Philosophie, Band 7, P-Q. Berlin, 1397–1408.
Honig, M.-S.; Leu, H. R. und Nissen, U. (Hrsg.) (1996): Kinder und Kindheit. Soziokulturelle Muster – sozialisationstheoretische Perspektiven. Weinheim und München.
Honig, M.-S.; Leu, H. R. und Nissen, U. (1996 a): Kindheit als Sozialisationsphase und kulturelles Muster. Zur Strukturierung eines Forschungsfeldes. In: dies., a.a.O., 9–29.
Hopf, A. (1993 a): Grundschularbeit heute. Didaktische Antworten auf neue Lebensverhältnisse. München.
Hopf, A. (1993 b): „Der Sachunterricht hat die Aufgabe, dem Schüler Ausschnitte der Lebenswirklichkeit zu erschließen, soweit sie für ihn bedeutsam zugänglich sind" – (erkenntnis-)theoretische Überlegungen und persönliche Schlussfolgerungen. In: Richter (Hrsg.), a.a.O., 21–30.
Hoppe-Graff, F. und Edelstein, W. (1993): Einleitung: Kognitive Entwicklung als Konstruktion. In: Edelstein und Hoppe-Graff, (Hrsg.): a.a.O., 9–23.
Huber, G. L. und Mandl, H. (1980): Kognitive Entwicklung. In: Rost, a.a.O., 53–81.
Hurrelmann, B. (1999): Medien – Generation – Familie. In: Gogolin, E. und Lenzen, D. (Hrsg.): Medien-Generation. Beiträge zum 16. Kongreß der Deutschen Gesellschaft für Erziehungswissenschaft. Opladen, 99–124.
Hurrelmann, K. (1996): Angstbesetzte Risikowahrnehmung bei Kindern und Jugendlichen. In: de Haan, G. (Hrsg.): Ökologie Gesundheit Risiko. Perspektiven ökologischer Kommunikation. Berlin, 79–93.
Husserl, E. (1925/ 26, hier 1992): Analyse der Wahrnehmung. In: ders.: Phänomenologie der Lebenswelt, Ausgewählte Texte II. Stuttgart, 55–79.
Janich, P. (2000): Was ist Erkenntnis? Eine philosophische Einführung. München.
Jeziorsky, W. (1965): Allgemeinbildender Unterricht in der Grundschule. Braunschweig.
Jeziorsky, W. (1972): Einführung in die Unterrichtslehre der Grundschule. Analyse von Unterrichtsbeispielen. Bad Heilbrunn.
Joas, H. (1992): Die Kreativität des Handelns. Frankfurt am Main.
John, P. D. (1991): A Qualitative Study of British Student Teachers´ Lesson Planning Perspectives. In: Journal of Education for Teaching, 3, 301–320.
Jonen, A.; Möller, K. und Hardy, I. (2003): Lernen als Veränderung von Konzepten – am Beispiel einer Untersuchung zum naturwissenschaftlichen Lernen. In: Cech, D. und Schwier, H.-J. (Hrsg.): Lernwege und Aneignungsformen im Sachunterricht. Bad Heilbrunn, 93–108.
Kahlert, J. (1997): Vielseitigkeit statt Ganzheit. Zur erkenntnistheoretischen Kritik an einer pädagogischen Illusion. In: Duncker und Popp, a.a.O., 92–118.
Kahlert, J. (1998) (Hrsg.): Wissenserwerb in der Grundschule. Perspektiven erfahren, vergleichen, gestalten. Bad Heilbrunn.

Kahlert, J. (1994): Ganzheit oder Perspektivität? Didaktische Risiken des fachübergreifenden Anspruchs und ein Vorschlag. In: Lauterbach, R. u.a. (Hrsg.): Curriculum Sachunterricht, Bad Heilbrunn, 71–85.

Kahlert, J. (1998 a): Didaktische Netze knüpfen. Ideen für die thematische Strukturierung fächerübergreifenden Unterrichts. In: Duncker, L. und Popp, W. (Hrsg.): Über Fachgrenzen hinaus, Band 2. Heinsberg, 12–34.

Kahlert, J. (1999): Vielperspektivität bewältigen. Eine Studie zum Management von Wissen und Informationen bei der Vorbereitung von Sachunterricht. In: Köhnlein; Marquardt-Mau und Schreier, a.a.O., 192–225.

Kahlert, J.; Fölling-Albers, M.; Götz, M.; Hartinger, A.; Reeken, D.v. und Wittkowske, S. (Hrsg.) (2007): Handbuch Didaktik des Sachunterrichts. Bad Heilbrunn.

Kahlert, J.; Inckemann, E. und Speck-Hamdan, A. (Hrsg.) (2000): Grundschule: Sich Lernen leisten. Theorie und Praxis. Neuwied.

Kahlert, J. und Inckemann, E. (Hrsg.) (2001): Wissen, Können und Verstehen. Von der Herstellung ihrer Zusammenhänge im Sachunterricht. Bad Heilbrunn.

Kahlert, J. und Sigel, R. (2002): Achtsamkeit und Anerkennung. Sozialverhalten in der Grundschule. Herausgegeben von der Bundeszentrale für gesundheitliche Aufklärung, Bonn.

Kahlert, J. und Sigel, R. (2006): Achtsamkeit und Anerkennung. Materialien zur Förderung des Sozialverhaltens in den Klassen 5–9. Herausgegeben von der Bundeszentrale für gesundheitliche Aufklärung. Bonn.

Kaiser, A. (1996 a): Einführung in die Didaktik des Sachunterrichts, 2. Auflage. Hohengehren.

Kaiser, A. (1996 b): Praxisbuch handelnder Sachunterricht. Hohengehren.

Kaiser, A. (1997): Forschung über Lernvoraussetzungen zu didaktischen Schlüsselproblemen im Sachunterricht. In: Marquardt-Mau, B.; Köhnlein, W. und Lauterbach, R. (Hrsg.): Forschung zum Sachunterricht. Bad Heilbrunn, 190–207.

Kaiser, A. (1998): Entwicklungen und Tendenzen im Sachunterricht. In: Becher, H. R.; Bennack, J. und Jürgens, E. (Hrsg.): Taschenbuch Grundschule. Hohengehren, 141–157.

Kaiser, A. und Pech, D. (Hrsg.) (2004a): Geschichte und historische Konzeptionen des Sachunterrichts. Baltmannsweiler.

Kaiser, A. und Pech, D. (Hrsg.) (2004b): Unterrichtsplanung und Methoden. Baltmannsweiler.

Kaiser, F. und Fuhrer, U. (2000): Wissen für ökologisches Handeln. In: Mandl und Gerstenmaier, a.a.O., 51–71.

Kambartel, F. (1972): Erfahrung. In: Ritter, J. (Hrsg.): Historisches Wörterbuch der Philosophie, Band 2, D-F. Darmstadt, 609–617.

Kant, I. (1968): Der Streit der Fakultäten. Anthropologie in pragmatischer Hinsicht. In: Kants Werke. Unveränderter Abdruck des Textes der von der Preußischen Akademie der Wissenschaften 1902 begonnenen Ausgabe von Kants gesammelten Schriften. Band VII, Berlin.

Karnick, R. (1958): „Redet um Sachen!" Beiträge für den Unterricht im 2. Schuljahr. Weinheim.

Katzenberger, L. F. (1973): Integrierende Unterrichtseinheiten im Sachunterricht der Grundschule. In: ders., a.a.O., 379–408.

Katzenberger, L. F. (Hrsg.) (1972): Der Sachunterricht in der Grundschule in Theorie und Praxis, Teil 1. Ansbach.

Katzenberger, L. F. (Hrsg.) (1973): Der Sachunterricht in der Grundschule in Theorie und Praxis, Teil 2. Ansbach.

Katzenberger, L. F. (Hrsg.) (1975): Der Sachunterricht der Grundschule in Theorie und Praxis. Ein Handbuch für Studierende und Lehrer, Teil 3. Ansbach.

Katzenberger, L. F. (1975 a): Konzeptionen der Sachbegegnung. In: ders., a.a.O., 489–503.

Kiel, E. (Hrsg.) (2008): Unterricht sehen, analysieren, gestalten. Bad Heilbrunn.

Klafki, W. (1958): Didaktische Analyse als Kern der Unterrichtsvorbereitung. In: ders. (1963), a.a.O., 126–153.
Klafki, W. (1959): Kategoriale Bildung. Zur bildungstheoretischen Bedeutung der modernen Didaktik. In: ders. (1963), a.a.O., 25–45.
Klafki, W. (1963): Studien zur Bildungstheorie und Didaktik. Weinheim/ Basel.
Klafki, W. (1993): Zum Bildungsauftrag des Sachunterrichts in der Grundschule. In: Grundschulunterricht, H. 1, 3–6.
Klafki, W. (1996): Neue Studien zur Bildungstheorie und Didaktik, 5. Auflage. Weinheim/ Basel.
Klewitz, E. (1988): Zur Didaktik des naturwissenschaftlichen Sachunterrichts. Eine Untersuchung von Unterrichtsmodellen am Beispiel „Schwimmen und Sinken" vor dem Hintergrund der genetischen Erkenntnistheorie Piagets. Mülheim/ Ruhr.
Klewitz, E. und Mitzkat, H. (1973 a): Nuffield Junior Science Project. Didaktische Prinzipien und Beispiele. In: Die Grundschule, 184–192.
Klewitz, E. und Mitzkat, H. (1973 b): Science 5/ 13. Ein Projekt für den technisch-naturwissenschaftlichen Unterricht in der Primarstufe. In: Die Grundschule, 341–347.
Klewitz, E. und Mitzkat, H. (1974): Das Kind als Agent seiner Lernprozesse, Science 5/ 13: Zeit und Zeitmessung. In: Die Grundschule, 367–381.
Klewitz, E. und Mitzkat, H. (1976): Erfahrungen mit „offenem Unterricht". In: Grundschule, 675–681.
Klewitz, E. und Mitzkat, H. (Hrsg.) (1977): Wir und unsere Körper/ Wir entdecken Farben. Unterrichtsvorschläge für die Grundschule. Stuttgart.
Klewitz, E. und Mitzkat, H. (1979): Praxis des naturwissenschaftlichen Unterrichts. Protokolle aus den Klassen 1–6. Stuttgart.
Knauf, T. (1982): Freizeit: Wirklichkeit und Veränderung. Ein gemeinsames Projekt mit Stadt- und Landkindern im 2. und 4. Schuljahr. In: Hemmer, a.a.O., 48–66.
Kneer, G. und Nassehi, A. (1991): Verstehen des Verstehens. In: Zeitschrift für Soziologie, 20 Jg., H. 5, 341–356.
Knoll, J. (1985): Die Orientierung des grundlegenden Biologieunterrichts an einem wissenschaftstheoretischen Modell und die sich daraus ergebende Gefahr eines Schematismus. In: Einsiedler und Rabenstein, a.a.O., 47–60.
Knoll-Jokisch, H. (Hrsg.) (1981): Sozialerziehung und soziales Lernen in der Grundschule. Bad Heilbrunn.
Knoll-Jokisch, H. (1981 a): Sozialerziehung und soziales Lernen in der Grundschule. In: dies., a.a.O., 92–117.
Knoll-Jokisch, H. (1981b): Aus der Praxis der Sozialerziehung im 1./ 2. Schuljahr. In: dies., a.a.O., 118–152.
Knopf, M. und Schneider, W. (1998): Die Entwicklung des kindlichen Denkens und die Verbesserung der Lern- und Gedächtniskompetenzen. In: Weinert, a.a.O., 75–94,
Kohlberg, L. (1974): Zur kognitiven Entwicklung des Kindes. Frankfurt am Main.
Köhnlein, W. (1988): Sachunterrichts-Didaktik und die Aufgabe grundlegenden Lernens. Vorüberlegungen zur Konzipierung des Curriculums. In: Sachunterricht und Mathematik in der Primarstufe, 16, H. 12, 524–531.
Köhnlein, W. (1990): Grundlegende Bildung und Curriculum des Sachunterrichts. In: Wittenbruch, W. und Sorger, P. (Hrsg.): Allgemeinbildung und Grundschule. Münster, 107–125.
Köhnlein, W. (1991): Annäherung und Verstehen. In: Lauterbach u.a., a.a.O., 7–20.
Köhnlein, W. (1996 a): Lehrerbildung Sachunterricht. In: Marquardt-Mau u.a., a.a.O., 9–18.
Köhnlein, W. (1996 b): Leitende Prinzipien und Curriculum des Sachunterrichts. In: Glumpler und Wittkowske, a.a.O., 46–76.
Köhnlein, W. (1998): Grundlegende Bildung – Gestaltung und Ertrag des Sachunterrichts. In: Marquardt-Mau u.a., a.a.O., 27–46.

Köhnlein, W. (1999): Vielperspektivisches Denken – eine Einleitung. In: Köhnlein u.a., a.a.O., 9–23.
Köhnlein, W. (2000 a): Vielperspektivität, Fachbezug und Integration. In: Löffler u.a., a.a.O., 134–146.
Köhnlein, W. (2000 b): Wirklichkeit erschließen und rekonstruieren. Herausforderungen für den Sachunterricht. In: Kahlert; Inckemann und Speck-Hamdan, a.a.O., 59–72.
Köhnlein, W. (2007): Sache als didaktische Kategorie. In: In: Kahlert, u.a., a.a.O.,41–46.
Köhnlein, W. und Lauterbach, R. (Hrsg.) (2004): Verstehen und begründetes Handeln. Bad Heilbrunn.
Köhnlein, W.; Marquardt-Mau, B. und Schreier, H. (Hrsg.) (1997): Kinder auf dem Weg zum Verstehen der Welt. Bad Heilbrunn.
Köhnlein, W.; Marquardt-Mau, B. und Schreier, H. (Hrsg.) (1999): Vielperspektivisches Denken im Sachunterricht. Bad Heilbrunn.
Köhnlein, W. und Schreier, H. (Hrsg.) (2001): Innovation Sachunterricht. Befragung der Anfänge nach zukunftsfähigen Beständen. Bad Heilbrunn.
König, R. (Hrsg.) (1973): Handbuch der empirischen Sozialforschung, Band 1. Geschichte und Probleme. Stuttgart.
Kopp, F. (1970): Probleme des Sachunterrichts in der Grundschule. In: Schwartz u.a., a.a.O., 157–175.
Kösel, E. (1999): Postmoderne Lebens- und Lernprogramme von Kindern. In: Seibert, N. (Hrsg.): Kindliche Lebenswelten. Eine mehrperspektivische Annäherung. Bad Heilbrunn, 25–64.
Kößler, H. (1997): Selbstbefangenheit – Identität – Bildung. Beiträge zur Praktischen Anthropologie. Weinheim.
Kößler, H. (1997 a): Bildung und Identität. In: ders., a.a.O., 107–121.
Kößler, H. (1997 b): Transsubjektivität und Selbstbefangenheit. In: ders., a.a.O., 9–30.
Kotthoff, L. (1996 a): Selbstkonzeptentwicklung und Bedeutung des Selbstwertgefühls. In: Bartmann, Th. und Ulonska, H. (Hrsg.): Kinder in der Grundschule. Bad Heilbrunn, 75–103.
Kotthoff, L. (1996 b): Ich bin ich: Selbstkonzeptentwicklung im Grundschulalter. In: Sache Wort Zahl, H.1, 5–12.
Krämer, H. (1974): Themengitter für das Curriculum: Grundschule. In: Giel; Hiller und Krämer, a.a.O., 82–120.
Krämer, H. (1975): Der mehrperspektivische Unterricht. In: Katzenberger, a.a.O., 595–644.
Krapp, A. (1997): Selbstkonzept und Leistung – Dynamik ihres Zusammenspiels. In: Weinert und Helmke, a.a.O., 325–340.
Krappmann, L. (1996): Streit, Aushandlungen und Freundschaften unter Kindern. Überlegungen zum Verhältnis von universellen und soziokulturellen Bedingungen des Aufwachsens in der Kinderwelt. In: Honig; Leu und Nissen, a.a.O., 99–116.
Kron, F. W. (1993): Grundwissen Didaktik. München/ Basel.
Krüger-Potratz, K. (2004): Umgang mit Heterogenität. In: Blömeke, S.; Reinhold, P.; Tulodziecki, G. und Wildt, J. (Hrsg.): Handbuch Lehrerbildung. Bad Heilbrunn, 558–566.
Kübler, M. (2007): Entwicklung von Zeit- und Geschichtsbewusstsein. In: Kahlert, u.a., a.a.O., 338–342.
Kurowski, E. und Soostmeyer, M. (1986): Kommentar zum Lehrplan Sachunterricht. In: Wittenbruch, W. (Hrsg.): Kurzkommentar zu den Lehrplänen für die Grundschule in NRW. Heinsberg, 17–18.
Langeveld, M. J. (1956): Studien zur Anthropologie des Kindes. Tübingen.
Langeveld, M. J. (1968): Die Schule als Weg des Kindes. Versuch einer Anthropologie der Schule, 4. Auflage. Braunschweig.
Langeveld, M. J. (1982): Gelebte und gebotene Welt – eine pädagogische Meditation. In: Lippitz und Meyer-Drawe, a.a.O., 78–83.
Lankes, E.-M. (1997): Wissen aufbauen und anwenden. Was bedeuten die Ergebnisse der Lernforschung für den Unterricht? In: Grundschule, H. 10, 10–12.

Lauterbach, R. (2001): „Science – A Process Approach". In: Köhnlein und Schreier, a.a.O., 103–131.
Lauterbach, R.; Hartinger, A.; Feige, B. und Cech, D. (Hrsg.) (2007): Kompetenzerwerb im Sachunterricht fördern und erfassen. Bad Heilbrunn.
Lauterbach, R.; Köhnlein, W.; Spreckelsen, K. und Bauer, H. F. (Hrsg.) (1991): Wie Kinder erkennen. Probleme und Perspektiven des Sachunterrichts, Band 1. Kiel.
Lauterbach, R.; Köhnlein W.; Spreckelsen K. und Klewitz, E. (Hrsg.) (1992): Brennpunkte des Sachunterrichts. Probleme und Perspektiven des Sachunterrichts, Band 3. Kiel.
Lauterbach, R.; Köhnlein, W.; Kiper, H. und Koch, I.-A. (Hrsg.) (1993): Dimensionen des Zusammenlebens. Probleme und Perspektiven des Sachunterrichts, Band 4. Kiel.
Lauterbach R.; Köhnlein, W.; Koch, I. und Wiesenfarth, G. (Hrsg.) (1994): Curriculum Sachunterricht. Probleme und Perspektiven des Sachunterrichts, Band 5. Kiel.
Leibholz, G. (1956): Begriff und Wesen der Demokratie. Hier in: Michael und Schepp, a.a.O., 21–35.
Lichtenstein-Rother, I. (1969): Schulanfang. Frankfurt am Main.
Limbourg, M. (1996): Kinder im Straßenverkehr. Münster.
Limbourg, M. (2001): Verkehrserziehung als Aufgabe der Grundschule. In: Sache Wort Zahl, 29. Jg., H. 38, 4–11.
Lippitt, R.; Fox, R. und Schaible, L. (1969): Social science laboratory units. Chicago.
Lippitt, R.; Fox, R. und Schaible, L. (1975 ff.): Detto und Andere. Acht Einheiten für Sozialwissenschaften in der Schule. Deutsche Bearbeitung von P. Böhningen u.a. Stuttgart.
Lippitz, W. und Meyer-Drawe, K. (Hrsg.) (1982): Lernen und seine Horizonte. Phänomenologische Konzeptionen menschlichen Lernens – didaktische Konsequenzen. Königstein/ Ts.
Locke, J. (1970): Gedanken über Erziehung. Stuttgart.
Löffler, G. (1998): Über die Verständigung zwischen Lernenden: In welcher Hinsicht können Lernende sich naturwissenschaftliche Sachverhalte selbständig aneignen? In: Kahlert, a.a.O., 127–150.
Löffler, G.; Möhle, V.; Reeken, D. v. und Schwier, V. (Hrsg.) (2000): Sachunterricht – Zwischen Fachbezug und Integration. Probleme und Perspektiven des Sachun-terrichts, Band 10. Bad Heilbrunn.
Löffler, G.; Möhle, V.; Reeken, D. v. und Schwier, V. (2000a): Epilog. In: dies., a.a.O., 218–222.
Lovell, K. (1980): Die Entwicklung mathematisch-naturwissenschaftlicher Begriffe. In: Rost, a.a.O., 119–150.
Lubowsky, G. (1967): Der pädagogische Sinn des Sachunterrichts. München.
Luhmann, N. (1971): Moderne Systemtheorien als Form gesamtgesellschaftlicher Analyse. In: Habermas, J. und Luhmann, N.: Theorie der Gesellschaft oder Sozialtechnologie. Frankfurt am Main, 7–100.
Luhmann, N. (1982): Autopoiesis, Handlung und kommunikative Verständigung. In: Zeitschrift für Soziologie, 11, H. 4, 366–379.
Luhmann, N. (1985): Soziale Systeme. Grundriß einer allgemeinen Theorie, 2. Auflage. Frankfurt am Main.
Luhmann, N. (1986): Systeme verstehen Systeme. In: Luhmann und Schorr, a.a.O., 72–117.
Luhmann, N. (1991): Soziologie des Risikos. Berlin/ New York.
Luhmann, N. (1995): Gesellschaftsstruktur und Semantik. Studien zur Wissenssoziologie der modernen Gesellschaft, Band 4. Frankfurt am Main.
Luhmann, N. (1997 a): Die Gesellschaft der Gesellschaft, Band 1. Frankfurt am Main.
Luhmann, N. (1997 b): Die Gesellschaft der Gesellschaft, Band 2. Frankfurt am Main.
Luhmann, N. und Schorr, K. E. (Hrsg.) (1982): Zwischen Technologie und Selbstreferenz. Fragen an die Pädagogik. Frankfurt am Main.
Luhmann, N. und Schorr, K. E. (Hrsg.) (1986): Zwischen Intransparenz und Verstehen. Fragen an die Pädagogik. Frankfurt am Main
Luhmann, N. und Schorr, K. E. (1988): Reflexionsprobleme im Erziehungssystem. Frankfurt am Main.

Maar, Ch.; Obrist, H. U. und Pöppel, E. (Hrsg.) (2000): Weltwissen, Wissenswelt. Köln.
MacIntyre, A. (1995): Der Verlust der Tugend. Zur moralischen Krise der Gegenwart. Frankfurt/ New York.
Maier, H. (1996): Interpretative Unterrichtsforschung im Mathematikunterricht der Grundschule. In: Ulonska, H. u.a. (Hrsg.): Lernforschung in der Grundschule. Bad Heilbrunn, 273–320.
Mandl, H. und Gerstenmaier, J. (Hrsg.) (2000): Die Kluft zwischen Wissen und Handeln. Empirische und theoretische Lösungsansätze. Göttingen.
Mandl, H. und Reinmann-Rothmeier, G. (1995): Unterrichten und Lernumgebungen gestalten. Forschungsbericht 60, Lehrstuhl für Empirische Pädagogik und Pädagogische Psychologie. München.
Mannheim, K. (1928/ 1982): Die Bedeutung der Konkurrenz im Gebiet des Geistigen. Vortrag auf dem Sechsten Deutschen Soziologentag vom 17. – 19. September 1928 in Zürich. In: Meja, V. und Stehr, N. (Hrsg.): Der Streit um die Wissenssoziologie. Erster Band: Die Entwicklung der deutschen Wissenssoziologie. Frankfurt am Main, 325–370.
Marquardt-Mau, B. (1996): Neue Curricula für primary science education aus den USA – Anregungen für den Sachunterricht und die Lehrerausbildung. In: Marquardt-Mau u.a., a. a. O, 69–88.
Marquardt-Mau, B.; Köhnlein, W.; Cech, D. und Lauterbach, R. (Hrsg.) (1996): Lehrerbildung Sachunterricht. Probleme und Perspektiven des Sachunterrichts, Band 6. Bad Heilbrunn.
Marquardt-Mau, B.; Köhnlein, W. und Lauterbach, R. (Hrsg.) (1997): Forschung zum Sachunterricht. Bad Heilbrunn.
Marquardt-Mau, B. und Schreier, H. (Hrsg.) (1998): Grundlegende Bildung im Sachunterricht. Probleme und Perspektiven des Sachunterrichts, Band 8. Bad Heilbrunn.
Martschinke, S. (1996): Der Aufbau mentaler Modelle durch bildliche Darstellungen. In: Zeitschrift für Pädagogik, H. 2, 215–232.
Martschinke, S. und Kopp, B. (2007): Heterogene Lern- und Leistungsvoraussetzungen. In: Kahlert u.a., Bad Heilbrunn, 367–372.
Marz, L. (1993): Das Leitbild der posthumanen Vernunft. Veröffentlichungsreihe der Abteilung Organisation und Technikgenese des Wissenschaftszentrums Berlin für Sozialforschung. Berlin.
Maslow, A. (1973): Psychologie des Seins. München.
Matthes, J. und Schütze, F. (1973): Zur Einführung: Alltagswissen, Interaktion und gesellschaftliche Wirklichkeit. In: Arbeitsgruppe Bielefelder Soziologen (Hrsg.): Alltagswissen, Interaktion und gesellschaftliche Wirklichkeit. Band 1: Symbolischer Interaktionismus und Ethnomethodologie. Reinbek bei Hamburg, 11–53.
Maturana, H. (1994): Was ist Erkennen? München/ Zürich.
Maturana, H. R. und Varela, F. J. (1987): Der Baum der Erkenntnis. Die biologischen Wurzeln des menschlichen Erkennens, 2. Auflage. Bern/ München/ Wien.
Max, Ch. (1997): Verstehen heißt Verändern. ‚Conceptual Change' als didaktisches Prinzip des Sachunterrichts. In: Meier u.a., a.a.O., 62–89.
Mchoul, A. W. (1990): The organization of repair in classroom talk. In: Language in Society, 6, 349–377.
Mead, G. H. (1927/1983): Die objektive Realität der Perspektiven. In: Laermann, K. und Joas, H. (Hrsg.): Mead, George Herbert: Gesammelte Aufsätze. Frankfurt am Main, 211-224.
Mead, G. H. (1934/1993): Geist, Identität und Gesellschaft, 9. Auflage. Frankfurt am Main.
Meier, R. (1973): Biologie. In: Katzenberger, a.a.O., 227–270.
Meier, R. (1997): Im Sachunterricht der Grundschule: Methoden entdecken, Methoden entwickeln, mit Methoden arbeiten. In: Meier u.a., a.a.O., 115–125.
Meier, R.; Unglaube, H. und Faust-Siehl, G. (Hrsg.) (1997): Sachunterricht in der Grundschule. Frankfurt am Main.
Memmert, W. (1997): Über den Umgang mit Fächern. Sechs historische Modelle. In: Duncker und Popp, a.a.O., 14–32.
Merleau-Ponty, M. (1966): Phänomenologie der Wahrnehmung. Berlin.

Merleau-Ponty, M. (1968): Die Abenteuer der Dialektik. Frankfurt am Main.
Meyers Enzyklopädisches Lexikon (1975): Band 14, 9. Auflage. Mannheim u.a.
Michael, B. und Schepp, H.-H. (Hrsg.) (1974): Politik und Schule von der Französischen Revolution bis zur Gegenwart. Eine Quellensammlung zum Verhältnis Gesellschaft, Schule und Staat im 19. und 20. Jahrhundert, Band 2. Frankfurt am Main.
Miller, G. A.; Galanter, E. und Pribram, K. H. (1973): Strategien des Handelns. Stuttgart.
Miller, S. (2007): Sozioökonomische Differenzen. In: Kahlert, u.a., a.a.O., 382–387.
Mills, C. W. (1963): Kritik der soziologischen Denkweise. Neuwied/ Berlin.
Ministerium für Wissenschaft, Kunst und Volksbildung (Hrsg.) (1921): Richtlinien zur Aufstellung von Lehrplänen in den Grundschulen. In: Zentralblatt für die gesamte Unterrichtsverwaltung in Preußen, 63. Jg., 185 ff.
Mittelstrass, J. (1996): Leonardo-Welt. Über Wissenschaft, Forschung und Verantwortung, 2. Auflage. Frankfurt am Main.
Möller, K. (1987): Lernen durch Tun. Handlungsintensives Lernen im Sachunterricht der Grundschule. Frankfurt am Main u.a.
Möller, K. (1991 a): Handeln, Denken und Verstehen. Untersuchungen zum naturwissenschaftlich-technischen Sachunterricht in der Grundschule. Essen.
Möller, K. (1991 b): Umstrukturierungen im Lernprozeß. Kinder bauen eine Stampfe. In: Lauterbach u.a., a.a.O., 123–136.
Möller, K. (1994): Technische Bildung im Sachunterricht der Grundschule. In: Duncker und Popp, a.a.O., 225–242.
Möller, K. (1996): Zum Verhältnis von Theorie und Praxis in der universitären Ausbildung von Sachunterrichtslehrern. In: Marquardt-Mau u.a., a.a.O., 111–122.
Möller, K. (1997): Untersuchungen zum Aufbau bereichsspezifischen Wissens in Lehr-Lernprozessen des Sachunterrichts. In: Köhnlein u.a., a.a.O., 247–262.
Möller, K. (1998): Kinder und Technik. In: Brügelmann, H. (Hrsg) (1998): Kinder lernen anders vor der Schule – in der Schule. Lengwil am Bodensee, 89–106.
Möller, K. (1999): Konstruktivistisch orientierte Lehr-Lernprozessforschung im naturwissenschaftlich-technischen Bereich des Sachunterrichts. In: Köhnlein u.a., a.a.O., 125–191.
Möller, K.; Jonen, A.; Hardy, I. und Stern, E. (2002): Die Förderung von naturwissenschaftlichem Verständnis bei Grundschulkindern durch Strukturierung der Lernumgebung. In: Prenzel, M. und Doll, J. (Hrsg.): Bildungsqualität von Schule: Schulische und außerschulische Bedingungen mathematischer, naturwissenschaftlicher und überfachlicher Kompetenzen. Zeitschrift für Pädagogik. 45. Beiheft, 176–191.
Möller, K. und Tenberge C. (1997): Handlungsintensives Lernen und Aufbau von Selbstvertrauen im Sachunterricht. In: Marquardt-Mau u.a., a.a.O., 134–153.
Montada, L. (1995 a): Fragen, Konzepte, Perspektiven. In: Oerter und Montada, a.a.O., 1–83.
Montada, L. (1995 b): Moralische Entwicklung und moralische Sozialisation. In: Oerter und Montada, a.a.O., 862–894.
Montaigne, M. de (1580/1992): Über die Kindererziehung. In: ders. Essais. Auswahl und Übersetzung von Herbert Lüthy. 8. Auflage. Zürich, 181–240.
Morandi, F. (2000): Professeur des Ecoles, Tome 2. Paris.
Moser, S.; Ropohl, G. und Zimmerli, W. C. (Hrsg.) (1978): Die „wahren" Bedürfnisse oder: wissen wir, was wir brauchen? Basel/ Stuttgart.
Mühlmann, W. E. (1956): Anthropologie. In: Beckerath, E. v., u.a. (Hrsg.): Handwörterbuch der Sozialwissenschaften, Band 1. Stuttgart/ Tübingen/ Göttingen, 210–218.
Müller, H.-J. (2007): Moralische Entwicklung. In: Kahlert, u.a., a.a.O., 343–347.
Müller, K. (Hrsg.) (1996): Konstruktivismus. Lehren – Lernen – Ästhetische Prozesse. Neuwied.

Müller, K. (1996 a): Erkenntnistheorie und Lerntheorie. Geschichte ihrer Wechselwirkung vom Repräsentationalismus über den Pragmatismus zum Konstruktivismus. In: Müller, a.a.O., 24–70.

Murmann, L. (2005): „Physiklernen zu Licht, Schatten und Sehen – eine phänomenografische Untersuchung in der Primarstufe". In: Hartinger und Kahlert, a.a.O., 185–201.

Muth, J. (1970): Funktion und Inhalt der neuen Richtlinie für die Grundschule. In: Schwartz, u.a. (Hrsg.), a.a.O., 43–53.

Nassehi, A. (2000): Von der Wissensarbeit zum Wissensmanagement. Die Geschichte des Wissens ist die Erfolgsgeschichte der Moderne. In: Maar u.a., a.a.O., 97–106.

National Research Council (Hrsg.) (1996): National Science Education Standards: observe, interact, change. Learn. Washington (DC).

Neber, H. (Hrsg.) (1973): Entdeckendes Lernen. Weinheim/ Basel.

Negt, O. (1997): Kindheit und Schule in einer Welt der Umbrüche. Göttingen.

Neuhaus-Siemon, E. (1974): Reform des Primarbereichs. Darstellung und Analyse auf dem Hintergrund gegenwärtiger erziehungswissenschaftlicher Erkenntnisse. Düsseldorf.

Neuhaus, E. (1994): Reform der Grundschule. Darstellung und Analyse auf dem Hintergrund erziehungswissenschaftlicher Erkenntnisse, 6. Auflage. Bad Heilbrunn.

Neuhaus-Siemon, E. (1996): Schule der Demokratie. Die Entwicklung der Grundschule seit dem ersten Weltkrieg. In: Haarmann, D. (Hrsg.): Handbuch Grundschule, Band 1, 3. Auflage, Weinheim 14–25.

Neuhaus-Siemon, E. (2005): Grundfragen des Lehrplans unter besonderer Berücksichtigung der Auswahl und Anordnung von Inhalten des Grundschulunterrichts. In: Einsiedler u.a., a.a.O., 349–363.

Nickel, H. (1980): Entwicklungstheorien und ihre Bedeutung für den Grundschullehrer. In: Rost, a.a.O., 26–40.

Nießeler, A. (2007): Reflektiertes Verstehen. In: Kahlert, u.a., a.a.O., 104-107.

Nissen, U. (1999): Kinder und ihre Freizeit – Abschied von Mythen. In: Sache Wort Zahl, H. 22, 4–8.

Nowack, I. (1980): Entdeckendes und selbständiges Lernen als Prinzipien zur Gestaltung von Lernsituationen im naturwissenschaftlich orientierten Sachunterricht der Grundschule. In: Arbeitsgruppe für Unterrichtsforschung (Hrsg.): Kinder und ihre natürliche Umwelt, 3. Schuljahr, 1. Halbband. Frankfurt am Main u.a., X–XIX.

Nunner-Winkler, G. (1998): Zum Verständnis von Moral – Entwicklungen in der Kindheit. In: Weinert, F. E. (Hrsg.): Entwicklung im Kindesalter. Weinheim,133–152.

Obiditsch, F. (1974): Unterrichtliche Ansätze für ein Training gesellschaftsauffassender Geschicklichkeiten. In: Halbfas, H.; Maurer, F. und Popp, W. (Hrsg.): Neuorientierung des Primarbereichs, Band 2: Lernen und soziale Erfahrungen. Stuttgart, 137–155.

Oerter, R. (1995 a): Kindheit. In: Oerter und Montada, a.a.O., 249–309.

Oerter, R. (1995 b): Kultur, Ökologie und Entwicklung. In: Oerter und Montada, a.a.O., 84–127.

Oerter, R. (1995c): Motivation und Handlungssteuerung. In: Oerter und Montada, a.a.O., 758–822.

Oerter, R. (Hrsg.) (1999): Menschenbilder in der modernen Gesellschaft. Konzeptionen des Menschen in Wissenschaft, Bildung, Kunst, Wirtschaft und Politik. Stuttgart.

Oerter, R. (1999 a): Das Menschenbild im Kulturvergleich. In: Oerter, a.a.O., 185–198.

Oerter, R. und Dreher, M. (1995): Entwicklung des Problemlösens. In: Oerter und Montada, a.a.O., 561–621.

Oerter, R. und Montada, L. (Hrsg.) (1995): Entwicklungspsychologie. Ein Lehrbuch, 3. Auflage. Weinheim.

Olson, S. und Loucks-Morsley, S. (Hrsg.) (2000): Inquiry and the national science education standards. A guide für teaching and learning. Washington DC.

Osborne, R. J. und Freyberg, P. (Eds.) (1985): Learning in Science: The Implications of Children's Science. Auckland.

Oswald, H. (1998): Lernen im Umgang mit anderen Kindern – Erfahrungen aus dem Forschungsprojekt „Alltag der Schulkinder". In: Kahlert, a.a.O., 91–110.
Parker, S. (1983): The preparation of teachers for primary school science. In: Harlen, a.a.O., 154–166.
Pehofer, J. (2005): Sachunterricht in Österreich zwischen Pragmatismus und wissenschaftlichem Anspruch. In: Chech, D. und Giest, H. (Hrsg.): Sachunterricht in Praxis und Forschung. Probleme und Perspektiven des Sachunterrichts, Band 15. Bad Heilbrunn, 215–221.
Pestalozzi, J. H. (1805 a): Geist und Herz in der Methode. Hier in: Pestalozzi. Sämtliche Werke, 18. Band. Berlin/ New York 1978 (Nachdruck der Ausgabe 1943, herausgegeben von Buchenau, A.; Spranger, E. und Stettbacher, H.), 1–52.
Pestalozzi, J. H. (1805 b): Zweck und Plan einer Armen-Erziehungs-Anstalt. Hier in: Pestalozzi. Sämtliche Werke, 18. Band. Berlin/ New York 1978 (Nachdruck der Ausgabe 1943, herausgegeben von Buchenau, A.; Spranger, E. und Stettbacher, H.), 53–76.
Petillon, H. (1993 a): Das Sozialleben des Schulanfängers. Die Schule aus der Sicht des Kindes. Weinheim.
Petillon, H. (1993 b): Soziales Lernen in der Grundschule. Anspruch und Wirklichkeit. Frankfurt/ M.
Peuckert, R. (2004): Familienformen im sozialen Wandel. Stuttgart.
Piaget, J. (1932): Le jugement moral chez l' enfant. Paris.
Piaget, J. (1975): Die Entwicklung des Erkennens II. Das physikalische Denken. Stuttgart.
Piaget, J. (1976): Probleme der Entwicklungspsychologie. Kleine Schriften. Frankfurt am Main.
Piaget, J. (1978): Weltbild des Kindes. Stuttgart.
Popitz, H. und Bahrdt, H. P. u.a. (1957): Das Gesellschaftsbild des Arbeiters. Soziologische Untersuchungen in der Hüttenindustrie. Tübingen.
Popp, W. (1985): Erfahren, Handeln, Verstehen. Zur Didaktik des Sachunter-richts. In: Beck, G. u.a. (Hrsg.): Zur Pädagogik des Heimat- und Sachunter-richts, herausgegeben vom Deutschen Institut für Fernstudien. Tübingen, 62–122.
Popp, W. (1989): Wie gehen wir mit den Fragen der Kinder um? Erziehung zur Fraglosigkeit als ungewollte Nebenwirkung? In: Grundschule, H.3, 30–33.
Popp, W. (1994): Zur anthropologischen Begründung eines handlungsorientierten Sachunterrichts. In: Duncker u.a., a.a.O., 57–78.
Popp, W. (2000): Common Sense, Fachbezug und Lebensbezug. In: Löffler, u.a., a.a.O., 20–40.
Popp, W.; Wenzel, Ch. und Wenzel, H. (1982): Erziehung zur Handlungsfähigkeit: Kinderspielplatz „Ziegelburren". In: Hemmer, a.a.O., 190–208.
Pöppel, E. (2000): Die Welt des Wissens – Koordinaten einer Wissenswelt. In: Maar u.a., a.a.O., 21–39.
Popper, K. (1934/ 1976): Logik der Forschung, 6. Auflage. Tübingen.
Popper, K. R. (1973): Objektive Erkenntnis, ein evolutionärer Entwurf. Hamburg.
Popper, K. R. (1979/ 1984): Über Wissen und Nichtwissen. In: ders.: Auf der Suche nach einer besseren Welt. München/ Zürich, 41–55.
Popper, K. R. (1980): Die offene Gesellschaft und ihre Feinde, 6. Auflage. Tübingen.
Popper, K. R. (1982): Bemerkungen über das Ich. In: Popper, K. R. und Eccles, J. C.: Das Ich und sein Gehirn. München, 134–187.
Portmann, A. (1956): Zoologie und das neue Bild des Menschen. Reinbek.
Prange, K. (1991): Pädagogik im Leviathan. Ein Versuch über die Lehrbarkeit der Erziehung. Bad Heilbrunn.
Prell, S. (2000): Neue Didaktik: Die Integration von Diagnose und Evaluation im Unterricht. In: Seibert, N. u.a. (Hrsg.): Problemfelder der Schulpädagogik. Bad Heilbrunn, 231–268.
Prenzel, M.; Artelt, C.; Baumert, J.; Blum, W.; Hammann, M.; Klieme, E. und Pekrun, R. (Hrsg.) (2006): PISA 2006 in Deutschland. Die Kompetenzen der Jugendlichen im dritten Ländervergleich. http://pisa.ipn.uni-kiel.de/Zusfsg_PISA2006_national.pdf, 1.4.2009.

Prenzel, M.; Geiser, H.; Langeheine, R. und Lobemeier, K. (2003): Das naturwissenschaftliche Verständnis am Ende der Grundschule. In: Bos, W.; Lankes, E.-M.; Prenzel, M.; Schwippert, K.; Walter. G. und Valtin, R. (Hrsg.): Erste Ergebnisse aus IGLU. Schülerleistungen am Ende der vierten Jahrgangsstufe im internationalen Vergleich. Münster u.a., 143–187.

Pudel, V. u.a. (2000): Essverhalten und Ernährungszustand von Kindern und Jugendlichen eine Repräsentativerhebung in Deutschland. In: DGE (Hrsg.): Ernährungsbericht 2000. Frankfurt a. M., 115–146.

Rabenstein, R. (1971 a): Einführung. In: Bauer u.a., a.a.O., 7–12.

Rabenstein, R. (1971 b): Sozialformen als Lernziele im Sachunterricht des ersten und zweiten Schuljahrs. In: Bauer u.a., a.a.O., 13–41.

Rabenstein, R. (1985): Aspekte grundlegenden Lernens im Sachunterricht. In: Einsiedler und Rabenstein, a.a.O., 9–24.

Rabenstein, R. und Haas, F. (1967): Erfolgreicher Unterricht durch Handlungseinheiten. Bad Heilbrunn.

Rabenstein, R. und Haas, F. (1968): Erfolgreicher Unterricht durch Darstellungseinheiten. Bad Heilbrunn.

Ragaller, S. (2000): Die Methodenfrage im Sachunterricht der Grundschule. In: Seibert, a.a.O., 177–212.

Rat von Sachverständigen für Umweltfragen (SRU) (1994): Umweltgutachten 1994. Stuttgart.

Rateike, F. (1957): Vom Vaterhaus zum Heimatkreis. Bonn.

Rauterberg, M. (1999): Der Begriff Lebenswelt im Sachunterricht. In: Baier u.a., a.a.O., 181–194.

Reeken, D. v. (2003) (Hrsg.): Handbuch Methoden im Sachunterricht. Baltmannsweiler.

Reinmann-Rothmeier, G. und Mandl, H. (2000): Wissensmanagement im Unternehmen. Eine Herausforderung für die Repräsentation, Kommunikation und Nutzung von Wissen. In: Maar u.a., a.a.O., 271–282.

Renner, B. und Schwarzer, R. (2000): Gesundheit: Selbstschädigendes Handeln trotz Wissen. In: Mandl und Gerstenmaier, a.a.O., 26–50.

Retzmann, Th. (2000): Kategoriale oder phänomenale politisch-sozial(wissenschaftliche) Bildung? Eine Analyse des Unterrichtsmaterials, seines Einsatzes und seiner Wirkungen im Unterricht. In: Richter, a.a.O., 235–258.

Reusser, K. und Reusser-Weyeneth, M. (1997): Verstehen. Psychologischer Prozeß und didaktische Aufgabe. Bern u.a.

Reusser, K. und Reusser-Weyeneth, M. (1997 a): Verstehen als psychologischer Prozeß und als didaktische Aufgabe. In Reusser und Reusser-Weyeneth, a.a.O., 9–35.

Rice, D. (2005): I didn't know oxygen could boil! What preservice and inservice elementary teachers' answer to 'simple' science questions reveals about their subject matter knowledge. In: International Journal of Science Education. Vol. 27, 9, 1059-1082.

Richter, D. (Hrsg.) (1993): Grundlagen des Sachunterrichts. Lebensweltliche und fächerübergreifende Aspekte in fachdidaktischer Perspektive. Oldenburg.

Richter, D. (1996): Didaktikkonzepte von der Heimatkunde zum Sachunterricht – und die stets ungenügend berücksichtigte politische Bildung. In: George und Prote, a.a.O., 261–284.

Richter, D. (Hrsg.) (2000): Methoden der Unterrichtsinterpretation. Qualitative Analysen einer Sachunterrichtsstunde im Vergleich. Weinheim/ München.

Richter, D. (2000 a): Zu Lehr-Lern-Prozessen über Vorurteile im erfahrungsorientierten Unterricht. In: Richter, a.a.O., 219–234.

Richter, D. (Hrsg.) (2007): Politische Bildung von Anfang an. Bonn.

Riedl, R. (2000): Strukturen der Komplexität. Eine Morphologie des Erkennens und Erklärens. Berlin u.a.

Rombach, H. (1977): Erfahrung, Erfahrungswissenschaft. In: Wörterbuch der Pädagogik, Band 1. Freiburg, 234–237.

Rosenstiel, L. v. (2000): Wissen und Handeln in Organisationen. In: Mandl und Gerstenmaier, a.a.O., 95–138.

Roßberger, E. und Hartinger, A. (2000): Interesse an Technik. Geschlechtsunterschiede in der Grundschule. In: Grundschule, H.6, 15–17.

Rost, G. H. (1980) (Hrsg.): Entwicklungspsychologie für die Grundschule. Bad Heilbrunn.

Rost, G. H. (1980a): Entwicklungspsychologie für die Grundschule. In: Rost, a.a.O., 9–25.

Roth, G. (1997): Das Gehirn und seine Wirklichkeit. Kognitive Neurobiologie und ihre philosophischen Konsequenzen. Frankfurt am Main.

Roth, H. (1964): Die realistische Wende in der Pädagogischen Forschung. In: Röhrs, H. (Hrsg.): Erziehungswissenschaft und Erziehungswirklichkeit. Frankfurt, 179–191.

Rothenberg, B. (1982): Soziale Sensibilität bei Kindern und ihr Zusammenhang mit interpersoneller Kompetenz, subjektivem Wohlbefinden und intellektuellem Niveau. In: Geulen, a.a.O., 121–148.

Rousseau, J.-J. (1762/ 1995): Emile oder Über die Erziehung. 12. Auflage. Paderborn u.a.

Rubin, K. H. und Schneider, F. W. (1982): Die Beziehung zwischen moralischem Urteil, Egozentrismus und altruistischem Verhalten. In: Geulen, a.a.O., 374–382.

Rumpf, H. (1998): Lernen, sich auf eine Sache einzulassen. In: Marquardt-Mau und Schreier, a.a.O., 82–95.

Ruppert, W. (2001): Ernährungsverhalten. In: Unterricht Biologie, 25, 4–14.

Rusch, G. (1986): Verstehen verstehen. Ein Versuch aus konstruktivistischer Sicht. In: Luhmann und Schorr, a.a.O., 40–71.

Rüsen, J. (2001): Auf dem Weg zu einer Pragmatik der Geschichtskultur. In: Baumgärtner, U. und Schreiber, W. (Hrsg.): Geschichts- Erzählungs- und Geschichtskultur. Zwei geschichtsdidaktische Leitbegriffe in der Diskussion. München, 81–97.

Sacher, W. (1992): Sacherschließung als Aufgabe des Unterrichts. In: Grundschulmagazin, H. 10, 38–45.

Salzmann, Ch. (1982): Die pädagogische Aufgabe des Sachunterrichts. In: Grundschule, H. 2, 46–50.

Sardo-Brown, D. (1990): Experienced Teachers' Planning Practices. An US Survey. In: Journal of Education for Teaching, 1, 57–71.

Schaack, E. (1982): Sachunterricht in der Unterstufe der schwedischen Grundschule. In: Grundschule 14, H. 2, 66–68.

Schaeffer, B. (1981): Zur Definition des sozialen Lernens. In: Knoll-Jokisch, a.a.O., 11–25.

Schaller, K. (1962): Die Pädagogik des Johann Amos Comenius und die Anfänge des pädagogischen Realismus im 17. Jahrhundert. Heidelberg.

Scheler, M. (1926): Probleme einer Soziologie des Wissens. In: ders.: Die Wissensformen und die Gesellschaft. Leipzig, 1–229.

Scheler, M. (1928): Die Stellung des Menschen im Kosmos. Darmstadt.

Schelle, C. (2000): Privatheit in einem halböffentlichen Diskurs. Sozialität im Austausch von Lehrer-Schüler-Lebenswelten. In: Richter, a.a.O., 185–210.

Schietzel, C. (1973): Exakte Naturwissenschaften in der Grundschule? In: Grundschule, 153–164.

Schleiermacher, F. D. (1957): Die Vorlesungen von 1826. In: Weniger, E. unter Mitarbeit von Schulze, Th. (Hrsg.) (1957): Pädagogische Schriften, Bd. 10. Düsseldorf und München.

Schmidt, R. (1972): Sachlichkeit und Sachunterricht in der Grundschule. Bad Heilbrunn.

Schmidt-Denter, U. (1996): Soziale Entwicklung. Ein Lehrbuch über soziale Beziehungen im Laufe des menschlichen Lebens. Weinheim.

Schneewind, K. A. (1999): Das Menschenbild in der Persönlichkeitspsychologie. In: Oerter, a.a.O., 22–39.

Schneider, G. (1993): Das „dialogische Prinzip" als Paradigma des Sachunterrichts. In: Lauterbach u.a., a.a.O., 47–62.

Schneider, W. und Büttner, G. (1995): Entwicklung des Gedächtnisses. In: Oerter und Montada, a.a.O., 654–706.
Schön, D. A. (1983): The Reflective Practioneer. How Professionals Think in Action. New York.
Schopenhauer, A. (1851/ 1991): Parerga und Paralipomena. Kleine philosophische Schriften, Band 2. Hier nach: Ludger Lütkehaus (Hrsg.): Arthur Schopenhauers Werke in fünf Bänden, Band 5. Zürich.
Schopenhauer, A. (1859/ 1991): Die Welt als Wille und Vorstellung. Hier nach: Ludger Lütkehaus (Hrsg.): Arthur Schopenhauers Werke in fünf Bänden, Band 1. Zürich.
Schorch, G. (1981): Förderung des Zeitverständnisses in der Grundschule. Inaugural-Dissertation in der Philosophischen Fakultät I (Philosophie, Geschichte und Sozialwissenschaften) der Friedrich-Alexander-Universität Erlangen-Nürnberg.
Schorch, G. (1992): Zeiteinteilung am Nachmittag. In: Glöckel, u.a., a.a.O., 55–69.
Schorch, G. (2007): Studienbuch Grundschulpädagogik. Bad Heilbrunn.
Schrader, F.-W.; Helmke, A. und Hosenfeld, I. (2008): Kompetenzentwicklung im Grundschulalter. In: Zeitschrift für Erziehungswissenschaft. 11, H. 1, 7–29.
Schreier, H. (1979): Sachunterricht. Themen und Tendenzen. Eine Inhaltsanalyse von Lehrberichtsaufzeichnungen aus Kasseler Grundschulen im Zeitraum 1967–1975. Paderborn.
Schreier, H. (1980): Didaktik des Sachunterrichts und die Philosophie einer Erziehung aus, durch und für Erfahrung. In: Grundschule 12, H. 10, 428–430.
Schreier, H. (1982): Die Sache des Sachunterrichts. Paderborn u.a.
Schreier, H. (1989): Ent-trivialisiert den Sachunterricht! In: Grundschule, H. 3, 10–13.
Schreier, H. (1991): Umweltethik. In: Gesing, H. und Lob, R. (Hrsg.): Umwelterziehung in der Primarstufe. Heinsberg, 64–89.
Schreier, H. (1994): Der Gegenstand des Unterrichts. Bad Heilbrunn.
Schreier, H. (1995): Unterricht ohne Liebe zur Sache ist leer. In: Grundschule, H. 6, 27. Jg., 14–15.
Schreier, H. (1998): Das Philosophieren mit Kindern und der Sachunterricht. In: Marquardt-Mau und Schreier, a.a.O., 132–141.
Schreier, H. (1999): Vielperspektivität, Pluralismus und Philosophieren mit Kindern. In: Köhnlein u.a., a.a.O. 24–59.
Schreier, H. (2000): Einführung in die Tagungsthematik. Zwischen Fachbezug und Integration – Orientierungen für den Sachunterricht. In: Löffler u.a., a.a.O., 13–19.
Schultheis, K. (2007): Anthropologische Lernvoraussetzungen. In: Kahlert, u.a., a.a.O., 319–327.
Schulze, G. (1992): Die Erlebnisgesellschaft. Kultursoziologie der Gegenwart. Frankfurt/ New York.
Schüpbach, J. (1997): Nachdenken über das Lehren. Bern u.a.
Schwab, J. J. (1973): The Practical 3. Translation into Curriculum. In: School Review, 81, No. 4, 501–522.
Schwartz, E. (1977): Von der Heimatkunde zum Sachunterricht. Grundschulunterricht, Studien zur Pädagogik und Didaktik des Primarbereichs. Braunschweig.
Schwartz, E. (1977 a): Heimatkunde oder Sachunterricht? Keine Alternative! In: Schwartz, a.a.O., 9–23.
Schwartz, E.; Warwel, K.; Horn, H. und Meier, R. (1970): Inhalte grundlegender Bildung. Grundschulkongreß '69. Arbeitskreis Grundschule, Band 3. Frankfurt am Main.
Schwedes, H. (Hrsg.) (1976): Lernziele/ Erste Erfahrungen. Deutsche Ausgabe von „Sc 5/ 13: With Objectives in mind. Guide to Science 5–13". Stuttgart.
Schwedes, H. (Hrsg.) (1977): Holz und Bäume. Unterrichtsvorschläge für die Grundschule. Stuttgart.
Schwedes, H. (2001): Das Curriculum Science 5/ 13 – Sein Konzept und seine Bedeutung. In: Köhnlein und Schreier, a.a.O., 133–152.
Schwemmer, O. (1980): Anthropologie. In: Mittelstraß, J. (Hrsg.): Enzyklopädie, Philosophie und Wissenschaftstheorie, Band 1: A-G. Mannheim/ Wien/ Zürich, 126–129.

Seibert, N. (Hrsg.) (2000): Unterrichtsmethoden kontrovers. Bad Heilbrunn.
Seiler, T. B. (1993): Bewusstsein und Begriff: Die Rolle des Bewusstseins und seine Entwicklung in der Begriffskonstruktion. In: Edelstein und Hoppe-Graff, a.a.O., 126–138.
Seiler, T. B. (1997): Zur Entwicklung des Verstehens – oder wie lernen Kinder und Jugendliche verstehen? In Reusser und Reusser-Weyeneth, a.a.O., 69–88.
Seitz, S. (2005): „Ich arbeite auf dünnem Eis" – Sachunterrichtslehrer/innen im Gemeinsamen Unterricht. In: Hartinger, A. und Fölling-Albers, M. (Hrsg.): Lehrerkompetenzen für den Sachunterricht. Bad Heilbrunn, 213–221.
Seixas, P. (1993): Parallel crisis: history and the social studies curriculum in the USA. In: Journal of Curriculum Studies, No. 3, Vol. 25, 235–250.
Selman, R. L. (1982): Sozial-kognitives Verständnis: Ein Weg zur pädagogischen und klinischen Praxis. In: Geulen, a.a.O., 223–256.
Serres, M. (Hrsg.) (1998): Elemente einer Geschichte der Wissenschaften. Frankfurt am Main.
Silbereisen, R. K. (1995): Soziale Kognition: Entwicklung von sozialem Wissen und Verstehen. In: Oerter und Montada, a.a.O., 823–861.
Silkenbeumer, R. (Hrsg.) (1979): Politischer Unterricht und soziales Lernen in der Grundschule. Frankfurt am Main, u.a.
Silkenbeumer, R. (1979 a): Soziales und politisches Lernen und Schulanfang. In: Silkenbeumer, a.a.O., 3–29.
Simmel, G. (1906/ 1992): Psychologie der Diskretion. In: ders.: Schriften zur Soziologie. Eine Auswahl, herausgegeben von Heinz-Jürgen Dahme und Otthein Rammstedt, 4. Auflage. Frankfurt am Main, 151–158.
Simon, F. B. (1988): Unterschiede, die Unterschiede machen. Klinische Epistemologie: Grundlage einer systematischen Psychiatrie und Psychosomatik. Berlin/ Heidelberg.
Sodian, B. (1995): Entwicklung bereichsspezifischen Wissens. In: Oerter und Montada, a.a.O., 622–653.
Sodian, B. und Koerber, S. (2007): Entwicklung des naturwissenschaftlichen Denkens. In: Kahlert, u.a., a.a.O., 348–352.
Soostmeyer, M. (1978): Problemorientiertes Lernen im Sachunterricht. Paderborn.
Soostmeyer, M. (1993): Das Zusammenleben im Sachunterricht als Grundlage wissenschaftsverständigen Lernens. In: Lauterbach, u. a, a.a.O., 197–219.
Soostmeyer, M. (1995): Computer im Sachunterricht. In: Grundschule, H. 10, 33–35.
Soostmeyer, M. (1998): Zur Sache Sachunterricht, 3. überarb. u. erg. Auflage. Frankfurt am Main.
Soostmeyer, M. (2001): Von den Erfahrungen über das Sprechen und Experimentieren zum wissenden Können und Verstehen. In: Kahlert und Inckemann, a.a.O., 127–148.
Sorensen, H. (1996): „Orientering zu „Natur/ teknik" – ein neues Fach in dänischen Grundschulen. In: Marquardt-Mau, u.a., a.a.O., 56–68.
Spanhel, D. (1985): Soziales Lernen in Grund- und Hauptschule. Von der Entwicklung im Kindes- und Jugendalter her betrachtet. In: Pädagogische Welt, 39, H. 2, 79–84.
Speck-Hamdan, A. (2007): Kulturelle Differenzen. In: Kahlert, u.a., a.a.O., 377–381.
Spinner, H. F. (1994): Die Wissensordnung. Ein Leitkonzept für die dritte Grundordnung des Informationszeitalters. Opladen.
Spranger, E. (1923/ 1962): Der Bildungswert der Heimatkunde. In: ders.: Der Bildungswert der Heimatkunde, 3. Auflage. Stuttgart, 5–51.
Spreckelsen, K. (unter Mitarbeit von B. Beens und W. Peisker) (1971 ff.): Naturwissenschaftlicher Unterricht in der Grundschule. Lehrgang für den physikalisch-chemischen Lernbereich. Frankfurt.
Spreckelsen, K. (1974): Beziehungsvolles Lernen im Sachunterricht. In: Die Grundschule, 578–584.
Spreckelsen, K. (1991): Erkennen im physikalischen Bereich des Sachunterrichts. In: Lauterbach, u.a., a.a.O., 70–81.

Spreckelsen, K. (1994): Kindliches Umweltverstehen und seine Bedeutung für den Sachunterricht. In: Duncker und Popp, a.a.O., 213–223.
Spreckelsen, K. (1997 a): Phänomenkreise als Verstehenshilfe. In: Köhnlein, u.a., a.a.O., 111–127.
Spreckelsen, K. (1997 b): Wie Grundschulkinder physikalische Phänomene verstehen. In: Grundschule, H. 10, 18 f.
Spreckelsen, K. (2001): SCIS und das Konzept eines strukturbezogenen naturwissenschaftlichen Curriculums in der Grundschule. In: Köhnlein und Schreier, a.a.O., 85–102.
Spreckelsen, K.; Möller, K. und Hartinger, A. (Hrsg.)(2001): Ansätze und Methoden empirischer Forschung zum Sachunterricht. Bad Heilbrunn.
Srubar, I. (1997): Ist die Lebenswelt ein harmloser Ort? – Zur Genese und Bedeutung des Lebensweltbegriffs. In: Wicke, M. (Hrsg.): Konfiguration lebensweltlicher Strukturphänomene. Opladen, 43–59.
Ständige Konferenz der Kultusminister der Länder, Sekretariat (Hrsg.) (1980): Tendenzen und Auffassungen zum Sachunterricht in der Grundschule (Bericht des Schulausschusses, verabschiedet auf der 230. Sitzung des Schulausschusses am 26./ 27. Juni). Bonn.
Stebler, R.; Reusser, K. und Pauli, Ch. (1997): Interaktive Lehr-Lern-Umgebungen: Didaktische Arrangements im Dienste gründlichen Verstehens. In Reusser und Reusser-Weyeneth, a.a.O., 227–259.
Stehr, N. (1991): Praktische Erkenntnis. Frankfurt am Main.
Stehr, N. (1994): Arbeit, Eigentum und Wissen. Frankfurt am Main.
Stern, D. N. (1991): Tagebuch eines Babys. Was ein Kind sieht, spürt, fühlt und denkt, 3. Auflage. München.
Stock, J. u.a. (1998): Potentiale und Dimensionen der Wissensgesellschaft – Auswirkungen auf Bildungsprozesse und Bildungsstrukturen. München/ Basel.
Stoltenberg, U. (2004): Sozial- und naturwissenschaftliche Bildung in der Grundschule Italiens. In: Kaiser, A. und Pech, D. (2004): Neuere Konzeptionen und Zielsetzungen im Sachunterricht. Baltmannsweiler, 188–194.
Stork, E. und Wiesner, H. (1981): Schülervorstellungen zur Elektrizitätslehre und Sachunterricht. In: Sachunterricht und Mathematik in der Primarstufe, 6, 218–230.
Strzoda, Ch. und Zinnecker, J. (1996): Interessen und deren institutioneller Kontext. In: Zinnecker, J. und Silbereisen, R. A. (Hrsg.): Kindheit in Deutschland. Aktueller Survey über Kinder und ihre Eltern. Weinheim/ München, 41–79.
Suchman, J. R. (1973): Ein Modell für die Analyse des Fragens. In: Neber, a.a.O., 78–88.
Süssmuth, R. (1968): Zur Anthropologie des Kindes. Untersuchungen und Interpretationen. München.
Tenbruck, F. H. (1978): Die „wahren" Bedürfnisse des Menschen und die Entwicklung der Sozialwissenschaften. In: Moser u.a., 67–78.
Tenorth, H.-E. (1994): „Alle Alles Zu Lehren." Möglichkeiten und Perspektiven allgemeiner Bildung. Darmstadt.
Tenorth, H.-E. (1999): Unterrichtsfächer – Möglichkeiten, Rahmen und Grenzen. In: Goodson u.a., a.a.O., 191–208.
Tenorth, H.-E. (2005): Grundbildung - institutionelle Restriktion oder legitimes Programm? In: Götz, M. und Müller, K. (Hrsg.): Grundschule zwischen den Ansprüchen der Individualisierung und Standardisierung. Wiesbaden, 17–30.
Terhart, E. (1995 a): Lehrerprofessionalität. In: Rolff, H.-G. (Hrsg.): Zukunftsfelder der Schulforschung. Weinheim, 225–266.
Terhart, E. (1995 b): Kontrolle von Interpretationen. Validierungsprobleme. In: König, E. und Zedler, P. (Hrsg.): Bilanz qualitativer Forschung. Band I. Weinheim, 373–398.
Tiemann, D. (1974): Politische Erziehung im Elementar- und Primarbereich – Indoktrination oder notwendige Vorbedingung einer Demokratisierung der Gesellschaft? In: Hielscher, a.a.O., 31–53.

Todorov, T. (1996): Abenteuer des Zusammenlebens. Versuch einer allgemeinen Anthropologie. Berlin.
Topitsch, E. (Hrsg.) (1980): Logik der Sozialwissenschaften. Königstein/ Ts.
Uexküll, J. v. (1909): Umwelt und Innenwelt der Tiere. Berlin.
Varela, F. J.; Thompson, E. und Rosch, E. (1992): Der mittlere Weg der Erkenntnis. Bern/ München/ Wien.
Velthaus, G. (1978): Didaktische Leitvorstellungen des sozialen Lernens in der Grundschule. In: Loch, W. (Hrsg.): Modelle pädagogischen Verstehens. Essen, 103–140.
Vollmer, G. (1990): Evolutionäre Erkenntnistheorie. Angeborene Erkenntnisstrukturen im Kontext von Biologie, Psychologie, Linguistik, Philosophie und Wissenschaftstheorie, 5. Auflage. Stuttgart.
Volpert, W. (1987): Psychologische Regulation von Arbeitstätigkeiten. In: Kleinbeck, U. und Rutenfranz, J. (Hrsg.): Arbeitspsychologie. Göttingen, 1–42.
Vossenkuhl, W. (1999): Menschenbild und philosophische Ethik. In: Oerter, a.a.O., 46–54.
Wagenschein, M. (1973): Kinder auf dem Weg zur Physik. In: Wagenschein u.a., a.a.O., 10–75.
Wagenschein, M. (1982): Verstehen lehren, 7. Auflage. Weinheim und Basel.
Wagenschein, M.; Banholzer, A. und Thiel, S. (1973): Kinder auf dem Weg zur Physik. Stuttgart.
Wagner, J. (2003): Freundschaft. Spontane Beziehungen im Grundschulalter. In: SacheWortZahl, Heft 51, 4–9.
Wagner, J. (2009): Sich in den Augen der anderen entdecken. In: SacheWortZahl, Heft 101, 4–8.
Wagner, J.W.L. (2007): Soziale Entwicklung. In: Kahlert, u.a., a.a.O., 353–357.
Walper, S. (1999): Auswirkungen von Armut auf die Entwicklung von Kindern. In: Lepenies, A.; Nunner-Winkler, G.; Schäfer, G. E. und Walper, S. (Hrsg.), Kindliche Entwicklungspotentiale. Normalität, Abweichung und ihre Ursachen. Materialien zum 10. Kinder- und Jugendbericht, Band 1. München, 291–360.
Watzlawick, P. und Krieg, P. (Hrsg.) (1991): Das Auge des Betrachters. Beiträge zum Konstruktivismus. Festschrift für Heinz von Foerster. München/ Zürich.
Weber, M. (1917/ 1982): Der Sinn der „Wertfreiheit" der soziologischen und ökonomischen Wissenschaften. In: ders.: Gesammelte Aufsätze zur Wissenschaftslehre. Herausgegeben von Johannes Winckelmann. Tübingen, 489–540.
Weber, M. (1919/ 1982): Wissenschaft als Beruf. In: ders.: Gesammelte Aufsätze zur Wissenschaftslehre. Herausgegeben von Johannes Winckelmann. Tübingen, 582–613.
Weber, M. (1921/ 1981): Soziologische Grundbegriffe, 5. Auflage. Tübingen.
Weinert, F. E. (1994): Lernen lernen und das eigene Lernen verstehen. In: Reusser und Reusser-Weyeneth, (Hrsg.): Verstehen. Psychologischer Prozess und didaktische Aufgabe. Bern u.a., 183–206.
Weinert, F. E. (1996): Für und Wider die „neuen Lerntheorien" als Grundlagen pädagogisch-psychologischer Forschung. In: Zeitschrift für Pädagogische Psychologie, H. 1, 1–12.
Weinert, F. E. (Hrsg.) (1998): Entwicklung im Kindesalter. Weinheim.
Weinert, F. E. (1998 a): Überblick über die psychische Entwicklung im Kindesalter – Was wir darüber wissen, was wir noch nicht wissen und was wir wissen sollten. In: Weinert, a.a.O., 1–35.
Weinert, F. E. (1998 b): Das LOGIK-Projekt: Rückblicke, Einblicke und Ausblicke. In: Weinert, a.a.O., 177–195.
Weinert, F. E. (1998c): Neue Unterrichtskonzepte zwischen gesellschaftlichen Notwendigkeiten, pädagogischen Visionen und psychologischen Möglichkeiten. In: Bayerisches Staatsministerium für Unterricht, Kultus, Wissenschaft und Kunst (Hrsg.): Wissen und Werte für die Welt von Morgen. München, 101–125.
Weinert, F. E. und Kluwe, R. H. (Hrsg.) (1984): Metakognition, Motivation und Lernen. Stuttgart u.a.
Weinert, F. und Helmke, A. (Hrsg.) (1997): Entwicklung im Grundschulalter. Weinheim.
Weisgerber, B. (1970): Sprachbildung in der Grundschule. In: Schwartz, u.a., a.a.O., 91–103.

Weizenbaum, J. (2000): Schießen Sie auf dieses schöne Gebäude unseres Wissens. Interview in: Süddeutsche Zeitung, 26. Juli 2000, 17.

Welsch, W. (1999): Skandalon Kanon. Gesellschaftskitt durch Klassikerlektüre. In: Forschung und Lehre, H. 4, 182–185.

Wessel, K.-F. (1999): Die unbekannte Kindheit. In: Seibert, a.a.O., 103–112.

Wiederhold, K. A. (Hrsg.) (1976): Soziales Lernen in der Grundschule. Saarbrücken.

Wiederhold, K. A. (1976a): Erziehung zur Konfliktfähigkeit – ein Lernziel des Grundschulunterrichts. In: Wiederhold, a.a.O., 123–150.

Wilson, E. O. (2000): Die Einheit des Wissens. München.

Winnicott, D. W. (1993): Vom Spiel zur Kreativität, 7. Auflage. Stuttgart.

Wittenbruch, W. (1976): Perspektiven des sozialen Lernens im schulischen Raum. In: Wiederhold, a.a.O., 9–54.

Wittenbruch, W. (Hrsg.) (1986): Kurzkommentar zu den Lehrplänen für die Grundschule in NRW. Heinsberg.

Wittenbruch, W. (1995): Grundschule. Texte und Bilder zur Geschichte einer jungen Schulstufe. Heinsberg.

Wittgenstein, L. (1970): Über Gewissheit. Frankfurt am Main.

Wittkowske, S. (1996): Sachunterricht und Schulgartenarbeit. Ein nicht nur historischer Exkurs zu Entwicklungen in der DDR. In: Glumpler/ Wittkowske, a.a.O., 98–115.

Wygotski, L. S. (1972): Denken und Sprechen. Frankfurt am Main.

Youniss, J. (1994): Konstruktion und psychische Entwicklung. Frankfurt am Main

Ziechmann, J. (Hrsg.) (1980): Sachunterricht in der Diskussion. Konzepte und Projekte modernen Sachunterrichts. Braunschweig.

Rahmenrichtlinien und Lehrpläne für Sachunterricht

Bundesland	in Kraft seit/ vorauss. bis*	Bezeichnung des Faches
Ministerium für Kultus und Sport **Baden-Württemberg** (Hrsg.): Bildungsplan 2004 – Grundschule, Stuttgart 2004	2004/ bis auf weiteres	Mensch, Natur und Kultur
Bayerisches Staatsministerium für Unterricht und Kultus: Lehrplan für die Grundschulen in Bayern. Amtsblatt, Sondernummer 1, München 2000	2000/ bis auf weiteres	Heimat- und Sachunterricht
Senatsverwaltung für Bildung, Jugend und Sport **Berlin**; Ministerium für Bildung, Jugend und Sport Brandenburg; Ministerium für Bildung, Wissenschaft und Kultur des Landes Mecklenburg-Vorpommern (Hrsg.): Rahmenlehrplan Grundschule – Sachunterricht, Berlin u.a. 2004	2004/ bis auf weiteres	Sachunterricht
Brandenburg (siehe Berlin)	wie Berlin	Sachunterricht
Senator für Bildung, Wissenschaft (Hrsg.): Sachunterricht – Bildungsplan für die Primarstufe, **Bremen** 2007	2007/ bis auf weiteres	Sachunterricht
Freie und Hansestadt **Hamburg**, Behörde für Bildung und Sport, Amt für Bildung (Hrsg.): Bildungsplan Grundschule, Rahmenplan Sachunterricht, Hamburg 2004	2004/ bis 2010	Sachunterricht
Freie und Hansestadt **Hamburg**, Behörde für Schule und Berufsbildung (Hrsg.): Arbeitsfassung des Bildungsplans Grundschule, Rahmenplan Sachunterricht, Hamburg 2008	Arbeitsfassung vom 07.07.2008; gültig bis 2010	Sachunterricht
Hessisches Kultusministerium (Hrsg.): Rahmenplan Grundschule, Wiesbaden 1995	1995/ bis auf weiteres	Sachunterricht
Mecklenburg-Vorpommern (siehe Berlin)	wie Berlin	Sachunterricht

Niedersächsischer Kultusminister (Hrsg.): Kerncurriculum für die Grundschule. Schuljahrgänge 1-4, Sachunterricht, Hannover 2006	2006/ bis auf weiteres	Sachunterricht
Ministerium für Schule und Weiterbildung des Landes **Nordrhein-Westfalen** (Hrsg.): Richtlinien und Lehrpläne für die Grundschule in Nordrhein-Westfalen, Frechen 2003	2008/ bis auf weiteres	Sachunterricht
Rheinland-Pfalz. Ministerium für Bildung, Frauen und Jugend (Hrsg.): Rahmenplan Grundschule, Teilrahmenplan Sachunterricht, Mainz 2006	2006/ bis auf weiteres	Sachunterricht
Saarland. Ministerium für Bildung, Familie, Frauen und Kultur (Hrsg.): Kernlehrplan Sachunterricht. Grundschule, Entwurf, Saarbrücken 2009	2009 / bis auf weiteres	Sachunterricht
Sächsisches Staatsministerium für Kultus (Hrsg.): Lehrplan Grundschule. Sachunterricht, Dresden 2004	2004/ bis auf weiteres	Sachunterricht
Kultusministerium **Sachsen-Anhalt** (Hrsg.): Fachlehrplan Grundschule, Sachunterricht, Magdeburg 2007	2007/ bis auf weiteres	Sachunterricht
Ministerium für Bildung, Wissenschaft, Forschung und Kultur des Landes **Schleswig-Holstein** (Hrsg.): Lehrplan Grundschule. Heimat- und Sachunterricht, Kiel 1997	1997/ bis auf weiteres	Heimat- und Sachunterricht
Thüringer Kultusministerium (Hrsg.): Lehrplan für die Grundschule und für die Förderschule mit dem Bildungsgang der Grundschule – Heimat- und Sachkunde, Erfurt 1999	1999/ bis auf weiteres	Heimat- und Sachunterricht

* Laut Auskunft des jeweiligen Ministeriums, Stand Februar 2009. Für die Unterstützung bei der Recherche danke ich der Studentin Ines Alker.

Sachregister

A

Achtsamkeit 272f.
adaptives Unterrichten 263
Akkomodation 58f.
Aktivierung der Lernenden 208, 266f.
Aktivität 103f.
Alltagsvorstellungen 109f., 223f.
Alltagswirklichkeit 22
Analogiebildung, genotypische 66ff.
Analogiebildung, phänotypische 66ff.
Aneignung 183ff.
animistische Interpretationen 64f.
Anpassung 97ff.
Anschauung 24, 61ff., 156ff.
Anschauungswissen 119
Anthropologie 42ff., 86ff.
Äquilibration 58
Arbeitsgruppe für Unterrichtsforschung 172f., 178
Arbeitsgruppe Reutlinger Didaktiker 180ff.,
Assimilation 58f.
Ästhetik 232
aufklären 25, 27
Aufmerksamkeit 53
Auslegung 125
Ausschnitthaftigkeit des Weltzugangs 48f.
Autonomie 15, 51
Autopoiese 96

B

begriffliches Wissen 119
Behavioral settings 114f.
belastbares Wissen 115ff.
Beobachtungs- und Reflexionshilfen für den Unterricht 266ff.
beurteilen 25, 179f., 211ff., 225ff.
bewerten 212f.
Beziehungen 14, 139
Bildung 28ff.
Bildungstheorie 23
Brainstorming 238f.

C

Ciel-Gruppe 180ff.
Conceptual-Change 193ff.

D

Dänemark 18
DDR 18
deklaratives Wissen 119
denken 104f.
Dezentrierung 68f.
dialogisches Prinzip 132
Didactica Magna 156f.
didaktische Analyse 205ff., 250ff.
didaktische Auslegung 233
didaktische Netze 200ff.
didaktische Reflexion 203ff., 234
didaktisches Potential 233ff.
Differenzierung von Wahrnehmung 56ff.
Dimensionen der Lebenswelt 218ff.
Dramaturgie des Unterrichts 208

E

Egozentrismus 72
Eigenschafts-Effekt-Kombination 59
England 18
Entwicklungsorientierung 41f., 53ff., 88ff.
Entwurf der Welt 15
Ereignisse 218, 241, 269
Erfahrung 12, 80, 111f., 132ff., 180ff., 185, 217ff.
Erfahrungsbereich 15f.
Erfahrungsorientierung 185
Erinnerungswissen 119
Erkenntnisgewinnung, wissenschaftliche 175f., 223
erschließen 17ff.
Ethik 232
exemplarische Bedeutung 204ff.
Experimentieren 191, 214
explizites Wissen 119
Explorationslust 43

Sachregister

F
fachgemäße Arbeitsweisen 169, 177, 212ff.
Fachkulturen 220ff.
Fachlichkeit 30, 93, 137, 190ff., 217ff.
Fachsystematik 167ff., 220ff.
Fähigkeiten 13
Falsifikation 128f.
Familienkonstellation 77f., 79f.
finalistische Interpretationen 64
Frankreich 18

G
Gedächtnis 65, 68, 104
Gegenwartsbedeutung 204
Geographie 228f., 236f.
Geschichte 229, 236f.
Geschlechtsrollen 37ff., 77, 206
Gesellschaft für Didaktik des Sachunterrichts (GDSU) 21f., 25, 221f.
Gesellschaft, moderne 13, 78f., 137f.
Gestaltungsspielräume 13, 15, 184
Grundschulalter 13f., 53ff., 197, 219

H
handeln 13, 26f., 103ff.
Handlung 55, 74, 96f., 103f., 183f.
Handlungsorientierung 28, 95, 183f.
Handlungssicherheit 15, 94f., 113, 120f., 126f.
Handlungsspielraum 52, 54, 148
Handlungswissen 118
Heimatkunde 17, 43, 156ff.
Hoffnung 107f.
Hoffnung, dieses Buch möge nützlich sein 5-304

I
implizites Wissen 118f.
Individualisierung 81
Information 98ff., 211ff.
informieren 211ff.
Inhalte des Sachunterrichts 15ff., 31, 44, 190ff.
Integration von Wahrnehmungen 56ff.
Interesse 13, 20, 24ff., 31, 192, 217, 267f.
Interpretation 97ff.

J
Japan 18

K
Kindheit 76ff.
Kindheit heute 79ff.
Kindorientierung 40ff., 216ff.
Kindtümelei 164
Kind-Umwelt-Beziehungen 52ff.
Klebekonzentration 238f.
Kleinkind 53
Kompetenz, methodische 178f., 210ff., 242f.
Kompetenz, soziale 179f.
Kompetenzentwicklung 222ff.
Können 118ff., 210f., 225ff.
Konstanzen 57
Konstruktion 44f., 97, 201
Konstruktivismus 68, 97ff., 133, 143
Konzept 153f.
Konzeption 153ff., 202, 216ff.
konzeptorientierte Konzeption 170ff.
Kooperation 59, 71, 144
kumulativer Konstruktivismus 68

L
Laboratory units 179
Lebensorientierung 28, 135ff., 165, 218f.
lebensweltliche Dimensionen 218ff.
Lebenswirklichkeit 21ff., 134, 221
Lehrerinnen, Lehrer 177f., 195ff., 217, 233, 263ff., 272
Lehrplan 15ff., 34, 124, 138, 153, 163, 231f.,
Leistung 76, 121, 145f.
Leitbild 17
Lernangebot 208, 261
Lernanlass 87, 179, 204, 216
Lernanliegen 208
Lernarrangements 177ff., 188ff., 208ff., 245ff.
Lernbereich 16
Lernen 15, 97, 103ff., 120f., 135ff., 269f.
Lernen in Zusammenhängen 140, 194
Lernexperte 69
Lernfelder 15f., 202
lernintensive Ereignisse 269f.
Lernschwerpunkt 242ff.
Lernsituation 142ff., 261
Lerntyp 69

Sachregister | 303

Lernumgebung 142ff., 261f.
Lernvoraussetzung 32f., 40ff., 265, 267
Lernwelt 22
Lernziel 176, 195, 240ff., 253f.

M
magische Interpretationen 64f.
Medien 78ff., 137, 168, 228
mehrperspektivischer Unterricht 180ff.
Menschenbilder 42ff.
Methoden fachlichen Arbeitens 177f.
Methoden für den Sachunterricht 206ff.
methodische Kompetenzen (siehe Kompetenz, methodische)
Moral Education Project 180
moralische Entwicklung 73

N
Nahwelt 21f.
Naturwissenschaften 130, 160, 178, 193
naturwissenschaftlich-technischer Lernbereich 170ff., 177ff., 190f., 227
Niederlande 18
Normen 13, 81
Nuffield Junior Science Project (NJSP) 177f.

O
offene Konzeptionen 177ff.
offene Lernarrangements 245ff.
Operation, geistige 54f.
Optionen 53
Ordnen 211f.
Orientierungswissen 28, 119

P
Persönlichkeit 15, 28f., 218
Perspektivübernahme 71ff.
Perspektivenwechsel 71ff.
Perspektivrahmen 21, 222
Phänomene 13, 44, 61, 216, 227
phänomenographische Methode 195
phänomistische Orientierung 61ff.
Philosophie 230
Philosophieren mit Kindern 188
planen 211ff.

Planung 200ff., 208f.
polare Paare 224ff., 235
politisches Lernen 181
Präkonzepte 191
Problem 187f.
Problemorientierung 186ff.
Projektorientiertes Arbeiten 247f.
prozedurales Wissen 118

R
Rahmenthemen 247
Realien 156ff.
Reflexion 78ff., 119f., 209
Reflexionshilfen 266ff.
Rekonstruktion 181
Repräsentationsaktivität 69
Richtlinien 17ff.
Risiken 163, 173ff., 188ff.
Rollenspiel 180

S
Sachanalyse 248
Sachangemessenheit 30, 69ff., 170
Sache 133, 173, 209, 216ff.
Sacherschließung 18, 30
Sachgebiet 17
Sachlichkeit 26, 33, 43, 52ff., 108ff., 132ff., 170
Sachverhalt 132f.
Schema 60
Schule 135ff.
Schulgartenunterricht 18
Schweiz 18
Science 18, 177
Science Curriculum Improvement Study (SCIS) 170f.
Selbstbefangenheit 96f.
Selbstkonzept 75f.
Selektion 263f.
Selektion von Umweltreizen 50, 97f.
Sinn 25ff., 59, 93ff., 218, 222f.
Sinne 56f., 97ff., 231
situationsbezogene Konzeption 179
Skript 60f.
Social studies 18 ,193
soziale Beziehungen 73, 216
soziales Lernen 176, 180

Sachregister

Sozialisation 32
Sozialwissenschaften 130
sozialwissenschaftlicher Lernbereich 179ff., 192f.
sozio-kulturelle Bedingungen 41f., 76ff., 86
spezifische Umwelt 48
Spiel 44, 59f.
Sprache 43, 99f., 159, 230
Ständige Konferenz der Kultusminister der Länder 24
Stationenarbeit 245ff.
Structure of the discipline 170f.
strukturorientierte Konzeption 170f.

T

Tätigkeit 103ff., 207, 210ff.
tätigkeitsleitende Aufgaben 268f.
Technik 216, 219, 228
Themen des Unterrichts 141, 204ff.
Themenbereiche 16
Themenkreis 191
träges Wissen 123, 217
Transduktionsschluss 65

U

Üben 118
Überfrachtung 238
Übergangsobjekt 58
Umwelt 11ff., 21, 41, 53ff., 93ff.
Umwelt erschließen 17ff., 26, 177ff.
Unterricht 135ff., 152ff.
Unterrichtsanalyse 266f.
Unterrichtsbeobachtung 263ff.
Unterrichtsertrag 270f.
Unterrichtsforschung 144, 190ff., 263
Unterrichtsgestaltung 32, 86ff., 195ff.
Unterrichtsinhalt 15ff., 140, 190ff., 204ff.
Unterrichtsmethoden 142, 152, 206ff.
Unterrichtsplanung 209, 233, 241, 248ff., 261ff.

Unterrichtsstruktur 206ff.
Unterrichtsthemen 205f.
Unterrichtsziel 248
Unterscheidung 13, 98ff., 222
USA 18, 221

V

Verantwortung 13
verfahrensorientierte Konzeption 172f.
Verfahrensweisen 212ff.
Verhalten, absichtsvolles 23
Vermutungen prüfen 214f.
Versachlichung 53, 86f., 132
Verständigung 69, 113ff., 120
Verstehen 25f., 28ff., 39f., 74f., 113ff., 122ff., 210f., 225ff.
Verstehen fördern 122ff., 225ff.
Vertrauen 107f.
Vorstellungen 11ff., 56, 93ff., 109ff.
Vorstellungswissen 119
Vorwissen 146ff.

W

Wahrnehmung 54ff., 71ff., 223
Welterkundung 51
Weltoffenheit 50, 53
Werte 13, 77ff.
Wirklichkeitsinterpretationen 62f.
Wirtschaft 219, 226f., 231f., 235
Wissen 25f., 28ff., 38, 75ff., 92, 106, 113ff., 146, 173ff., 217ff., 225ff.
Wissenschaftlichkeit 126ff., 169ff.

Z

Zentrierung der Realitätswahrnehmung 67
Zugangsweisen 25ff.
Zukunftsbedeutung 204
Zuverlässigkeit 956